哈佛中国史

HISTORY OF IMPERIAL CHINA

[加] 卜正民 - 主编

02

CHINA BETWEEN EMPIRES
The Northern and Southern Dynasties

分裂的帝国
南北朝

【美】陆威仪－著 ｜ 李磊－译 周媛－校

中信出版集团 · CHINACITICPRESS · 北京

图书在版编目（CIP）数据

分裂的帝国：南北朝 /（美）陆威仪著； 李磊译
. -- 北京：中信出版社，2016.10（2024.11 重印）
（哈佛中国史）
书名原文：China Between Empires: The Northern and Southern Dynasties
ISBN 978-7-5086-6435-4

Ⅰ. ①分… Ⅱ. ①陆… ②李… Ⅲ. ①中国历史－南北朝时代 Ⅳ. ① K239

中国版本图书馆 CIP 数据核字（2016）第 153621 号

分裂的帝国：南北朝

著　　者：[美] 陆威仪
译　　者：李　磊
校　　译：周　媛
策划推广：中信出版社（China CITIC Press）
出版发行：中信出版集团股份有限公司
（北京市朝阳区东三环北路 27 号嘉铭中心　邮编　100020）
（CITIC Publishing Group）
承 印 者：山东临沂新华印刷物流集团有限责任公司

开　　本：960mm×1300mm　1/32　　印　　张：12　　字　　数：376 千字
版　　次：2016 年 10 月第 1 版　　印　　次：2024 年 11 月第 25 次印刷
审 图 号：GS（2021）8073 号
书　　号：ISBN 978-7-5086-6435-4
定　　价：68.00 元

目 录 | Contents

第 8 章 | 道教与佛教

第 9 章 | 书 写

推荐序

葛兆光

卜正民（Timothy Brook）教授主编的“哈佛帝制中国史书系”（History of Imperial China，Harvard University Press，2009—2013）共6卷，由陆威仪（Mark Edward Lewis，负责《秦汉》《南北朝》《唐朝》三卷）、库恩（Dieter Kuhn，负责《宋朝》卷）、卜正民（Timothy Brook，负责《元明》卷）、罗威廉（William T. Rowe，负责《清朝》卷）等四位学者分别撰写，现在译成中文在国内出版，这是一个应该关注的事情。我们知道，习惯于专题研究的欧美学者，对撰写上下通贯、包罗万象的通史，向来抱持谨慎态度，特别是近半个世纪以来，欧美中国学界撰写系统的中国通史并不多，除了卷帙浩繁而且内容专深、至今也没有全部完成的多卷本“剑桥中国史”系列和伊沛霞（Patricia Buckley Ebrey）为入门者撰写的较为简单的单卷本《剑桥插图中国史》之外，在我有限的视野内，还没有一部通贯上下而又分量适中的中国通史。这套上起秦汉，下至清代的6卷本通史系列出版，或许可以呈现近年来欧美学者较为全面的中国历史认识。

承蒙卜正民教授和严搏非先生的信任，让我为这套书的中译本写一篇序。我很乐意在这里谈一下我的读后感，严格地说，这并不能叫作“序”，只是一些感想，特别是一个在中国的中国史研究者的感想。

一

我曾说过，20世纪以来现代中国历史学的变化，大致可以概括为四点：一是时间缩短（把神话传说从历史中驱逐出去）；二是空间放大（超越传统中国疆域并涉及周边）；三是史料增多（不仅仅是新发现，也包括历史观念变化后更多史料进入历史视野）；四是问题复杂（分析历史的问题意识、评价立场、观察角度的多元化）。这四点当然说的只是清末民初以来20世纪中国的历史学，现在虽然已经是21世纪，而且这套“帝制中国史”也并不是中国史学界而是欧美学术界的作品，不过，无论这四点变化是否属于“现代性的历史学”（据说“现代性历史学”在如今这个“后现代”的阶段已经过时），或者只属于“中国的历史学”（中国现代学术始终与世界现代学术有所不同），但在我看来，它表现出来的历史研究与通史叙事之变化，仍在这一现代历史学延长线上，这套著作呈现的历史新意，恰好也可以分别归入这四个方面。

先看“时间缩短”。作为“帝制中国”的历史，这套书是从秦汉开始，而不是像中国学者的中国史那样，总是从上古（甚至从石器时代，即毛泽东所说“只几个石头磨过，小儿时节”）写起。这一“截断众流”的写法，是否暗示了“秦汉奠定‘中国’”这一历史观念？我不敢断言，因为这一问题相当复杂。但是，这里可以简单一提的是，由于对“中国”/“帝制中国”的历史这样开始叙述，不仅避免了有关何为“最初的中国”这样的争论（这些争论现在还很热闹），也表达了秦汉时代奠定“中国”/“帝制中国”的观念。陆威仪在《秦汉》这一卷中说，“（前帝国时代，人们）要么以‘秦人’‘齐人’‘楚人’为人所知，要么以其他诸侯国国名命名，或者以某个特定地域命名，比如‘关内人’”，但是，秦的统一，则“把这些不同的人群在政治上联结起来”。我同意这一看法，虽然殷周时代可能已经有“中国”意识，但只有到秦汉建立统一帝国，先推行“一法度、衡石丈尺，车同轨，书同文字”，后在思想上“独尊儒术”，在制度上“霸王道杂之”，一个初步同一的“中国”才真正形成。陆威仪指出，秦汉历史的关键之一，就是“帝国内部的去军事化（demilitarization）和对国家边境的边缘族群所开展的军事活动”。如果说，由于秦汉在制度（在文字、货币、行政、法律、度量衡以及交通上整齐划一）、文化（通过政治力量，建立共同的生活习俗与文明规则，由帝国统一去除地方化，建立共同的神圣信仰，通过历史书写确立帝国边界，形成共同历史记忆）、社会（在政治上有共同国家观念，在社会上形成声气相通的群体，在思想上有共同伦理的士大夫阶层）三方面的推进，使得“中国”/“帝制中国”

成为一个具有内在同质性的国家，那么，包括秦之“销锋镝”，即《史记》所说的“收天下兵，聚之咸阳”，铸十二金人；汉之削藩平七国之乱，中央派遣官员巡行天下，使军队统一由中央管理；加上对四夷用兵以凸显“内部统一,四夷环绕”，都对形成统一帝国起了巨大作用。正如他所言，“把天下想象为由游牧民族和中国二者所构成，标志着一个巨大的进步”，换句话说，就是通过内部的同质化，通过外部的“他者”塑造“我者”意识，形成国族的自我认同，于是有了明晰的“中国”。

近二三十年来，中国学界有一种不断发掘历史、把“我们的中国”向上追溯的潮流，从官方推动的“夏商周断代工程”“文明探源工程”，到近年由于考古发掘而重新认识“最初的中国”，这里面当然有相当复杂的动机和背景，不过，越追越早的历史也碰到一个理论与方法的瓶颈，这就是原本“满天星斗”的邦国，什么时候才可以算内在同一的“中国”？在什么样的历史形态下，那片广袤区域才有了一个“中国”共识？这套“帝制中国史”用了“帝制”这个概念，把这个问题放在括号中搁置下来暂缓判断，无疑是聪明的方案。当然，帝制中国是一个“帝国”，既然作为“帝国”，秦汉疆域内仍然有着多种民族与不同文化，不过重要的是，在这个“帝国”之内，那个叫作“中国”的政治—文化共同体也在逐渐形成，并且日益成为“帝国”的核心。陆威仪在讨论秦汉时代的历史意义时，就指出在这个帝国控制下，“中国”，也就是帝国的核心区域，由于制度、文化、社会的整合，不仅在内部“去军事化”，而且在政治—文化—生活上逐渐“同质化”。这一点对我们来说相当有意义，对于此后的历史叙述也相当重要，因为这可以说明历史中的“中国”的形成、移动和变化，当然也是在扩大。因此，我们看到《南北朝》卷相当突出“中国地理的重新定义”，所谓“重新定义”，就包括长江流域以及南方山区（即属于古人所说“溪洞濮蛮”的地区）的开发，它拓展了“中国”的疆域和文化，而《唐朝》卷则再一次强调“中国地理的再定义”，指出中国政治文化中心的转移和南北经济文化重心的变化，在这一过程中，“中国”的形成与扩张才逐渐显现出来。

这一思路几乎贯穿各卷，像卜正民撰写的《元明》这一卷的第二章

《幅员》，就非常精彩地从蒙元的大一统，说到它的整合与控制；从明朝的版图缩小，说到明朝对西南的“内部殖民主义”；从交通邮递系统对国家的意义，说到元明的南北变化；从元明行政区划，说到人口与移民。就是这样，把族群、疆域、南北、经济一一呈现出来，在有关“空间”“移动”“网络”的描述中，历史上的“中国”就不至于是“扁的”或“平的”。而罗威廉撰写的《清朝》一卷，更是在第三章《盛清》中专列《帝国扩张》一节，浓墨重彩地叙述了大清帝国的疆域扩张，正如他所说，当这个帝国“在蒙古、女真、西藏、内亚穆斯林与其他非汉民族，整合成一个新形态、超越性的政治体上，取得惊人的成功。渐渐地，中国士人开始接受此重新定义的中国，并认同其为自己的祖国”。传统“中国”在帝制时代的这些变化，换句话说是“中国地理的定义与再定义”，应当就是这套历史书的一个主轴。

这当然也带来了“空间放大”。在现代有关中国的历史学变化中，“空间放大”即历史研究超越汉族中国或中央王朝的疆域，是一个很明显的特征。但是，这不仅是“中国”/“帝制中国”的空间在扩大，而是说，理解这个变化的“中国”就不得不了解“周边”，把历史中国放在亚洲背景之中，这或许是中国历史研究的一个应有的趋势。19世纪末以来，随着道光、咸丰两朝有关西北史地之学的兴起，以及欧洲和日本学者对于“四裔之学”的重视，到了20世纪，中国“周边”的历史地理逐渐被纳入中国史研究的视野，满、蒙、回、藏、朝鲜、苗以及各种边缘区域、民族与文化的文献、语言、历史、田野研究，使得有关“中国”的历史研究发生了深刻变化。当然，21世纪更引人注目的变化，则是“全球史”的流行。中国学界常常引用梁启超所谓“中国之中国”“亚洲之中国”“世界之中国”这种自我认识三阶段的说法，来证明我们也一样接受全球史，但在真正书写中国史的时候，却常常“中国”是“中国”，“世界”是“世界”，就像我们的历史系总是有“世界史”和“中国史”两个专业一样，甚至我们的各种中国史也对“边缘的”和“域外的”历史关注很少。这套书的撰写者都来自欧美，当然身在全球史潮流之中，主编卜正民教授本人就是全球史的身体力行者，他的《维梅尔的帽子》（*Vermeer's*

Hat)、《塞尔登的中国地图》(*Mr. Selden's Map of China*)等著作，在某种意义上都是全球史的杰作。因此，这一套书虽然说是“中国”的历史，却特别注意到“周边”。卜正民自己撰写的《元明》一卷，就特意设立一章讨论南海，通过《顺风相送》《塞尔登地图》《东西洋考》等新旧文献，“讲述了一个完全不同的明朝在世界中的故事”，正如《塞尔登地图》不再以大明为中心，而以南海为中心一样，一个15、16世纪海洋贸易圈，把中国、日本、菲律宾、印度，甚至欧洲联系到一起，呈现了一个全球史中的大明帝国。尽管卜正民认为明朝仍然只是一个“国家经济体”，但是，他也看到了越来越影响世界的“南海世界经济体”在那个时代的意义。

同样，把全球史视角引入晚期帝制中国研究的“新清史”，也刺激了这一清朝历史书写的转向，在《清朝》这一卷中，罗威廉列举出近年清史研究的三个转向，除了“社会史转向”之外，“内亚转向”和“欧亚转向”占了两个，而这两个转向，都使得中国/大清历史不得不突破以汉族中国为中心的写法，扩大历史书写的空间视野。正如罗威廉引用孔飞力(Philip A. Kuhn)的话所说的，“一旦我们更适切地以清朝的观点来理解清史时，历史学家或能在新清史中‘重新把西方带回来’”，在这种全球史视野中，欧美学者“不再将中国描写成(帝国主义的)受害者或一个特例，而是(把清帝国看成)众多在大致上相同时期之欧亚大陆兴起的数个近代早期帝国之一”，并且特别注意的是“并非帝国间的差异，而是其帝国野心的共同特征：在广大范围内施行集权管理的能力、精心经营的多元族群共存与超越国族边界，以及同样重要的、侵略性的空间扩张”。他们不仅把清帝国放在与同时代的欧亚帝国(如英、法、俄、奥斯曼)对照之中，也把清帝国越来越扩大的“四裔”安放在历史书写的显要位置，这样才能理解他在《结语》中说的，“大清帝国在性质上与之前各代相继的汉人或异族王朝有所不同。作为标准的近代早期欧亚大陆形态之多民族帝国，其在扩展‘中国’的地理范围，将如蒙古、女真、西藏、内亚穆斯林与其他非汉民族，整合成一种新形态、超越性的政治体上，取得惊人的成功。”

表面上看，“史料增多”这一点，在这一套书中似乎并不明显，但阅读中我们也常常有意外惊喜。毫无疑问，中国学者可以先接触新近的考古发掘、简帛文书、各种档案，这一点欧美学者并没有优势。但问题是，新发现需要新解释，缺乏新的观察角度、叙述方式和论述立场，新材料带来的有时候只是“增量”而不是“质变”，并不能使历史“旧貌换新颜”。西方学者虽然不一定能够看到最多或最新的资料，但他们善于解释这些新史料，并且有机地用于历史叙述。比如，陆威仪撰写《秦汉》卷，就能够使用各种简帛资料（包山楚简、睡虎地秦简、马王堆帛书、居延汉简），其中《法律》一章，基本上依赖睡虎地、张家山等出土文献，而库恩所写的《宋朝》卷讨论辽金的佛教，也能够引入诸如房山云居寺、蓟县独乐寺观音阁、应县木塔等考古与建筑资料；特别是，往往眼光不同，选择的史料就不同，卜正民撰写的《元明》一卷，不仅用了《天中记》这样过去通史一般很少用的边缘史料来作为贯穿整个明史叙述的骨架，而且用了严嵩籍没时的财产簿、《吴氏分家簿》《余廷枢等立分单阄书》《孙时立阄书》《休宁程虚宇立分书》以及耶稣会士被没收的物品记录等，讨论明代各种不同阶层、不同身份的人的家当，让读者更直观地感受到，明代各种阶层与各色人等的一般经济状况；同样，他还用《塞尔登地图》等新发现和《顺风相送》《东西洋考》等旧史料，来讨论南海以及贸易往来；更特别设立《物华》一章来实践物质文化史，讨论文物、家具、书籍、瓷器、书画，讨论当时文人的艺术品位、文化修养与艺术商品和市场问题，因此，过去一般通史写作中不太使用的《长物志》《格古要论》《味水轩日记》之类的边缘史料（当然，如果研究艺术、物质、文化的著作，会常常使用它们）就成为重要史料。这里显示出他对于史料有着别具一格的判断、理解和阐释。

当然，作为西方学者，他们常常能够以西方历史作为背景，时时引入欧洲资料与中文文献互相参照，这就更加扩大了史料边界。

二

欧美学者写中国通史，当然与中国学者不同；21 世纪写中国通史，当然也与20世纪不同。以往，中国的中国通史，基本上会以政治史为主要脉络，因此，政治、经济、军事等关系到古代王朝更迭的大事件，在历史叙述中总是占了很大的篇幅，其他领域大体上只是依附在这个主轴上。尽管从梁启超《新史学》和《中国史绪论》开始，中国通史写作就一直试图改变这种历史叙述的方式，但总体变化似乎并不大。

在写这篇序文的时候，我正准备和日本、韩国的几位学者讨论国别史与东亚史之间的叙事差异，因此，恰好在翻阅以前中国学者编纂的一些通史著作。从晚清、民国流行的夏曾佑、缪凤林、钱穆，到1949年以后成为主流的郭沫若、范文澜、翦伯赞、白寿彝，也包括各种通行的中国历史教科书。我注意到，中国学者撰写的各种通史，大体都是一根主线（政治与事件）、若干支流（社会经济、对外关系、思想文化），历史主线与各种支流在书中所占的比重大体固定。但在这套书中，我们则看到当下国际历史学界风起云涌的环境气候、性别医疗、社会生活、物质文化、宗教信仰等各种角度，越来越多进入了历史。虽然这套书还不能说已经是“复线”的中国史，但它也多少改变了以往“单线”的书写方式。例如，在几乎每一卷中，都专门设有一章讨论社会史意义上有关宗族、亲属、性别、日常礼仪的内容（如《秦汉》卷第7章《宗族》、《南北朝》卷第7章《重新定义亲属关系》、《唐朝》卷第7章《宗族关系》、《宋朝》卷第7章《人生礼仪》与第12章《公共领域中的私人生活》、《元明》卷的第6章《家族》、《清朝》卷的第4章《社会》），其中，像《秦汉》卷第7章《宗族》中借用韩献博（Bret Hinsch）、司马安（Anne Behnke Kinney）的研究，对于秦汉女性与儿童的叙述，不仅展示了秦汉女性在宗族组织和社会生活中的状况，而且讨论了女性在政治权力角逐中的作用，不仅讨论了秦汉帝国儿童的生命、寿夭、健康，还通过儿童讨论了“孝道”与“政治”，这是过去各种通史著作很少有的；《宋朝》卷第12章《公共领域中的私人生活》则体现了当下社会生活与物质文化研究的趋向，其中运用考古、图像与边缘文献讲述有关卫生、装扮、保健与福利的情况，比过去通史提供了更加立体和生动的宋代生活场景，使历史不再是严肃、刻板的单一向度。在这里，物质文化史的影响痕迹也相当明显，前述《元明》卷对于“物华”，即文物、书籍、家具、瓷器、书画以及欣赏品位与商品市场的描述，都是过去中国的中国通史著作中不太常见的。特别是环境史，众所周知，气候是中国历史上的一个重要因素，尽管20世纪70年代以前竺可桢就陆续写出了杰出的论文《中国历史上气候之变迁》（1925）、《中国历史时代之气候变迁》（1933）、《中国近五千年来气候变迁的初步研究》（1972），但除了寒冷气候对于北方游牧民族迁移和南侵的影响外，我们的通史著作并不那么注意环境与气候在政治史上的意义，卜正民所写的《元明》一卷，却用“小冰河时代”这一因素，贯串了整个13世纪至16世纪的中国历史。尽管这套通史中所谓“小冰河期”与竺可桢的说法有些差异，元明部分关于“小冰河时代”（13世纪到15世纪）与宋代部分对于“小冰河时代”（10世纪末到12世纪）界定也有些冲突，有的证据（如用明代绘画中的《雪景图》证明气候变化）也多少有些疑问，但是，把这一点真正有效地运用到历史研究中，并作为政治变化的重大因素，确实是令人大开眼界，也使得历史本身和观察历史都变得复杂化了。

说到“复杂”，对中国读者来说，最为重要的当然就是“问题复杂”。所谓“问题复杂”，说到底是一个观察历史的立场、角度和方法的变动与多元。20世纪以来，研究中国历史的现代史学比起传统史学来，不仅增加了“古今”“东西”“中外”等分析框架，也用进化的观念代替循环的观念，以平民的历史代替帝王的历史，打破原来的经史子集知识分类，使其转化为现代的文史哲学科，在文献之外增加了考古发掘与田野调查，对历史资料进行客观的审视和严格的批判。但到了21世纪，本质与建构、想象与叙述、后殖民与后现代，以及帝国与国家、国别与区域、物质与文化、疾病与性别等，五花八门的新观念、新角度、新方法，使得“中国”与“历史”不得不被拿出来重新认识，因此，这一套帝制中国史书系中涉及的很多新说，也呈现了晚近理论和方法的变化，这或许能给我们有益的启迪。

我一直强调学术史要“别同异”。对于海外中国学研究，我们特别要注意它自身隐含的政治、学术和思想背景，千万别把他们研究“中国史”和我们研究“中国史”都用一个尺码评判或剪裁。有人误读我的说法，以为我是把海外中国学看成“异己之学”，将海外学者“视为另类”，其实不然，恰恰是因为他们与我们所研究的“中国”不同，所以，我才认为特别要重视这个“异”。透过海外中国学家对“中国/历史”的叙述，我们不仅能看到“异域之眼”中的“中国史”，而且能看到塑造“中国史”背后的理论变化，也看到重写“中国史”背后的世界史/全球史背景。其实，当他们用流行于西方的历史观念和叙述方法来重新撰写中国史的时候，另一个“世界中的中国史”就产生了。

如果他们和我们一样，那么，我们还能从他们那里学到什么？他山之石才可以攻错，有所差异才互相砥砺。总是说“和而不同”的中国学者，往往只有“和”而缺少“不同”，或者只有“不同”却没有“和”。所谓“和”应当是“理解”，即理解这种历史观念的“不同”。中国读者可以从这些看似差异的叙述中，了解欧美中国历史研究的一般状况，也可以知道某些颇为异样的思路之来龙去脉。比如《宋朝》卷中，在提及欧美有关宋代科举与社会流动的研究时，作者列举了贾志扬（John W. Chaffee）、李弘祺、柯睿格（E. A. Kracke）、郝若贝（Robert Hartwell）的研究；在有关宋代日常生活仪礼的研究中，则介绍了华琛（James L. Watson）、伊沛霞、裴志昂（Christian DePee）、柏清韵（Bettine Birge）、埃琛巴赫（Ebner von Eschenbach）的成果。而对于明代政治，卜正民更指出，当年牟复礼（Frederick W. Mote）曾经认为，明代是宋朝皇帝与蒙古大汗两种传统的结合，蒙古野蛮化把帝制中大部分对皇权的限制都摧毁了，这就形成明代所谓的“专制统治”（despotism），而范德（Edward Farmer）则更有“独裁统治”（autocracy）的说法，把明代这一政治特点从制度设计层面提出来；接着贺凯（Charles O. Hucker）又以胡惟庸案为个案，讨论了明代初期皇权压倒相权的过程，以及“靖难之役”使得皇权进一步加强的作用。这样，我们大体上知道美国的中国学界对于“专制”这一问题的讨论经过，也知道了有关明代“专制”研究，美国与中国学者的差异在哪里。

读者不妨稍微注意他们观察中国历史时的聚焦点。前三卷中有个做法很好，撰写者常常会将他关注的议题开列出来，使我们一目了然。例如对秦汉，他关注（1）在帝国秩序之下逐渐式微但并未被完全抹除的地域文化；（2）以皇帝个人为中心的政治结构之强化；（3）建立在表意文字基础之上的文化教育，以及由国家操控的、巩固帝国存在的文学经典；（4）帝国内部的去军事化（demilitarization）和对帝国边缘族群所开展的军事活动；（5）农村地区富裕的豪强大族的兴旺。对南北朝，作者说明这一时期的历史重心应当是：中国地理的重新定义，它的内在结构及其与外部世界的关系，新的社会精英，世袭制的军事人口和新的军事组织，影响后世的宗教使中国不再严格按社会与政治来划分人群，等等。对唐代，他关注唐宋政治与文化的转型、中国地理格局的再变化、商人与外部世界、城市中的商业与贸易引起的文化与文学变化，而在卜正民所撰写的《元明》一卷中，虽然并不像前几卷那样明说要点，但他一方面说，“我们只需举出元明史上的两大主题——独裁制和商品化（commercialization），在宋代尚不见其踪影，而到了元明时期，它们在质和量上已发生了飞跃性的变化”，因此，他“没有把它（1368年元明易代）当作中国历史上的一个转捩点，而是连接两段历史的纽带。使明王朝崛起的叛乱，确实终止了蒙古人长达一个世纪的统治，但也使蒙古人的遗产得以历数百年而传承不绝。元明两代共同塑造了中国的专制政体，将中国社会解体，重新以家族为中心聚合起来；并且，为更好地积聚商业财富而重建了中国人的价值观”；另一方面他别辟蹊径，不仅把社会结构（《家族》）、自然环境（《经济与生态》）、宗教信仰（《信仰》）、物质文化（《物华》）以及外部世界（《南海》）各列一章，而且特别指出“这两个朝代所在的时期恰好是研究世界其他地方的气象史专家所说的小冰河期（the Little Ice Age）”，因此他特别详细地叙述了自然灾害——饥荒、洪水、干旱、飓风、蝗虫、流行病。从这里，读者或许可以看到他对于元明两代历史的新认识。同样，对于清代历史来说，我们也可以注意，为什么罗威廉在《治理》这一章中那么重视“理藩院”“内务府”和“军机处”这三个他所谓的“创新”？因为这三个“创新”，其实就是“管理”“保护”和“控制”，它指向清王朝政治统治最重要的三个方面：一是对汉族中国本部十八省之外的管理（大清帝国的多民族与大疆域）；二是对皇帝个人及其有关家族的保护（异族统治者的利益和权力保证）；三是满洲统治者对核心权力包括军事权力和行政权力的高度控制。

这或许是理解清朝作为一个“帝国”的关键。

三

这套“帝制中国史书系”，值得击节赞赏的地方很多。比如，我们常常以为欧美学者总是习惯追随新理论，但在书中我们可以看到，他们对新理论在历史研究中的限度，也有相当清楚的认识。举一个例子，我很赞成《清朝》卷中罗威廉的一个批评，他说，一种所谓“后殖民主义”观点指责20世纪初中国的政治精英，说他们总是认为中国应当走欧洲式的民族国家道路，因而这一思想便成为中国民族主义力量的部分原因。罗威廉冷静地指出，这一说法“貌似合理且引人入胜，但必须记得，晚清的中国精英们没有这样奢侈的后见之明。对于越来越多的人来说，为了能在即将到来的战争中存活，把他们的政体重建成强大的西式民族国家，确为当务之急”，这才是同情理解历史的态度。再举一个例子，在讨论中国史的时候，这些来自西方的学者总能不时引入世界或亚洲背景，使中国史超越现代中国的“国境”，与世界史的大事彼此融合、相互对照，因此对一些历史事件与历史人物，不免多了一些深切理解和判断，与那些盲目相信“中国崛起”可以“统治世界”，因而对中国历史做出迎合时势的新解释的学者不同。如卜正民关于哥伦布与郑和航海的比较，就批评一些趋新学者把郑和当作探险家，并且比作哥伦布的说法。他指出，哥伦布的目的不是外交或探险而是经济利益，而郑和的目的是外交，即“不是一个为了在海上发现新世界的职业探险家，而是一个皇室仆人为了达成一个僭位称帝者的迫切心愿——获得外交承认”，因而这两个同样是航海的世界性事件，引出的历史结果大不相同。当然，我们也可以从中学到欧美学者在历史中说故事的本事，自从劳伦斯·斯通（Lawrence Stone）的《叙事的复兴》（*The Revival of Narrative: Reflections on a*

New Old History）以来，西方学者对历史如何叙事，重新有了更大的兴趣，而卜正民正是这一方面的高手，在《元明》卷中，他仿佛讲故事一样的方式对元明两代历史的叙述，会让我们想一想，中国通史著作非得写得一本正经地教条而枯燥吗？

毫无疑问，这套书也有一些我不能完全赞同的地方。作为一个中国历史研究者，阅读之后也有我的疑惑。首先，从文献资料上说，我要指出的是这套书有的部分虽然开掘了若干边缘文献，但有时不免过于轻忽主流历史文献（比如二十四史、通鉴、十通等等）的引证，甚至有一些常见的正史文献要从今人（如唐长孺）的著作中转引，这是中国学者难以理解的，而从学术论著之参考上说，对于近年中国学界的论述仍然较为忽略，以中古史为例，虽然陈寅恪、郭沫若、唐长孺、王仲荦、韩国磐等人的著作时有引述，但是，显然对近年以来中国学者的新研究了解相当不足，即以北朝之"子贵母死"一事为例，作者没有提及田余庆精彩的研究就是一例。其次，我也要说，如果以较严格的水准来衡量，书中有些论述也有不完整、不深入或者还有疑问的地方，比如，《南北朝》卷对中古时期的佛教与道教论述，似乎略有问题，至于《唐朝》卷说"在隋唐时代，佛教最终分成了四个宗派"（天台、华严、禅和净土），这更是不太可靠；《宋朝》卷虽然注意到宋真宗时代是一个重要的"历史转折点"，但遗憾的是，这里并没有深入分析为什么这是一个"历史转折点"，其实，可能更应当指出从"安史之乱"到"澶渊之盟"两个半世纪之间出现的胡汉、南北、儒佛、君臣四大关系的新变化；再比如，对于宋代儒学从反官僚体制到融入意识形态主流的曲折变化及其政治背景，似乎简略或者简单了一些，让人感到对于理学的叙述深度不足，而在《元明》卷对蒙元叙述过少，与当下蒙元史作为世界史的热潮相左，这一做法令人疑惑，而在有关王阳明与"大礼议"关系的论述中，作者似乎认为，由于王阳明支持嘉靖尊生父而使得王阳明之学得以兴盛，这一论述根据也许并不充分，结论也稍显简单，因为事实上，嘉靖皇帝并未因为王阳明和他的弟子们在"大礼议"中的立场，而改变禁止"王学"的政策；至于《清朝》这一卷中，罗威廉对于费正清朝贡体系的批评似乎也不能说服我，尤其是他用来批评费正清之说而举出的例子，即大清帝国和朝鲜、越南在“引渡与边界”方面“基于对等主权国家的模式”，这一说法恐怕缺乏历史证据。当然，这些并不重要，任何一套通史著作，都会留下这样那样的问题，这也是通史著作被不断重写的意义所在，历史不可能终结于某一次写作。正如前面我所说的，这 6 卷帝制中国史新书，即使仅仅在思路的启迪上，就已经很有价值了。

四

“帝制时代”在 1911 年结束，这套 6 卷本从秦汉开始的“帝制中国史”也在清朝结束之后画上句号，但掩卷而思，似乎这又不是一个句号，而是省略号。为什么？请看罗威廉在最后一卷《结语》中提出了“帝制中国”留下的三个问题：

第一个问题是国家。他说，“大清帝国在性质上与之前各代相继的汉人或异族王朝有所不同。作为标准的近代早期欧亚大陆形态之多民族帝国，其在扩展‘中国’的地理范围，将如蒙古、女真、西藏、内亚穆斯林与其他非汉民族，整合成一种新形态、超越性的政治体上，取得惊人的成功。”但是，此后从“帝制中国”转型来的“现代中国”，也面临清朝遗留的种种问题，他追问道，现代中国将如何维持这个多民族国家，如何解决蒙古人、满人、藏人、穆斯林的分离主义趋向？

第二个问题是政府。他说，清王朝是一个省钱的小政府，很多政府工作“转包”给了当地精英（士绅、乡村领袖、地方武力领导以及商业上的中介者）、团体（宗族、村庄、行会）。但是，当清政府 19 世纪面临国际侵略和内部问题时，“在这种竞争环境下借政治以求生存，一个更大、更强、介入更深的国家机器似乎就成为必要”。这也许是一个历史学家的“后见之明”，抑或是为庞大的现代中国政府上溯源头，那么，这个更大、更强、介入更深的“政府”将给现代中国带来什么后果？

第三个问题是“公”领域。罗威廉说，19 世纪中叶以来，以公众利益为名开办并给予正当性的各种事务（如慈善、防卫、基建、商业行会）

突然发展，开始在地方蔓延，虽然这可以视为“国家扩张的伪装方式”，但这种情况的出现，一方面使得国、共两党得以利用，另一方面使中央政府需要对这些领域重申控制的必要。那么，这是真正意义上（如哈贝马斯所说）的“公共领域”吗？它在清朝之后的中国发展状况如何？它在当代中国又将是个怎样的命运？

走出帝制之后的中国，似乎仍然残留着帝制时代的问题，而这些问题都值得继续深思。若干年前，孔飞力（Philip A. Kuhn）曾经在《现代中国的起源》（*Origins of the Modern Chinese State*）一书中试图解答这些问题，但是，我以为这个问题的最终解答，还需要很长的时间和更多的努力。

近些年来，东洋学者撰写的中国史，较新的如讲谈社之“中国史”系列，较旧的如宫崎市定之《中国史》等，都已经翻译出版，并且引起中国读书界的热烈反应。我听说，引起热议的原因，主要是它们不同于中国久已习惯的历史观念、叙述方式和评价立场，这让看惯或读厌了中国历史教科书的读者感到了惊奇和兴味。那么，现在西洋学者撰写的这一套哈佛版“帝制中国史”书系呢？人们常引苏东坡诗“横看成岭侧成峰，远近高低各不同”来比喻在不同角度，往往观察各有所得，如果说，日本学者对中国史是“横看成岭”，那么，西洋学者编纂的这套哈佛版“帝制中国历史”书系，是否也会“侧看成峰”，并且引发中国读者新的思考和议论呢？

2016 年 7 月 18 日初稿于上海

2016 年 8 月 14 日修订于芝加哥

中文版总序

卜正民

20 世纪 90 年代初我到北京参加一次会议时，幸运地发现清史研究专家朱维铮教授也出席了同一会议。在朱老师这一代人中，他可谓极富才学，或许性情也最火暴。对我而言，他还是一位慷慨的良师益友，在我需要之时往往不吝提出明智的建议。我想通过回忆自己与朱老师在北京月坛公园的一次谈话来为中国读者介绍这一套书。当时我俩正散着步，我突然向他袒露心声，说自己曾数度迷茫—— 90 年代初的我正处于迷茫之中——既然我不是中国人，那当一名中国历史学家到底有什么意义。我虽然能够像朱老师那样阅读第一手文献，但还是极度渴求拥有他那般理解中文文献的本能。到底怎样我才能像理解自己的母文化那般，更真切地理解中国呢？

朱老师做了这样一个比喻来回答我的问题："你想象中国是一个仅有一扇窗户的房间。我坐在房间里面，屋里的一切都在我的目光之中，而你在房间外头，只能透过窗户看见屋里的景象。我可以告诉你屋内的每一个细节，但无法告诉你房间所处的位置。这一点只有你才能告诉我。这就是为什么中国历史研究需要外国学者。"

朱老师或许对中国同事们的研究局限多有责备，但对那些愿意付出真正的努力来了解中国的外国人，则往往慷慨相助。他相信，我们的确能够带来些什么，而且我们拥有一种中国人无法依靠自身开辟出的观察视角，因为我们对中国的观察受世界其他地方的政治、社会、文化生活经验影响，而这些经验是中国人所没有的。听他说着，我不禁想起了明朝时的一句俗语：中国人用两只眼睛观察世界，欧洲人只用一只眼，其他地方的人则都是瞎子。我相信，朱老师是觉得他这一代的中国学者只睁开了一只眼，而外国历史学者正好为他们提供了第二只眼睛。

作为一个二十来岁才开始研究中国的学者，我自然是站在房间外面来观察中国的。然而重要的是，我二十来岁的光阴正好是在 20 世纪 70 年代——这意味着我大致上与中国所谓的“文革一代”同辈。彼时正是西方史学经历大转折的时期，历史不再是伟人和强权间相互影响所取得的成就，而转变为普通人在其所处社会的约束与机遇中经历的生活。对于一个在此时拥抱中国明代社会和经济史的外国人来说，这无疑是一个讽刺，因为彼时我最想求教的历史学者并非来自西方，而是一个中国人——傅衣凌。傅衣凌对与我同辈的中国历史学者产生了巨大的影响，他展示给了我们具体的研究路径，让我们知道如何用明代史料写出各个阶层民众经历的历史，而不是统治家族支配的历史。70 年代末，我有幸在北京见过傅老师一面，至今我仍后悔没能向他学习更多，像我从朱老师那里学到的一样。

当哈佛大学出版社邀请我主编一套中国帝国时期的历史时，我找到了与我同辈的三位历史学者，他们多多少少形塑了我在社会关系和物质文化方面的兴趣。我们并非用同一种语调或同一种国家视角（三人中一位是德国人，两位是美国人，我是加拿大人）来论述问题，但我们差不多是同一代人，踩在同一片知识的土地上。我并未做多少导引，主要是请他们引用自己和其他人近期研究的一些成果，这样他们的描述才能够与时俱进，跟上现在的知识脚步。我可不想我们只是在重复老套的故事。另外，我请他们仔细考虑在他们所写的那个时代生活到底意味着什么，并从这个角度来进行写作。我希望他们抱着生命经验之复杂的想法，而不是退回到“历史事件之所以发生就是因为它该发生”那一套统一的、早已建构出的历史叙述中。他们应该从自己所写时代的内部而非外部来呈现那些岁月，但同时，他们的写作也需要囊括该时期内中国所征服的地区，这就要求他们不仅从内部来观察，还要具备全局眼光，使影响该地区历史进程的非汉人形象更加具体。这套书仍保留的一个传统是按照朝代来划分中国历史。之所以这么做，部分是因为朝代变更往往意味着正式统治者的改变，由此人民的生活组织方式也改变了；更重要的是因为朝代的确提供了时间定位，方便人们明白自己在历史的何处徜徉。所以，读者会在这一套书中见证朝代兴衰，但也能更多地了解某个时代的经济、社会、文化，以及人民的日常生活，而不是像在故事书中那样只看到皇帝和大将军们的传奇故事。

我所写的元明卷与其他几卷有一个显著不同，这种不同是在整个系列的编纂后期才逐渐显露出来的，所以该特征在其他几卷中并没有出现。正如我提到的，我发现自己越来越喜欢从环境的角度来看待历史，这么做最开始是为了满足我对自身的要求——我认为我们应该好好利用环境研究领域的最新成果，而这些成果正不断涌现。然而，我逐渐得出了这样的结论：在元明四个世纪的历史中，对民众生活经历和政治时运产生影响的最重要因素正是气候变化。气候虽不能回答历史提出的所有问题，但我发现要回答元明时期的许多历史问题就不得不把两个最基本的物质生活条件——整个世界的寒冷和干燥程度——考虑进来。元明卷并非完全在论述中国自中世纪暖期到小冰河时代的环境历史，但它的确是在将气候变化影响纳入考虑的框架内对历史进行阐释的。

现在，我邀请你们走进这个中国历史的房间，而四位学者正站在外头观察它。我希望你会同意，我们的确看到了一些你会错过但值得留心的东西。我还希望我们发现的一些具有挑战性的问题，能够激励中国读者用自身的内部观察视角来检视中国的过去与未来。

2016年6月2日

（田奥 译）

分裂的帝国：南北朝

导言

中国历史的本土叙述聚焦于统一与军事统治的时代，由是，汉朝终结于宗教起义和地方军阀之手后的四个世纪的历史较少被关注。这一时代的次要地位还表现在它缺乏任何早就商定的名称。传统史学按照时代划分，现代中国学者称呼这个时代为魏晋南北朝，西方学者曾建议以分裂时代或中世纪早期来取代这个称呼，但是对于前者，人们认为中国处于单一政权的统治之下是这个国家的常态，而后者则是以西方模式来规定中国历史。

虽然承认命名的局限性，但我仍采纳了一个修正过的中国名称——南北朝，这有两个原因。首先，这个冠名简化了本土的术语，在这四个世纪里，中国的政治版图按主要的两个大河流域分裂。在被称为“魏”的时代——“三国”这一称呼更为著名——中国被划分为统治黄河流域的一个国家和南方长江流域的两个国家。在随后的晋朝，中国的统一仅仅维持了 30 年，接下来的一个世纪，中国又按黄河流域与长江流域的地理划分发生分裂。

但是专门称之为“南北朝”的第二个也是更加重要的原因是，伴随着地理分裂出现的主要变化在很多方面界定了这一时代的历史特

征。汉族人口向南方大规模移民，他们遇到陌生的景观和不同的人 002
群，随之出现文化的革新，这使南方文化与北方文化产生不同。“南北朝”的名称反映了政治分裂的事实，它同样表明中华文化领域的扩张和多样化，这是帝制中国历史上极具开创性的、划时代的时期。

多样化的五个中心主题交织在下面的章节中：

（1）中国地理的重新定义，它的内在结构及其与外部世界的关系；

（2）新的社会精英出现，他们的特征是从事一种新的文化与文学实践；

（3）出现了通常采用世袭制的军事人口和新的军事组织；

（4）朝廷在军事力量的支撑下逐步与社会民众隔离开来；

（5）主要宗教的兴起，不再严格地按社会与政治来划分人群。

正如上文所显示的，汉唐间四个世纪最重要的发展是中国地理的重新定义。它至少体现在四个方面。首先，最重要的特征是向南方长江流域大规模的移民与定居。从史前时代开始，长江流域便是广义的中华文化领域中的一部分，从战国时代开始它是中国政治领域中的一部分，但那时仍然是一个次要的地理区域。西汉（公元前 202 年—公元 8 年）[1] 末年，中国人口中不到 1/4 的户籍人口居住在长江流域，这些人被视为具有不一样的地域文化。[2] 但是在军事入侵和洪水泛滥的压力之下，东汉时期（公元 25 年—220 年）开始出现中国人口向南方的大规模移民，并在 4 世纪早期达到高潮。在汉人稳定地占据南方的过程中，他们清理山坡并排干沼泽以进行农业活动，取代或吸纳当地的民众。这些空地早已被纳入中国的疆域，这一填补空地的过程是南北朝时期的第二个主要变化。

地理重新定义的第三个方面是中国关于外部世界知识的扩大，并 003
在一个更广的领域内重新理解中国的位置。佛教的到来带来了与中亚及印度次大陆的常规贸易。在中国的世界观中，这一时期的日本从神话领域进入现实领域。尽管遥远的南方很大程度上仍然是陌生的领土，但现代广州的前身在当时是充满活力的贸易中心城市，它通过海上贸易使部分中国人与东南亚发生联系，正如与印度及西方发生联系一样。

最后一个地理上的重新定义发生在中国文化自身上：家庭与国家之间社会空间的形成。汉代文学聚焦于朝廷与都城，随后的几个世纪则见证了致力于不同地域及当地文化的文学的兴起。文学涉及的范围包括农村、山水景观以及荒凉的边境地区。文学与高端文化所牵涉范围与主题的扩展改变了中国社会的精英群体。他们发展出一系列新的物理空间——园林、寺院、豪宅空间、乡村别墅——文化与宗教活动在这些地方进行。

南北朝的第二个核心主题是新的精英的出现。汉代的豪族很大程度上以他们的物质财富——特别是土地——构建他们的社会联系网络，以及他们对朝廷官位的垄断为其身份标志。与之相反，南北朝的精英们通过他们所追求的文化与文学活动更细致地把自己区分开来。诗赋创作、书法、哲学清谈、独特的服饰，以及优雅的修养，这些都被培育出来，用作门阀集团的自我认定，以与只拥有财富或权力的家族相区分。这些确定地位的活动逐渐与官职选举的新方式合流——这种新方式以保障起家官来维护世袭性。南北朝同样是精英们开始编撰详细家谱并以此界定他们亲属群体的时代。

推动多元化的第三个主要力量是军事上的变化，军队主要由世袭的军户组成。公元 32 年，普遍征兵制被废除，此后，汉朝朝廷主要依赖非汉族的骑兵、刑徒和募兵来补充兵力。汉朝末年兴起的军阀们以奴客、游牧战士以及被俘的宗教起义者充任军人。在随后的几十年乃至几个世纪里，这些奴客与难民成为世袭性士兵的最大来源，而非汉族的牧民则成为另一个来源。这两部分军人最终使地主与按血缘关系组成的联盟军相形见绌。从 5 世纪初的几十年开始，军事权力从精英家族手上转移到朝廷手中，使皇权得以重振。

帝国权力对军事基础的依赖导致南北朝时期的第四个主题的出现，帝国政府从社会这个整体中抽离出来。这一过程开始于汉代，汉朝创造了一种泛帝国文化，这种文化建立在非语音书写和按照礼仪建设的都城之上。汉代的都城超越了早期战国时代形成的地区与地方之间的关系。在南北朝时期，帝国的权威军力是把传统社会秩序之外的人群作为其根基的，这使得朝廷进一步远离对日常生活的关注。在这四个世纪中，外族统治者于中国历史上第一次进入并占领中原，而且控制了中国的官僚机制。黄河流域是中华帝国传统的核心地区，自汉朝在 220 年灭亡后的 18 个世纪里，有 9 个世纪实际上是由外来的皇帝统治的（如果唐朝统治家族被看作是“外族”的话，还要再加上约 3 个世纪），这戏剧性地说明了中国政府与它的人民和社会的分离程度。

南北朝时期多样化的最后一个主要来源在于，宗教运动不追求建立政治与社会的统一单元。在秦汉帝国时期，国家的宗教实践是以统治者为祭祀首脑或最高祭司，他的男性亲属或下属官员作为次级祭司参与其中。家庭或亲属关系通过祖先祭祀得以界定。信仰并不受国家制约，比如也可以向山林、神仙或动物图腾奉献，这些实践由地方上的名门望族联合举行，有时低层的官员也会参与。但是，随着受末世论影响的反叛运动兴起，汉朝摇摇欲坠，宗教将个体联结起来，个体之间仅有的社会或政治纽带是以信仰联结的。道教和佛教提供了社会组织的新模式，也为由生者与死者所占据的世界提供了新的范式。这两个宗教改变了中国生活的各个方面。

在北方和南方，这些相互联系的变化不断积累着影响因素，并不仅仅是因为这些分裂的史实，使得这几个世纪在中国历史上占据一个主要的位置。589 年时，中国被隋朝重新统一，但这是一个完全不一样的世界了。曾经处于边缘的长江流域已经成为中国的粮仓，隋朝修建的大运河就表明了这一点，因为这条大运河将南方州郡的物产运送到地处北方的都城。中国精英们的文化世界观——以及他们用以阐述它的语言——同样发生了变化。这些精英以家谱和新的文学实践来界定自我，他们以其家世入仕做起家官，并被纳入国家秩序中。在社会光谱的另一端，佃户和军户的世袭地位同样被写入法律秩序中，隋朝和唐朝从前几个世纪中继承了这些制度。帝国官府由一个对“部落”结构进行改善的军事体系支撑，宣称其远远高出世俗的社会秩序。而佛教与道教，连同它们的寺庙和神社所创造的社会空间，改变了国家体制，它们现在已经成为其中一部分。宗教同样也改变了亲属关系，并在其中扮演了重要角色。这个“新中国”发现自己被纳入一个更为广阔的世界中，在这里，它与同享佛教信仰的国家和拥有共同书写系统的地区交换商品、交流思想。从以上这些方面来看，汉朝与唐朝之间被忽略的这几个世纪，在中国历史上留下了深刻、永久的印记。

第 1 章

南北中国的地理

在早前的秦汉帝国，最重要的地理划分是在黄河上游的黄土高原与黄河下游的冲积平原之间。汉朝的全部历史都可以被描述为这两个区域间平衡的转换。[1] 但是几个世纪以来，有越来越多的人自愿或者被强制性地向南方迁徙，黄河流域内部的划分不再那么重要，其逐渐让位于另一种划分，即在黄河河谷与南面长江河谷之间的划分。

汉朝的政策是将游牧部落重新安置于国境之内，将他们编入远征军。这使得黄河流域出现了越来越多的汉族与非汉族文化的交融，也同样推动了第一次向南方移民的潮流。数以百万计的汉人，大多数是农民，在汉朝统治的最后一个世纪里向南方迁徙。220 年汉王朝覆灭之后，这种迁徙继续加速。到 320 年时，又有数百万汉人在长江下游地区定居。黄河流域则持续成为非汉族部落统治者所建立的诸多小国之间的战场，系列战争的顶峰就是帝国故都的陷落——洛阳失陷于 311 年，长安失陷于 317 年。在 280 年至 464 年之间，长江流域及以南的户籍人口增长了 5 倍，主要因为有大量外迁人口到来，江南——“长江以南”——成为中国文化的一个重心。[2]

在分裂时期，直到 6 世纪末中国于隋朝被统一，中国的北半部

007 是被非汉族人统治的，他们的行动驱使更多汉人从黄河流域向长江流域迁徙。南方有规律的降水和肥沃的土地起到了进一步的推动作用。[3] 在重新统一的 589 年，大概 40% 的户籍人口居住在长江流域。新统一的帝国希望通过开通人类历史上最宏大的人造水路——大运河——将南方与北方连接起来。但是这两个区域仍然保持着清晰的差异。在贯穿 7、8、9 世纪的唐朝，以前的南方边境地区成为中国人口统计学上的、经济上的以及文化上的中心。

到 8 世纪中期时，仍有超过一半的人口居住在北方，然而到了 13 世纪晚期，只有 15% 的人口居住在北方。这并不能归因于北方人口的减少，因为这一时期北方人口仍在继续增长，只是南方人口出现了巨幅增长。在中国帝制历史的后半期，地理与文化上的划分是在北方与南方之间，即在黄河流域与长江流域之间，这种划分是逐渐在汉朝与唐朝过渡期间的 4 个世纪里发生的。[4]

农业与治水

在中国历史上，北方的农耕主要是由小规模的家庭农场进行，通常不超过几英亩的范围。地主仅仅拥有少量的可耕作土地，即便到了帝国晚期，这些地方也不存在拥有庞大产业的世家豪门。在历史的大多数时期，中国北方的旱作农业主要产出小麦、粟、高粱与大豆（一种重要的补充作物，同时也为土壤提供更多氮物质）。到了 18 和 19 世纪，来自美洲的棉花和烟草被引进成为经济作物。[5] 种植粮食作物的同时也混种蔬菜。因为北方的降水不均，洪水、土壤的盐碱化、蝗虫与干旱是经常出现的灾害——任何一种灾害都会减少年产量。相应地，饥荒是一种经常性的威胁。

与之相反，南方的农村把水稻作为主要的粮食作物，并且将桑树（养蚕以生产丝绸）、茶叶和各种油脂植物当作经济作物。如同在北方，南方农场的规模也非常小，进行集约化生产。但是土地所有权集中在大世族手中，由他们出租农田给佃户。尽管佃户个人家境贫困，010
但由于雨水充足，地区性的饥荒很少出现。

因为北方的降水大多发生在夏季晚期（每年降水量的 70% 左右集中在 8 月），在农作物生长的高峰期，黄河的水位较低。这种模式意味着在中国历史的大多数时间里，几乎无法将河水用于灌溉。国家主办的灌溉系统局限在主要的支流，像渭河、汾河或者四川中部的都江堰工程。从帝国的早期开始，黄河沿岸的农民主要依赖石井供水。井一般是 7 到 10 米深，它们由一些 5 到 6 人组成的团体挖掘而成，分属富有的私人家庭。中国北方平原上，灌溉的困难与降水的稀缺，使得蓄水和经济用水至关重要。

但是黄河流域最大的威胁来自洪水。这条河的颜色来自它所携带的大量的泥沙。它将这些泥沙从中部高原带到大海。流经最后一条支流后，河水流速减缓，泥沙沉淀到河底后，使得河水漫出河岸，河堤也一再筑高。但是不论河堤筑得有多高，泥沙继续沉淀，以致洪水的威胁总是存在，而且每次都会比以前更加危险。依据已有的记载，黄河冲破堤防，决口达 1593 次之多。在很多地方，泥沙淤积和筑堤之间争分夺秒的竞争使黄河水面高于周围的村落。今天，在黄河所穿越的狭长河南地区，河水要比邻近的地面高出 10 米。如此巨大的堤防只能依靠帝国来维系。大规模的、由政府主导的、基于堤防建设的治水，与小规模的、以家庭为基础的、基于水井建设的灌溉相结合，造就中国北方政治结构的一个重要特色：基于小农经济之上的中央集权机构。

8 月的倾盆大雨也抬高了地下水水位，引发土地的严重盐碱化，以致粮食产量减少甚至颗粒无收。新中国成立后，有足够的数据显示，中国北方平原大概有 10% 的土地每年都受到这种情况的影响。受灾最严重的地区变成沼泽般的滋养蝗虫的土地——蝗灾是折磨这个地区的第三种主要自然灾害。

011 一些证据表明，抛开这些自然灾害不谈，汉初的农民仍能在每四年里生产五季庄稼——这意味着，多数年份是一年一季，在好的年份则是一年两季。一个世纪之后，也就是公元前 1 世纪末的文献描述了黄河流域所使用的最先进技术，表明农民常能获得更高的产量。他们通常是在春季种植高粱或粟，在冬季种植小麦。因为冬小麦是在 7 月收获，这时候再种植粟就太晚了，所以收获小麦之后通常接着种植在夏季生长的农作物，比如大豆。[6] 在最好的环境下，能够在两年里种植三季农作物（这样在四年里就能收获六季作物，而非五季）。因为每年的无霜期能达到 6 至 7 个月，一个农民必须在结霜之前的 6 个星期内既收获春季作物，又种植冬小麦。

洪水和内涝的双重威胁影响了北方村落的居住形式。在帝制时代早期，村民们依据旧石器时代的模式，在高地上建房群居。与此形成对照，举例而言，成都平原处于长江中游的水利系统之中。公元前 2 世纪时伟大的都江堰水利工程得以修建，它消除了洪水的威胁，使得房屋能够广泛地分布于乡野之中。中国北方的乡村是有核心的、紧密联系的、内旋的，它比那些南方的农村有着更高程度的内部团结性，但是在市场网络和更广的区域经济方面却缺乏与相邻村庄的密切联系。

当洪水与内涝没有威胁北方农民的庄稼时，他们还要担心干旱。中国北方平原每年总降水量变动非常大：干旱年份的降水量可能只有多雨年份的 12%—14%，即便在好的年份，也只有 10%—15% 的降水集中在春季——这是粟生长最重要的时期。从第一个王朝的建立到清前期的这 1800 年里，中国北方平原遭受的干旱有记载的就有 1078 次之多，在新中国成立后的 28 年里，有 7 次主要的干旱。人口的增多，新的工业化进展，家用冲水马桶和洗衣机的普及，为满足肉类产品需求的增高而导致供应家畜的苜蓿产量的增长，这些都使得近期对水的需求急剧上升。地下水现在比地表要低 100 英尺以上，这使得很多水井都无法再继续使用。

与低平的中国北方平原相比，长江以南的地形主要是山脉与丘陵。中国南方可以被划分为三个区域：南方（包括长江流域）、东南沿海地区（大略相当于现在的福建省），以及西南地区（包含云南省和贵州省）。东南沿海多山，但是河谷一带作物却是高产的。这个地区在汉朝覆灭之后，因为汉人向南方的迁徙而首次受到汉人影响，但是直到唐朝以后这一地区才开始慢慢入主中原文化，直到 8 世纪，才在朝廷中有了自己的代表。因为它有大量的自然港，所以比中国其他地方更依赖于渔业和国际贸易（10 世纪后尤其重要）。最终，东南沿海的发展使之与中国台湾、日本和东南亚紧密相连，从而在中国与外部世界的贸易中扮演关键性的角色。中国西南边境地区是在 18 世纪和 19 世纪才逐渐平定下来的，所以在南北朝的历史中并没有被明确提及。这个区域是山区，低地覆盖着丛林，并且仍然被不同部落的族人占据着。

南方地区包括长江流域及其主要支流：汉江、赣江和湘江。它又可以被划作三个大区域：长江中游、长江下游和四川。中国南方享有规律的降水和繁多的湖泊、河流和溪流，但是因为它崎岖的地形，大规模农业只可能在河谷、长江下游三角洲和围绕着长江中游湖泊群的沼泽地区（只在较晚时期，来自美洲的玉米和马铃薯才得以在丘陵地区种植）发展。只是在帝制中国的晚期，山坡上的梯田才变得意义重大。

长江中游与长江下游之间的敌对竞争构成了南朝政治史的框架，正如关中与关东的竞争决定了汉代的历史。长江中游地区包含两个大湖——洞庭湖和鄱阳湖，还有一系列较小的湖泊和沼泽地吸纳春季和夏季的大量雨水。这些湖泊的水源主要来自三大支流：汉江，从西北方流来，提供了一条向南方移民的主要通道；湘江，从南方流来，在今天的湖南省汇入长江；赣江，同样是从南方流来，但是更靠东一点，从今天的江西省汇入长江。一旦经过赣江进入长江下游（第二个大区），长江就再没有主要支流。长江流速减缓并变得非常宽阔，以至于都无法看到对岸。长江所携带的沉积物在入海口积淀成为一个巨大的三角洲，以每 70 年生长一米的速度继续延展。[7]

013

四川的岷江流域成为长江流域的第三个大的区域。由于广泛的灌溉工程，这个区域的低洼地区在帝国早期就非常高产，但是四周环绕着的高山将这个区域与中国的其他区域隔离开来。[8] 长江通过著名的三峡后离开四川，三峡是水路的危险地段。蜀道之难意味着四川很难成为一个大国的根基，但它在三国时期却是蜀国创立者的避难所，也是 8 世纪中叶安禄山叛乱时唐朝皇帝的避难所。在汉朝瓦解后，四川的孤立也为建立一个独立的神权王国提供了便利，从而在道教史上扮演了一个重要的角色。

中国南方首要的自然环境威胁并非如北方那样是洪水或者干旱，而是过多的降水。它常使低地成为泽国，既难以耕作，又容易形成瘴气。在汉唐时期（公元前 200—公元 900 年）的文献中，南方被描述为沼泽与丛林之地，疾病与有毒的植物蔓延，还有凶蛮的野兽和更凶猛的带有文身的部落土著。这是一个流放之地，很多获罪的官员来到这里后就再也没有离开过。[9] 这里的原住民讲着来自黄河流域的人们听不懂的语言，这些语言或许与现代泰国语、越南语、高棉语有关系。在史前时代，那些居住在长江以南的人群在文化上与东南亚的内陆和沿海国家都有关联。[10]

随着几个世纪里越来越多的汉人向南方迁徙，他们大大小小的排水工程，将广阔的湖泊、池塘和沼泽地变成可耕作的土地。大地主，而非国家，在建立排水和灌溉工程时负有最主要的责任，小农则要依赖他们的保护。政府时常会在控制水量方面提供建议，并对那些准备在沼泽地区定居的人免税，但这项政策经常沦为给那些在朝廷有影响力的家族的经济活动提供资金补助。因为在开垦土地与农业技术方面扮演重要角色，南方的地主拥有了更广阔的不动产，并比北方的大家族更严密地控制地方社会，这种地区差异一直延续到帝制中国的晚期。

随着中国的人口转向南方，稻米成为主要的粮食农作物。尽管稻 014
子在旱地和北方都能生长，但在南方湿润的田间生长得最好。因为对于秧苗而言，水是输送营养的主要渠道。相比于土地的肥沃程度，耕作稻子更多还是依赖对水的数量和质量的控制，以及适时的灌溉。因此，在那些多雨的地区，精心设计的灌溉系统需要经常性的维护，在地方层面也必须要有大规模的组织管理。对水的管理是南方大家族的一项基本职能。

然而，对水的利用只是水稻种植的一步。在其他活动中，农民个体的努力决定了最终的产量。对耕地仔细准备以使水深达到一致，一再地松动土壤，维系田埂以保持水量，这些都需要持续的劳作。在所有活动中最严苛的是将秧苗从育种的土地移植到主要的田地中。这个过程必须在恰当的时间进行，必须在一个星期里完成。秧苗间的正确间隔——对农作物的产量非常重要——依赖于对土地特性的深入了解。因而，单个农民的勤奋与技能水平对水稻生产至关重要，一个“好的”农民能够通过其高质量的劳动将产量提高好几倍。最早的有关水稻移植的记载始于汉帝国晚期，专项技术的传播，是中国南方成为主要粮食产区的关键所在。[11]

中国南方多产的、水资源丰富的土地，使这个地区比起中国北方的平原来说，更能够从农业的商品化、城市化、远距离的大宗贸易以及区域的专项化中受益。因为拥有大量的湖泊和河流，还有数百万公里的运河（在 20 世纪中期，仅上海三角洲的运河就超过 24 万公里），中国南方最终发展出在前工业化世界中最好的水路交通网络。但这一点是在南北朝很久之后才实现的。

山脉与移民

贯穿各个山中关隘和沿水路而进行的迁徙，推动了黄河与长江间的人口中心的转换。移民路线主要有三条——长江流域的三大地区各有一条。最简单的一条是从黄河的冲积平原出发，继续向东南行进，穿过中部几乎无法区分的黄河下游与淮河流域。除了沿着淮河的众多沼泽地之外，那儿没有地形上的障碍来限制移民的流动。这条不确定的河流没有清晰的河道，它流入几个大的沼泽地和湖泊，这些沼泽地和湖泊随着降水的变化而变大或者变小，淮河入海的路径因而变化无常。在某些时候，它会直接流入长江。

在这条移民路径接近长江时，它会分流为一个倒“Y”形的路径，东边的一条分支通往长江口，流向杭州，而西边的一条分支则逆长江而上，直到鄱阳湖。从那儿，流民能够沿着赣江南下，翻越梅岭，过北江，进入现在的广东地区。通过这条南下移民路线迁徙的流民在长江下游地区集中。在那里，他们成为生产劳动力，或者成为南方的都城建康（此前称为建业，现在是南京）周围军队的兵源。[12]

第二条移民路线是以汉朝的两个故都为起点，或从都城长安开始，或从中部平原的洛阳开始。从长安出发的路径要在武陵关翻越秦岭山脉，困难地攀爬到 7000 英尺高，沿着建造在悬崖峭壁上的栈道通行。然后沿汉江而下，来到水路枢纽城市——襄阳。在那儿，这条路径将与始自洛阳、翻越伏牛山脉的路径相汇合。合并后的路径向南沿着汉水直达洞庭湖区。[13]沿着这条路线，从汉朝故都而来的流民集中于长江中游地区，成为西部兵团的兵源。另一些人继续向南行，或沿着赣江到广东，或向西南沿着湘江到长沙，然后继续前行到今天被称为越南的地方。

第三条也是最靠西的一条路线，因为最难行走，相应地它在历史上的重要性也最低。从长安西行后到达宝鸡，然后向西南行进，通过蜿蜒重叠的山路后抵达现在四川的核心地区——岷江盆地。全程约435公里，有1/3的路都建在悬崖峭壁之上。唐朝诗人李白的一首著名诗歌咏唱了行走在这条险路上的艰辛：

噫吁嚱，危乎高哉！
蜀道之难，难于上青天！
……
上有六龙回日之高标，
下有冲波逆折之回川。
黄鹤之飞尚不得过，
猿猱欲度愁攀缘。
青泥何盘盘，
百步九折萦岩峦。
扪参历井仰胁息，
以手抚膺坐长叹。
问君西游何时还？
畏途巉岩不可攀。
但见悲鸟号枯木，
雄飞雌从绕林间。
又闻子规啼夜月，愁空山。
蜀道之难，难于上青天，
使人听此凋朱颜！
连峰去天不盈尺，
枯松倒挂倚绝壁。
飞湍瀑流相喧豗，
砯崖转石万壑雷。
其险也若此，嗟尔远道之人胡为乎来哉！[14]

在农业中国的历史上，低地地区与高地地区的特征对比非常显著。在战国及帝制早期之前人们就已经在中国北方低海拔地区安居乐业，但是山区除了提供木材和零星的矿产或盐井外，基本上未被开发。早期的南方移民也延续着这样的模式，他们的到来迫使原住民向更高的山地迁徙。然而随着道教与佛教的传播，道观和寺庙修建在城市之外的山上，以前未被开发的丘陵、山区要为它们提供补给。因此这些山地成为寺庙的“核心”资产。[15]

将寺庙置于山地，除了避免与既有资产业主发生冲突之外，还有几点好处。首先，佛教徒与道教徒一样，遵循中国的传统，将山脉与精神活动联系起来，山脉既是宗所圣地，也是那些人们渴望与之沟通的先灵安息的地方。其次，这些边缘土地需要资本输入，发展也需要有组织的劳动力，这些寺院可以提供，而且政府和富裕家族对这一地区兴趣不大。第三，寺院成为工业生产新形式的先锋，最为显著的是它们使用磨坊和榨油坊，这些作坊需要快速流动的水力资源，而这种资源在山区和河流的上游是非常丰富的。[16]

南方地势多山、接近河流湖泊，因此这一带的发展非常显著，在北方也有这一发展趋势。所以尽管此时中华文明开始了漫长的南迁，对于山区的开发却是在全国范围内进行的。

书写边缘

随着人口不断向南、向山中迁徙，中国的乡间景色、山区风貌以及边区特色，都进入了文学艺术领域。文人产生的这种新的兴趣与秦汉帝国时期朝廷主导的高雅文化形成了强烈的对比，那时的朝廷力图否定统一前旧战国时代的各种地域特色。[17] 汉代文人将注意力集中在都城而不是那些边缘地区，他们所形成的世界观，要么否定地域文化，要么将它们缩减为都城文化的附属品。

举例来说，在“九族”模式（或与之相关的“魔方”模式）与“五服”模式中，世界的结构就好像一张几何网格或一系列的环带，离都城越远，文明程度越低。在另一个范式中，汉代文人则会根据边缘地区部族或者小国送到中央的贡品的新奇程度及其类型来划分并描述这些区域。离都城越远，文化的差异越显著，这种越来越明显的异域特色就越能成为野蛮的一种空间标识，将文明的中心界定并划分出来。像这样，汉朝的文献中提到了北方的游牧民族，他们没有城邦，而是生活在马背上，随自己的畜群到处流动；提到了南方的越人（Yue People），他们披散着头发，浑身画满文身；还提到了一些西南的蛮族，他们和自己的母亲同床，并吃掉自己的大儿子。

这些早期世界观中对地域文化的否定在行政区划方面也有所体现。在战国时代的行政区划中，一定数量的家庭组成了第一层行政单位，一定数量的第一层行政单位组成了第二层行政单位，以此类推，一直向上到国家层面。这是个纯形式化的结构。汉朝的行政区划缺乏这样重复累计的数据特征，尽管如此，它依然与像村落和地区这种自然形成的地方单位有所区别。在《汉书》的“地理志”中，国家之下不同等级的城市形成了一个网络，官府就设在这些城市中。大多数人口实际上居住在乡村中，这些村落又比那些城镇的层级低，但地方志的术语并不会给它们一个明确的区划，所以它们就有效地隐藏在官方视野之外。如同“自然”村落，“自然”的地方——战国时期遗留下来的一些小国，被视为一种威胁——在汉朝的行政区划中也是没有位置的。 018

与秦汉时期的世界观和行政体系一样，帝制中国早期的文学作品无论在社会意义还是选题上，都是朝廷的产物。最负盛名的文学类型是汉赋，它从战国时期开始兴起，最初作为向各国国主进谏的工具，后来则是用来向皇帝进言。汉赋的主题，包括隐晦地批评统治者不重视任用诗人，歌颂皇家狩猎的荣耀以及赞美都城的伟大。这些诗歌将都城看作宇宙的缩影、文明的精华，把其他所有的地域中心都贬损为中心城市的劣质版本。司马相如的《上林赋》就是一个很好的例子。史官在记载汉朝历史时，同样将注意力集中在统治者及其朝廷之上。最后，汉朝朝廷声称拥有大量经典文献，官方有权据此制定规范，为所有写作提供范本。在这样的官方标准之下写出的朝中文献，都被拿到都城的太学中进行研究。[18]

随着宦官与外戚逐渐掌控朝廷，汉朝文人渐渐疏离朝廷，都城所声称的中心性及其对地域文化价值的否定也开始减弱。新的地方网络是建立在业师与门生或主人与门客关系之上的，以中央为代价连接了地方利益。纪念碑、神祠艺术、来自特定地区的名人的集体传记等，这些都表明一种新的态度，就是地方对于文人骚客的身份认同至关重要。太学曾经拒绝的那些对经典的注解，在各地的中心地区获得了尊
019 重与进一步的阐述。在汉朝分裂为三国（魏、蜀和吴）后，对地方文化的重视得到了进一步的强化。南北朝的很多世家大族特别注重在家族内保存礼制的一些地域性特色，这些将他们与暴发户和帝都的军事勋贵区分开来。[19]

一次重大的文学革命标志着汉朝的瓦解——抒情诗的爆发式发展。曹氏崛起并获得中国北方的统治权，他们的追随者们首创出有署名的、意义非凡的中国抒情诗。[20] 赋是用来批评、劝说或赞美统治者的，与之相比，这种新的抒情诗更多呈现诗人的个人体验和情感共鸣——个体脑海中有限的、碎片化的印象无可避免地根植于他所处的环境之中。[21] 抒情诗的主题不再是皇家林苑、都城或礼仪，而是知己的宴会、分别的瞬间，或者是黄昏时对山峦的一瞥。

这种新派、亲和的抒情诗，聚焦于志同道合者小圈子的社交清谈，魏朝的首任皇帝曹丕（187—226）曾在写给吴质的一封信中提起过。在他的几位诗人朋友都死于瘟疫之后，曹丕写道："昔日游处，行则连舆，止则接席，何曾须臾相失！每至觞酌流行，丝竹并奏，酒酣耳热，仰而赋诗。当此之时，忽然不自知乐也。"[22] 这里显示了南北朝及之后文人社交生活的主要元素：集体远足、宴会、酒和音乐。[23]

可是抒情诗的友善世界也有它黑暗的一面。刘义庆《世说新语》

（编撰于约公元 430 年）就记录了一则曹丕与他兄弟曹植间紧张敌对关系的故事。曹植之前就成为曹丕政治上的挑战者，同时也是诗歌上的竞争者。

> 文帝尝令东阿王七步中作诗，不成者行大法。应声便为诗曰：
>
> “煮豆持作羹，漉菽以为汁。
> 萁在釜下燃，豆在釜中泣。 020
> 本自同根生，相煎何太急？”
>
> 帝深有惭色。[24]

这则故事和里面提到的这首诗都不足凭信，上百年来对曹氏兄弟生平和诗作的解读都受到这种政治上、感情上和文学竞争中的传奇故事的影响。[25] 但就像许多虚构却成为经典的故事一样，这则戏剧性的故事也反映出这一时期的一个基本事实。尽管新式诗歌侧重描写社交生活，但也包括了朝堂上的表现——通常都是生死攸关的大事——这对维持一个人的自尊、他在世界上的角色定位，和他对仕途成功的希望都至关重要。这个时代许多代表性诗人都因为政治上的判断失误而被处死。

精英的诗歌圈子依附于高贵的朝廷，这使政治权力与诗歌创作间的联系得以扩展。其他圈子，围绕世家大族的领头人物组成，他们都与时政保持一定距离。正史中的传记描绘了在都城府邸（举例而言，建康著名的乌衣巷上的大宅第）中举办的和在谢氏、王氏及其他高门大族的乡间别墅举办的文学聚会。这些聚会的故事都集结在《世说新语》中——这是一本有关建康精英“清谈”的文集——让人们对于当时的社交生活有了一个明晰的印象，建康的名士们都自觉地将自己视作精英。

在这些“清谈”中，诗歌和其他文学形式扮演着重要的角色。[26] 骈文，与音乐和书法（包括那次由著名书法家王羲之和王献之组织的兰亭集会）一起，成为高门士族间用以交往的“通用语”。[27] 通过这些艺术与社交活动，他们声称自己身份崇高，自诩为令人羡慕的“风流”（字面意思是“风的类型”）中人。作为“风流”的榜样，他们视自己高出那些普通富户和掌控军权的蛮人一等。这种对权力的美学界定如此有影响力，以致公元 420 年后统治南方的军事王朝的统治者们致力于文学和艺术方面的追求，以求赶上他们的朝臣们在这些方面的成就。

021 南方的地貌和它多种多样的植被不仅成为诗歌的主题，也成为学术研究的对象。最闻名的描写江南乡村的著作是《游名山志》（作于 433 年以前），在这本书中，著名山水诗人谢灵运详细记录了胜地名山的地理信息，著名僧人慧远（334—416）也为他的山区旅行留下了笔记。还有大量描述南方奇异植物的文献记录，包括嵇含的《南方草木状》（作于公元 304 年）、万震的《南州异物志》、沈莹的《临海水土异物志》（作于约公元 275 年）。与这些著作密切相关的还有张华的《博物志》（作于公元 300 年之前），它记载了大量奇异和令人惊叹的现象。[28] 这些文集中的一部分将地方花草动物与一些不可思议的传奇故事联系在一起。

这一时期还首次提供了“地方志”存在的证据，尽管这种著作除了名字几乎没流传下来任何内容。[29] 即便如此，它们的一些片段在类书中得以保留，在常璩记录四川地方历史的《华阳国志》（作于公元 355 年以前）、郦道元依据水道次序对不同地方知识进行记载的《水经注》（作于公元 527 年以前）中也有很多例子。这些都表明人们曾对这个时代大量的地方地貌、宗教礼仪和民风民俗进行过详细记录。[30] 与汉代抽象的行政区划及贡品清单形成对比，这些著作代表着对边缘地区和乡村的彻底的重新评估。先前被忽视的或被当作野蛮人证据的地方特色和古怪之处，都成为热切研究的对象，也成为自我定义的一种形式。

画家、隐士和圣地

这种对地方的新的关注在视觉艺术方面也找到了新的表现方式。绘画中山水主题的出现与顾恺之密切相关。顾恺之是 4 世纪著名的人物肖像画画家，他也是中国第一个被归为山水派的画家。他经常参与清谈，是位知名的风趣人物、一位有抱负的诗人，被认为能比肩伟大的嵇康。[31] 残留下来的一些关于绘画的早期著述的片断也被认为出自 022
他的笔下，与这些相关的是，他还通过叙述早先的道教祖师爷张道陵教导他的学生在描绘山中风景时如何谋篇布局：

> 中段东面，丹砂绝崿及荫，当使嵺峨高骊，孤松植其上。对天师所壁以成磵，磵可甚相近，相近者，欲令双壁之内，悽怆澄清，神明之居，必有与立焉。下于次峰头作一紫石，亭立以象左阙之夹，高骊绝崿。西通云台，以表路。路左阙峰，似岩为根，根下空绝，并诸石重势，岩相承以合，临东磵。其西石泉又见，乃因绝际作通冈，伏流潜降，小复东，出下磵，为石濑，沦没于渊。所以一西一东而下者，欲使自然为图。[32]

这些段落，与其他片断一起，将山景看作自有魅力的客体，看作为人类的活动而设置的背景，看作人的崇高秉性的折射，同样也看作野生的、传奇生物的故乡，如在溪流边饮水的白虎和在山谷上空舞动的吉祥的凤凰。将一只凤凰置于山景中意义非凡，因为在汉代的艺术作品中，这种鸟是站在城门楼上和精英府邸的屋顶与墙上的。现在，赋予人类高档居所的魔法品质转入到山脉之中。在《世说新语》的一则逸闻中，顾恺之同样探讨了如何将人置于山水画中，以此来描述他们的性格特点。[33]

乡间远足的兴起，包括抒情诗和山水画的风行，都与一种隐士般的审美观的诞生紧密相连。这种审美观重新定义了城市与乡村之间的关系，并提供了一种新的方法，来表现各地的特色。自先秦到汉代，从世俗中引退去做隐士是出于道德或政治方面的考虑——或因自己年事已高，或因国家已经从根本上腐坏崩塌。与汉代这些稀少的、多少有些程式化的正直人物形成对比，南北朝时期详细记载了大量个性鲜明的隐士，他们对艺术和宗教都有自己独到的见解。学者们收集了这些记录，并且写了对他们的介绍，这些逐渐发展成为对隐士的详细论述。[34] 因为政治原则而出世，只是众多行为中的一种，其他的行为还包括居住在山中洞穴，与禽兽为伍；通过书写山水诗和表达自己对俗世生活的鄙夷来声明自己是“大隐隐于朝”。

在某种程度上，南朝所有的精英都把隐逸美学的元素融入到了他们的生活中。当花园、村庄和群山替代了猎场和都城，成为中国文学新的地理中心，乡村也被带入城市——无论是在现实中还是在文学上——关于地方景观和地域特性的知识成为精英必须掌握的内容。特别是花园，被视作隐逸美学不可或缺的内容。南朝的都城建康城内、城郊，还有会稽山中（今天的绍兴）的别墅里，都修建了许多花园。一些风景画画家成为花园设计的专家，在欣赏和描绘山水风景时发展出来的美学标准也被借用到花园的布局中。对一些人来说，在城内或郊外的花园中行走或与人共处，已经等同于退隐于自然了。[35]

许多佛教隐居者（包括世俗居士和僧侣）与道教徒出世是出于宗教而非审美方面的原因。最负盛名的宗教山居隐士当属陶弘景，他于 492 年隐居于离建康不远的茅山。在那里，他炼制丹药，并成为梁武帝的密友和顾问。因为他的成就，其享有“山中宰相”的雅号，从帝国朝廷得到了定期的经济资助，用以进行他的学术和炼丹术的研究。[36] 还有些隐士开创了新的神圣之地，为偶尔的精神归隐提供场所，其中最著名的是慧远和尚，他在庐山建立了一个佛教俗家弟子的小圈子，一些名士经常造访。慧远和尚是在前往另一座山上的一处修行寺院时发现庐山这个地方的。很明显，4 世纪末的时候，在南方的群山中已经建立了一系列的寺院网络。[37]

随着时间的推移，佛教和道教创造出一种新的圣地地理学，它对以远游、郊外花园和山庄为主题的文学与政治地理学进行了强化。[38]
在南北朝，群山不再仅仅是世家大族聚集在一起创作诗歌、塑造精英 024
生活方式的隐逸之所，同时也是高门士族与王朝君主们汲取精神力量的神圣之所。与这些地点紧密相关的是新的经文，最著名的是在江南旧族中出现的上清派和灵宝派的道教神启。[39] 从山居隐士手中获取教义，或是从任何不在朝堂的人手中获取，以及朝廷对设立在各个地方的宗教权威的依赖，从他们身上获取统治万物的力量之源的种种行为，都颠覆了过去那种优待城市中心而忽视乡村边缘的层级秩序。

一种更加激进的地理上的转变与佛教在印度的兴盛息息相关。印
度是遥远而陌生的一片土地，法显和尚（他曾经在 399 年至 414 年 025
间到印度朝圣）称之为“天竺”。经过几个世纪，中国自己也转变成了佛教圣地，在各地的佛教寺庙或僧侣隐居之所形成一系列不断扩张的宗教圣所。[40] 帝国统治者试图通过公开刊行宗教教义和在洛阳与建康修建大量的寺庙，将这些新的信仰体系纳入到帝国体制中。但是他们无法控制那些分散在中国丘陵和山区中、刚刚获得新的精神力量的圣地。（地图 1）同样的，诗歌也创造了一个新的文化世界，这也是朝廷所无法掌控的。[41] 一旦某个地方在诗歌或故事中被提及、被纪念，它便拥有了自己的文化生命。后世的诗人造访这些地点，将其又一次地复兴，或者将之作为典故借以阐发个人体验。

北方在一定程度上参与了这一系列的发展进程，但它在地理上有个显著特征，就是与游牧民族相邻的边境，那里有荒凉的自然景观、严酷的气候以及迥异的习俗。尽管最为著名的“边塞诗”都出自唐朝，大都叙述了军旅生活的经历，但这一传统早在汉唐之间的北朝各代统治时就已经形成了。[42]

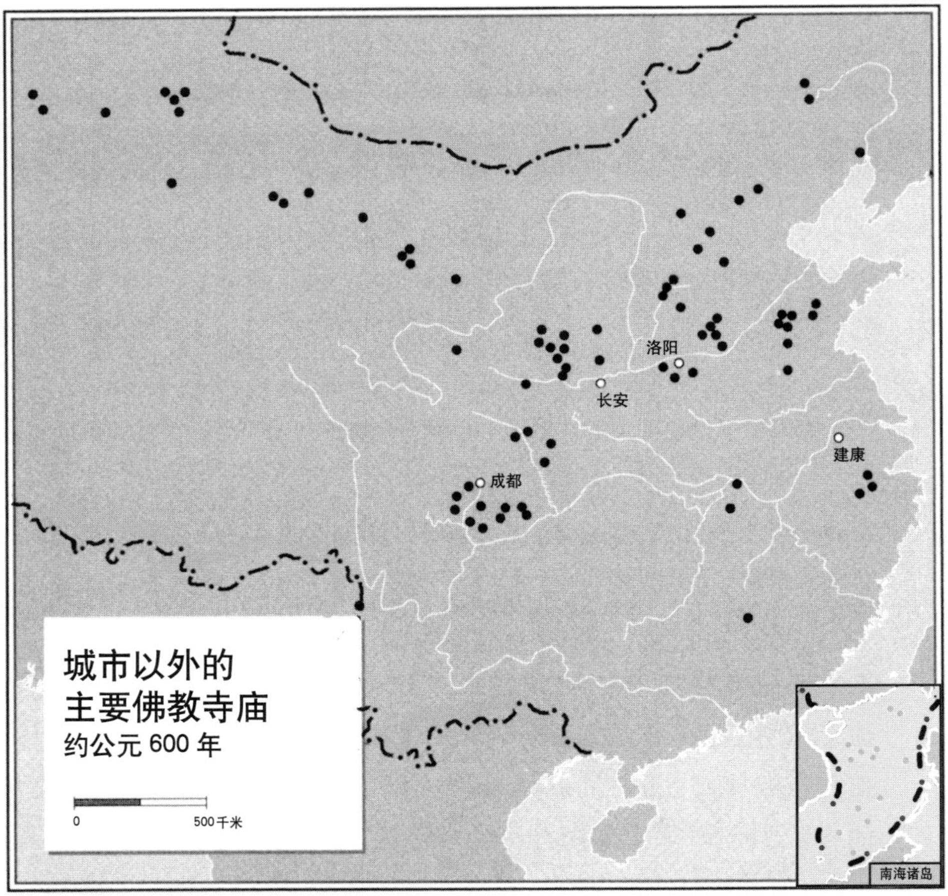

地图 1

精英地域意识的诞生

汉朝没落后的几个世纪见证了新的文学实践形式与新的流派的诞生，以及与之相对应的文化突出成就和政治权威的理想标准，对乡村、田园和山野的重估，新的圣地布局，以及权威文本的新的出处。这些累积的变化使得地方和区域性的传统取代了帝国中心单一的主张，并在中国南部的江南地区找到了一种经典的表达方式，同时也重新定义了那些领头的高门望族。

甚至南部都城自身也被卷入这种发生了转变的政治地理学中。尽管在汉亡后不久建康一度成为吴国的都城，但它仍然是一个边缘城市。中国正统的历史古都是被周朝和汉朝所尊崇的长安与洛阳。为了在中华世界的边缘赋予他们的新都城一个合法地位，晋朝阐明了两个观点：第一，他们引用三国政治战略家诸葛亮之语，诸葛亮造访建康时称其地势有“龙盘虎踞”之姿，因此适宜建都；第二，他们讲述了中国第一位皇帝秦始皇的故事，他在一次帝国巡游中来到这里，当地一个卜官告诉他建康所在之处有帝都才会有的“五采之气”。卜官推测，500 年内，这里就会出现一位帝王。[43]

正如这些故事所表明的，建康，因为不具备北方都城自古既有的权力，从而转向占卜与望气之术，并且完全从周边地貌中获取神力。即便是在秦始皇的那个故事中，也是由当地卜者与长老预测出了未来，因此这一地点在当地传统中被神化。在这个故事的另一个版本中，预见建康将会成为帝国之都的卜者，则是一位道家“至”人，他是山中的一名隐士，完成预言之后又神秘消失。

当然，对汉朝经典的尊崇与对北方的渴望，并没有在南朝消失。东晋早期闻名的新亭之会上，周顗与友人为失去的北方山河而泣，宰相王导则誓言为国收复这些神圣的州郡。此后一代，伟大的桓温将军称其壮志在于收复北方，却遭到孙绰及那些满足于南方自然之美的人的反对。对桓温、刘裕这样的军人而言，收复北方的梦想既是萦绕心头的雄心壮志，也是建功立业的必经之路。

这种收复故土的热情与切实发动的北伐，反映出军事强人与江南名士代表之间的紧张关系。复杂交错的艺术与宗教活动已经成为江南士大夫文化的一个特色，同时也与地方的权力归属和民风民俗密切相连，而这一切在中国北方的经典文化中都丝毫没有立足之地。这种紧张的关系同样有助于解释为什么南朝各代军事力量薄弱，因为朝廷更看重诗歌与园林设计的繁荣，而非军事能力的培养。江南所创造的新式南方文化根本无法与北方的重军文化相抗衡，所以在初唐，南方的各大家族仅能扮演无足轻重的角色。

027 然而对文人理念的培养，诗意社会的形成，通过诗赋与地方志对地方传统的肯定，以及新建的独立于帝制系统之外——尽管也不是完全不受其影响——的宗教与文化地理布局，所有这些传统，都在南朝时从江南率先出现，并作为一种地域精英主义的文化形式在中国历史长河中留存下来。

第 2 章

世家大族的兴起

汉朝的覆灭使得数量相对较少的一些世家大族掌控了社交与政治圈子，这在帝制中国史上通常被称为贵族时代。虽然这种描述并非完全准确，但这一时期皇权的相对衰弱确实使得部分家族在朝野均获得相当大的影响。尽管没有哪一个家族能够连续数代都控制朝廷，还是有一些家族在几个世纪中保持了显著的影响力，并且被视作社会精英。然而，比他们自身命运更重要的是，这些家族改变了中国对"地位高"这一概念的界定，并且永远改变了社会精英与朝廷间的关系。

世家大族对地位的追逐

公元 2 世纪中叶，汉朝的上层阶级由这样的家族构成：他们拥有大量财富与土地，通常或多或少认同儒家学说及其宣扬的价值观，并且自诩为绅士。学术或文学上有成就的人在当地享有不小声望，他们靠教书或做官谋生，也有一部分人有机会被召入太学。但是，志在以此为生的人们会遇到许多阻碍。

首先，入仕有赖于察举制，实施这一制度导致的结果是，相对于

能力，家族的财富与声望更被看重。在写于公元1世纪末的书中，王
029 充就批判时人只追崇财富与官职，而非道德与才智方面的成就，另外，富裕家族通过彼此荐举世代垄断官职，而贫寒学者则被忽略。历史上留存的这一时期数以百计的传记证实，很少有穷人能在社会上飞黄腾达，而重要的家族却能在一连六七代子孙中都出现高官。随着时间的推移，对学术成就愈发看重，也有越来越多的学者争抢固定数量的岗位，所有人尤其是没有强大家庭背景的人，能获得的机会也就越来越少。[1]

通往高官之路的另一个障碍是朝廷的多变性。帝国体系是围绕着半神的统治者建立的，他是一切权力的来源。因而，汉朝的权力稳步地从官僚机构转向那些环绕着皇帝的人——他们能控制皇帝的所见所闻，并且能以皇帝的名义发话。汉武帝为了削弱当朝宰相的权力，选择不断对朝臣进行洗牌，并将朝政的具体处理转交给在后宫侍奉他的秘书们。这些秘书们官阶很低，他们却取代官方设立的内阁成为主要决策者，他们组成了中国人所谓的“内朝”。汉武帝还废除了外朝最高的军事职官，转而在内朝创设了新的最高指挥官，即大将军，作为全军统帅。公元前87年汉武帝驾崩后，大将军霍光以汉昭帝年幼为由摄政，并且在争夺大权的斗争中击败了最强大的朝廷势力。

内朝最后为宦官和外戚（皇帝的姻亲）所控制。在西汉王朝最后的几十年里，一批宦官控制了朝廷的许多方面，而王氏家族则通过与数代皇帝的联姻掌获了权力。东汉时期仍延续这一模式。最初的三位皇帝，都是成年后继位，是有力的领导人，但是在这以后，东汉朝廷被宦官与出任大将军并掌握御林军的外戚轮番掌控，每次权力更迭都带来腥风血雨。

女人与宦官对朝廷的统治，与学者和地方精英的价值观相冲突，
030 朝廷对官僚机构的架空也威胁到他们的利益。公元150年后，宦官、外戚与党人（党人运动主要代表了朝廷高官和与之相关的地方精英对

权力的诉求）间一系列的三角斗争以宦官的胜利而告终，这使外戚不得不与党人结盟。这一新联盟通过门生、恩主的网络来进行一些政治活动，这其中包括教师与先前的门生、荐举者与被荐举者，或者为大族服务的塾师与门客。这些人际网络被其对手抨击为“结党”，从而掀起一场更加粗暴的反宦官及其宗族的运动，这场运动被结盟一方称为“清议”。[2]

清议运动非常著名，因为这是最早的、举国上下的精英组织抵抗朝廷权力的例子。不仅如此，在对宦官与皇帝的谴责中，人格评判成为政治的核心组成部分，这极大地动摇了汉朝的统治。这场运动同样推动许多高级文人官僚改变过去那种普世价值超越地方利益的态度，逐渐和代表地方利益的大族富户产生共鸣。汉末的所有这些变化都非常重要，它们重塑了对南北朝时期这些占主导地位的精英的定义。

然而在短期内，党人的清议运动遇到的却是灾难。166 年，宦官集团在朝廷获胜。167 年汉桓帝驾崩后，反宦官的党人一度复苏，暂时夺取了摄政权，但是 168 年宦官发动政变，处死了摄政者，并逮捕了大量反对派的党人，其中超过百人死在狱中。禁止反宦官党人出仕的“党锢”一直延续到 184 年黄巾起义才被打破。

这政局动荡的 20 年——大致与重用宦官的汉灵帝的统治时期（168—189）相对应——使得毫无权势的官僚阶级与影响力很大的地方大族间的联盟得以加强。新式的社会组织管理形式繁荣起来，自我意识日益加强的精英开始自诩为“清流”及儒家文化的守卫者，他们反对腐败的朝廷与昏庸的统治者。通过这种方式，精英们将自己置于皇 031
帝之上，并逐渐将权威性从财富或官职这些符号中抽离出来，如此也为以后南北朝时期的世家大族树立自己的权威奠定了理论上的基础。[3]

精英这种把自己视为一个与众不同的群体的新的自我认知，体现在很多方面。首先，其成员认为他们有权赞美或谴责社会成员，而这在理论上是统治者才有的特权。郡县级的地方官并不能代表帝国，他们却聚在一起，为当地学术有成或道德高尚的名士勒石立碑（竖直的纪念碑），以表尊崇。这些碑刻展示地方精英是如何从自身做起，将儒家绅士的观念内化的。[4] 武梁祠堂的建立表明葬礼同样重要。东汉时期，作为儒家核心价值观的孝道至关重要，举办隆重盛大的葬礼，建立精致繁复的祠堂以供后世供奉，都是在同龄人面前展示自己绅士品质的机会。其中，内容丰富的壁画描绘有古代的圣贤、中国历史上的伟大统治者、孝顺的楷模或其他道德榜样，还有逝者即将抵达的天国世界。这些汉末的祠堂是世界万物的缩影，它们给予价值观头等重要的位置，并且对死者进行理想化的描述。[5]

私人编撰的、全国各地杰出人物的传记合辑，是地方精英自我意识觉醒的另一个标志。这些著作分列了个人的长处与短处，并从学术成就和道德品质方面对不同地区的名士进行了对比。传记作者对这种对比评价如此在意，也预示了东汉覆灭之后几个世纪的混乱时期里，为什么会存在一种对于人物才华和性格评价的痴迷。[6]

汉朝的崩溃与三国的兴起

东汉的覆灭有几个原因。在乡村，人口不断增加，土地却集中在少数权势强大的大家族手中，这就导致广泛的贫穷、社会崩溃与强盗
032 四起。都城的军队数量少且离得远，还有很多富家子弟在军队里挂闲职，所以并没有什么军事行动力。至于边境的正规军，自从不再进行全国征兵，所有士兵都是由将军招募来的，因此他们也就会永远服从将军本人的命令。在东汉“以夷制夷”的政策下，边境形势更加紧张，朝廷只好将那些自称的同盟部落迁至国内，但他们仍旧剽掠汉人的村落。

乡村因游民团伙与游牧蛮族的出现而愈发无序，暴力事件频发，朝廷既无法与地方大户联合来维护和平，又没有足够的军事力量来强

制重建秩序。每一个地方社会只能进行自我保护，这就形成了许多帝国掌控之外的民兵团。更多落后的地区围绕着中国早期农村社会极为看重的宗族关系来组织防御兵力。在经济繁荣地区，防卫力量由当地地主领导的佃户或雇农组成。在某些地区，特别是四川和山东，由地方显贵领导的农民们形成了一个个军事化的宗教团体。这些团体承诺会消除饥荒、祛除疾病，并预告了一个太平盛世，要么改革汉朝，要么就将其彻底推翻。

在这些运动中，公元 184 年的黄巾起义，以及随后一系列的地方起义并没有直接推翻汉朝，但是这些起义确实预示了汉朝的崩塌。[7] 当一个线人密告即将到来的起义时，却发现地方官们其实早已知道这场运动，只是没有选择将之上报。黄巾军的追随者甚至存在于宫廷禁卫和宦官中。这场武装起义最终在都城以南、以东和东北方的十六个辖区爆发，皇家军队的镇压失败，很多皇子被杀或是被俘。最终，反宦官的党人及其支持者征募了军队，其中很多兵源都是依附于地主富户的农民，他们扑灭了这场黄巾起义。[8]

在洛阳以东领兵抗击黄巾军并取得关键胜利的那些将军，很快被宦官调离他们的岗位。在汉灵帝的委任下，宦官指挥着一支新组建的禁军。可是，汉灵帝于公元 186 年 5 月 15 日驾崩，在这之后的摄政者把西北前线的将军董卓召回都城，并向反宦官集团伸出橄榄枝。当宦官发现了这些秘密举措后，他们谋杀了摄政者。这刺激到了新禁军中的一些低级将领，特别是袁绍、袁术，他们抢占了洛阳并对宦官进行了屠杀。

然而，这个胜利是短暂的。由于反宦官的党人曾被朝廷排斥了二十余年，他们夺权之后却发现，现在的政治权力不在朝臣手中，而在军队统领手上。董卓入京后，成为军事独裁者，这导致这些屠杀了宦官的军官们逃往东方，在他们的地方大本营招募新的兵源。因为担心即将到来的危机，董卓将幼小的汉献帝及其朝廷挟持至自己的大本营长安。他的部下将洛阳焚毁。[9]

尽管献帝这位汉朝的末代皇帝直到 220 年才被正式废黜，190 年都城的焚毁与朝廷的沦落实际上已经宣告了汉朝的终结。公元 280 年西晋短暂统一之前几十年的分裂割据、军阀纷争就是著名的三国时代。（地图 2）魏、吴、蜀被军阀割据，少部分地区由持有大量土地的大族所控制。有时这两个集团会有重叠，但是关键的区别在于：有些人只是在当地有影响力，另一些人通过招募军力，则能带动整个地区甚至整个国家的力量。在这个混乱的时代，前者视野局限，并有可能成为到处劫掠的军队的受害者，而后者通过从起义失败者、夷狄战士与盗匪组织中招募大量兵力来获得政治权力。[10] 这种军事权力从社会权威中分离出来的现象，成为南北朝政治史的决定性特征。

汉朝末期最重要的军阀是曹操，他是一位军事领袖、诗人与制度改革者，他提出的政策在其死后很长时间里依然保留有影响。[11] 曹操的父亲是宦官的养子，他在屠戮宦官一战中已经是一名军官，后又组织军队反抗董卓。公元 193 年 5 月 22 日，董卓被吕布暗杀，他的一些属下允许年轻的皇帝与他的朝廷返回洛阳。当曹操强有力的对手袁绍试图辅佐一个新的傀儡皇帝时，曹操将汉献帝送回自己的大本营许都，实则将其软禁。在这戏剧性的一幕之前，曹操不过是华北平原上
034 众多冒险军阀中的一员。但是以皇帝为象征、以“匡复”为口号，他吸引了许多有天赋的年轻人为他效劳。在他们的建议和管理支持下，他建立了自己的军事力量并且逐步击败了每一个对手。在 205 年，他除去了他主要的对手袁绍的势力，并重新统一了黄河冲积平原，而这里仍然是中国人口与经济的核心区域。

在统治早期，曹操过于依赖暴力与独裁统治，使许多汉朝的地方遗老对其敬而远之。然而作为汉王朝的保卫者，他听从了荀彧及他人的建议，表现得像一个汉朝的忠臣和道德榜样。205 年击败袁绍势力
035 后，曹操的地位更加稳固，他便又开始了专制统治。208 年攻占长江

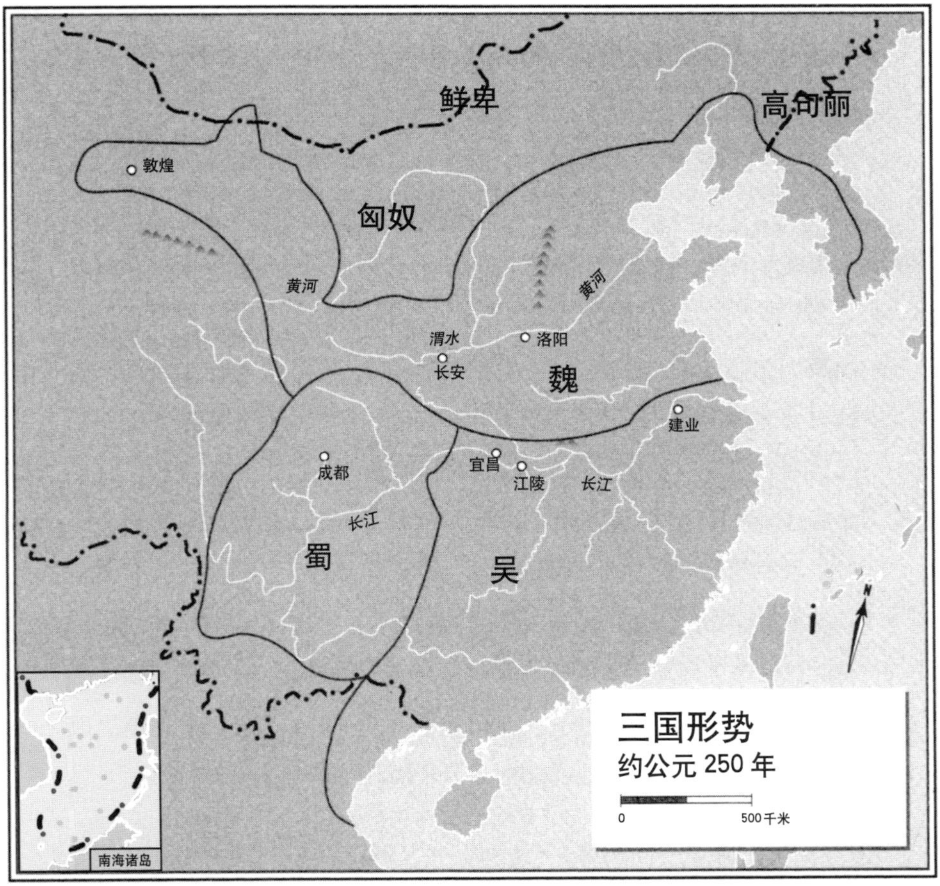

地图2

中游的荆州北部之后，他更倾向于严惩那些公开反对他的人。在占领荆州的治所——汉水中游的襄阳之后，他将很多文人带入他的朝廷，这些人原本是他的对手刘表所聚集的。这些文人为逃避北方的政治灾害而逃到南方。他们填满了曹操的朝堂，远离政治与道德的批评。[12]

208 年占领襄阳是曹操军事上的一个巅峰。他继续南征，向长江边的江陵进军，在这里他聚集了大量船舰，准备沿江而下，一统中国。但是他的舰队在赤壁被孙权的军队摧毁。孙权控制着长江下游地区，这次在另一位军事领袖刘备的协助下，取得荆州之战的胜利，并领导着南方。作为中国政治史的转折点——赤壁之战的细节，在早期党人的记载中被完全省略，只给后世留下一些神话。[13] 无论发生了什么，这次战役首次显示，北方军队要想占领南方会面临怎样的困难——首先面对的就是需要进行长途跋涉，而且要适应水上而非陆上作战。曹操向北方的撤退使其尽快统一中国的希望落空。

公元 207 年，曹操征乌桓取胜，四年后又击败控制汾河流域和汉朝旧都长安地区的军阀们，此后曹操在北方的统治更加稳固。赤壁之战的胜利者们，则围绕着长江中游地区的控制权展开了斗争。最初，刘备在这一地区手握要权，在受到另一个地方掌权者的邀请后，又从这一地区出发向四川南部扩张。孙权一开始无力反对这一新兴势力，因为他要时刻防范曹操的军队，那时曹操的军队已经占领了淮河以南的地区。但在 215 年，孙权击败了一些刘备的将领并夺回荆州。曹操在汉中（四川南部）攻降张鲁领导的道教国也对孙权的行动起到了推动作用。但这一胜利并没有改变权力的平衡，汉朝旧疆逐渐出现三国鼎立的局面。[14]

刘备在 219 年之后继续崛起，那年他在四川北部战胜了曹操的将领，从而将整个区域置于他的统治之下。以此为基础，他命令关羽带兵，沿汉水对曹操在襄阳的军队发动了进攻，曹操的军队遭到了猛烈的反扑。刘备的崛起使孙权警醒，再加上对失去荆州的愤恨，孙权放弃了他以前的同盟者，转而与曹操联合击败刘备并杀掉关羽。220 年曹操之死使混战暂停。曹操的儿子曹丕宣布帝国的新国号为魏，这标志汉朝的正式终结。刘备与曹丕针锋相对，宣布他在蜀地建立的国家的国号为汉。222 年，刘备又试图报复孙权此前的背叛，但是这场战役以灾难性的失败告终，并且让他失去了荆州。刘备困守于他在四川的根据地，并于次年辞世。[15] 这样，223 年时中国被正式地划分为三个国家，尽管孙权直到 229 年才宣布吴国的建立。

对三国时期的记载大多集中在魏国，司马家族于249年发动高平陵政变夺权，并逐步除掉曹氏的同盟者，于265年正式地建立了由自己统治的晋朝。中国的历史学家们提出，曹氏家族并不在东汉出现的世家大族的网络之中，曹操开始的政策是引入“新人”，在其政府中排斥这些家族。他的儿子曹丕不仅猜忌这些有权势的家族，更怀疑他自己的兄弟们。曹丕两次征吴的尝试都失败了，并早早地死于226年，他的继承者曹叡传承了家族的偏执，并将权力与众隔绝。

与曹氏的自毁行为相反，按照这些学者的观点，司马家族与世家大族通过联姻与政治结盟联结在一起，并培养了带军统帅，从而使自己成为广泛的社会精英的领袖，以此抗衡孤立、专制的曹氏。在中国现当代马克思主义的分析中，这种现象可得出的观点是：曹氏代表的是少数“贵族”地主的利益，而司马氏则代表了众多大地主家族。随后所发生的司马氏政变和对摄政王曹爽家族及其同盟者的屠杀，也许是曹氏战略与道德上失败的结果，抑或是他们不能正确分析他们那个时代阶级构成的结果。[16]

这些观点建立在那个时代的财产关系与阶级结构之上，却缺乏证据，只能通过这一时期曹操巩固权力的一些政策来了解曹氏与高门士族之间的关系。首先，我们要意识到，曹氏家族所面临的困难与命运的波折并非独一无二，因而不能说是因为他们的个人性格缺陷或者谋略不足而导致失败。曹氏以军事权力为根基来建立政权，这就存在一些固有矛盾，其他两个国家也存在这种矛盾，只不过影响力要小一点。

汉末几十年与三国初几十年的政治史就是由这样一种地方有权势、有土地的家族与活动在更高层级甚至是帝国层面的军人之间的分裂所决定的。一些军人是豪门大族的子弟，他们依托家族力量征召大量的军队，而另一些则是没有家族背景的冒险者。但无一例外，那些冲出地方、建立全国政权的人依靠的都是军事力量。这就可以理解为什么军阀在公元220至230年间能建立国家，但他们的继承者却难以维系统治。[17] 建国者都是有魅力的强者，曾建立军事伟业，他们开拓疆域，成为流传千古的英雄，其继承者只有以如下三种方式来巩固自己的权力：对协助自己树立权威的军队进行整顿，建立官僚体系，或者依赖地方有权势的家族在当地维持秩序。

曹氏的失败与他们的军人出身有关，同样的道理也可以套在与其同期发展的吴国身上。[18] 孙氏家族成为长江下游的统治者靠的是与权势家族的联盟。权势家族既有刚从北方来的移民，也有自汉代便在当地打下根基的家族。北方移民都是军事冒险家，他们的家族背景至多为他们征召兵士铺了第一步的路。到公元 250 年左右，只有南方的家族还掌握着权力。因此，吴国的演变实际上是从军人统治的政府向世家大族统治的政府转变。四川的刘氏政权走的也是类似的路。

在这三种情况中，建国者带来的军事力量和权威声望在其过世后就基本消失了，要建立长久的国家政权，就导致权力转入当地权势家族手中。当朝廷强势时，它与当地的地方势力和谐共处，但是当朝廷无力时，世家大族就会从中央独立出来。南北朝的政治史便成为军事王朝统治者与地方权势家族之间的拉锯战。

人性识鉴及如何获取官职

038 纯军事权力向稳定政权的转变很困难，这一点在三国时期及之后重新统一的西晋身上都可以体现出来。这一时期的关键制度被称为九品中正制（也被称为九品官人法），它成为官职世袭制的基础。[19] 早在 208 年，曹操就开创了这一制度，旨在将自己从军事强人转变为帝国管理者，但直到魏朝成立的 220 年，这一制度才被正式确立。

曹操需要人才为他的政府效力，但他蔑视汉朝精英的道貌岸然与故作姿态，蔑视令他们垄断官场的荐举制度。他需要彻底清除汉朝的死忠拥护者，并引入胸怀壮志的地方名士，以避免他们抵制或背叛现有政权。这些被纳入的“新人”必须与最初追随他的那些人相融合，还要与仍然为他效力的有能力的汉朝遗老相融合。除此以外，曹操不得不推行这些政策还与当时的时代特征有关，大量的精英和农民都被逐出家园，所以汉代施行的地方推荐制度此时变得毫无意义。于是曹操发明九品中正制来解决这些问题。

根据这项法律，官职被划分为九品，一品最高，九品最低。朝廷信任的官员被指定为中正，回到故乡管辖地选拔官员并对其评以品阶。这些中正经由其家乡的地方统治者推荐，再由司徒最终敲定。中正官接收来自地方的档案和当地人的荐举信，并与候选人进行简短的会面，然后按九品序列给予其乡品。乡品与朝廷的官品截然不同，但是二者却能一一对应，根据乡品的大小来给予相应的朝廷官职。尽管中正官熟悉他所被派到的区域，但是——出于对朝廷的忠诚——他们会尽量避免任人唯亲，尚书吏部负责安排这些人初入朝廷的官品。

曹操声称，官职的升迁只由才能大小做决定，不看有多忠孝，也不看有多刚正不阿。他自己讲得很明白，这是对汉末那些对抗宦官及 039
朝廷的精英所主张的道德权威的一次有意的打击。

> 二三子其佐我明扬仄陋，唯才是举，吾得而用之。……夫有行之士未必能进取，进取之士未必能有行也。……士有偏短，庸可废乎！有司明思此义，则士无遗滞，官无废业矣。……今天下得无有至德之人放在民间，及果勇不顾，临敌力战；若文俗之吏，高才异质，或堪为将守；负污辱之名，见笑之行，或不仁不孝而有治国用兵之术：其各举所知，勿有所遗。[20]

然而，对人才的定义与衡量并不是一件简单的事情。在曹操开始网罗人才之前，关于人才标准的研究与讨论就已经进行了数十年。汉末的集体传记就把对杰出名士的评价当作了叙述的主题，在此之下发展出了评判人物能力与性格的一整套文体。最早的文本出自反宦官的清议运动中的领袖人物之手。[21] 唯一留存下来的例子是刘劭的《人物志》(240—250)，其中讨论了人的本性和能力，以及检测它们的方式。刘劭所提出的一些观点，成为关于人的才能、洞察力和他们在征召中的作用的经典观点。

首先，他认为才能和性情是隐性的，只有拥有超凡洞察力的人才能发现。“盖人物之本，出乎性情，性情之理，甚微而玄，非圣人之察，其孰能究之哉？”[22] 这意味着性格评价的主体不仅仅是这个人本身，也同做出评价的人相关。从汉末开始，一个人正确评判他人的这种能力就得到了认可和赞许。[23] 这种天赋同样加强了精英的自我任用，使精英队伍一代又一代地自我更新。

040 其次，他坚持认为，尽管性格是内在的和隐性的，它也必须通过一些外显形式表现出来，首要的便是面相和声音。“故其刚柔、明畅、贞固之征，著乎形容，见乎声色，发乎情味，各如其象。”

再次，他声称才华和性格都是内在的固有品质，因此会遗传下去。“夫能出于材，材不同量，材能既殊，任政亦异。是故自任之能，清节之材也；故在朝也，则冢宰之任，为国，则矫直之政。”教育可以加强一些天赋特质，但是没法从根本上改变它们。

最后，他认为，在发生变动的时刻，隐性的个性不可避免地会表现出来。“何谓观其感变，以审常度？夫人厚貌深情，将欲求之，必观其辞旨，察其应赞。夫观其辞旨，犹听音之善丑，察其应赞，犹视智之能否也。故观辞察应，足以互相别视。”他的这一观点发扬了中国早期所强调的在起源时刻就探察各种变化的观念。这个观点早在《易经》和一些兵书中就有所体现，刘劭将之视为理解人的特性的核心所在。[24]

刘劭的《人物志》表明了曹操唯才是举的政策是如何在随后的几十年里被颠覆的，有崇高血统的人声称他们不仅能以家世世袭官位，同时也有权凭借其内在的、与生俱来的才能拥有官位。到曹操的儿子曹丕建立魏朝，并正式启用九品中正制之时，人才招募早已偏离了曹操网罗军事和行政管理人才的方案。与之相反，魏朝的第一个统治者唤醒了一种对于才华的美学定义，以致在以后的几个世纪里，世家大族的世袭权利不断得到巩固。

曹丕写了一卷《士操》，这本书并没有流传下来，但是我们可以从另一篇文章中了解他的理论，就是说人的性格特点会显露在他的文学创作中。所以也就不难理解他会把诗歌创造看作聘用官员的一种标准。尽管他的弟弟曹植并没有对人格评价进行美学方面的探讨，但有一则逸事讲述了他如何在一位访问学者面前通过展现全部天赋来获得对方对他才华的认可。这些天赋无所不有——胡舞五椎锻，跳丸击剑，诵俳优小说数千言，说混元造化之端，品物区别之意，论羲皇以来贤圣名臣烈士优劣之差，颂古今文章赋诔。最后甚至还论及当官政事宜所先后，及用武行兵倚伏之势。[25]

曹丕和曹植是抒情诗界的领袖人物，曹丕在今天被视作中国文学批评理论之父。他评论诗歌的标准与评论人物性格和清谈质量的标准一样。[26] 曹魏的第二位皇帝，曹叡，在他自己的人才征召法令中，要求入仕者必须拥有“学问、文学修养……纯粹、教养、文雅和宁静”等品质。[27] 尽管这些素质的具体定义并不明确，但是一连串对文学修养、纯粹性、教养和文雅的要求，明显超出了东汉末年对学术及道德方面的要求，也超出了曹操“唯才是举”的要求。因此，在曹魏统治的最初几十年里，对语言的把控，即赋诗和清谈的能力，已成为判断才能的标准，相应地也就成为获得官职的关键所在。[28] 那些仅仅有军事或行政才能，没有贵族子弟自小就继承下来的文化修养的圈外人，发现他们的晋升之路完全不通。

249 年，司马氏获得政权，其更加重视这种人才标准，于是中国的地主家族重获权势。从司马氏发动政变到他们建立自己的王朝这之间的 17 年里，发生了多起据称由曹氏党羽所密谋的反叛，司马氏也多次进行了报复性的屠杀。司马氏镇压了四次反叛，其中有一次延续了接近一年。除此以外，为彻底平叛，司马氏不得不在 260 年处死了年幼的曹氏皇帝。[29] 三年以后，司马氏征服了在四川的蜀汉，随后迅速镇压带兵取胜的将军钟会的反叛，而钟会曾经是他们的狂热支持者。因此，探察品性的能力，尤其是探察臣子是否忠诚，成为事关生死的大事。

司马氏一方面需要巩固他与同盟者的关系，另一方面又要避免给予他们太多的权力，于是对九品中正制进行了修订，同时也允许他人对其慢慢改良。这一系列举动的结果是，世家大族令这个制度更加符合他们自己的利益，同时在短期内也满足了司马氏的利益。整个过程开始于 240 年之后，当时司马懿在郡一层之上设置了高一级的大中正。这些中正由司徒直接任命而不再参考地方的推荐意见，大中正负责指定委派到各地的郡中正。这一举动在选人过程中消除了地方官的作用，可能意在加强中央朝廷的权力。然而，由于地方官是由吏部任命，这次权力的重组又使得朝廷的一品官员被排除在选人系统之外。并且，由于中正必须是乡品二品（宗室以外的最高品），实际造成的结果还是由在地方社会地位最高的人决定他们这个地方的候选人圈子。

修改九品中正制的第二步，司马氏统治者决定恢复贵族的世袭爵位。被授予爵位的多为受封为皇子的皇族，也有被视作“开国元老”的与司马氏结盟的名门望族。给予皇族的世袭爵位保证他们能在初入中央官僚体制时就获得三品或四品的位置，而有“开国”之功的贵族，甚至那些获得乡品一品的人，其起家官的官品不会超过五品。世袭的爵位只传给嫡长子，而官品较高的家族则能世袭某类起家官。

比这些稀有的世袭爵位更重要的是，初入仕者的起家官品仅仅由出仕时他父亲的官职所决定。早些时候，官职候选人的家族背景与个人天赋都会被考虑在内，但是到 280 年西晋重新统一中国时，父亲的当朝官品成为评判 20 岁的儿子出仕时获得乡品的唯一标准。这一评定标准甚至凌驾于世袭品级之上——贵族嫡长子入朝为官的官品与其父的官职有关，而不是与爵位有关。

这些变化最直接的后果是为出仕确立了可以量化的世袭标准。在实际操作中，只有皇族成员能按世袭标准获得官品，而且大部分都是象征性的官职。对于其他人而言，以世袭进入九品官序列，父亲在当时必须已经是五品或五品以上的官，此时他的儿子才能开始他的官场生涯。在西晋时期，人们仍然写文章与抗议书批评少数家族世代独霸官职，但是这样的抗议逐渐消失，因为通过世袭获得初始官品的原则已经更加牢固地建立了起来。[30]

还有特殊的程序来保证没有家族背景的优秀个人得以出仕。地方政府仍然每年按照汉代所倡导的“孝廉”“茂才”的标准来举荐人才。此外，西晋朝廷有时会颁布法令，要求往上举荐人才，他们会在都城参加考试，可能会被任命在一个见习的职位上，比如宫廷中的郎官（八品），以等待正式的任命，或者在才华极其出众的情况下，直接被任命为六品官。对于寒门子弟而言，另一个出仕的途径，一般是通过自己的文学作品或者在清谈中展现的敏捷才思，在高级官僚那里获得掾属的职位。官僚们，比如太守、刺史或中央朝廷的三公，他们有权任命自己的掾属，所以有野心、有天赋的人会努力赢得他们的赏识，进而出仕做官。最高官僚手下的掾属是七品，而其他低阶官僚的掾属官阶也相应地递减。[31]

尽管这些早期的选官模式遗留了下来，但到了 3 世纪末，门第不仅决定了起家官，同时也改变了政府的根本架构。当朝为官以及官职的分级化，使得官阶越来越成为身份的象征和社会地位的反映，越来越和手中实权的大小无关——造成这种现象有如下几个原因。

首先，不通过世袭方式所获得的官职都是最低阶的。即便毕生艰苦工作并有杰出的表现，这个人也只能升到四品或五品。而他在这一品级的一些同僚只是初入仕者，所倚仗的不过是高贵的血统，而非本人的经验或本领。以察举出仕的发展前景是如此受限，假如还有任何其他的途径可以出仕，人们都会拒绝行此道。到西晋末年，通过察举出仕已经成为人生的污点，任何出身名门的人都唯恐避之不及。汉代做官的阳关大道——凭天赋和个性——已经成为招募做官无门的寒门子弟来做不起眼小官的一种手段。[32]

其次，全部官职逐步被划分为适合贵族子弟的“清官”与另外的一些“浊官”。此外，有些官职掌握实权，需要切实承担责任，另一些则没有那么重要。[33]有些职位，比如接近皇帝或亲王，或者属于吏部的，则既是“清官”也有实权。其他的，比如供职于翰林院，虽是“清官”但没什么实权。另一些，比如御史，其工作本质即是“浊”的，但也掌握大权。最后，有一些职位既是“浊官”又无足轻重。对于那些世家大族而言，他们的性格与谈吐最标志性的特点就是“清”，所以只有“清官”才可以做，至于这些官职是否会带来实际的权威性则是次要的。

因此，尽管古老家族为显示地位崇高而占据了大多数名义上的高位，却没有哪一家能够连续几代一直在朝廷保持强大影响力。关键的官职都被没有势力根基的“新人”所占据——他们完全依赖于统治者，因此更易于投机迎合、按皇帝的心意做事。门阀子弟如此看重他们官职所代表的崇高地位，以致他们会拒绝官职的变动，哪怕这种变动会增强他们的政治权力，这一趋势——加上世袭官职的传统只决定起家官的官品，今后的升迁还要靠个人表现，同时，只有最高血统的人，其子孙后代才能在起跑线上获得优势——限制了一个真正的贵族阶级的发展，即并没有生出一个能掌控甚至独霸政治大权的世袭贵族阶级。

精英的清谈与隐逸

官权世袭的主张对于某些家族不断增长的声望与地位确实起到了

重要的推动作用，尽管他们的实际政治权利依然有限，但这些新兴起的精英一族并没有将他们的野心局限在政治领域。这可能是汉唐间几个世纪最显著的变化，这种变化体现在生活的每一个方面，包括城市、乡村、家族、宗教以及知识领域等。南北朝见证了新的社会空间的激增，以及活动在这些空间中的新团体的兴起——指的是介于家族与国家之间的新的“中介”组织与活动。尽管这些发展并不局限于世家大族之中，也不仅仅包括广义上的精英，但这些人是主角，原因很简单，因为他们有充足的时间，也有足够的自信去发展新的角色。因此，创新而非保守的活动，决定了你是否是精英中的一员。尽管这听起来有些矛盾，因为精英既是那些通过官权世袭制度出仕的官员，也是那些拒绝如此做官、转而在官僚机构之外谋求发展的世家子弟。

这与西方对中国的刻板印象相反，而这种刻板印象仍充斥整个学术界：黑格尔学派认为，中国的国家“吞噬了市民社会”，以致在朝廷做官成为唯一被尊重的职业选择。尽管最近的学者越来越多地考虑，中国的市民社会在帝国晚期就得到了发展（即从 11 世纪宋朝的建立开始算起），但这一观点并没能从根本上挑战传统思想中“国家高于一切”的观念。甚至在对此后一段时期历史的研究中，这种不言自明的论点依然到处可见。[34] 因此，无论是中国还是西方的学者，都不会把有限的、非国有的“公共”领域的兴起看作是积极甚至有趣的发展趋势，而是把它当作王朝腐化堕落的证据。关于这一趋势最夸张的表述认为 3 世纪的中国在思想方面分裂成为“无政府主义的反叛”和“文人志士的逃避主义”两个方面，对这一时期的精英还有其他各方面的指控，比如腐败、避世和背信弃义等。[35]

非国家空间的形成将会贯穿本书的所有内容，我们首先来看看决定了什么是新精英的两个最关键的因素：清谈与隐逸。九品中正制将朝中仕进与显贵家族在本地的社会地位捆绑起来，而联结二者的就是“清谈”。[36] 在九品中正制中，清谈最重要的作用是判断一个人的品性，正如《人物志》中所阐述的那样。最前面的“材理”篇中，条列了人类天赋的几种类型，每一种都通过他在言谈与辩论中的表现进行说明。在随后的章节“接识”中，刘劭认为：“欲观其一隅，则终朝足以识之；将究其详，则三日而后足。何谓三日而后足？夫国体之人，兼有三材，故谈不足三日，不足以尽之。一以论道德，二以论法制，三以论策术，然后乃能竭其所长，而举之不疑。”[37] 在刘劭自己的时代（约 190—248），清谈与察举之间就有了这样的联系，正如夏侯惠对刘劭的举荐，“臣数听其清谈，览其笃论，渐渍历年，服膺弥久，实为朝廷奇其器量”。

“清谈”一词源自东汉晚期，精英们在结党对抗宦官统治时形成了一个自觉的政治团体。这个群体政治上的言论被称为“清议”，主要通过对话来评判品性。这次运动的领袖人物，特别是郭泰，其察人技巧令人为之叹服。因此，汉代晚期的精英就已经把对谈、品性评价和出仕为官融合在了一起。在汉末魏初的几十年里，“清议”与“清谈”两者之间可以相互转换，甚至在随后的几个世纪里，尽管“清谈”的概念不断变得更广泛，它在某些时候仍然能被狭义地理解为是“品性评价”。[38] 因此，不论是理论还是实践都显示，中国精英对言谈的重视，与政治上的新举措及新的选官模式是一道出现的。

然而，最初的时候，清谈在精英的社交言论中也和在官场中一样重要。对此最清晰的阐述出自《世说新语》这本著作。该书由临川王刘义庆编辑结集于公元 5 世纪的前半期，内容包括 626 个人的逸事。这些逸事在史料中都有事实依据，包括从汉末党人运动的领军人物到诗人谢灵运（卒于 433 年）。作为故事化的历史，它主要描述了一些发生在宴会上、旅途中和乡间别墅中的对谈和对人物品性评价的逸事，这些当地社会新的社交空间和朝廷一样，能够评判一个人的社会地位以及他是否是个精英。

《世说新语》中的逸事揭示了后汉时期精英家族的几个基本特点。

首先，文风和个人风度是精英身份的核心。在很多故事中，一句妙语或 047
者是用双关和典故做出的机智评论，都能使发言者留下聪慧之名。事实上，一个短句或寥寥几字有时就足以让人获得社会名望或者一官半职。其次，人物的品性评价是这本书最主要的主题，有能力去评价他人的品性也被看作一个人自身品性中最重要的部分。汉末的时候这种评价主要针对政治方面，后来展开到更广范围，开始对人性的各方面进行分析，精英生活的每一方面都通过社交时的谈论和辩论展现出来。[39]

最后，也是最重要的，《世说新语》中对品性的评价多数时候也是竞争的一种形式。最简单来说，许多逸事比较了两个或更多的个人，以此来判断哪个人更高一等。书里甚至会拿出整个章节来“欣赏与赞扬”或“按优秀程度将人分级”。其他的逸事则通过简短的对话将这一竞争戏剧化：“桓公少与殷侯齐名，常有竞心。桓问殷：‘卿何如我？’殷云：‘我与我周旋久，宁作我。’”[40] 像这样的逸事表明了魏晋的精英如何通过不断地认知自我以及与他人划清界限来塑造自己的品性。在这个过程中，相似或处于同一水平的人会通过竞争性的对比来区分彼此。在其他一些逸事中，精英们在一个选定的主题下展开辩论或比赛性质的劝谏，最为善辩者获胜。[41]

有时候，这样的社会竞争变得残酷：

> 石崇每要客燕集，常令美人行酒。客饮酒不尽者，使黄门交斩美人。王丞相与大将军尝共诣崇。丞相素不能饮，辄自勉强，至于沉醉。每至大将军，固不饮，以观其变。已斩三人，颜色如故，尚不肯饮。丞相让之，大将军曰：“自杀伊家人，何预卿事！”[42]

这个令人毛骨悚然的宴会是两个男人意志的较量，他们争相表明 048
自己才是真正拥有“有教养的忍耐力”的人，在面对挑衅时呈现出一种优雅的超脱和冷漠。但是，在这里，有教养的忍耐力被推到如此高度，以至于直接威胁到人类社会。[43]

在最高层面，整部《世说新语》可以被理解为一场为了荣耀和统治权而进行的竞争，在“英雄”谢安对战权臣桓温并取胜这件事上达到高潮。谢安作为强大忍耐力的典范、诗赋与哲学的最高阐述者，拥有天赋魅力和强大的内心力量，这些品质帮助他最终挫败了他的对手。

> 桓公伏甲设馔，广延朝士，因此欲诛谢安、王坦之。王甚遽，问谢曰：“当作何计？”谢神意不变，谓文度曰：“晋阼存亡，在此一行。”相与俱前。王之恐状，转见于色。谢之宽容，愈表于貌。望阶趋席，方作洛生咏，讽“浩浩洪流”。桓惮其旷远，乃趣解兵。王、谢旧齐名，于此始判优劣。[44]

这则故事，不仅戏剧化地表现了《世说新语》中的英雄如何大败他的主要对手，同样也展现了谢安高于他朋友王坦之的地方。清谈是决定魏晋精英社交能力的关键因素，但作为一种社会交往，它同时也否定了平等的可能性。与治国类似，精英通过对谈来划分等级阶层。

谈论界定精英社会的首个证据来自曹魏政权的最后十年，249 年司马氏的政变宣告了曹魏的灭亡。摄政王曹爽曾在其朝廷聚集了一个名士集团，他们都善于谈论。他们集中探讨“老庄玄学”，如何重新使用《道德经》《庄子》与《易经》，在宇宙哲学的基础上形成新的政
049 治观和社会观。这些人中有不少成为中国思想史上的杰出人物，包括何晏、王弼、夏侯玄、荀粲、裴徽和钟会。尽管后世对他们的品行的记载带有站在司马氏立场上的偏见，这些资料仍然表明他们是天才般的清谈家，能够占据朝廷高位，并成为社会圈子的核心。这个圈子不仅包括曹爽和他的同盟者，甚至也包括司马氏的成员。[45]

在经历了 249 年的大屠杀以及其他对曹氏支持者的清洗之后，公开的谈论以及对老庄玄学的研究暂沉寂。这导致新形式的隐逸开始出现。面对险恶的朝堂，许多人声称有可能告别政治生涯，甚至认为出世比入世更高一等。然而，隐逸之处不再是汉代隐士所选的“悬崖

之上和洞穴之中”，而是公馆、别墅或园林。拒绝出仕而选择留在田园，接受辟举再解职，或者当朝做官却保持一种对政事的疏离，这些都会给人带来社会声望。[46] 归隐重新流行起来，并改变了职业发展模式、社会生活内容、政治活动与写作风格等。甚而，围绕着拒绝出仕的主题，兴起了一种新的文体。[47]

然而最重要的是隐逸在界定社会秩序时起到的作用。从战国晚期直到汉代，中国的学者和政治家们将士大夫的职业选择局限在出仕和退出公共领域两者之间。然而，到了公元 3、4 世纪，随着隐逸的兴起，精英们认可甚至推崇政治范畴之外公共生活的新形式。世家大族赞扬自己的被边缘化，甚至赞美自己对出仕做官的拒绝，因此，基于自己内在固有的高贵品质，这些显贵从朝廷当中独立出来。

司马氏政变后，隐逸派的标志性人物便是“竹林七贤”——嵇康、阮籍、向秀、刘伶、山涛、阮咸和王戎。[48] 前两位是杰出的诗人，其余的人名声稍逊。这些人在生活中并没有交集，但是在死后不久，这些人很快就成了神秘的诗歌圈子的先驱，并成为不墨守成规、从社会中引退的象征人物。他们被描绘成生活在城市局限之外、生活在传统道德之外，致力于友情、诗歌、音乐、饮酒与服药的一群人，并成为精英退隐的榜样，不仅被精英家族效仿，甚至被皇家子嗣所效仿。（图 1）

265 年曹氏政权被司马氏取代，280 年晋朝重新统一中国，此时 050
政治方面的风险变小了。在晋朝的统治下，有几十年的相对和平时期，世家大族的地位也日益稳固，这些都促成了一种文化风尚，即公共谈论与对老庄玄学的研究的再次兴起。尽管 290 年的继位者是一
位弱智，且他的继位短暂引发太后与皇后家族间的流血冲突，但 291 051
年皇后家族取得决定性胜利，并恢复了政治秩序。这个外戚家族的领袖人物贾谧，也成为著名文学集团“二十四友”的核心。他们引导了一场诗歌的复兴运动，其中的代表人物有著名的大作家如左思、潘

图1　嵇康坐于林下弹琴，来自竹林七贤的画像砖，南京西善桥，公元4世纪晚期到5世纪早期

岳、陆机、陆机的弟弟陆云，还有早期的文学评论家挚虞。[49]

世家大族的黄金时代

公元300年，和平时代突然结束，随之而来的是“八王之乱”。一位曾与皇后结盟的亲王利用他作为御林军统领的身份，举兵屠杀了皇后的家族并且控制了朝廷。这激起其他亲王们的反对，他们都是地方军队的统帅，这样的安排原本是用以巩固司马氏地位的。在接下来的十年内，一个接一个的亲王陆续得势，但紧接着就被所有对手的联盟所击溃。[50]这一过程动摇了朝廷的权威，一时间军阀割据，忠于晋朝的军力全被摧毁。

和平时代结束，新的一群演员登上历史舞台，他们是自东汉以来便定居在中国的游牧民族。发动战争的亲王们与这些部族的首领成为同盟并从中获利，而这些人很快也有了自己的野心。（图 2）各部落围绕着一个汉化的匈奴王刘渊建起了联盟。刘渊自称是汉朝统治者的后代，在 304 年自封为汉王。311 年，他攻下了位于东方的都城洛阳；316 年，他占领了整个华北平原；317 年，他占领西方的都城长安。晋室南渡，在建康建立了新的都城，开始了南方与北方长达几个世纪的分裂。581 年之前，没有汉族的统治者能控制黄河流域，直到 589 年，中国才重归统一。

晋室南渡开启了世家大族的黄金时代，只不过不再是从前的那批。大概有超过 100 万的人口随着晋室南迁。早先就南迁的大家族（如顾、陆、朱、张家），在东吴时期就变得富裕并有权势，他们对新来者怀有很强的敌意，但最终还是达成了共识。在王导的领导下，北方的新来者在建康建立了一个司马氏的傀儡朝廷，通过向南方人授予爵位和官职建立起不堪一击的联盟。北方家族重新获得了特权，他 052
们在南方所求得的家产也获得了朝廷的认可，用以取代他们在黄河流域丧失的土地。[51]一些新来的家族通过与旧家族联姻的方式来巩固其社会地位。

由于皇室无能，新建立的东晋王朝在此后近一个世纪里被几个新兴的家族所统治，这些家族通过向建康地区的佃农征税而发家。与之敌对的大臣们，在自己家族和同盟者家族的支持下，努力巩固在朝廷的影响力，从而拥有了只有朝廷才能赐予的高位和声望。他们不断运用计谋战胜竞争对手，从而获得政治权力，甚至是王位。对他们的权势造成威胁的唯一因素是其他的新兴家族。这些新兴家族具有很强的军事打击能力，他们扎根于长江中游区域，建立了一支由避难者组成

图2　骑兵护卫，来自570年娄睿墓墓道壁画，山西太原

的强大军队。

在这个通过你死我活的斗争赢取声望，从而获得财富或朝廷控制权的时代，曹魏时代发展出的对地位的美学定义有了新的重要性。在与南方高门及军事豪强的竞争中，北方的移民将清谈、诗歌、音乐方
053 面的才华作为真正贵族的象征，从而将自己包装成拥有哲学的静默、名义上的隐逸及文学成就的优雅之士，并同那些只是有钱或有权的庸俗之人区分开来。这种建立于个人风格之上的精英主义，也体现在《世说新语》的逸事中，特别是在评价和对比人物时，对文字的优雅、语言技巧、哲学平衡以及隐居自然等特点的强调。

当南方的世家大族在朝堂为了声望和官职而展开斗争时，北方出现了一种不同的精英主义。整个 4 世纪，关中和华北平原都陷入野蛮人国家之间的战争，这些国家在混乱中飞快地兴起与衰落，时常令人困惑。尽管氐族统治者苻坚一度统一了黄河流域，但是 383 年他南征东晋的灾难性失败导致了新一轮的分裂，直到 60 年后北方重新统一在拓跋氏的北魏政权下，才结束了十六国时代。

在这一时期，北方的权势家族与他们在南方的“伙伴”有所不同。由于几乎完全被排斥在蛮人朝廷之外，他们只能作为地方社会的领袖，传承儒家的价值观与文学传统，同时还训练本地的防御兵力，这在北方非常重要。因此，他们展示出了更大的家族凝聚力，并且比南方的精英更看重道德。但是他们缺乏像南方那样的宫廷生活，没有诗歌圈子，也缺少随晋朝南迁的文人所具备的文化修养。只有到公元5世纪初北魏重新统一后，这些北方世家才重新有机会去争夺朝廷中的官职，享受都城高品质的文学生活。[52]

第 3 章

军事王朝

公元 4 世纪是中国皇权最为式微的时候。在北方地区，军事化的村庄与强宗大族坚守着他们的大本营，而与此同时，又有一系列短命的、非汉族统治的王朝在某些特定地区发挥着有限的权威。在南方，由于朝廷无能，富裕的贵族们借机争夺权力与荣誉，他们在都城附近或长江中游河谷建造自己的庄园。然而，与罗马帝国衰亡后的欧洲世界不同，经过短暂的蛮人王朝之后，国家没有全线崩溃，也没有陷入地方封建领主的军事纷争中。

至少有两个方面的原因导致了这种差异。首先，大多数的世家大族仍然将帝国看作其财富与地位的来源，这将他们与那些凶蛮的军人、贪婪的商人和粗野的地主区别开来。其次，公元 5 世纪的头几十年是一个转折时期。那时候，拥有实权的独立军阀在南方与北方分别建立起了王朝。通过控制军队来压制地方上的势力，军事王朝恢复了皇帝的权力，并且在地方上采取了去军事化的措施，显著地削弱了世家大族。尽管不论南朝还是北朝，都没能将军队转化为稳定政体的根基，但它们却扭转了皇权不断衰弱的趋势。因此这些王朝中的最后一个能够通过使用武力，在 6 世纪末的时候重新统一中国。

军事王朝的起源

从公元 184 年黄巾起义到曹操取得霸权之间的二十年里，农民大规模地迁徙。相应的，黄河和关中地区冲积平原上大量的肥沃土地 055
都被废弃，大量的农民成为流民。此时的曹操正在为不断增长的个人权力寻找根基，他占据了这些土地，并从俘获的黄巾军手中缴获很多工具和牲畜，这些农耕用具和牲畜被分配到军队里，或者是分给那些愿意交粮食税，甚至愿意定期服兵役的农民。以这种方式控制农民，除了能够增加收入，还能削弱军阀对手。[1]

第一片屯田，建立于公元 196 年，由投降的黄巾军组成，地处曹操总部附近。他们和汉代边疆军事屯田的模式类似，但是现在已经扩展到黄河下游地区。还有一个类似的历史先例，汉代的地方官员把国有土地租出去，用税收来支付官府的费用。屯田被分为军屯和民屯两种类型，后者只交纳赋税，而前者要服兵役，并为军队提供一部分粮草。税率从 40% 到 60% 不等，这取决于农民是使用他们自己的耕牛还是租借官府提供的耕牛。

两种屯田上的居民被列在不同的户籍簿上，他们在法律上与居住地相连。由于这一生都在军队里效力，兵士们只能同其他军户通婚，而且他们的儿子或其他亲戚必须继承他的军籍。[2] 因此，军屯上的居民（其中绝大多数是曹魏的士兵）变成一个子承父业的公务行业。这种向建立一支世袭军队的转变受到汉末一种观念的影响，即人的天赋和品性在出生时就已经决定下来了，所以出身对于一个人未来所扮演的角色起到决定性作用。这种世袭性质的军队实际上是不断强化的政治精英世袭统治的一个缩影。

确实，在建立由世代为农或世代为兵的居民所组成的屯田制时，曹操也模仿了世家大族建立起来的模式。曹魏统治者成为最大的地主，国有的屯田就相当于世家大族的庄园，屯田上的佃农和士兵就相当于依附庄园而存在的那些雇农。曹魏的这些创新——一支世袭性的军队以及大量租借给佃农并从中收取赋税的国有土地——成为南北朝时期军事王朝的支柱。这一时期的其他政权都依赖类似的组织形式来维持权力，制衡地方上的豪门望族。

056 汉朝覆灭后，许多圈子——通常由当地的大族所领导——撤退到山上或荒野之中，在那里，他们建造了坞堡以抵御外来入侵者。在公元 3、4 世纪的时候，也有一些人南迁，并在长江流域的山区建立坞堡。[3] 虽然这些武装集团不能在地方层面或帝国层面开展军事活动，但他们还是影响了那些有能力的军阀和保皇派的行为方式。他们挑战了朝廷对乡村的控制，他们也受到那些试图从都城周边向外扩张的保皇派的攻击。与此同时，他们广泛招募经验丰富的战士加入国家军队，这些坞堡的首领还发展军事技术，这使他们有资本成为朝廷的官员或朝廷军队的将领。对于那些野心勃勃的统治者来说，这些坞堡简直就是免费的军事据点。

当曹魏王朝在北方以军事屯田的方式恢复皇权时，长江下游的吴国开辟了另一种军事王朝的体制。在东汉，将军们的长期任职导致了士兵对他们的直接上级的绝对忠诚。吴国就是由这种军事冒险家建立的，他们的士兵与北方的士兵一样，也发展成一个世袭结构，像农奴一样绝对服从将军的指令。这些将军也同样如此效忠于他们的统帅孙权。吴国定都建康后，就将长江流域的军队纳入自己的军事体系，并将私人武装改造成国家军队。私人武装的首领被朝廷授予将军头衔或者其他官职，和北方有一点不同，将军的儿子在将军死后才能继承他的部队。

这些移民将军从朝廷那里获得封地，并从这些特定的区域获得赋税收入，在这里他们是实际上的统治者。他们的士兵被雇佣为劳力，用来清理森林、排干沼泽，并完成一切准备工作，旨在将南方的旷野地区改造为适合农业发展的耕地。那些被士兵平整过的土地马上转变成军屯，和北方的一样，在和平时期，士兵需要自给自足。很大一部分劳力和兵役都是由当地的原住民组成的，他们被称为“山越”，被迫为征服者服务。[4] 长江下游盆地通过军屯得到开发，再加上世家大族定居于此，手握大量土地，使得南方土地集中的程度要远远高于北方。北方仍然存在着大批拥有少量土地的农民，他们不受当地世家大族的控制。在长江流域，只存在大庄园。

249 年，司马氏发动政变，北方的军屯开始衰落。为了获得曾受到曹魏政权威胁的世家大族的支持，新的晋朝统治者同意这些同盟者废除民屯，并允许他们把土地和劳动力私有化。“魏氏给公卿以下租牛客户数各有差，自后小人惮役，多乐为之，贵势之门，动有百数。”[5] 057

这些小家小户，曾经向国家支付租税以免除徭役，现在他们转而向世家大族交租，但仍和过去一样，不需要向国家服徭役。因此，旨在强化国家权力的组织方式其实需要世家大族的配合。然而，这又不是简单的私有化。家族接受国家授予的头衔或官职，又将自己与国家捆绑在一起，他们依法获得佃农，佃户只向这些新领主提供劳力与租赋。在 264 年，一道法令公布下来，废除了民屯和军屯，但是仍然保留了向世家大族赏赐佃农和土地的习惯。

南方遵循了类似的发展模式。曹操建立军屯和民屯之后没多久，吴国做了同样的事情。很快，吴国也开始把自由农也就是“人客”，赏赐给有功之臣。甚至在此之前，世袭的军队在和平时期似乎也已成为他们将领们的雇农。政权早期的法令正式宣布：“故将军周瑜、程普，其有人客，皆不得问。”这表明没有人可以调查这些人客的来源，他们可能是从其他领主或国家的土地上逃亡而来。国家也并不准备进行旨在获得徭役或赋税的人口普查。

时隔不久，吴国的吕蒙将军也获得了浔阳的六百户军屯。在他死后，他的继承人又获得了三百户以及五十顷土地（按汉朝的统计单位，大概是 580 英亩），用这些人和土地维护吕蒙的陵墓。文献中记载了很多国家将田客赏赐给军事领袖的故事，道教经典，葛洪的《抱朴子》（成书于 343 年以前）就有一个章节是“吴失”，其中言及“僮仆成军”[6]，因此不论是南方还是北方，国家都试图通过增加屯田、直接控制土地和佃户来巩固政权，只是最后将土地与佃户分给了高官显要当作农奴。这表明该尝试及其失败的结果都是三国时代这些国家政体的特质。

058 虽然佃户的依附关系还没有从法律上得到广泛承认，但也在发展之中，这一过程可以从部曲这个概念的发展变化中看出来。[7]“部曲”这一名称出现在汉代，它是两个不同等级的军事单元的组合，后来逐渐代指“军队”或“部队”。在东汉，将领和地方豪族都与他们的士兵联系紧密，部曲逐渐代指“私人部队”。随着这一称呼开始代指军屯上的和被赏给高官的住户（即从事农业的家庭），其含义变得更广，指广义上的“依附民”或“客”。到唐代，这个称呼成为一个法律概念，专指介于奴隶与自由民之间的“客”。

由于在农业生产和军备作战中都需要用到这些人客，就造成了一种紧张关系，国家一方面需要通过种植农作物来增加财富，另一方面又需要动员增兵，以强化军事实力。假如国家和地主寻求他们收入的最大化，他们会降低训练士兵的水平。与此相对，如果他们想要维持一支战术成熟的部队，就需要寻找其他人来耕种土地。将农耕者用作战士，远离了东汉时期发展起来的职业化的军队。这种紧张关系在有土地的家族中表现得特别明显，他们在几个世纪的分裂里，没有发展出或逐步丧失了军事能力，现在只能在紧急时期进行自卫。与之相对，国家发现了另一个兵源，即非汉族的部落民与避难者，这种招募与训练新兵的能力上的差异使得皇权得以再次复兴。

西晋王朝建立于 265 年，4 世纪初覆灭，在这期间，这种试图重新统一中国的力量首次得到发展。不论是曹魏还是孙吴，都会向高官显要赏赐人客，同时又防止世家大族从居住在乡野的大量难民和流亡者当中招募人手。在曹操治下，来自司马氏的一位将军迫使一个地方权贵允许其佃户应征加入军队，给出的理由是，地方权贵没有权利按自己的要求扩充避难所来收容这些农民。269 年的时候，晋武帝司马炎为征讨南方而广征粮食，他颁布法令："豪势不得侵役寡弱，私相署名。"在 3 世纪 70 年代中期，官员们仍旧强制性地推行这个法令，反对私人招募客。280 年，西晋重新统一后，进行了人口普查，官方将人客人数保持在一个低量上。[8] 晋朝想向它的追随者赐予私客，但 059
是又严格控制数量以保证军队中有足够的士兵。

军队的人员有几个来源。尽管曹魏的屯田制已被废止，晋朝仍然将军户单独列籍，这样就保证军人的世袭制。更为重要的是，从三国时代到晋朝，国家仍在继续招募非汉人士兵。举例来说，曹操在 207 年击破乌桓，将他们安置到内地，使之成为中国最好的骑兵部队的核心组成部分。[9] 他还招募了其他的非汉人军队，晋朝延续这一政策，将周边降服的游牧部落重置到内地，并雇佣他们为士兵。

骑兵以前负责侦察、追踪与射箭，但到 4 世纪早期，技术革新变得普遍，骑兵转变为强有力的攻击力量。汉朝骑兵只配备简易的层状铠甲，由铁质或皮革割制的方块组成，一片片贴在前胸与后背上。与之不同，4 世纪的图画表明，不论是骑士还是马匹，身上都覆盖着甲胄。（图 3、图 4、图 5）也有文献记载了在一次战役中俘获了数以千 060
计的"披甲的战马"。[10]

一种新型的马鞍配合马镫的使用，能够让骑士坐得更加安全。始皇帝墓葬中骑兵的陶俑骑在用皮带绑定的、小块的鞍褥上。汉代的资料则表明骑兵是骑在"毛皮鞍"上的。有证据表明，三国时代军事马鞍的造型使其与臀部和大腿更加贴合，据推测，这使得骑士在挥矛或舞剑时也能坐得很稳。[11] 装备两个马镫的人像最早出现在公元 322 年，而最早的真正的马镫是在 415 年的墓葬中发现的。马镫也出现在无法得知确切时间的墓葬中，它们看起来像是 4 世纪的墓葬。重装骑兵

图3　北魏骑在披甲马上的铠甲勇士（包括面部也有防具），宁夏固原

图4　战马，河南南部邓县，公元5世纪晚期到6世纪早期

图5　战马，河南南部邓县，公元5世纪晚期到6世纪早期

图6　壁画上的战斗场景，武装战士、马匹、剑、盾牌，邓县

似乎早于马镫很多出现，之所以发明马镫，可能是因为它能够帮助武装骑士在战斗时保持平衡。[12]

武装勇士的战斗力也因为刀的使用而显著提高。4世纪，汉朝统治之下，刀是一种标准的备用兵器。这是一种强有力的、单面开刃的剑，刀面像马刀一样有微微的弧度。只要做出砍人的动作，刀就能够有力地砍倒步兵或骑兵，因此，它比单薄、笔直的双刃剑更有效率，
061 并最终取而代之。在同一时期，戟，一种能够刺或者钩的武器，也被更简单的、更结实的矛所取代。矛能够猛刺，还能够进行防守。[13]（图6）这些革新累积起来，使得3、4世纪的骑兵比他们在汉代的前辈们更加难以应付。

由世袭军人和非汉族骑兵组成的晋朝军队分为中军与外军。前者由10万人组成，他们驻扎在都城洛阳，由朝廷控制。后者由各地都督指挥，规模相对更大。另外，郡太守可以组织小规模的地方军队，但是282年重新统一以后，这些军队基本上都被遣散了。晋朝最重要的军事政策就是由亲王控制地方武装力量。司马政权的建立者非常担心有人像他们一样通过政变夺得权力，所以仿效汉朝早期的做法，于265年分封了27个亲王。这些采邑通常都不大——5000户到20000户不等——他们也可以组建不超过5000人的私人军队。但是，在290年，六位实力强大的亲王被任命为人口稠密的中心地区
062 的军事都督，他们指挥的军队多达数万人。290年以后，国家准许军事都督同时担任地方行政长官，从此将民事和军事权力合并到一起，这些封地也越来越像一个个的小型国家。[14]

该政策带来灾难性的后果是亲王之间自相残杀，这耗尽了晋朝的军事力量。为晋朝服务的非汉族力量建立了他们自己的王朝。晋朝赋予这些亲王绝大部分的军权，却没有办法来控制这些亲王。世袭官位制削弱了皇帝控制官僚的能力，试图用亲戚来取代那些官员的举措也都失败了。

南方军事王朝的统治

随着晋朝廷的南迁，统治者与地方势力之间的军事争夺重演了北方的悲剧。然而，北方国家的最高军力依赖的是游牧骑兵，南方则是依赖流民。但无论是哪种情况，政治权力都落入控制着军队的首领与将军们之手。

由于流民成为权力的最终来源，南方的敌对政权为争夺流民最多的两个区域而展开斗争，这两个区域分别是以都城建康为中心的长江下游平原和以汉江汇入口为中心的长江中游平原。东晋王朝建立不久，新的统治者便着手于巩固长江下游的安全。司马睿于公元317年正式称帝，他受到北方流亡者的共同支持，这些从北方南迁的世家大族提供由人客和乡党组成的私人武装，这些贫困的乡党当初和他们一起逃至南方。南方基业已深的世家大族最初对他们充满敌意。八王之乱摧毁了北方，同一时期长江下游地区也发生了几次较大的叛乱，晋朝的军事长官还两次试图建立独立国家。这些在南方很有根基的家族集结他们的私人武装来消除这些威胁，东晋皇帝在他们看来更像一位北方的篡权者，居然想来这里成为他们的统治者。

然而，王导代表北方移民说服了大多数有影响力的家族支持新政权，剩下的南方精英也随之迎合。这个决定可能是按北方人的方式达成的，因为很明显朝廷能够授予他们官职和爵位，并承诺此后帮助他们重新恢复骚乱地区的秩序，保证消除由次级家族领导的半独立流民集团带来的威胁。[15]

几年以后，中央与地方势力在长江中下游地区的第一次权力之争演变成一场战争。321年，东晋的首位皇帝颁布法令对流亡到南方的北方流民进行普遍的户籍录入，之后又恢复在北方的做法，限制朝廷认可的客的数量。朝廷将很多为移民家族私人军队战斗的仆人和奴隶解放出来，并将这些人编入朝廷控制的军队中。王导的堂兄王敦，

319年时受命占领长江中游地区，他认为这种军事扩张会造成威胁，于是在322年的时候，他率领自己的军队沿着长江而下，进入都城，清除了那些对奴客数量进行限制并扩建朝廷军队的人。王敦有效地控制了东晋朝廷，324年他病死之后，司马氏才得以重返他的位置，重掌皇权。[16]

064 然而，东晋王朝的处境并没有得到改善。王敦的一位敌人苏峻曾经是要塞地区的军事领袖，接受朝廷的任命，防卫淮河一线。他很快与朝廷的高级官僚们发生冲突。这些官僚对地方军事力量持疑惧态度，于是苏峻在327年发动叛乱、占领都城。朝廷只能向王敦的继任者陶侃求助，最后好不容易获救。陶侃是土生土长的南方人，血统卑贱（他是诗人陶潜的曾祖），陶侃在长江中游建立了半独立的邦国。

345年，桓温控制了长江中游后，两个地区间的关系日益紧张，军事力量也变得越来越重要。与他的对手谢安一样，桓温也是来自低层的军事家族，他们是在晋王朝迁到南方以后才逐渐崛起的。[17]在控制了荆州以后，桓温即沿长江而上，发动对四川的远征。离开沿江的辎重部队，桓温迅速地进军成都，在那里击败了信奉道教的成汉国。这场胜利给他带来了超乎寻常的声望，在接下来的25年里，他掌控了南方的政治。

在晋朝及北方世家大族南迁后的岁月里，他们认为自己是在外流亡，并宣称自己要重返北方，如同311年的一则掌故所言："过江诸人，每至美日，辄相邀新亭，藉卉饮宴。周侯中坐而叹曰：'风景不殊，正自有山河之异！'皆相视流泪。唯王丞相愀然变色曰：'当共戮力王室，克复神州，何至作楚囚相对！'"[18]尽管这些贵族有这样的情绪，但是当十年后一位地位较低的军人集结军队发动恢复北方的远征时，王导制止了他，而将他的军队及物资投入与王敦的战争中。

随着桓温的崛起，重新收复北方成为更具争论的话题。移民的世家大族现在已经在会稽舒适的庄园重新定居，并在朝廷中担任清闲要职。第二代都生长在南方，已经习惯了南方的气候和习俗。对他们而言，失去的北方是陌生的异域。更重要的是，收复黄河流域所带来的声望能够让获胜的将军们凌驾于皇权之上。在随后的几十年里，野心 065
勃勃的军人希望进行北伐并获胜，以此作为建立军事王朝的序曲；朝廷则十分焦虑，因为现在重新统一对其意味着灾难，这两者间的关系愈发紧张。[19]

桓温建议在占领四川后立即北伐，但是朝廷担心长江中游不断出现的对其政权的威胁，所以采取拖延的态度。然而，当占领黄河流域中心地带的前赵分崩离析时，行动变得迫在眉睫。349 年，朝廷的执政褚裒带领都城的军队北伐。在最初的胜利之后，他被击败，并放弃了他所占领的地区。353 年，由于受到桓温的威胁，由著名隐士、清谈家殷浩率领另一支军队向北方进发，但是这次远征遭到同盟羌族背叛。殷浩惊慌逃走，手下超过 1 万名战士被杀。在桓温的坚持下，殷浩被撤职，他的余生在研究佛经中度过。

杰出的书法家王羲之，他也是王导的侄子，代表多数朝臣写出了心声：

> 知安西败丧，公私惋怛，不能须臾去怀。以区区江左，所营综如此，天下寒心，……今军破于外，资竭于内，保淮之志非复所及，莫过还保长江，都督将各复旧镇，自长江以外，羁縻而已。[20]

因为“羁縻”是指允许少数民族管理他们自己的事务，这篇文章将黄河流域划分出去，将其视为野蛮人聚居的令人不悦之地。

朝廷的失败为桓温打开了机会之门。354 年，他侵入关中，直打到长安城门之下。但是敌人采取放火烧城的策略，因为缺乏补给，他被迫后撤。356 年，桓温攻占洛阳，敦促朝廷迁回东汉时期的都城。这个提议遭到了一致的反对。359 年，另一支朝廷军队在谢万（谢安的弟弟）的率领下北伐，如同之前所有的朝廷军，他的军队遭受了惨 066

痛的打击，在慕容鲜卑的力量面前步步后退，丧失了北方大多数领地。365 年，洛阳再次失守。

桓温逐步控制了东晋朝廷的最高统治权。363 年，他被任命为掌管所有军务的大将军，次年又控制了扬州（都城地区），因此东晋全部战略要地都在他的指挥之下。国家处于军事独裁者的统治之下，他马上就要建立起自己的王朝。369 年，桓温开启了篡夺皇位的最后阶段，他发动最大规模的北伐，沿着淮河及其支流出动 5 万军队。为了让他的军队能够用船运送粮草，桓温甚至开凿了一条南北走向的运河。不幸的是，这一年非常干旱，水位很低，使得船运的构想无法实现。由于将一切寄托于一个冒险计划之上，在慕容军队的打击下，他再次用尽补给，被迫焚毁船只及辎重，以步行的方式回撤，途中被慕容骑兵追上，在会战中被一举击溃。这场灾难对他的政治地位影响甚小，桓温甚至发起作文、诗赋的公开创作，通过文章来赞颂远征。[21]

桓温统治时期最显著的一个特征就是在军中任职的世家大族人数明显下降。《世说新语》中也提到了南方精英的去军事化。该书对好战的桓温与谢安进行了对比，谢安身上体现了文化精英道德与美学欣赏方面的优秀品质。一则常被人提起的典故批评了桓温的军国主义性格：

> 桓宣武平蜀，集参僚置酒于李势殿，巴、蜀缙绅莫不悉萃。桓既素有雄情爽气，加尔日音调英发，叙古今成败由人，存亡系才，奇拔磊落，一坐赞赏。既散，诸人追味馀言，于时寻阳周馥曰："恨卿辈不见王大将军！"馥曾作敦掾。[22]

067 桓温首次胜利之后，人们对他英雄主义、好战性格的称赞都预示了他未来的篡权行为。在另外一则掌故中，桓温贬低界定精英身份的清谈与隐逸，他更喜欢发起赞颂自己军事战绩的诗歌创作。[23] 不管怎样，桓温非常欣赏谢安，也能够鉴赏学术研究，还坚持与同辈人交际，所以桓温除了热爱征战，也是一个世俗文化的爱好者。[24] 与之相反，他的儿子桓玄，虽然曾率领军队北伐，试图实现父亲的野心，却被形容为一个彻头彻尾的艺术爱好者，“从来不是好战的”或“像燧石一样能点起战火的”。因此，精英的去军事化行动甚至深入到桓温自己的家族。[25]

桓温尝试与世家大族加强联系，从而强化国家力量。首先，他试图严格控制私客的数量，以减少反叛的可能性。[26]他反对将北方人口单独立籍（白籍），从而与南方人口的黄籍分离。同样，他反对“侨置”州郡县，这些州郡县保留了难民北方家园的地名。这种簿记体系看上去在肯定重返北方的目标，但在实际上朝廷希望能够留在南方。为了让流民休养生息并鼓励他们登录籍贯，朝廷削减税收并满足名列白籍者的需要。“土断”曾尝试过几次，这是指将在籍的避难者归籍到他们实际居住的南方行政区划中。364年，桓温执行了最彻底、涉及区域最广的“土断”，这次“土断”极大增强了国家力量，毫无疑问也使反对他政策的世家大族实力削弱。[27]这显示了军事强人——通常地位较低——与国家之间密切的利益关系，他们在与领导地方的世家大族相处时都会遇到很多困难。

桓温对人口普查、登籍进行了标准化的管理，为下一步南方军事王朝的崛起提供了帮助，即北府兵的建成。376年，谢安控制了朝廷，安排他的侄子谢玄负责都城以北地区的防御工作。为了组建新的军队，谢玄招募该地区军事化流民集团的领袖来担任将领。他们的加入可能是为了抵御苻坚领导下的前秦所带来的威胁。这些人担任中层将领，并将他们自己的下属与世袭军队带进来。[28]这支军队有10万人，他们经历过相当艰苦的训练，成为东晋军队中的职业兵。在383年，通过挫败苻坚的侵略，他们证明了自己的价值。 068

北府兵的出现在南方历史上既是对此前既有发展的一种延续，也是一个转折点。世家大族从军队中退出，使得出身贫寒的人可以进入军队中层或更高层。从军成为低等身份的标志，有一定学识和家教的人不值得去从军。在南方王朝的统治下，这一方面进行得很彻底，6世纪的时候，颜之推写道：

> 然而每见文士，颇读兵书，微有经略。若居承平之世，睥睨宫闱，幸灾乐祸，首为逆乱，诖误善良；如在兵革之时，构扇反覆，纵横说诱，不识存亡，强相扶戴：此皆陷身灭族之本也。诫之哉！诫之哉！习五兵，便乘骑，正可称武夫尔。今世士大夫，但不读书，即称武夫儿，乃饭囊酒瓮也。[29]

谢氏，与桓氏一样，并不是酒囊饭袋。他们将广泛的军事活动与自己的文化追求结合起来。因为《世说新语》对军事英雄主义保持怀疑态度，所以谢安的军事生涯并没有被大肆渲染，而《晋书》本传就展现了谢安辉煌的军事成就。谢万和谢玄这样的父系亲属也同样活跃于军中，积极参与军事指挥。[30]

尽管世袭的军队与他们的指挥官一起加入北府兵，避难者中的志愿军和军事化的社区依然是军队的核心成分，同时还有游民、罪犯和原住民被迫服兵役，成为补充军力。[31] 这一点和东汉时的做法一样，东汉也曾经用更职业化的常备军代替征召来的农民兵。因此，北府兵代表的是职业化的军队。

399 年，朝廷命官认定北府兵不可靠，于是他们再次试图建立一支由获得自由的奴隶和豪族之下的门客组建的军队。但是同年官府处死了一位来自南方名门望族的道教领袖，他的儿子孙恩号召农民避服兵役，并加入自己的叛军队伍，逃往“不死岛”。起义横扫会稽郡，那里是大部分移民家族庄园所在地，然后又攻入南方本地世家大族聚居的太湖周边地区。经历了三年残酷、反复的拉锯战，包括重要的水上战役，北府兵终于镇压了起义。[32]

069

在这场战争最激烈的时候，孙恩的武装力量摧毁了朝廷中显贵家族的经济基础，从而凸显官府对新的职业化的军事力量有多么依赖。这是由出身较低的将军领导的第一场主要战役。刘牢之一年前与朝廷合谋消灭了王恭，而王恭是能够领导北府兵的最后一位望族后裔。这场战役也见证了刘裕的一路高升，毫无任何背景的他上升为仅次于刘牢之的人物。

402 年，桓温的儿子桓玄已经继承了他父亲在长江中游的兵权，他趁着东部发生混乱，阻断了沿江的粮食货运，并率领军队进攻帝都。刘牢之接受了桓玄的行贿，改变了立场，因此没有在建康留下任何防守兵力。然而，一旦桓玄占领了都城，他清洗了北府兵的将领，以此作为自己称帝的第一步。在这个历史关头，发生了一个事件，改变了南方政治与社会权力的平衡。之前刘裕和他手下的一些北府兵的底层将领一开始为自保假装支持桓玄，这时他们上演了一场政变，将桓玄从都城赶走，并在长江中游地区奋力抗击桓玄的军事力量。刘裕重振了晋朝，自己也成为国家的实际领导者。在 409 年的北伐之后，他又击败了孙恩的继任者卢循领导的道教起义军，并于 417 年收复洛阳与长安，刘裕将朝廷一直维持到 420 年。

420 年刘宋王朝的建立是中国南朝历史的重要节点，也是中国历史的重要节点。自从汉朝衰落后，皇家朝廷已经连续两个世纪都萎靡不振。尽管有世家大族的支持，但他们需要从朝廷那里获得自己的特权与声望，真正的中央政府并没有什么权力，权力碎片化，并落入南方显赫家族和北方短命的“蛮人”国家手中。职业化的军队——由自愿从军的流亡者、应征新兵和世袭军队组成，旨在增大野心勃勃的世袭家族的权力——在 403 年的政变中获得权力。当平民刘裕在 420 070
年成为皇帝时，皇权与世家大族间的平衡关系快速转变。在接下来的 200 年里，南朝（刘宋、齐、梁、陈）都是由出身较低的军人统治，他们以牺牲世家大族的利益为代价，逐渐提高自己的权威度。这些王朝无法挑战地方上的名门，因此继续允许世家子弟担任初级官职。朝廷甚至模仿他们的举止与风雅的活动——这也是对世家杰出的社会声望的一种认可。但是统治者剥夺了世家大族在政治权力上的三个基本要素：军事力量、地方管理权以及财富。

南朝通过将军队分配到帝国的各个核心地区并且由皇室子孙出任每个州的军事长官，来维持朝廷的权威。最高的军事指挥权留在京城，处在皇帝的控制之下，但是他的兄弟子侄则在长江中游、四川或更远的南方出任军事长官。这些地方性的军队取代了私人的、地主领导的联合军队。这些军队在3、4世纪统治着大多数的地方。军队继续招募非精英家族出身者做指挥官，对于野心十足的平民而言，从军变成了获得权力的首要选择。[33]

南朝同样将决策制定与政府管理的权力授予多为贫民的低阶官员，精英家族成员出任高官，但手中并无实权。汉朝时期，皇帝的私人秘书取代了正式的官僚体系，于是政策决策权、诏令起草权从正式的官僚体系转移到秘书手中，最关键的职位变成了中书舍人。秘书机构的最高职位同样也转换成了一个闲职，实际的权力落入出身较低的平民手中，他们完全忠于皇上。在各州，权力为掌控着军事力量的宗室子弟所有。但是为了减少他们对中央朝廷造成的威胁，南朝皇帝指派低阶的书记员前去监视宗王，并直接向皇帝报告。这些人员掌控着地方的管理权，长期的监控使得一位亲王向他的母亲抱怨："儿欲移五步亦不得，与囚何异？"[34]

071 史料中有所记载的那些新兴崛起、影响力甚广的平民百姓大多数是商人，在长江流域繁荣发展的经济中获得了财富。他们给朝廷带来了那个时代的城市生活气息，最负盛名的就是抒情诗和艳情诗，它们在主要城市的声色场所久盛不衰，并逐步掌控了齐、梁时期的诗歌圈子。[35]这些在朝廷做官、野心勃勃的贫寒子弟很快就将新获得的政治权力延展到经济领域，并在整个区域造成深远影响。商人出身的官员到各州出任典签，因为他们与朝廷关系密切，这使得他们拥有商业特权，掌控商业网络，积累可观的财富，进而以此购买土地，在乡村发挥政治影响力。除了这种利用法律的机会外，中书舍人和典签还从需要他们支持的人那里收取贿赂与礼物。[36]

5 世纪贸易的繁荣，带动了以货币为基础的经济发展复兴，特别是在都城地区。如同欧洲早期的土地贵族，旧的世家大族中有许多成员发现很难将土地财富转变为现金。现金现在是用来维系精英生活和缴纳税收的必需品，这造成的结果是，他们不得不逐步地典当或出售庄园以维持自己在朝廷或地方社会上的声望。因为经济的快速发展，财富不断从商人手中流入朝廷，5 世纪晚期和 6 世纪早期，这座都城见证了显而易见的、疯狂的消费。富裕的平民、世家大族的子孙、宗室成员竞相建造奢侈的宫殿，召开持续的宴会，向佛教寺庙大肆捐赠，佛教已经成为真正的国家宗教。[37]

军事王朝成功地削弱了世家大族，朝廷却没能维持一个稳定的政治秩序。对各州的军事垄断削弱了中央在地方上的对手，但是却在宗王之间造成了持续的紧张关系与不断的纷争。刘宋建立后，维系了 30 年的平静时代，之后第一次内战爆发了。453 年，皇帝被他准备废黜的太子谋杀，这触发了皇子们之间的战争，最后刘骏获胜，他便是孝武帝，统治期长达十年。然而，他接着杀害了几位兄弟以维系自己的权威，他的死亡又导致宗室叔侄间的另一场战争。472 年，他的继任者死去，长江中游的宗王又武装反叛。尽管叛乱被镇压，但是在 072
战争中负责防御的将领萧道成，也因此控制了朝廷，并于 479 年建立了齐王朝。这个王朝继承了前一个王朝的政策，在阴谋和斗争中仅仅延续了 22 年，便被一场来自州郡的反叛给推翻了。萧衍于 502 年建立了梁朝。

在这一段时间里，内战受到潜在动力的驱使，周而复始地发生。宗王们一直受到野心勃勃的将领与寒门仕官的教唆，这些人认为一旦他们的主公获得权力、统治朝廷，便能从中获得更多的财富与权力。于是宗王们要么为自己的继承权而斗争，要么就为能控制幼小的王储而斗争。为了获得更多的机会，宗王们招募更多的军队，相应的，野心家组建成百上千的私人武装集团，谋求为宗王们效力的机会。这种形式是由以下事实造成的：许多农民在通货膨胀下已经破产了，而国家需要更多现金税收。

与中世纪晚期和近代早期欧洲的雇佣兵集团一样，这些武装团伙在他们的领导人指挥下依然保持独立性。如果权力平衡改变的话，这些领导人有时还会改变立场。这些战士并没有被重置在国有土地上成为农民，而是像帮匪一样在乡村游荡，在国家的默许之下以劫掠农民为生。在6世纪晚期，历史学家何之元写道："梁氏之有国，少汉之一郡，大半之人，并为部曲，不耕而食，不蚕而衣，或事王侯，或依将帅，携带妻累，随逐东西，与藩镇共侵渔，助守宰为蠹贼。"这是一种极端情况，史料中也记载了宗王的军队对百姓的劫掠。宗王之间的冲突激增，这种浪人军队就会增加，对他们的行为也难以约束。私家庄园也成为匪帮的劫掠对象，除了那些进行过自我武装、建有城堡、已经军事化、本就称霸一方的世家大族。[38]

宗王与地方社会的军事化程度在547年达到顶点，那年有一位从北方叛逃来的将军侯景，以不到1000人的军队包围了都城。一些宗王选择了不干预，静观其变，一旦皇帝失败，便取而代之。另一些宗王派出了军队，但是这些独立的军队发现劫掠都城所在地区比冒着
073
生命危险去打破侯景的围困更为有利可图。这座城市里面住的都是挥霍无度、追赶潮流的花花公子，他们无力爬上城墙。在持续的围困和攻击下，都城陷落了，皇帝死在自己的宫殿中，梁朝在宗王们的内战中四分五裂。[39]

这场冲突彻底毁灭了国都地区，使得权力从长江中下游转到了新开发的偏远南方（现代的福建、江西、广东、广西）。在这里，半匪帮军队的领袖创造出一个新的、更加野蛮的军事王朝的雏形，成为其个人大本营。557年时，陈霸先赢得了这场战争。陈霸先曾率领着1000人的武装部队到极南之地镇压农民起义，并表现突出。他建立

的短命的陈朝从来没有从内战的毁灭性打击中恢复过来，且陆续失去了四川、汉水流域和淮河以北的地区。几十年后，陈朝被北方的军队消灭了。[40]

北方的军事王朝体制

有人可能会过于笼统地说，在 4 世纪时候中国南方还有一个没有军队的王朝，而中国北方却只有军队没有王朝。异族人的国家——被称为十六国——统治着北方的不同地区。这些国家是按照部落联盟的方式建立的，最高首领在战争中、在战后分配战利品时展现其权威。形形色色的部落或联盟成员追随那些军事胜利者，这就造成了一方面要靠统治者的部落集团来标识国家身份，另一方面国家在实质上却是由多种多样的人组成的。[41]

因为这些国家是建立在最高领袖的军事胜利之上的，一些沉重的打击会导致它迅速地瓦解。领袖个人死亡也会切断统治者与下属之间的私人纽带，而曾经正是依靠这种纽带才创造了国家。所以，这些国家每次在继位人选的问题上都会出现危机。早先的一些国家是由定居在中国内地的游牧部落建立的，他们也生长在这里，曾为晋朝服务，或者曾被晋朝征召入伍。这些国家占领了两个旧都后，试图重新统一华北。此时，这种不稳定性会逐渐增加。以早一点的匈奴与晚一点的联盟为例，他们在中国之外并无根基，也没有明显的政治传统，因此不过就是一群临时聚集在一起的战士。

在黄河中游与黄河流域西部崛起的军事国家与在东北兴起的国家 074
不同。前者本质上是以劫掠为生的游牧军队，慕容鲜卑人所居住的东北则生活着半定居的族群，他们居住在森林中的村落、农业社会以及牧民的营区。他们拥有相对稳定的地理根基，并从中受益。由于他们的自然经济同其与汉人之间的持续贸易相融合，他们证明自己能熟练地将游牧者的军队与汉式的行政管理结合起来。（图 7）因此，在这样一个混乱的历史时期，东北（现在是东北地区南部和河北北部）在四个称为“燕”的（前燕、后燕、南燕、北燕）一系列鲜卑国家的统治下自成一体。[42] 同样稳定但政治意义不大的还有地处遥远西北的甘肃走廊。它最初是晋朝的一个州，后来陆续被五个由汉人与异族人混合组成的国家（前凉、后凉、南凉、西凉、北凉）所统治。

这些地处极西与极东的国家，由于地理上的隔绝，享受着实实在在的稳定。与之相对照，那些处于中心地区的国家则不比武装团伙强多少。当他们的领袖赢得胜利时，这些国家实力达到最强；而当领袖遭遇失败或者死去，只留下未能证明自己实力的继承人时，这些国家就会瓦解。这种混乱之所以会进一步恶化，还因为每一个国家都会把被击败的敌方酋长或将军召至麾下。一旦统治者被击败，这些指挥官会立马改变他们的立场。[43]

中国北方这些国家的骤兴骤灭，在晋室南迁之前就已有征兆。（地图 3）匈奴可汗国将晋朝从北方驱逐出去，其指定继承人却在 310 年被谋杀（同年占领洛阳），318 年又发生了一次弑君。第二次谋杀导致一场对统治家族多数成员的大屠杀，幸存者刘曜迁都长安，并将他国家的名字从“汉”改作“赵”。这导致由马贼升为将军的石勒叛变，他从刘氏独立出来，在黄河下游地区建立了他自己的赵国（历史学家称之为“后赵”）。（地图 4）328 年，石勒击败了刘曜，统一了北方的大多数地区，但是当他在 333 年死去之后，他的太子被他一个名叫石虎的侄子给谋杀了。石虎以暴力与恐怖来统治他的国家，甚至杀害了自己的太子、皇后，以及他的 26 个孩子。无论如何，
076 在 349 年他死的时候，国家分崩离析，不到一年的时间里，三个继承人相继都被杀害了。这一系列事件在石虎的养子冉闵夺取权力的时候达到了高潮。冉闵是汉人，350 年的时候，他对都城地区的非汉人进行了大规模的屠杀。[44]

图7　描绘鲜卑的塑像，大多为军人，东魏和北齐墓

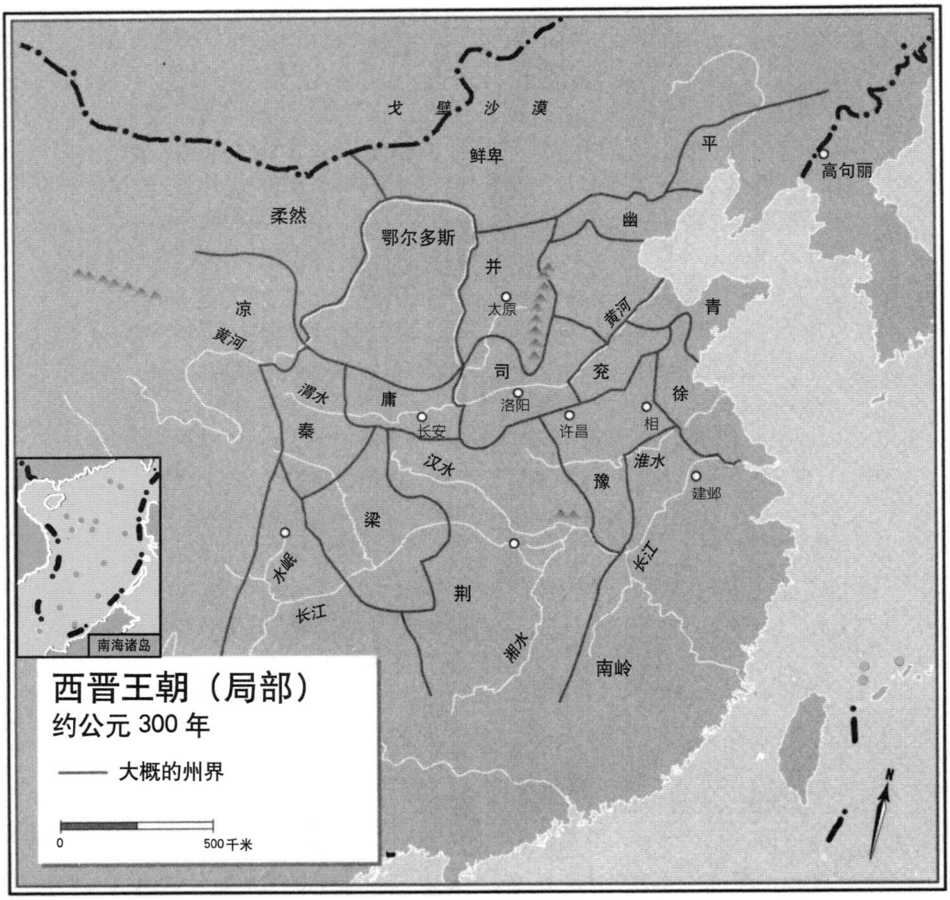
戈 壁 沙 漠
鲜卑
平
高句丽
柔然
鄂尔多斯
幽
并
太原
凉
黄河
青
黄河
司
兖
渭水
雍
洛阳
徐
长安
许昌
相
秦
汉水
淮水
豫
建邺
梁
岷水
长江
荆
长江
湘水
南岭
南海诸岛
西晋王朝（局部）
约公元 300 年
大概的州界
0
500千米

地图3

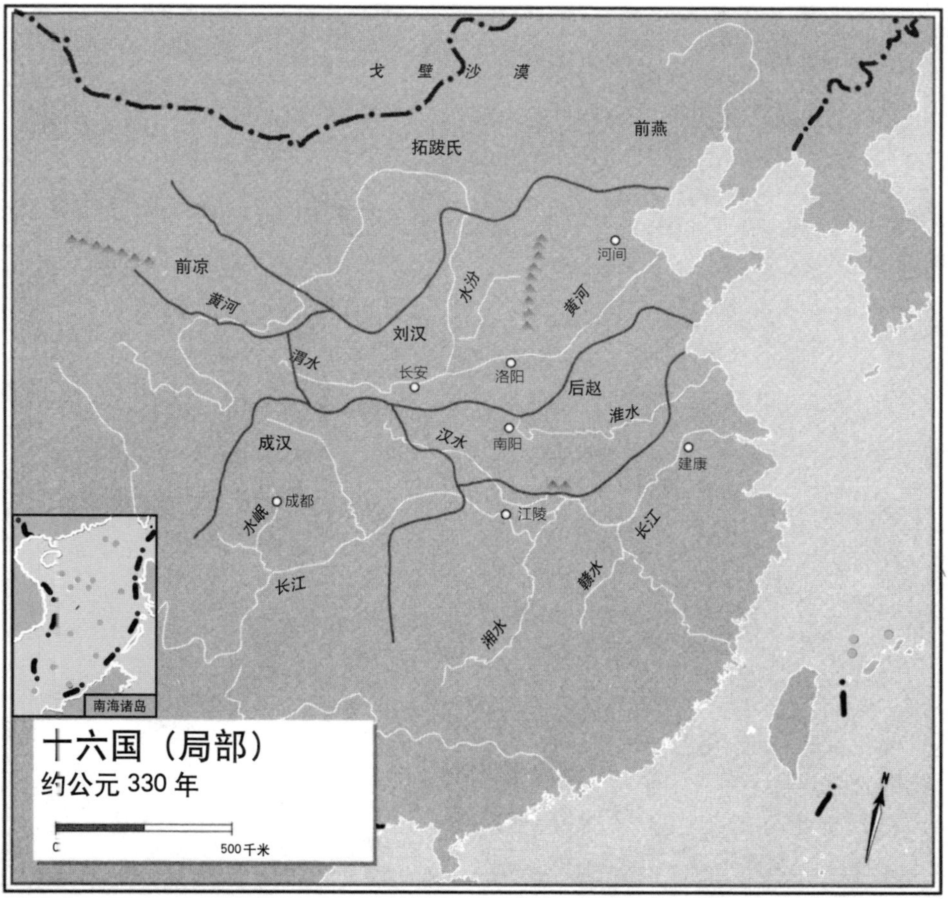
戈 壁 沙 漠
拓跋氏
前燕
前凉
黄河
水汾
黄河
河间
刘汉
渭水
长安
洛阳
后赵
淮水
成汉
汉水
南阳
建康
成都
水岷
江陵
长江
长江
赣水
湘水
南海诸岛
十六国（局部）
约公元 330 年
C
500千米
N

地图4

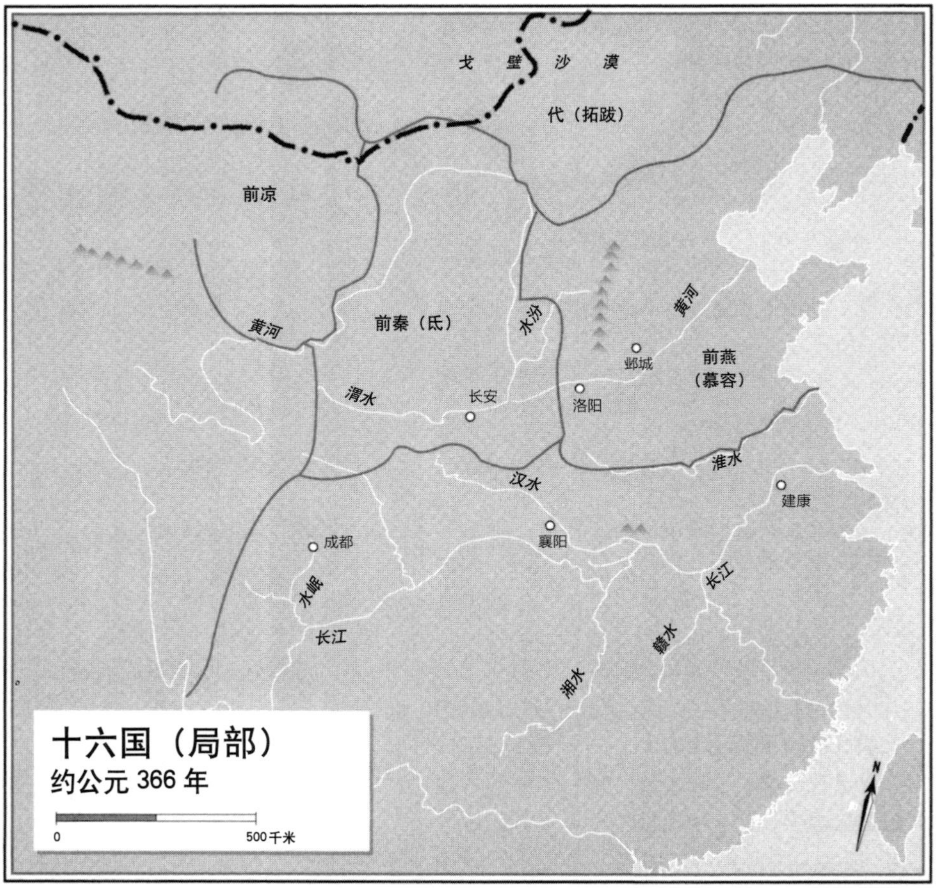

戈壁沙漠
代（拓跋）
前凉
黄河
前秦（氐）
汾水
黄河
邺城
前燕
（慕容）
渭水
长安
洛阳
淮水
汉水
建康
成都
襄阳
岷水
长江
长江
赣水
湘水
十六国（局部）
约公元 366 年
0
500千米
N

地图5

汉室的复兴在 352 年被慕容氏建立的国家打断。慕容氏从东北的根据地向外扩张，击败冉闵并占有了黄河冲积平原。然而，351 年，慕容氏随之又被氐人、羌人在关中建立的国家打败。这个国家，被称为前秦，该名字让人回忆起曾在同一地区建立的大帝国。这个国家在苻坚的统治下达到了巅峰。苻坚在 357 年至 381 年间重新统一 077
了中国北方（地图 5）。383 年，他集结了一支实力强大的军队征伐南方，但是在淮河的支流淝水这个地方，他被北府兵击败，仓促撤退之后，他的帝国彻底瓦解。[45]

除去这些国家结构上的不稳定性不谈，这样混乱的政治叙述中出现了几点具有普遍性的意义。[46] 尽管两个集团间界限模糊，但是所有的北方国家都在行政上区别了汉族人与非汉族人。[47] 游牧部族的勇士们组成军队，处于他们领袖的率领之下，常常会获得诸如“国人”的卓越头衔，以区别那些只提供粮食与徭役的汉人。这种区分——显然是为了防止为数不多的游牧者被他们所统治的多数人群体所淹没——为两种行政体系提供了基础，而两种体制并行是游牧蛮人国家的特征。

其次，在一种可以追溯到曹操统治时期的体制中，北方人口的减少意味着大量广阔的土地被废弃，限制农业生产的因素是劳动力。因此，北方国家的目标定在控制人口，而不是占领土地上。事实上，所有中国北方的“蛮族”国家都强制性地将数万或数十万俘获的人口迁徙到他们新建的都城附近，并剥削他们的劳动力。据史料记载，刘聪在 316 年攻占了关中地区，之后从长安迁移 8 万人到平阳。石勒则 079
在 329 年从关中迁走了 15 万的氐人与羌人，重置到他位于河北的都城。351 年，前秦崛起，迁徙的方向又反过来了。不管怎样，这一时期都是通过强制性的人口迁徙来建立国家的。

最后，这些国家的军队横穿了点状分布着众多坞堡的大陆。由地方世家大族领导的地方武装力量在这些坞堡里避难，并把它们当作自己的防御工事。在晋朝覆灭以后，这些小团体拥有城堡，也形成了基本的当地法律，它们成为 4 世纪时北方以及大多数南方地区维持秩序的基础。坞堡间的联盟有时会将权力扩展到整个地区。游牧征服者轮流与他们作战，或者试图授予他们爵位，给予他们官方的身份认同。

一些国家（最显著的是由慕容氏在东北建立的燕国）把汉式政治实践的因素融入政权统治中，但是只有 4 世纪晚期的拓跋氏能够将对领袖的忠诚转化为对王朝的忠诚。383 年苻坚的国家瓦解后，拓跋氏崛起成为慕容氏以西的强大力量。拓跋氏的国家曾在 376 年被苻坚征服，但是又由拓跋珪在 386 年重建。与慕容氏相比，他们更“落后”一些，但这给他们带来了好运，因为与草原地区的接触，使他们能够获得大量的马匹及同盟者。拓跋珪同样从 396 年慕容氏领袖的死亡中得益，因为此后慕容氏的军队迅速地衰败。两年之内，拓跋氏吞并了慕容氏的领地，统治着中国北方黄河转向处以东的土地。[48]（地图 6）

这位充满活力的统治者推行了革新，使他的王朝在一代皇帝统治的时间里就统一了中国北方。[49] 其中最首要的贡献是将半独立的部落群打散，这些部落此前是城邦国家的基本单位。398 年，在完全征服了汉化的慕容部落以后，受到他们的都城邺城的启发——决定在平城（在今天大同附近）建造一座汉式的都城。他将人口按照八个部落重新组织，八部落在新都城周围永久性地安顿。这些部落是军事单位，从被重新安置的牧民和农民那里获取给养。通过切断他们与传统
080 领袖的关系，迫使他们放弃游牧主义，只能依靠国家获得收入。拓跋珪将游牧部落的军队转化为与国家相捆绑的世袭的军人阶级。因此，他将对领袖个人的忠诚转化为对王朝体制的忠诚，使得北魏能够延续下去。这种职业化、世袭的禁卫军成为国家最大的独立军力，也成为最主要的攻击力量。该军队受皇帝及其亲信的指挥，确保了他们相对于任何潜在反对力量拥有绝对的权威性。（图 8）

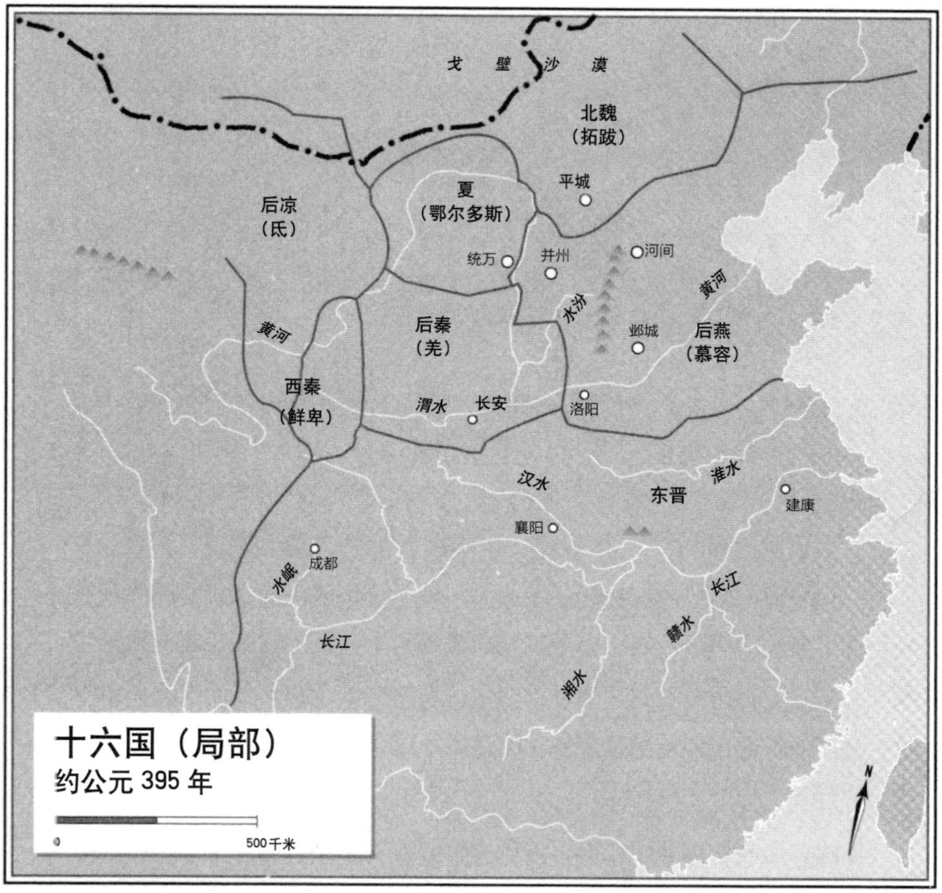
戈 壁 沙 漠
北魏
（拓跋）
平城
夏
（鄂尔多斯）
后凉
（氐）
统万
并州
河间
黄河
汾水
邺城
后燕
（慕容）
后秦
（羌）
黄河
西秦
（鲜卑）
渭水
长安
洛阳
汉水
淮水
东晋
建康
襄阳
岷水
成都
长江
长江
赣水
湘水
十六国（局部）
约公元 395 年
0
500千米
N

地图6

图8　装备剑、盾，或弓、箭的步兵，河南南部邓县，公元5世纪晚期到6世纪早期

在400年到440年之间，北魏攻占了整个黄河流域（地图7），
081
450年的远征则抵达长江北岸。直到这时，拓跋氏只是对中国北方实行了纯粹的军事控制。由于缺乏与汉族本土精英的联系，北魏通过将军事守卫部队分布到城墙环绕之中的城镇来维系统治，而这些城镇都是新的行政区划下的治所所在，每一个区都分散成小的营地。在5世纪的大多数时间里，守卫部队及其指挥官是拓跋氏的同盟者，汉人被排除在这些军事职位之外，这些军事职位同样是帝国政治结构中的组成成分。[50]

493年，孝文帝决定通过迁都来使北魏转变为典型的中华国家。他要求在朝廷上用朝服、讲汉语，通过联姻及阶级划分，把鲜卑精英与汉族精英融合在一起。[51]绝大多数汉族人口的军事区划被由汉族官员管理的民政州郡所取代。汉人民兵轮流防卫地方，最初的拓跋守卫军要么加入新都城洛阳的军队，要么驻扎到北部边境，要么被吸纳进当地的人口中。

这种从早期拓跋国家的军事管理向更加传统的汉族体制的转变以

灾难结束。当朝廷汉化时，边境的驻守军还保存着他们祖先的价值
观、语言和风俗，但他们的地位却逐步下降，由于出台政策要用囚犯
来补充边防兵力，这种状况进一步恶化。在6世纪早期的几十年里， 082
朝廷官员残酷地剥削边境的戍守军，为了个人利益出售本该发给戍守
军的食物、马匹甚至是武器。524年，一位戍主拒绝向饥饿的戍守军
发放粮食，从而激发了兵变，并沿着边境扩散。（地图8）为了安抚
戍守军人，朝廷将他们中的许多人向南安置在能够提供食物的区域
内，但是起义又重新开始，在一年的时间里，黄河以北的大多数村野
都落入起义军之手。

朝廷在印欧（可能是伊朗）同盟部落集团的协助下击败了起义的
军队。这个部落集团统治着山西，他们被称为羯或羯胡[52]，有着深深
的眼窝、高高的鼻子和络腮胡子，因此能够被很明显地分辨出来。这 083
种特征使他们在349年后赵灭亡时的大屠杀中成为容易被认出来的
目标。[53]在拓跋氏的国土之内，他们是少数能够在被重新安置时仍旧
保存部落集团形式，并能继续由传统酋长领导的部族之一。他们的领
袖尔朱荣，在528年率军进入洛阳，屠杀了大多数的朝臣，随后又
击败了起义军。他扶持了一位傀儡北魏皇帝，这位皇帝反过来在宫殿
里精心安排了埋伏，并亲手杀掉了尔朱荣。

尔朱荣之死并没有挽救王朝。他的继承者重新占领了洛阳，又扶
持了一位新的皇帝，但是曾经参加过戍守军起义的中层将领们联合在
一起，再次击败了尔朱氏。其中的领军人物是高欢，他应该是在鲜卑 084
族中长大的汉人。他占领了黄河流域的冲积平原，与此同时，关中则
被匈奴人的后代宇文泰指挥的力量所占据。534年，北魏皇帝及其朝
廷离开洛阳，奔赴长安寻求宇文泰的庇护。这是中国北方开始分裂的
标志：分为了东魏和西魏两个国家。这两个战时国家在名义上被魏朝
的傀儡皇帝所统治。直到550年，高欢的继承人才建立了北齐王朝。
七年以后，宇文政权在关中建立了北周王朝。[54]

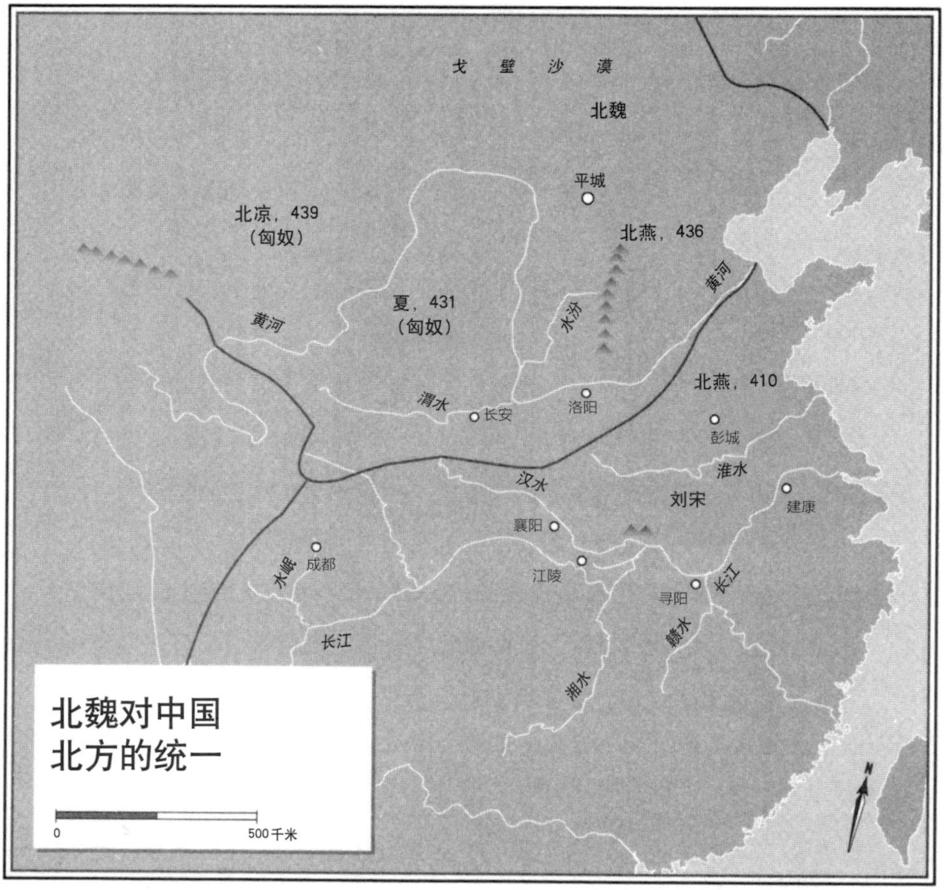
北魏对中国
北方的统一
戈 壁 沙 漠
北魏
平城
北京，439
（匈奴）
北燕，436
夏，431
（匈奴）
黄河
黄河
水汾
北燕，410
渭水
长安
洛阳
彭城
淮水
汉水
刘宋
建康
襄阳
成都
水岷
江陵
寻阳
长江
长江
赣水
湘水
0
500千米
N

地图7

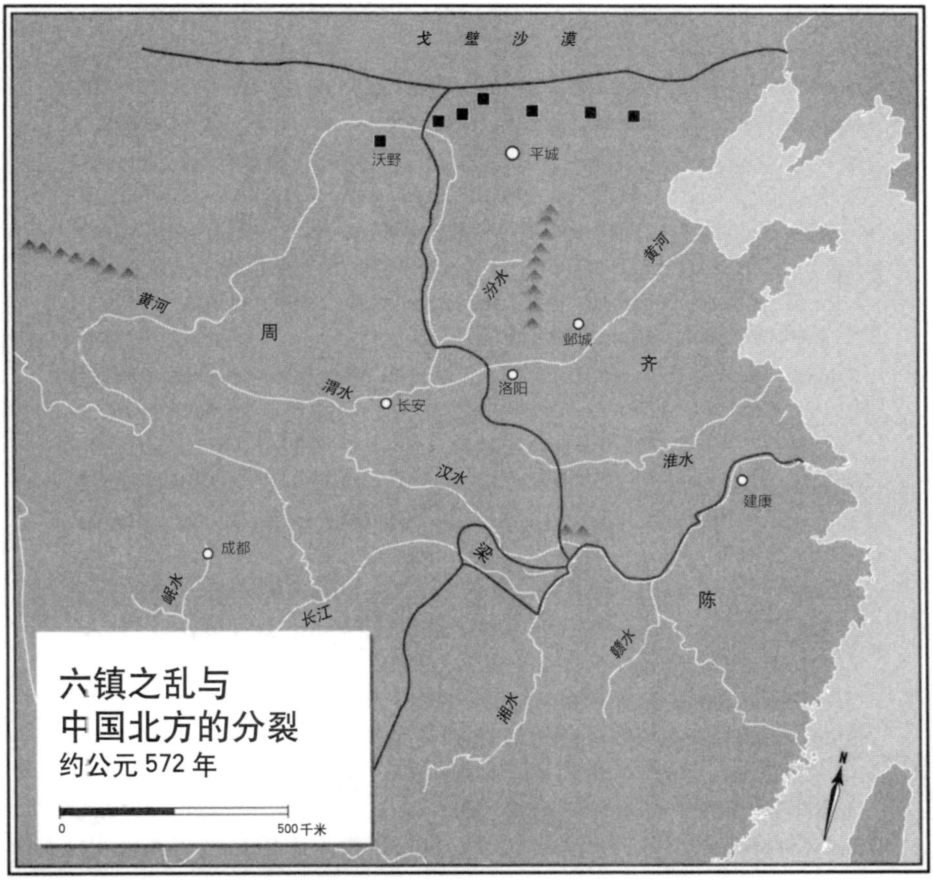

戈 壁 沙 漠
沃野
平城
黄河
黄河
汾水
周
邺城
齐
渭水
洛阳
长安
汉水
淮水
建康
成都
梁
岷水
长江
陈
赣水
湘水
六镇之乱与
中国北方的分裂
约公元 572 年
0
500千米
N

地图8

周与齐都是典型的军事王朝。它们的统治者都从军中崛起，权力基础是中央军。中央军由前戍守部队或禁卫军成员组成，地方精英领导的军队做其补充。它们在官僚制度上也学习魏朝，军官从部队和非汉人的部落中选拔出来，但是他们手中没有私人兵力，必须依靠中央指派来的军队，所以他们完全在统治者掌控之下。[55]

西部的国家周，一开始的时候就具有一系列严重的缺点，比如缺少能够任由其处置的部落民及马匹，这迫使它从关中本地人口中招募军队。周认可当地豪强组建的民兵组织，并将其集团化，由朝廷指派的将领率领。他们接受军衔，并被赐予鲜卑姓氏。[56] 尽管招募来的人数并不多，大概只有几千人，这种制度变革依然帮助周国中央与地方社会之间建立强有力的纽带。

对周的壮大发挥更重要作用，并最终助其重新统一中国的是二十四军。魏朝士兵、关中非汉族的部落民、有军事倾向的汉族豪右成员，他们都被置于二十四开府的指挥之下。显然，大多数士兵是以个人的身份被招募，而不是由他们的指挥官或在当地精英的率领下加入的。一些史料表明，战士自己也耕作土地，另一些史料表明他们以国家提供的土地为生，但是不用担负赋役。这种情况是有可能存在的，军队由在土地上劳作的汉族农民与拥有土地和佃户的、处于被隔绝社会中的非汉族士兵一同组成的。[57]

由于摆脱了农业的负担，并因此能够用全部的时间来训练，这支关中精英组成的训练有素的军队，无论是汉族战士还是少数民族战士，都是它那个时代最好的攻击力量。它动员了这个地区的全部资
085 源，招纳世家大族成员进行行政管理，又地处安全的关中地区。关中为此前所有的中华帝国提供了根据地。577 年，经历了半个世纪的战争后，它征服了对手北齐，重新统一了北中国。四年以后，581 年，周朝的一位名叫杨坚的将军夺取了皇位，建立了隋王朝。八年以后，589 年，隋朝军队打败了南方的陈朝，四个世纪以来首次将中国全境

置于一个统治者的统治之下。

然而，如同秦朝能够征服全国、却无法有效保证帝国长久稳定一样，北周的军事体制也并不足以为隋提供一个安全的帝国。如同5世纪和6世纪周而复始的失败一样，对于统治中国而言，以武装力量进行控制是必需的，但是却还不够。自上一个大一统的汉王朝之后，这个世界已经发生了相当多的变化，要保障帝国在经济、社会及文化上的根基，还需要进行更多制度上的变革。

第 4 章

城市的变化

从战国到汉朝，都城的概念逐渐由一个拥有宗庙的城市，演变为一个坐拥显著宫殿与城楼的城市，后来，都城还得是符合《周礼》观念的祭典中心，且要与儒家教义中所倡导的建筑形态相吻合。这反映出了国家在概念上的转变：从一个古老的、基于祖先崇拜的、贵族统治的神权国家，变为以君权为绝对中心的、划分疆域的国家，再变成一个以经典文献为基础的、面向世界的帝国。

城市生活在南北朝时期继续发生转变，主要有三方面的发展。第一，中国的分裂以及人口向南方长江流域一带的扩张，创造了遍布各地的都会，这些城市因各地地理风貌和文化氛围不同而相互区分开来，比如那些南方的城市就和北方的城市截然不同。第二，新的文学与文化形式的出现，决定了精英在城市中需要开辟新的空间来从事这些活动。有一点在南方尤为显著，在北方也有所体现，就是出现了半公开的园林，随之兴起的还有地处乡间的庄园。第三，制度化的宗教的兴起，特别是佛教，导入了新式的建筑与城市规划，尤为突出的一点，就是寺庙成为一种新的公共空间。

地方城市与风俗

汉代关于城市的文学作品，主要是朝堂上所做的赞美都城的抒情诗。到了汉末，有少量的诗歌对城市有了一种新的探索，将城市当作获得个人体验的场所。与汉赋不同，这些诗歌将城市甚至都城看成是碎片化的——这里一个家庭，那里一处街景，或者干脆描绘城门外乡村生活的场景。还有一些诗歌从普通人甚至是凄苦的穷人的角度来描绘城市。

一个典型的例子是下文一首《白头吟》的乐府诗：

> 闻君有两意，故来相决绝。
> 平生共城中，何尝斗酒会。
> 今日斗酒会，明旦沟水头。
> 蹀躞御沟上，沟水东西流。
> 郭东亦有樵，郭西亦有樵。
> 两樵相推与，无亲为谁骄。[1]

诗人巧妙地运用城市生活的元素，来诉说一位女性的绝望。酒宴后来成为城市派诗歌的典型特征，它标志着离别，然而，这里离开的是一个被抛弃的爱人，而不是一个旅人。这个女人沿着水路行走，既有自杀的可能，也犹豫不决。城墙标志着有序世界的边界，在这类诗歌中，走出城门，接下来通常会是绝望与死亡的场景。拾薪者是人类社会外围最贫穷的人，但是因为有家人的陪伴，即便是他们也比被抛弃的女人更幸福。

在著名的《古诗十九首》中，被爱人抛弃与感慨生命易逝的主题鲜明突出。这些收集来的诗歌，一般都被认为作于东汉晚期，它们多伤怀于别离以及人生的短暂，即“人生无常的悲痛”[2]。虽然在这些主题中没有明显的城市元素，但普通人如何感知城市，对诗歌是否具有足够感染力至关重要。第二首诗以一个女人对自己过去在酒馆的歌者生涯的回忆为结尾，而酒馆歌伎这个角色通常等同于城市欢场中的妓女。[3] 女人的哀歌也出现在第五首诗里，歌声从与云同高，从有着雅
088 致窗栏的高台中飘下——这是中国城市中的一种典型建筑。第十二首诗则宣称“东城高且长”，在几句描述时间与季节流转迅速的对句之后，诗中继续写道：

> 燕赵多佳人，美者颜如玉。
> 被服罗裳衣，当户理清曲。
> 音响一何悲！弦急知柱促。
> 驰情整巾带，沉吟聊踯躅。
> 思为双飞燕，衔泥巢君屋。[4]

在这些诗歌中，人生的哀思带有显著的城市特色，比如下面这位少女，她在门边歌唱，并展示她的陶器。她“飞一般”的思绪与这些诗歌中一再重复的形象相对应：有一队车马在城市中飞驰而过。在第十三首诗中（也可能包括第十四首，它看上去是续作），作者驾着马车从东门驶过，仅仅是为了去看一看代表人生有限的那些坟墓。在第三首诗中，战车与死亡之间的联系又一次出现：

> 青青陵上柏，磊磊涧中石。
> 人生天地间，忽如远行客。
> 斗酒相娱乐，聊厚不为薄。
> 驱车策驽马，游戏宛与洛。
> 洛中何郁郁，冠带自相索。
> 长衢罗夹巷，王侯多第宅。
> 两宫遥相望，双阙百余尺。
> 089 极宴娱心意，戚戚何所迫？[5]

下一首诗再次强调生命的短暂，促使读者“快马加鞭”，做第一个“奔向权力大道”的人。被无数汉赋赞美的都城，在外来者的眼中，最好时不过是一处歌舞升平的闹市，最糟时则像是在嘲讽他们一无所

有，同时与其他的诗作一样，这首诗也反映出世俗的享受和荣耀是多么的短暂。即便是诗人召来追逐享乐或权力的马车，也从侧面体现出生命的短暂和旅者的痛苦。[6] 这些文人的抒情诗，通过对失意女性和无法获得权力这一事实的描写，将城市描绘成一个悲伤的世界，并激起敏感读者心中的悲伤与无助。

城市不再是被理想化、仪式化的都会，这一点不仅仅体现在充满感情的诗歌中，同样也存在于左思的《三都赋》中。《三都赋》作于公元 280 年至 300 年间，时值西晋短暂统一。[7] 左思在描写“三都”时，既参考了班固的赋中所展现的东汉的都城，也参考了张衡作的关于帝都的诗赋。但是左思也引入了关于都城或城市性质的新观念。首先，通过描写三国之都，并忽略他所处时代的都城洛阳，左思诗赋有意不遵循前人所构建的主题框架，即真正唯一的帝国之都是如何发展与完善礼仪的。也就是说，他写了与都城无关的都城赋。其次，通过描写四川、江南及黄河冲积平原的地貌和风土人情，营造了地方文化的生动形象，《三都赋》原封不动地刻画并大力赞美了地方风貌与文化，而不是像过去那些诗赋一样只专注于描绘帝国。

左思从既有的抒情诗中为自己的杰作寻找修辞表达和创作标准，“咏物”包括海洋、河流、风云、树木等，“远游赋”则讲述登高或远游的故事。他坚持诗歌的新理念：认为诗歌应该用以描述实际体验，描绘诗人之所见。[8] 他预想中的听众是那些生活在清谈世界中、以诗会友的士大夫——那些受过熏陶、对具有地域特色的风土人情有依附感的精英。他诗歌中所描绘的就是这些人所居住的城市。这些新的 090
听众和新形成的美学概念，不仅解释了左思为什么会以赋描绘地方都会，也说明了他之所以超越前人，是因为对地方风貌和民俗进行了精准的刻画。

在他的序章中，左思认为汉赋衰败的主要原因在于它对现实的忽略。因沉迷于艰深的语言和戏剧性的效果，汉代诗人所作的赋缺乏实质和真实感。左思写道：“发言为诗者，咏其所志也；升高能赋者，颂其所见也。美物者贵依其本，赞事者宜本其实。匪本匪实，览者奚信？”诗人必须要参考地图和地方志来保证他诗歌的准确性，左思自己就是这样做的。

他的《蜀都赋》讲的是四川成都，开篇就描绘了那里的山川，但与汉赋不同，它不是对山川整体形态进行大而化之的赞美，而是记下了每一座山峰的名字、方位和样貌。左思从记载成都的文献中挖掘其地方特色，从《史记》及四川向朝廷进贡的物品清单中发现当地的特产。这首赋还提到地方显贵和这一地区著名的文人，甚至包括闻名的汉赋作者司马相如和扬雄。左思并没有描写皇家狩猎活动——这是汉赋的主要内容之一——而是讲述了成都当地贵族的一次远征。

描绘建康的《吴都赋》，开始照例对先前的讲述者进行了嘲笑。评论家——一位虚构出来的东吴王孙——集中抨击第一首诗中所提到的有限的地方风景。在描述了先贤包罗万象的学问后，王孙继续讲道：

> 乌策篆素，玉牒石记。
> 乌闻梁岷有陟方之馆、行宫之基欤？
> 而吾子言蜀都之富，禺同之有。
> 玮其区域，美其林薮。
> 矜巴汉之阻，则以为袭险之右。
> 徇蹲鸱之沃，则以为世济阳九。
> 龌龊而筭，顾亦曲士之所叹也。
> 旁魄而论都，抑非大人之壮观也。[9]

091

尽管王孙反对这种地方主义，《吴都赋》却提供了更长的地方贡品清单，这些物产来自更偏远的地区，比如《山经》中记载的山区。像《蜀都赋》一样，《吴都赋》歌颂了当地的世家大族，但也描述了有着奇怪风俗和异地情调的当地居民，比如浑身印满文身，以及他们别具一格的音乐和舞蹈。这篇赋将这些奇异事物与“中央”的人事进行了鲜明的对比。[10] 如此一来，尽管《吴都赋》开篇遵循传统，言辞中表现出中心相对于边缘地区而言的优越性，它的内容依然是在赞美地方的历史、自然和风俗。

最后一首赋和前文一样，又一次批评早期的城市过于局限，仅仅是所处州郡的中心，它赞美了曹魏的都城——邺城（位于现在的河北），称其是一座皇城。尽管如此，它还是和汉赋有相当大的区别。在班固和张衡的赋中，汉代都城建立在皇家礼制之上，这一概念贯穿于历史和诗作的高潮之中，而这些都很少在左思的作品中出现。有关礼制仪式的叙述仅仅是一场迎接蛮夷归顺曹魏的宴会，接下来又讲了一系列其他典仪，还写了一首颂词（赞美诗），赞美曹魏是如何恭顺地将王位拱手送给晋朝。[11] 对蛮夷归化的关注，又一次强调了边缘与中心的对比，从而将此前的诗赋仅仅当作对蛮夷风俗的赞美。然而，对中心的歌颂到此为止，因为对礼制的讨论并非本诗的高潮。接下来，它用了很长的篇幅来叙述都城地区罕见的自然特产和此地历代的杰出人物。[12] 所以，这首赋的高潮是对当地物产、风俗和世家大族的记载，提及礼制只是为了带出后面提到的晋朝。

左思的赋最为详尽地描述了那些带有地方民俗特色的城市，后世的一些作品也讨论了这一主题。到公元 5 世纪，南北之间的分裂进一
步加深，许多逸事和演说深入探讨了是什么将北方文化的核心地，即 092
现在野蛮人所占领的区域，与南方的荒芜之地，即现在正统的中国政权的避难所，区分开来。这些作品偶尔谈及这两个区域截然不同的城市文化。

南北城市一个显著的区别，就是女性在其中所扮演的不同角色，这一点在颜之推（531—591）的叙述中有所体现。颜之推特别关注邺城妇女的行为。这个地方小镇临近现代河南省的安阳市，在曹操的统治下一度繁荣发展，并成为曹魏的都城。此后，它又成为几个晋代

亲王统治的都城，也是石氏建立的后赵的都城，530年左右，内战使得北魏覆灭，邺城又成为此后建立的东魏和北齐的都城。[13]因此，当颜之推流亡至邺城并成为北齐的一位朝臣时，邺城已经是北方两大都城之一。

在颜之推的叙述中，他写道：

> 江东妇女，略无交游，其婚姻之家，或十数年间，未相识者，惟以信命赠遗，致殷勤焉。邺下风俗，专以妇持门户，争讼曲直，造请逢迎，车乘填街衢，绮罗盈府寺，代子求官，为夫诉屈。此乃恒、代之遗风乎？南间贫素，皆事外饰，车乘衣服，必贵整齐；家人妻子，不免饥寒。河北人事，多由内政，绮罗金翠，不可废阙，羸马悴奴，仅充而已；倡和之礼，或尔汝之。[14]

在此，邺城的公共领域有一个显著特征，就是有大量的妇女参与其中。与之相反，南方的妇女几乎完全被排除在公共领域之外，甚至无法参与半公开的社交活动。颜之推将造成这种差异的原因归结为草原上的游牧民族与汉族之间的不同。北魏及之后诸朝的精英都来自草原，那里男女之间相对平等。《北史》中有一则故事，讲述了邺城妇女的时尚潮流决定了这个城市的命运。在这个故事中，北齐的宫廷贵妇中兴起了一种新的发型，并很快在全国流行开来，而这实际上是在预示王朝即将面临的覆灭。[15]

由于几个都城这一时期不断被不同势力占据与重建，我们很难从
093 对洛阳、建康和长安的考古发掘中有所收获，但3至6世纪的邺城被相对完好地保存了下来，以供后世研究。[16]（地图9）邺城呈矩形，被一条东西走向的主路一分为二。主路以北包括宫殿群、贵族居住区和一座皇家园林，以南是呈网格状的居民区。城市北部的主宫殿群坐落在南北中心轴上，从正南门有一条主干道直通至此。靠东的第二个建筑群包括主要的政府衙门、王府和高官宅邸。偏西北的地方是一个

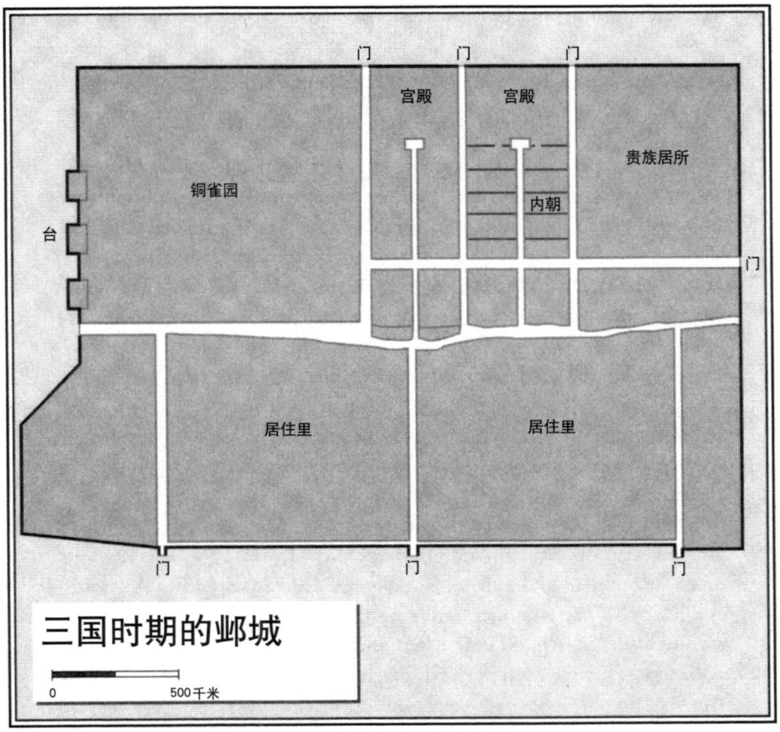

地图9

很大的皇家园林——铜雀台，其中间有一座军火库和其他一些设施。之后隋唐两代的都城便以此蓝图为范式进行规划，同样，朝鲜半岛上国家的早期都城、地处远东的渤海国以及日本的奈良也依此进行都城建设。 094

城市景观、别墅和园林

南方都城建康把半公共领域的兴起当作展现文化力的活动之所以能够发生的背景，这其中最重要的就是城市园林与乡村庄园。这些自然景观的人造复制品，将新近被赋予重大意义的山林景观移入城市，反过来，也将文明的范畴延展到山峦之间。由于这些空间为在社会中占主导地位的世家大族所拥有，它们也提供了新的展示场所。园林与附近的庄园成为都会中地位的象征，就像在汉代社会中，塔楼、院墙与宅邸等从空间上反映出不同的社会阶级一样。重要的是，诗赋就是在这些场所被创作出来并进行交流的。随着诗歌与清谈逐渐成为精英的标志，园林与庄园也从地理上给权力下了一个新的定义。

南方园林与别墅的出现，主要是因为北方移民开始面对长江中下游流域不同的植被及地形。这里降水充足，地貌多山，与北方平原有着极大的不同。北方平原大多数地区的森林已被砍伐殆尽，许多南方的山林还未被开发，有着特色鲜明的植被。逃难者一路向南，黄河流域散布的温带森林——包括常绿树与落叶树——让位于长江河谷一带的亚热带阔叶常绿植被。随着世家大族不断砍伐树木建造城市、清理土地建造府邸，南方低地的森林也逐渐消失。然而在 353 年创作的《兰亭集》中，《兰亭集序》及其他诗歌依旧将山区描绘为绿树覆盖、本土植被繁盛的地方。[17] 这些被植被覆盖的群山——一个充满各种动物与精灵的异世界——为别墅和园林提供了模型，这三者联结起来，对南朝时期长江流域的文化地貌下了一个定义。[18] 它们取代狩猎场和帝都，成为中国文化地貌新的重心。这种空间上的权力转换将田园风光带入城市——在现实中及在文学作品里——使得对本地地貌的了解成为获取精英地位和权力的先决条件。

自先汉时期以来，山岳被看作对世俗世界的否定，既是野蛮的，
095 也是神性自由的领域。南方的隐士中，最能在文化上同时体现山野生活这两个特点的当属郭文（卒于 334 年），他穿着从动物尸体上剥下来的兽皮，还驯服了一只老虎使之成为自己的同伴，只吃他自己耕作的庄稼或从树林中采摘的野果。为了论证隐居的不智，孔子曾说过“鸟兽不可与同群”。避开文明与人类同伴，郭文正好满足了这些条件。[19] 但他在生前就被赞颂，之后也成为道教所尊崇的先贤。

尽管如此，郭文还是接受了当朝宰相王导的邀请，入住王氏在建康新建的西园中。这儿的果木、怪石、鸟兽麋鹿都人为地再现了郭文在山野中的居所。这是最早在都城建成的大园林之一——郊野庄园在城市的等价物，和郊外别墅一样，它也是按南方的山林景观建造而成。郭文在前来围观他的朝士面前旁若无人。在都城居住的七年里，他从未离开过西园。尽管居住在城市中，他仍然是个隐士。他最后尝试逃归山野，却被抓了回来，他下定决心要速死，并准确预测了自己的具体死期。

南方一种不那么激进的归隐方式是居住在山区，但住在舒适的宅邸里。山水诗的鼻祖谢灵运（385—433）就是这么做的。谢灵运在山中的归隐成为他《山居赋》的主题。[20] 但是他在序言中就讲得很清楚，人类在自然中有好几种栖居的方式："古巢居穴处曰岩栖，栋宇居山曰山居，在林野曰丘园，在郊郭曰城旁。"[21] 谢灵运所分的第一种类型与早期远离政治的隐退或郭文那种归隐的方式相对应；第二种类型指的是谢灵运自己这种归隐，并在赋中一再被赞颂；第三种是归隐至乡野庄园；第四种则是退居至城中园林。这篇序将这首赋与早期那些描写京都、皇宫、城楼和游猎的赋区分开来。因此，他将自己所居住的世界当作与传统都城生活不同的另一种选择。

在历数了环绕他居所的山川河流后，谢灵运描述了他实际的宅院，包括一座花园、一处果园和一片竹林。他阐释了自己是如何将宅院与周围群山融为一体，他的手下是如何充分利用山中资源的。[22] 尽管他坚持从世俗社会中隐退，但他也讨论了他的居所如何变成了一个聚会的场所，一些佛教僧侣和少数道教炼丹术士来这里进行学习与著述。[23] 这些活动是与界定精英的诗歌文化相对应的宗教文化。因此，尽管对山庄、乡间别墅和城中带园林的府邸进行了明确的区分，在实际生活和在著作中，谢灵运还是像同时期的大多数人一样，将各类不同的"自然"环境合并在了一起。

南方世家大族的别墅建在建康城东南方，大约是在太湖一带。后来与晋朝廷一起南迁的北方移民，则将他们的别墅建在会稽郡以东。这些乡间别墅不仅为文学活动提供场所，同时也成为诗歌与山水风景画的主题，这一点在顾恺之身上体现得尤为明显。有关乡间别墅最早的文化作品出自东汉末年，最著名的就是仲长统笔下所描绘的理想化的庄园。他所描绘的宅院为群山及水流环绕，有果园、竹林、花园以及打谷场，谢灵运引用其文，称之为山居的经典范式。[24]到3世纪的时候，大庄园已经成为精英开展文学与社会活动的固定场所了。（图9）

对乡间别墅最为清晰的描述是一系列诗歌的序言，其中描写了石崇建在距他所统治的州郡数里以外的庄园。在为返京友人举行的送别会上，石崇大办筵席，还组织了音乐表演和赋诗赛。这些诗歌得以结集成册，其序言描述了庄园和它的社会功用：

> 或高或下，有清泉茂林，众果、竹、柏、药草之属，莫不毕备。又有水碓、鱼池、土窟，其为娱目欢心之物备矣。……昼夜游宴，屡迁其坐，或登高临下，或列坐水滨。时琴、瑟、笙、筑，合载车中，道路并作；及住，令与鼓吹递奏。遂各赋诗以叙中怀，或不能者，罚酒三斗。感性命之不永，惧凋落之无期。

098 这首序诗和此诗歌集为著名的《兰亭集》提供了新的创作模式，《兰亭集》作于公元353年，并因王羲之的书法而不朽。[25]

除了在文学作品与社会生活中扮演如此重要的角色外，乡野中的庄园也帮助塑造一个人的政治生涯。胸怀壮志的文人经常要谢绝官职或干脆辞官，从而建立作为一名文人的声望，或者力求获得更高的社会声誉。这一点可以从《世说新语》中的英雄谢安身上看出来，他在4世纪末时掌控着整个南方朝廷。谢安年轻时拒绝了所有的辟举，隐居在家族建于会稽山脚下的庄园中。他擅长清谈、作诗及书法，与王

图9　描绘乡村别墅内的场景，6世纪（波士顿美术馆藏）

羲之、支遁等人结伴出游，形成了一个控制朝堂和会稽社交圈子的小集团。他同时又教育家族内有天赋的青年，并且访游本地的寺院。只有当他的弟弟死了以后，他才应朝廷的邀请出仕，并在383年击败苻坚的侵略军后，成为无人可与之相比的权贵。[26] 这一时期出现很多类似的举动，导致许多人对虚伪的隐居者展开猛烈抨击。

王导的西园只是京城建康及其近郊和附近山中别墅所建诸多园林之一。（图10）其中，最重要的一座是位于建康城东北角的华林苑。从三国时代开始，这里就是皇家园林。[27] 数量众多的园林建在东田区，包括沈约及其同时代人韦黯的众多园林。《徐勉传》中讲述了徐勉如何用他人生中的二十年时间来修缮他的园林。建康城西北角鸡笼山的西坡上，萧子良创办了很有名气的诗社和政治团体。这里有一个精致的园林，据说里面的人造假山甚至超过了这一地区的天然山岳。[28] 这些园林与华林苑一起，用人造山景包围了皇宫两侧。

园林在南方文人的生活中占有非常重要的位置，谢灵运、沈约、庾信的诗歌中遵循“园林评价”的美学和世界观标准，对其多有溢美之词。对园林的鉴赏在先驱文人的逸事中也有所体现：“王子敬自会稽经吴，闻顾辟疆有名园。先不识主人，径往其家。值顾方集宾友酣
099 燕，而王游历既毕，指麾好恶，旁若无人。”[29] 在故事中，王献之能为了看一眼园林就绕这么大一个圈子，充分表明在4世纪的时候，就已经形成了对园林美学的痴迷。

园林鉴赏的原则在不断发展变化，园林设计专家也随之开始崛起。著名画家、书法家、作家张永，在446年受宋文帝之命，重建华林苑。另外一位画家蒋少游[30]，在493年和495年，重建了北魏的皇家园林。戴颙是位隐士、佛教俗家弟子，并且和他的父亲戴逵一样，也是一位画家和专门创造佛祖雕像的雕塑师。宋文帝也曾夸他对园林了如指掌。当戴颙死后，皇帝觉得十分惋惜，因为没能向戴颙
100 展示尚未修葺完毕的华林苑。[31] 宋文帝也赞扬了与戴颙同时代的宗

图10　蔡顺至孝，居住于山林之中，洛阳地区，北魏

炳，他是《画山水序》的作者。宗炳是佛教僧人慧远的弟子。宗炳热爱山水，喜欢去庐山这样的地方远游。在其自传中，他提到决定成为隐士，并在衡山为自己修建了小屋，但是他生病了，所以只好返回江陵。他在房屋墙上画下自己曾见过的山川，并大声弹奏古琴，音乐如此响亮，以至他所画的山野都随着琴声表达出的风声而发出回响。[32]

园林不仅将城市与城郊转化为“山水”景观并为文学聚会提供了适宜的场所，还为诗歌提供了海量的意象。植物的意象——稀有花卉的名称及属性——在以赞美女性美为主要特色的宫廷诗歌中随处可见。这些诗歌得到了梁朝皇子萧纲和萧绎的支持。这两者之间的共通之处表明花园和闺房一样，都会带来隐秘的喜悦感。

园林与山麓能够代表都城建康，部分是因为最初那里并没有城墙。早期的吴国君主和东晋皇帝觉得“龙盘虎踞”的地势就足以提供天然的屏障，后来搭建了竹栅栏来加强防御，但也更加强调了都城与其所处自然环境之间的联系。公元 332 年竹栅栏扩建，外围种了一圈橘子树，直到 480 年才第一次建起了砖墙。建康并没有把都城与周围的乡村明确区分开来，而是将二者混溶。园林在都城中随处可见，周边的环境也使两者的界限更加模糊。鸡笼山的园林与华林苑都直接建在城墙边上，前面不远便是山丘，故而在园林里是看不到城市与自然风景之间的界线的。

这种物理边界的缺乏在社交活动中也有所体现。文学聚会常组织远游，去城郊举行饮酒、创作书法作品与诗赋的宴会。在领袖人物从朝廷到郊区豪宅，到山丘园林，到山区别墅再回到朝廷的行动中也体现出这一点。在南朝，成为社会精英的一员，就意味着在城市与自然中不断来回——将都城的权势带入乡村，通过别墅、诗歌和画作等表现出来。同样，还要将自然带入城市，一方面创建园林，另一方面培养“隐于朝”的精神。

101 尽管园林文化的某些方面有南方独具的特点，园林在北方的城市里也扮演了很重要的角色。杨衒之于 547 年写就《洛阳伽蓝记》，描述了许多洛阳寺庙修建的园林。这些园林于 493 至 534 年间建成，当时魏孝文帝将都城迁到洛阳，随后洛阳又遭焚毁。其中一些园林由皇室成员修建而成，另一些是由富裕的平民出资建成，还有一些是由身份不明的佛教中人建成。有一些寺庙使用珍稀植物和假山来还原佛教所指西方极乐世界中花园的样子，正如敦煌石窟壁画上所展示的那样。[33]

杨衒之的著作描述了最美丽的园林，并引用了园林鉴赏的经典主题：“寺西有园，多饶奇果。春鸟秋蝉，鸣声相续。中有禅房一所，内置祇洹精舍，形制虽小，巧构难比。加以禅阁虚静，隐室凝邃，嘉树夹牖，芳杜匝阶，虽云朝市，想同岩谷。”[34] 正如这段短文所说的，一个园林不只是用作观赏的，它也可以从经济上收益，比如去采摘那些奇珍异果。园林重塑山野风光，通过巧妙架设窗户与看台来引导那些前来观光之人的视野与思绪。最后，它还能帮助人们静思，此处则是通过佛家冥想的形式。

总之，《洛阳伽蓝记》中描述了 20 多个园林，也简单提及了其他园林。据说，住满皇亲国戚的万寿山上，不只是亲王们，他们的嫔妃、女儿和同族亲戚，也都竞相修建更精致的园林。[35] 司农张伦府中的园林最为显著：“园林山池之美，诸王莫及。伦造景阳山，有若自然。其中重岩复岭，嵚崟相属。深溪洞壑，逦迤连接。高林巨树，足使日月蔽亏；悬葛垂萝，能令风烟出入。崎岖石路，似壅而通，峥嵘涧道，盘纡复直。是以山情野兴之士，游以忘归。”[36] 如同南方修建 102
公园的文人们，张伦也创作了诗赋来描绘他的园林。

6 世纪初，私人园林开始出现在洛阳地区的墓葬艺术中，以表现已婚夫妇一起分享快乐的场景。[37] 因此，北方的都城洛阳，与建康以及其他南方的主要城市一样，也是园林城市。作为精英群体中的一员就意味着要经常造访这些经过城市重新演绎的山野风光和人间天堂。

作为半公共空间的佛寺

尽管《洛阳伽蓝记》对园林进行了丰富翔实的记载，它的主题还是在讲寺庙。除了园林和修禅之处，寺庙中还包括和尚、尼姑的居所，以及装饰有雕塑与壁画的宗教大殿。在这里，僧侣和俗家弟子聆听说法或进行沉思。这样的寺庙在中国的每座城市都能找到，还有一些零星分布在乡村中。许多寺庙的大殿渐渐向公众开放，这也体现出中国城市空间结构的一个重大创新。

北魏重建的都城洛阳，其城市结构在汉末传统的基础上进行了进一步的改变，包括有长方形的城市布局，有城墙，在城北或城中心有一个很大的宫殿区，有网格状的街道以及不同的区划。（地图 10）城

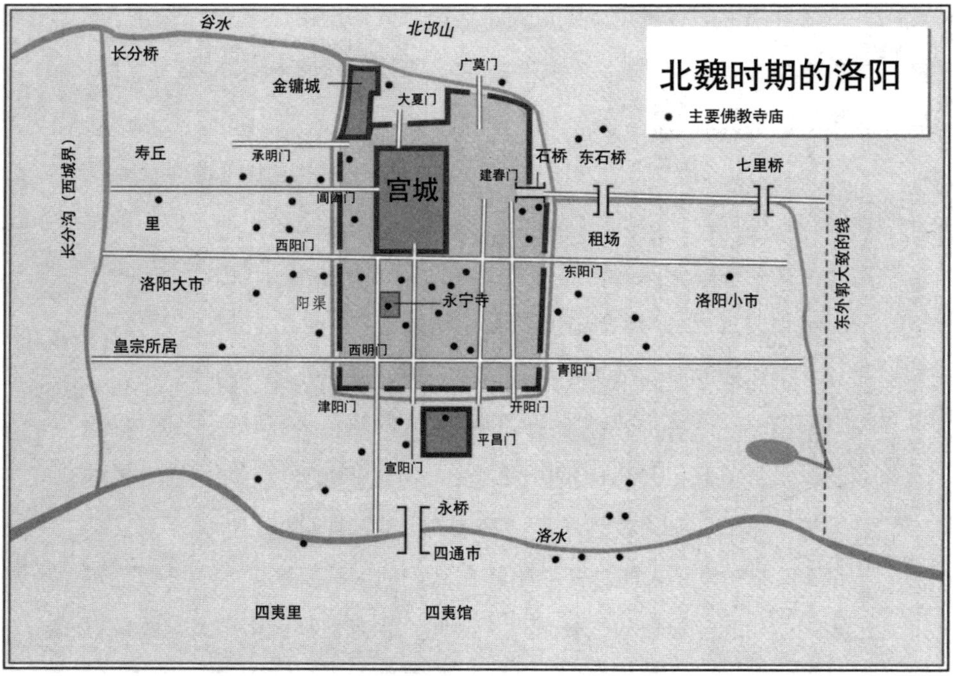

地图 10

市分成两部分，包括仅限官员活动的政治区域和由政府管理的市场与居民区。新都与旧都很大的不同在于新都有大量的佛寺。有一些对公众开放，老百姓们蜂拥而至，目睹大师说法与奇迹的发生，并参加相对自由的一些集会。此外，还会在寺庙举办许多大型的节日庆典，各类人群都融合在一起。与佛寺有关的俗家弟子成立的一些小团体表明了新的自发结社形式的出现。在帝制中国晚期，行会、茶馆和戏园子扮演了同样的角色，但寺庙是最早出现的联结政治领域和私人生活领域的半公共空间。[38]

佛教建筑在中国逐渐发展。据史料记载，汉末时洛阳只有一座寺庙，到了 3 世纪末，也只有三座。但是到 316 年的时候，已经多达
104 42 座。西晋覆灭之后，曾为石勒征战做军事顾问的和尚佛图澄表示，

图 11　云冈石窟的大佛，山西北部大同附近，5 世纪

在他的旅行途中，他所见到或建立的寺庙多达 893 座。[39]

尽管如此，这一时期的佛像或佛教壁画几乎都没有留存下来，并且，向公众开放并允许其对佛像进行跪拜的寺庙还是少之又少。一方面是因为这一时期还很少有从远处便能看到的大尊佛像，另一方面是因为直到 360 年之后，在道安及其徒弟慧远的努力之下，佛像崇拜才算真正兴起。这一时期北方的史料中没有记载任何令人叹为观止的佛像。与之相反，很多文献提到南方有大量的信众崇拜佛像。[40] 直到公元 439 年，北魏太武帝攻占凉州（今敦煌），才有大量的佛像和雕塑家来到中国北方，对大尊佛像的崇拜才开始盛行起来。

最主要的标志是公元 460 年后马上开始进行的云冈石窟的雕刻。[41] 作为留存下来的最早出现的石窟雕塑之一，云冈石窟的雕塑在佛教艺术史上占有重要的、里程碑式的地位。（图 11）然而，它们与 105
都城相隔甚远。佛教艺术和建筑一直没有走进城市生活，直到多层宝塔出现。（图 12、13）今天我们对中国形成的印象中，其形象占据了很大的一个部分。这种建筑形式受到《法华经》中所讲的一座高达七层、嵌满珠宝的宝塔所启发。直到 5 世纪早期鸠摩罗什将其翻译过来后，《法华经》才刚为人所知。很快，中亚的工匠在北魏早期的都城平城（山西北部）建成了一座佛塔。云冈对这一故事有很多早期的记载。

平城及其附近的早期佛塔，如同南方更早时期建造的佛塔，通常有三层楼那么高，用石头建成，但文献中也曾提到有过一座五层高的佛塔。征战南方时俘获的工匠提供了更好的建筑方法，使得平城能够建起更为坚固的佛教建筑，首个例子是建于 467 年的第一座永宁寺。该塔包括三个大殿和一座七层楼高的宝塔，是中国那个时候最高的建筑，远高出早先的佛塔和皇宫。[42] 佛塔所扮演的是和战国时期的高台一样的角色，皇家的威严和权势不言自明。

平城最初只是中国边界上的一个“帐篷城”，即便精巧的皇宫在这里建成，它依然远离商路，也不是重要的朝圣中心。只有当 493 年北魏将它的都城迁到洛阳以后，佛教寺庙才成为城市布局中最重要的特征之一，既是一般信众虔诚跪拜的对象，也是精英身份的一种象征。按照《魏书》中怀有敌意的叙述，北魏都城 1/3 的区域都被佛教寺庙所占据，这座都城城墙之内的面积和汉朝的都城差不多，但同时还包括了周边的一些郊区。杨衒之说，城中共有 1367 座寺庙。他的著作描述了 55 座寺庙，都是那些最大和最宏伟壮观的。他的叙述让我们对中国这座最早的佛都有了一些概念。

> 逮皇魏受图，光宅嵩洛，笃信弥繁，法教愈盛。王侯贵
> 108 臣，弃象马如脱屣；庶士豪家，舍资财若遗迹。于是招提栉
> 比，宝塔骈罗，争写天上之姿，竞摹山中之影；金刹与灵台比
> 高，讲殿共阿房等壮。

菩提达摩是禅宗的创始人，据称其曾言，洛阳最大的永宁寺塔，

图 12　嵩岳寺塔，河南登封，523 年

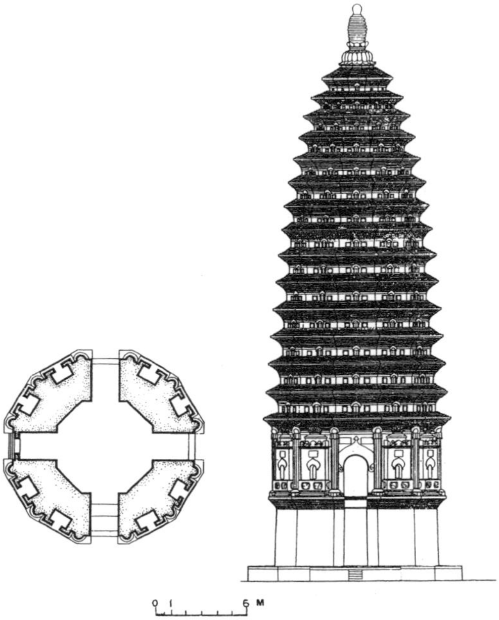

图 13　嵩岳寺塔俯视图，河南登封，523 年

其水平甚至在佛祖家乡所有寺庙之上。[43]

这也点出了北魏都城佛教最重要的特征。首先，杨衒之所描述的所有寺庙几乎都是由俗家信徒修葺的。在他所记录的 55 座寺庙中，34 座由统治阶层的精英所赞助——其中 20 座由皇室成员、8 座由官员、6 座由宦官出资，只有一座是在僧侣的主持下建造的。这与传说中佛图澄 4 世纪时就修建了 800 多座寺庙形成鲜明的对比。据史料记载，还有数十座佛寺由富裕的平民出资修建，旨在效仿高官显贵的行为。[44] 因此，修建佛寺或将私人公馆转换为信仰之所，成为增加政治权力和社会声望的重要手段。

世俗信徒开始信佛时，主要寻找那些欢迎俗家弟子又甚少听僧侣说教的形式，因此其主要目标就是寺庙和佛像跪拜。5、6 世纪时，无论是在中国的北方还是南方，世俗信众都是重点，这标志了佛教史上的一个转折点。[45] 仅有少数尼姑庵只向有特权的客人开放，这主要也是出于对女性的一种照顾，而非对身份进行高下划分。洛阳其他的寺庙都有公开的大殿，以供普通人在这里聚集，并向佛像供奉香火。因此，尽管这些寺庙是由富人所建，它们的资助人包括大量的底层老百姓，每天虔诚地聚集在寺庙中礼拜或者交谈。尽管洛阳与早期的都城一样，对居民区有着严格的划分，并控制公众集会，但寺庙是按照佛教的教义向来自“四面八方”的人开放，允许华人与“蛮夷”、男人与女人、富人与穷人、僧侣与俗家弟子相交。事实上，寺庙越大，它们就面对越大的压力，要向公众开放。皇亲国戚和世家大族也竞相建造佛像、资助庆典，以恩惠普通民众，通过这些暗中的较量向公众展现他们的慷慨大方。[46]

109 由于拜佛成为俗家弟子信佛的标准形式，不论是南方还是北方都出现了一些“奇迹故事”——通常从印度的原型人物中发掘——比如流汗、哭泣或下地行走的雕塑，因为形状不同寻常而怀有法力的树木等。杨衒之记录了那些由大量人群在寺庙中见证了的奇迹，如下文中所叙述的平等寺故事，平等寺也因其壮丽的山景和枝繁叶茂的大树而闻名：

> 寺门外有金像一躯，高二丈八尺，相好端严，常有神验。国之吉凶，先炳祥异。孝昌三年十二月中，此像面有悲容，两目垂泪，遍体皆湿，时人号曰佛汗。京师士女空市里往而观之。有一比丘，以净绵拭其泪，须臾之间，绵湿都尽。更换以它绵，俄然复湿。如此三日乃止。明年四月尔朱荣入洛阳，诛戮百官，死亡涂地。……永安三年七月，此像悲泣如初。每经神验，朝野惶惧，禁人不听观之。[47]

还有一些故事讲述了雕像在被偷盗时如何呼唤帮助，藏在土地中的雕像如何发出神奇的光芒来显示它们的存在，并暗示此处应修建寺庙，甚至还讲了一个雕塑杀死小孩的故事，因为小孩的父亲没能兑现在佛像身上镶满金子的诺言。类似的佛像显灵的故事在南方也很普遍，它们都有类似的品质：不凡的来历、讲话或者哭泣的能力和对未来进行预言的强大力量。[48]

寺庙同样是进行日常节日庆典与公开演出的中心场所，各族人民、各色人等在这里汇聚一堂：

> （长秋寺）中有三层浮图一所，金盘灵刹，曜诸城内。作
> 六牙白象负释迦在虚空中。庄严佛事，悉用金玉，作工之异，110
> 难可具陈。四月四日此像常出，辟邪师子导引其前。吞刀吐火，腾骧一面。彩幢上索，诡谲不常。奇伎异服，冠于都市。像停之处，观者如堵。迭相践跃，常有死人。[49]

在景明寺举办的对佛生日的庆祝更为壮观。景明寺有座七层宝塔，还有令人叹为观止的园林。都城有超过1000座佛像，全部都被聚集起来，然后运到皇宫前，皇帝在那里向它们撒下鲜花。道路旁边挤满了虔诚的信徒与僧侣。他们拿着花，听着印度音乐，目睹着上文所描述的这些表演。[50]

最大的寺庙，也是和政权连接最为紧密的佛教建筑，就是第二座永宁寺。这座伟大的寺庙建于北魏灵太后摄政后的516年。寺庙围着围墙，墙上开了四扇门，通向一个更大的庭院，包括两座塔、一座有着镶嵌很多珠宝的雕像的大殿、一个讲堂、一座藏经阁，还有几排多层僧舍，以供本寺僧众及来访的权贵们居住。然而，最夺人眼球的还是那座九层高的佛塔，据说高达900尺。（图14）顶上还有一个金色的刹，又高出100尺来，都城内离此很远的地方都能够看到。金刹之上还有一个承露金盘，用以接露水。

另外，高塔每一层的四角都有一个巨大的金铎。“浮图北有佛殿一所，形如太极殿。中有丈八金像一躯，中长金像十躯，绣珠像三躯，金织成像五躯，玉像二躯。作工奇巧，冠于当世。”作者也提到，从外国带来的佛经与佛像也都保存在这座寺庙中。因为佛经和佛像

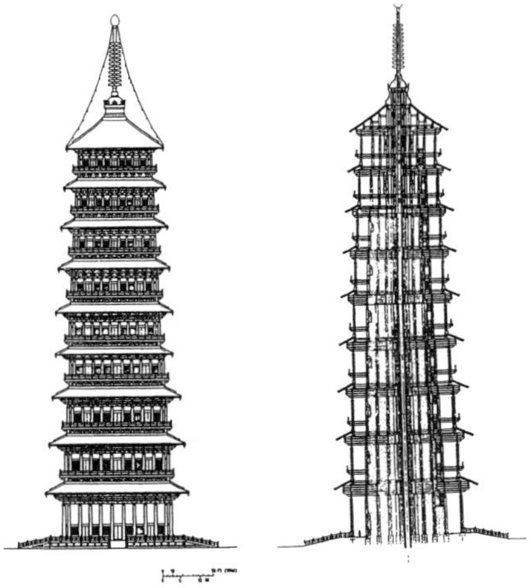

图 14　永宁寺宝塔图与剖面

是最高级的贡品，贡品对帝国皇权来讲又至关重要，所以这座寺庙很
111 显然成为中心，即便不是绝对的权力中心，也是彰显皇家权威之处。有一则传奇故事讲到，皇太后与她的儿子登上最高点，凝视着皇宫，“视宫中如掌内”，都城看上去“临京师若家庭”。因此，这座凌驾皇宫之上的佛塔，最大程度体现了皇家的权势。[51]

528 年，尔朱荣占领了都城，驻扎在永宁寺。同样的，当元颢召集起保皇派的时候，也把大本营设在这里。530 年，在被处死之前，年轻的傀儡皇帝孝庄帝也是被囚禁于此。534 年，这座寺庙毁于一场
112 大火，同年，洛阳失守。在最后的顿悟时刻，达摩祖师能够挽救这个王朝，来自山东的旅者们说他们曾“见浮图于海中，光明照耀，俨然如新”。过了一会儿，它就消失在迷雾中。[52]

尽管《洛阳伽蓝记》展现了佛寺的大殿、园林和宝塔是如何改变了中国城市景观的面貌，以及佛教节日是如何改变了纪年方式，但它并没有讲宗教对其信徒究竟意味着什么。[53] 有关这方面的材料很少，我们只能从云冈和龙门的佛教碑刻，以及其他独立存在的石碑上获得

一星半点儿的了解，其中大部分内容都是在向皇室和国家致敬，接着会祈祷已故的家族成员能够顺利往生，活着的人能够平安。[54] 除了记载洛阳的奇闻怪事，还有许多关于天谴和受启发而皈依的故事，这些石刻为我们提供了仅存于世的描述 6 世纪时城市佛教信众精神世界的文字资料。

由于南方没有像《洛阳伽蓝记》这样的文本，我们无法重塑建康及长江流域其他城市中所发生的佛教信仰转化的趋势。但有一些关于单个寺庙的记载，通常还会讲一两则逸事，体现出寺庙在精英生活中所扮演的角色。《世说新语》中提到，当时精英会前往会稽的寺庙，去端详神圣的佛像，参与辩论，或参加礼拜。另一件逸事发生在豫章郡，也就是今天的江西，在佛生日那天，有一位当地官员和众多僧侣进行了交流与对谈。[55]

关于南方大量的佛寺及其在公众聚会时所扮演的角色，有数量庞大的文献可供探究。和讲洛阳的文章一样，故事内容也主要是大家如何目睹了显示神迹的佛像。这表明皇族和世家大族都在都城及会稽建了许多大寺庙。《梁书》中记载了一则故事，讲述成千上万的人如何汇聚一堂，来景仰会发光的佛像，并向寺庙捐献了巨额的金银以保存这些圣物。还有其他显灵佛像的例子，如《高僧传》（慧皎著，497—554）中所记述的："众共抽舍，助成佛像，光相丈六，神好明 113
著，每夕放光，彻照堂殿，像后又自行至万山，举邑皆往瞻礼，迁以还寺，安既大愿果成。"[56]6 世纪上半叶，建康据称有 700 多座寺庙，而在梁朝境内共有 2816 座寺庙。这表明南方城市和有更多文献资料的同时期北方城市的情况差不多。

最后一个显示佛教信仰在南方城市兴起的证据，是梁武帝为了恢复皇家权势并将自己的权威建立在佛僧之上，选择通过宣誓与召集信众集会来成为一位菩萨。[57] 梁武帝会不定期在都城的佛寺中召开普世聚会或者向所有人开放的集会，内容包括说法、忏悔、仪式性的宴会以及誓言。参与的集会者包括社会各个阶层的人，有僧侣、官员以及平民。座席的次序取决于参与者首次发誓的日期。就这样，菩萨宣誓这种本来独一无二的大事被一次又一次地翻新，都城每个社会阶级的人们都来参加大型的宣誓集会。尽管参与这些集会的总人数没有被记录下来，但无疑普通人获得了一个前所未有的机会，能亲眼见到皇帝，而皇帝通常隐于宫墙之后。这再一次表明，佛寺所提供的新的中介空间是如何对中国疆域的空间关系进行转变的。

城市经济

除了新的文化空间的发展，城市在经济方面所扮演的角色在南北朝时期也发生了变化。最突出的变化是北方的城市和贸易开始衰落，而南方则出现了充满活力的城市商业网络。这个网络是建立在沿江贸易、沿海和海洋商业，以及未开发腹地对外开放的基础之上的。

北方城市有限的数据表明，持续的战争、极度欠缺的安全感以及不稳定的政府，导致贸易整体衰落，货币使用量急剧下降，城市人
114 口在数量与多样性上也相应下降。尽管阶段性的统一使商业有了零星的复苏，特别是与中亚的长途贸易得以继续，但这样的发展阶段很短暂。大部分的政权都会建立自己的都城，但在短期内就会另选都城或者对其进行翻新重建。为了向都城供应粮食，俘虏们被强制性地安置在附近。这些人中有汉人，他们通常从事农业，还有游牧民族，他们则负责饲养业。

国家的财政基础是土地。国家攫取或者没收土地后，再将土地重新分配给服从自己的子民。这种实践效仿了三国时代的曹魏与孙吴建立内部“军事殖民地”的方式，也成为汉宋两朝间中国社会决定性的特征。[58] 然而，对国有土地的依赖并不能说明北朝力量强大，其政府管理范围广泛，相反，它说明了政府权力的衰弱与缩减。因为无法将

人口编户，也无法在政治上动员精英，国家只能扮演领导一大群小地主的大地主角色。4 世纪时，北朝国家的管理范围似乎只限于都城及其外围郊区，乡村地区都被联合起来的武装地主所控制。北魏在管理地方时对卫戍地的依赖也说明了这一点，而这些要塞相当于地方层面上都城的复制品。南方的情况与之类似，亲王们的军队控制着地方，朝廷的主要功能就是以薪水的形式对地方家族进行财政支持。[59]

文献记载最翔实的北方城市经济发展状况是拓跋的都城平城和洛阳。[60] 平城于 398 年正式被定为都城，当时拓跋珪强制性地将 50 万人口重置于城市及其近郊，其中包括大量的工匠。同年，他开始修建一座宏大的佛寺，其中包括一座五层宝塔、说法大殿、禅堂和僧侣们的居所。来自南方的访问者留下的记录中提到，整座城市为这座巨大的宫殿所统治，奴隶们在工场作坊中生产政府所需物资，包括服装、酒、金属制品、木制品和陶器，附庸也要替统治者放牧，宫殿发挥了粮仓与武库的功用。居住区住着大量的家奴、管事、禁卫和生活在宫 115
殿与寺庙的食客。商人也依附在朝廷之下。在迁到洛阳之前，政府似乎没有发行过任何货币。保持对经济的控制是困难的，这个地区一再出现的旱灾也使情况变得更加糟糕。土地大量荒废和食物短缺是迁都洛阳的两个原因。

尽管洛阳的经济更加多样化，但它仍然是朝廷及其所属寺庙所创造出来的人造产物。这座城市中大都是来自平城的移民（大约有 50 万），有很多小的人口中心。其城墙、街道和一个个的街坊都是根据朝廷的要求修建的。内城主要包括宫殿、官衙和寺庙，城市的剩余部分则被划分成由围墙隔开的几个区。东区为最主要的居民区，有一个小的市场来满足消费需求，北区多空地，主要为军事训练提供场地，商业和工业集中在南区和西区。（地图 10）

在城市的南部，洛水与伊水之间，有一个特别的区域，形成了一个大型的外国人社区。有四座驿馆为外来的访问者及从“四方”来的新移民提供服务，还有四个街区里住着来华永久居民，人数在 4 万到 5 万之间。这些社区住的大部分都是商人，所以他们有一个特殊的市场，被称作“四方市场”或“永桥市场”。作为贡品送来的珍稀动物也能在这里看到。只有南方来的流亡贵族以及杰出的佛教僧侣才能获得帝王的另眼相看，从洛水北上进入城市。

西区主要是皇亲国戚的宅邸，以及他们出资修建的大量寺庙。大市场被设立于此，同时也是主要的商业区域。该区的许多街区被屠夫或手艺人等商户买下，还有一些预留给了乐手和歌伎。两个街区是酿酒人的，两个是棺材铺和殡仪丧葬者的。除了奢侈品和异国商品的买卖可以获得高额利润，其他的经济活动的利润水平较低，主要是卖一些生活用品和一些基本服务。直到 485 年国家才发行钱币，发行后又很快贬值，所以货币数量相对稀少。

116 如同其他的北方都城，北魏统治下的洛阳似乎仍然由其近郊供应粮食，人口也主要是各地重置来的移民。大多数主要寺庙由被指定的、安置在都城周围的战俘家庭所供养，帝国政府很有可能也是依赖同样的模式。许多显贵都是依靠奴隶来耕作土地。有一句很流行的俗语：“欲知农事问男奴，欲晓纺纱问女奴。”这一时期有一本重要的农业著作，即《齐民要术》，其中提到了奴隶和雇农，有时还会用奴隶来进行价值衡量。官员和将军被封赏时会被赐予土地和佃农，各地驻军同样依靠分配给他们的土地过活。这表明都城和政府整体上仍然依靠佃农和附庸来耕作国有土地，并把税收当作间接的收入来源。

南方的经济情况则有所不同。[61] 由于战争没有那么频繁，又有水量丰沛的河流，南朝时期城市与区域间的贸易非常繁荣。《隋书》里也提到建康许多平民都是商人和买卖人。由于城市没有被划分为坊市，各处都兴起了市场，通常就在寺庙旁边。城市商人从会稽和太湖等邻近地区批发来商品，那里的世家大族出产了充足的粮食和水果，还会从山上砍伐足够的木材。他们接受经长江运送来的货物，也会在沿海地区进行贸易交往。和帝制中国早期的城市一样，建康也有一个地下世界，充斥着各种赌徒、盗贼、小偷和流氓恶棍，官员和皇家子弟与这些罪犯沆瀣一气的现象十分常见。

建康充当的最主要角色就是一个贸易中心。因为大宗商品能通过这里的河流体系进行有效的运输，所以庄园能将超产的农产品运到建康出售，或者用船将之运到其他的城市。在有些地区，稻米已经能够一年产两季，但最重要的经济作物是水果、蔬菜和木材。产自湖泊或海洋的鱼被晒干后被船运至远方。大规模的手工制品，如陶器、漆器、铜镜、纺织品和纸张也都也展开了繁荣的贸易。考古发现表明，这一时期砖瓷窑数量激增，陶器也在日益扩大的市场中出售。铜镜是主要的出口货物，有一些甚至运到了遥远的日本。但是随着佛教越来越重要，铜被更多地用来建造雕像。与日本、朝鲜和东南亚等外国之 117
间的海上贸易成为南方经济的一个主要特征。

以上经济活动所造成的结果是，南方重新货币化。刘宋王朝最初发行了大量价值稳定的货币，但宋、齐之间的内讧使货币贬值，全境陷入水深火热之中。南梁的开国皇帝试图重新恢复货币派生能力，到523年时，他甚至给全部的官员都发放货币薪水。后期文献显示，在这一时期，除了广州和交州的一些港口，南方大多数城市化了的地区都在使用钱币，这些地方使用在海外贸易中积累下来的金、银进行交易。

货币经济的繁荣，对于那些将财富与乡间庄园捆绑在一起的人们来说，造成了灾难性的后果。要想在都城崭露头角或者在社交界占据一席之地，都需要有大量的货币来购买奢侈品。在这一时期，向佛教寺庙捐赠香火也是互相之间进行的竞争，同样也需要货币。在相对和平时期，粮食高产就意味着价格降低，要想筹集资金就必须卖掉土地，或者去远离都城的地方出任官职。在内地的穷乡僻壤任职，尽管可以通过收受贿赂或接受赠礼的方式来积攒财富，但这和被流放也没什么区别。将土地资产货币化的尝试往往带来毁灭性的后果。寒门子弟通过贸易、参军和出任官职，获得了可观的财富，而他们作为国家代理人，还常常获得免税的权利。他们因此可以占据有利的一方，以不利于卖方的条款买下土地。如同汉朝的那些农庄主，世家大族逐渐抛售他们的庄园，直到彻底破产。为了生存，包括皇室在内的许多大族也参与到贸易、高利贷或者当铺的运作中去。尽管日趋繁荣的城市经济使南方逐渐成为中国的经济中心，但是它也摧毁了那些上百年来控制着当地社会的世家大族。

第 5 章

乡村生活

如同城市生活，南北朝时期的乡村社会承袭了汉朝的主要特点，但是也发生了重大变化。首先，这个时代在农作物品种改良和种植技术方面有了很多创新（有了最早的关于早期实践的书面证据），维系了中国社会的发展。大多数的技术改良都和中国文明南迁有关，这之后有更多作物被引入南方，产量也不断增加。 118

其次，这一时期乡村出现了新的社会组织。世家大族继续掌控着乡村土地，就像汉末时候一样，但是荒地，特别是北方的荒地，却是直接归国家所有并进行管理。这些土地，以及土地上的佃户，不仅被国家根据自身需要而进行索求，还会被赏给达官贵人和地位逐渐升高的佛教中人。在北方，由于社会动荡不安、不断需要进行自卫，也形成了新型的乡村社会，改变了地方与中央之间的关系。同时，江南士大夫隐退到乡间，在帝制中国首次创作了关于乡村和农耕生活的著述。

新型农作物和农业技术

后世对汉唐之间几个世纪新型农业生产的知识大部分来源于《齐
119 民要术》。这本书由贾思勰写于533至534年间，时值北魏爆发内战，东面的北齐还没有建立。我们对于该书作者的生平知之甚少，只知道他曾担任过高阳郡（靠近今山东省与河北省交界）太守。他还提到了自己的农耕经历，有一次养了200多只羊。虽然他是一个文官，但书中的文字质朴而又直白，他根据个人的观察和对早期文献的深入研究，重点讲了很多技术方面的问题。

这种对个人经验的信赖使得作者对北方农业的发展更加重视，相对忽视了对西北地区来说非常关键的畜牧业和灌溉问题。尽管如此，作者能从全中国收集素材，还从早期农业方面的著作中搜集大量资料，从而使这本书成为现存最早的关于中国农业发展的总结，也是早期相关农业技术文献的唯一来源，书中有超过160条引文。除了描述全中国各地耕种及收割庄稼的过程，这本农书——成书于中国北方农业的全盛时期——为后来所有的内容全面的著述提供了标准。同时，因为它是最后一本没有把南方的农业（技术）作为蓝本的百科全书，《齐民要术》明确标识了中华文明南移的时间。[1]

在《齐民要术》的序言中，作者介绍了本书的目的和内容：

> 今采捃经传，爰及歌谣，询之老成，验之行事，起自耕农，终于醯、醢，资生之业，靡不毕书，号曰《齐民要术》。凡九十二篇，束为十卷。卷首皆有目录，于文虽烦，寻览差易。其有五谷、果、蓏非中国所殖者，存其名目而已；种莳之法，盖无闻焉。舍本逐末，贤哲所非，日富岁贫，饥寒之渐，故商贾之事，阙而不录。花草之流，可以悦目，徒有春花，而无秋实，匹诸浮伪，盖不足存。[2]

这段序言说明本书关注的对象是普通农民，而非为市场提供农作物的大地主。同样，书中对花草种植的轻视，也表达了作者对那个时期的士大夫（精英）痴迷于园艺而怀有敌意，尽管这些园艺在水果生产中扮演着重要的经济角色。 120

通读全书，展现在眼前的却是不同的画面。首先，小农户们不太可能阅读这本书，拥有大量土地的地主才是主要的读者。此外，书中描述的很多作物除了能自家食用，很明显也能在市场出售，书中讲的如何使用佃户和奴隶（苦役）的说明，也意味着这些产品是被大规模耕种的。贾思勰还举过一个例子，按照当时购买一名奴隶的价格来估算某个农耕步骤所需的成本，而小的农场是负担不起这笔费用的。因此，这本书针对的读者明显是那些大地主，而非独立的小农户。

这本书首先论述的是营田的大小，贾思勰认为 300 亩——这一时期的 300 亩约等于 40 到 45 英亩——比较合理。[3] 这个数字远远超过了汉代一户普通农民所持有的土地，也就才十几英亩，但只占汉代大庄园土地面积的 15% 到 20%，这些庄园的规模可以达到 3000—4000 英亩。

公元 477 年，北魏孝文帝颁布了一条法令，指明一户有两个成年男子的人家——比如说有一位父亲和一个未成家的儿子——要有 60 亩地，如此一来就不会有虚置的劳动力，也不会有多余出来、无力开垦的土地。公元 485 年，孝文帝在中国史上首次颁布了均田令，把类似数量的露田均量分给农民。[4]

因此，贾思勰所提议的田地数量，约是那个时期富裕的个体农户所拥有土地的 5 倍，这说明他的目标读者是拥有少量佃户和奴隶的中等地主。书中所提到的农场上的动物、树木和各种各样的农具的数量也支持这一结论。目标读者群的范围反映出那个时代的受教育程度，同时也表明此时中国北方的庄园规模要比汉朝的小，这一点也有其他方面的证据支持。

这本书中所描述的农耕体系需要大量高度利用土地和劳动力，因为此时还没有农业机械化，所以已经算是很高产的了。贾思勰把汉代农书中强调的如何聪明并严格地发挥人力作用的论述发展到一个新的高度，这点在南方的稻米生产上就极为突出。人们在西部发现，精耕细作并不真的需要大量土地，而是需要对相对较少的土地进行充分彻底的开发。

121 《齐民要术》以“开荒山泽田”[5] 开头，强调开发新地，而不是清理荒田的树木和灌木，这反映出当时的历史环境。面对不断出没的劫匪和盗贼，许多村庄的村民都搬到远离城市和大道的山地或泽田，因此增强了防御力，也很少再成为被攻击的对象。如此一来，北方的农业发展需要不断开发曾经被视为不毛之地的山地。南方情况亦是如此，北方移民到来的时候，河谷湖泊附近最好的土地已经被大家族占据，所以，他们在会稽丘陵和长江中游类似的地方建立起自己的地产。佛教和道教的兴起，促使中国文明向丘陵和山区转移。《齐民要术》则解释了如何在这里开荒、种植作物，在高低不平的山地上谋生。

虽然《齐民要术》没有提到单牛犁耕，但在3世纪的墓葬艺术中却有所体现。汉犁至少需要两头牛，很少有农户能够买得起。（图15）单牛耕犁只需要用到一个弯曲的短辕，大大减少了农业生产过程中使用动物劳力的成本。单牛起垄犁在掘土时会把泥土向外翻，这种技术也传到了北方。5世纪的北魏甚至会把牛发给某些地区的农民，还建立起系统体制，允许农民租用其他人的牛，只需替对方做一些锄地之类的劳动进行回报。[6] 这些发展说明，继汉朝以来的几个世纪里，北方农业的发展越来越依赖动物进行农耕。

犁耕通常需要在大块土地上进行，特别是在黄河的冲积平原或淮河河谷这样有着冲积土的地方。一直到汉代，碎土都是用手提的大槌或耙子来完成的。在农业水平比较高的地方，这些大块的土地也是用耙来打碎的。出土于甘肃嘉峪关墓葬的3世纪的壁画和4世纪早期

图15　描绘耕地、播种与耙地，甘肃嘉峪关，3世纪

广东一个墓葬里的陶瓷模具，描述了二牛所挽之犁，犁头部分有叉子一样的尖齿。《齐民要术》是中国最早记载耙犁技术的书籍。（图 16）书中描述道：用牲畜拉的耙带着铁尖，一个扁平的覆土耙在耕地上至少要来回耕作两次，使土壤表层更加松快，好作为覆盖物保护下面的土层。南方水稻田也使用类似的耙，不过会加上一个滚轴，这种工具在北方不曾使用。[7]

贾思勰用了一个章节来谈如何选种。[8] 这个时期所有的主要作物——小麦、大麦、粟、稻米——发芽长短和成熟期都不同。[9] 为了减少这一问题，贾氏提议，选种时应该把最好的谷物 [10] 作为种子："粟、黍、穄、粱、秫，常岁岁别收，选好穗纯色者，劁刈高悬之。至春治取，别种，以拟明年种子。"这些谷物带来丰富的种子，这说明与西方相比，只需要留下较少的谷物作为种子。贾氏提醒道，选取麦种，应当"候熟可获，即晒令燥"，这样可以减少因气候变化带来的损失。种植与收割的时间跨度大，即可以"顺时种之，则收常倍"。在"选种"这一节里，贾氏命名了 98 种谷物，37 种水稻，这是汉朝以来相当大的进步。[11] 122

另外一个创新也与南方有关，即在种植前先浸泡没有发芽的种子，这对于水稻种植是非常重要的。种植前先培育种子让其发芽，能够大大加速其生长，这对于种植湿稻也特别有帮助，因为南方水深多 123 泥，它们很难在水中发芽。《齐民要术》详细描述了不同的种子如何在不同的液体中浸润。此外，诸如锦葵，也要在种植前进行晾晒。这样的方法在汉代就有记载，但是没有这本书中写得这么详细。[12]

下一步是将准备好的种子播种。从战国开始，我们已经有沿着用犁翻过土的笔直田埂用手撒种的记载。种子按一定间隔撒出去，或者穴播出去（掘穴器）。汉朝最先进的播种方法就是耧的使用，牛拉着一个播种的盒子（耧斗），一边走一边由人摇，种子从耧斗中按一定间隔掉入整齐的田埂里。汉末的文献中，创新农学家赵过提到过这种工具，但对其进行详细描述的最早文字资料还是《齐民要术》。贾氏非常小心地把那些适合用耧来播种的作物，与那些不同形状和具有其他一些特性的作物区别开来，后者仍需要使用老式的穴播的方法。他建议，小麦、大麦、旱稻、姜、根茎类和块茎类作物适合用穴播种子的方式播种。[13]

图16　描绘耙地。注意坐在耙上的技术，而不是只用脚压下来，如图15，甘肃嘉峪关，3世纪

《齐民要术》中所讲最为重要的播种是湿稻的移植。这种方法在东亚农业中占主导地位。把未发芽的稻种播在秧田上，根据稻种的不同，经过二至八周，再把它们移植到稻田里。东汉晚期的《四民月 124
令》中最早提到水稻移植。然而，东汉早期的墓葬中发现的稻田模型就已经显示出形状完好的水稻秧苗插在一排排笔直的田埂里，说明那时就已有水稻移植。而且，出土于四川墓葬的汉末时期模型旁也雕刻了这样的短语“用于移植水稻秧苗的洞”。但是，《齐民要术》是最早对这一程序详细介绍的文献资料，包括如何修剪秧苗、种植较浅以促进更多嫩芽的生长。关于这一技术的起源还不确定，很可能最早出现在东南亚地区，那里很早就开始发展灌溉和湿稻种植，技术不断传到中国南方，之后再进入北方。[14]

在相对更干燥的北方，选择最佳播种时间的标准是要确保当时土壤最为湿润，这样的土地易于吸收积雪，作物则按一定间隔在直排田埂中被播撒。在南方，由于湿润度不是问题，旱地作物如粟或是小麦通常是可以直接播种的。然而，主要的作物如水稻，要先在一个小盒子[15]里育苗，从而使其加速生长，产生高密度的嫩枝和谷粒。直排播种有利于除草。无论南方还是北方，所使用的播种方法都比欧洲的方式耗费更多的劳动力，但也更加高产。

中国农业与西方农业还有一个很大的区别，就是会较早使用肥料。汉朝及之前的文字都描述了动物粪便、蚕矢（蚕粪）以及腐烂杂草的肥田作用。然而，《齐民要术》中首次提到了绿肥的使用[16]：种植这些作物的唯一目的就是改善并提升土壤质量。书中提倡种植瓜类、锦葵或者其他蔬菜之前先种上红小豆。许多作物可以被用作绿肥，但最有价值的是豆类，因为它们可以为土地提供氮肥。[17]

《齐民要术》也是现存最早的详细阐述通过轮作提高地力的理论书籍。贾思勰详细描述了哪些作物应该先种，哪些作物应该后种。由于会对早熟品种进行系统性的筛选，轮作可以丰富作物种类。特别是在南方，丰富的水分和温暖的气候可以保证作物一年两熟或三熟。即使是北方，贾思勰也描述了如何交替种植大麦和冬小麦，还可以利用
125 间歇期种植大豆或芜菁，这样就可以保证两年三熟。这是关于如何套种不同作物来保证土地利用最大化，以及如何确保一种作物的种植也能对另一种作物起到好处的最早文字记载。[18]

国家与富有的地主会建造粮仓进行屯粮，而自新石器时期以来，农民最常用的储粮方法是把粮食埋藏在密封的陶罐或地窖里，有时候里面还会塞满稻草或席子来防水。直到唐朝，皇帝的粮仓仍然使用地窖储藏粮食。

贾思勰认为，粮食储藏在地窖而非陶罐中，适用于除水稻外的所有作物。他建议：粟应当半熟再储藏，以免发霉；小麦要“日曝令干”，以防止生虫。水稻要除粒和抛光，预煮会改变它的味道，中国人不喜欢那种味道。除了提到储藏方法，贾思勰还描述了如何将不同的粮食分别进行盐渍、腌制，或者做成面饼来保存。[19]

贾思勰列出北方种植的 31 种蔬菜，其中 20 种今天仍在栽培。还有大量的果树，包括在北方有数百年历史的品种，以及汉朝时期从中亚引入的，还有最近才在南方发现的，比如荔枝、枇杷、香蕉和椰子。他引用了记载南方特色植物和动物的早期地方文献，他还列出了其他的很多水果—— 45 种枣子、12 种桃树、12 种梨树。他记录下了不同的繁育方法，包括籽苗、插枝和嫁接。他也论述了如何培植树木来用于园艺和伐木。尽管蔬菜和水果生产并用于市场贩卖在汉代就已经非常普遍，贾氏提倡一种向市场农业更为彻底的转变，即在几百亩土地上专门种植一种经济作物。[20]

中国人口向南迁移，意味着从长远看，由于拥有大量的水稻产能，长江以南的湿地将成为中国人口和菜篮子的中心。[21] 水稻似乎起源于东南亚山麓中的湿地，在那里，它逐渐适应在水中生长。新石器时期以来，中国南方便广泛种植水稻，北方的部分地区也把它当作旱

地作物来耕种。由于水稻种植需要大量的劳动成本——水源的质量和灌溉时间，种子的提前育苗，提前进行松土，移植需要的间隔和速度，锄地和锄草的强度——水稻种植使中国农业进一步向精耕细作发展。[22]熟练农民在小型高产土地的劳作，抵御了欲取代人力的资本密集型机器生产的冲击。这种对熟练农民的长期依赖塑造了中国乡村社会的基本结构框架。[23] 126

机械化生产确实曾使北方和南方富裕起来，主要是通过水力机械（水车）的形式，应用在佛教寺庙和俗家信徒的地产上，将谷物磨粉或榨油。曹操使用过水力驱动的捣杵，3世纪末石崇有30多套这样的设备。6世纪初出现了大量磨粉的设备，其功能更为精细复杂。因为发动这些机器需要快速的水流，所以它们经常建在山坡上。这些强力磨粉机可以磨出更多更高质量的面粉，还有另外一些水力机器用来榨烹饪用油和照明用油。这些设备为它们的主人带来大量收入，并为这些专业的操作者提供了赚钱的新市场。[24]

这一时期农业的另一个重大变化是南方茶文化的发展。种茶需要排水良好的土地和全年均匀充足的降水，所以茶树非常适合种在南方的山坡上。南方的农民可以把不适合种水稻或者其他作物的土地开发出来，用于种植茶叶。我们在一位死于公元273年的官员的传记里发现了最早的关于饮茶的记载，不过茶叶可能在这之前就被当作药用了。然而，南北朝时期只有南方的精英才可以饮茶。饮茶与佛教密切相关，可以使僧人在禅修的时候保持警醒，也可以保证僧人“又不夕食”，但是这方面的史料主要出自唐朝。[25]由于是在山坡种植，需求又非常有限，大部分茶叶是由个体农户和寺庙生产的。

《洛阳伽蓝记》中指出了南北方在饮食方面的一个重大区别：

> （王）肃初入国，不食羊肉及酪浆等物，常饭鲫鱼羹，渴饮茗汁。京师士子见肃一饮一斗，号为漏卮，经数年已后，肃与高祖殿会，食羊肉酪粥甚多。高祖怪之，谓肃曰：“卿中国

之味也，羊肉何如鱼羹，茗饮何如酪浆？”肃对曰：“羊者是陆产之最，鱼者乃水族之长，所好不同，并各称珍。以味言之，是有优劣，羊比齐鲁大邦，鱼比邾莒小国，惟茗不中，与酪作奴。”[26]

创作于南方的《世说新语》，所讲的故事却与上文相反，有点南方人挑战北方人对奶制品的偏好的意味。一位南方人声称因为吃了一些酸奶，差点儿死掉了。而一位北方人去赴宴的时候做了一次傻瓜，因为他居然不认识茶叶。[27]《二十四史》和其他评论中的一些逸事，都表明南北之间的差异也体现在烹饪方面，当北方人以吃家畜如羊腿和奶制品等野蛮食品著称时，南方人则喜欢吃江河湖海中的食物，并形成了饮茶的风尚。

在这些争论里，我们没有发现南北方以大米为主食和以粟为主的饮食结构方面的差异。很可能谷类食物是最基本的食物，也是地位最低的食物，所以不在这些精英的讨论范围之内。引起争议的食物都带有浓重的地方特色，也很明显都是上层阶级饮食的一部分。那个声称喝了酸奶差点儿死掉的南方人，他的酸奶是大臣王导给的，王导的家族于 307 年南迁，在建康的晋朝廷中属于领军人物。南迁的显贵用奶制品招待客人，说明这已经不再是“野蛮人”才有的饮食习惯了，至少在 3 世纪（或许从汉朝开始），这种饮食在北方精英中就已经非常流行。而且，那位“中毒”的人把自己描述成差点儿成为“北方佬”的吴地本土人，也说明了新的南迁大族和南方原住民之间的紧张关系，通过像饮食差异、“野蛮”的北方人和南方人这样的问题明确地表达出来。[28]

南北方家庭的社会结构

南朝与北朝的家庭结构也有所区别。首先，妇女在家务事中所扮演的角色不同，6 世纪时的学者颜之推提到：

> 南间贫素，皆事外饰，车乘衣服，必贵整齐；家人妻子， 128
> 不免饥寒。河北人事，多由内政，绮罗金翠，不可废阙，羸马悴奴，仅充而已；倡和之礼，或尔汝之。河北妇人，织纴组紃之事，黼黻锦绣罗绮之工，大优于江东也。[29]

颜之推这是在告诉大家，相对于邺城妇女在公共场合所扮演的角色，她们在家庭中是怎样的角色。北方的妇女要比南方的妇女更强大，她们不会为了装门面就亏待自己或孩子。由于官员的外表决定其“面子”，颜之推因此认为，南方与北方不同，政府职业的需要要放在家庭需要之前。北方女人更关心的是家务，她们高超的布艺技巧，从缝补寻常衣服到刺绣，都可以体现这一点。

另一个南北形成对比的是作为社会标识的语言的使用，颜之推认为：

> 南方水土和柔，其音清举而切诣，失在浮浅，其辞多鄙俗。北方山川深厚，其音沈浊而鈋钝，得其质直，其辞多古语。然冠冕君子，南方为优；闾里小人，北方为愈。易服而与之谈，南方士庶，数言可辩；隔垣而听其语，北方朝野，终日难分。[30]

本段分析了自然环境和社会历史两方面的原因。潮湿温和的南方
气候使其语言像清澈的液体，音调很高、清晰可见。北方的发音纯朴 129
简洁，但没能体现出北方的泥土质感和起伏不平的地貌特点。但也是因为这一点，北方人更直率诚实，南方人虽有教养，但稍显肤浅。

接下来，颜之推基于阶级因素进行分析，认为南北方语言存在差异，原因不在环境，而是因为历史发展不同。南方的移民精英，包含大量汉朝统治阶层遗老，他们有最好的发音，而平民讲当地吴语，发音最差。精英们在语言方面的保守性加大了发音上的阶级差别。[31] 再加上，北方这一时期的精英都是没有跟随朝廷南迁的当地世家，因为

他们的社会等级要低于南迁移民，又经常和他们的佃户交流，所以他们的发音没有朝廷显贵那么好，倒是与附近的农民更为相似。但是，北方中心地带的各种语言，相对于南方而言，仍更多地保留了经典的汉语元素。

从这一点来看，颜之推认为北方的世家大族相比其南方的同类而言，与手下所统治的人更接近，而不是与南方的大族们更接近。[32] 移民南迁，建立新的王朝，与原地稳坐的北方精英形成鲜明对比，这些北方精英与一个个短命的、非汉族人统治的朝廷缺乏联系，而南迁的精英则在亲戚结构以及与当地乡村社会的联系方面与北方大不相同。南迁家族到来的时候，本地原有的世家大族已经掌握了所有开发好的土地。新来者要想建立起大规模的庄园，只好把土地扩展到城市边缘未经开发的丘陵和沼泽地带。他们需要依靠当地的农民劳动力，但和他们在生活习惯和语言上有很大不同，要么就是依靠当地的越族人，但和他们的文化差异更大。

当这些雄心勃勃的南方大族来到都城，想在朝中任职，他们经常会与留在乡村的那些不太成功的亲戚摆脱干系，有时表兄弟甚至会在朝中争夺同一个官职。公元 5 世纪到 6 世纪，随着城市经济不断货币化，很多世家大族日渐衰落，他们在乡村的地盘也有所缩减。新的就业机会使农民离开土地，进入城市。这些发展使南方家族的结构变得更为松散，不仅是亲戚之间不再那么紧密，他们与周围村民的关系也变得淡化。

130 相反，北方混乱的政治局势促使乡村中的亲戚之间保持紧密关系，通过建立当地自卫组织，整个村庄也更紧密围绕在显赫的家族周围。安全依靠社会凝聚力，经济则趋向于自给自足。曾经几十年里，朝廷都没能吸引野心勃勃的人离开乡村。乡村社会的特点就是同姓家族之间建立了紧密的亲属关系，他们成为更紧凑的乡村社会的核心角色。

现存的文献中有针对这一发展的各种零散记录，都显示出南北方之间显著的差别。比如有一些作者注意到北方更重视忠诚度和大家族族群之间的协作。比如说到那些同姓家族时：“北土重同姓，谓之骨肉，有远来相投者，莫不竭力营赡，若不至者，以为不义，不为乡里所容。仲德闻王愉在江南，是太原人，乃往依之，愉礼之甚薄，因至姑孰投桓玄。”[33]

在北方，集体的道德观念使每个人都有义务把同姓人当作近亲并提供帮助。而在南方，同姓并不能代表什么，王导和王敦的例子就让人吃惊，这对兄弟共谋杀死了一个北方来投奔他们的同族，不久之后他们彼此之间又打起来了。在其他一些显赫的家族，比如谢氏，家族内也有这样脆弱的关系。[34] 相比之下，北方的大族时常会倾尽所有财物去帮助同姓的远亲，甚至是姻亲。[35]

《二十四史》里的故事也说明北方人不仅仅坚持帮助远亲，在自己的宅邸中也保持成员间的密切联系，并共享财产。北方登记户籍的时候经常会十几户人家都注册在同一个家族之下。[36] 从另一方面来说，南方的家族倾向于分财产，所以宅子也都会各自分出来。一个经典的例子是裴植家的故事，他开始是为南齐效劳，后来又去了北魏。他的母亲皈依佛门为奴，后来被儿子赎回来，成为尼姑，最后回家 131
了。故事还在继续：“植虽自州送禄奉母及赡诸弟，而各别资财，同居异爨，一门数灶，盖亦染江南之俗也。”[37]

独立炊具和各起炉灶很显然成为人们对南方人的刻板印象。宋朝（960—1279）的《太平广记》里记载了一个故事：北魏一个官员前往南陈，他用一首诗回应了南方人的嘲笑，这首诗描写了南方人即使共用一口锅，也会各自煮饭；即使共用一只煎锅，也会自己烧自己的那条鱼吃。[38] 因此，即使是一起吃饭，这种共同生活当中最基本的元素，在南方也是不存在的。其他文献对财产分配有更为寻常的观察，比如公元 454 年南方的一座纪念碑，上面写着在 7/10 的精英家庭、

5/8 的普通家庭，父亲和儿子要分配财产，这些家庭甚至不会救助那些已经饥寒交迫的亲戚。[39]

北方政权的崩溃，削弱了土地所有权的法律基础，国家可以将荒废的土地定为“军事殖民地”，任何有能力去开垦荒山（从汉开始就正式属于国有土地）或者重垦荒地的人成为这些土地的法定拥有者。所以，守卫要塞的军事力量成为这些土地的法定所有者，实际上这意味着当地主要的世家大族拥有这些土地，所有农民的土地也是掌握在他们手上。（图 17）因此这些农民的身份与佃户或农奴是相同的。武装地主和农民之间的这种从属关系，在汉末就已经遍布广大农村，但是在北方尤为突出。[40]

鉴于他们在当地防御中所扮演的角色，北方的大家族和乡村社会比南方更为军事化。这在 6 世纪中叶两次巨大的王朝灾难时期的军事活动中可以显示出来，即侯景之乱（548—557）后爆发的内战和北方的六镇起义（523—534）。在六镇起义中，很多有权势的门阀大族领导军事武装力量保护当地居民，有时和朝廷联盟，有时又和叛乱者联盟。而南方的大族却没有在平定侯景之乱及之后的内战中采取任何
132 军事行动。相反，地方军事力量却转移到了“新人”的手中，他们私募军力，再转手卖给出价最高的人。[41]

北方家族的凝聚力经常使他们拒绝为朝廷效力。当地一位富豪[42]临死之际遗命子侄云：“苟能入顺父兄，出悌乡党，仕郡幸而至功曹史，以忠清奉之，则足矣，不劳远诣台阁。恐汝不能富贵，而徒延门户之累耳。若忘吾言，是为无若父也，使鬼而有知，吾不归食矣。”[43]宋隐告诫子侄要忠于家族和村落，不要到朝廷做官，并把前者看作是父子关系的基础。

只有少数北方家族有为国效劳的传统，但是 4 世纪早期西晋灭亡到 5 世纪中期北魏重新统一北方，这些大家族也很少做官，而是投
133 身于当地发展，博陵崔氏家族即为其例。虽然自汉朝起这些家族就开

图17　描绘乡野中有护城河、围墙的聚落，西魏画中的一个细节，石窟，麦积山，甘肃天水附近

始为国家服务，但整个 4 世纪，家里没有一个成员出仕，只是专注于保护自己、乡党和依附于他们的人，以此来保持家族原有的名望和地方势力。[44] 他们积累土地，与主要的乡党联姻——尤其是赵郡的李氏——以此来支撑他们的社群。历史与石刻记载表明，他们大部分时间都是在博陵附近活动。大约 475 年，一个单户人家里有 10 到 20 位成年男子，人口总数很可能超过 30 人。有一次，当两个成年儿子死去后，家里的主人是他们某一位的寡妇李氏，“家事巨细，一以谘决，每兄弟出行，有获财物，尺寸以上，皆入李之库，四时分赍，李自裁之”[45]。许多崔氏远亲，包括李氏家人在重大节庆日时会汇聚于此。崔氏会向远亲寻求物质上的帮助。由于这个混乱时期没有学校，崔氏就依靠彼此对子孙进行教育。[46]

公元 431 年，北魏朝廷试图招募崔氏和其他大族的成员，但是没有成功。只有在北魏于公元 493 年迁都到洛阳并实行了汉化政策后，崔氏家族成员才开始离开本家，在朝中任职，先是武将，后为文官。公元 523 年六镇起义时，他们又去做武将，但是崔家不同的分支选择与不同的政治派系结盟。因此，在为北魏服务的几十年里，崔氏不再是一个团结一致的家族，在很多情况下，对朝廷的忠诚取代了对家族的忠诚。北魏分裂为战火不断的东魏和西魏，更加速了这一趋势。家族中的几个分支定居在西魏都城长安，切断了与家族其他成员的有形联系。家族成员必须在地方性职务和为朝廷效力之间做出选择，选择朝廷的人，还必须在危险的要职和安全的卑职之间再一次选择。这种选择的结果是，6 世纪晚期，崔氏家族失去了他们在地方的影响，所有在政治上活跃的人都离开了本家，本家也不再是家族的核心或者战乱时期的避难所。

其他东北的大族放弃了他们的本家并分散到各处。公元 589 年隋统一中国，吸引那些雄心勃勃的人的是在新都城复国的“拉力”。
134 而“推力”则是公元 485 年均田制的首次实施。这使农民可以不通过大家族的资助就获得土地，大族因此失去了在当地社会的统治地位。此外，隋朝鼓励地方官员限制门阀，废除九品官人法，消除了地方可任免的一些官职。这些政策进一步削弱了北方大族对当地的影响，以防他们在当地不出门户就能做官。[47]

因此，所有唐代史料中有记载的崔氏，都是那些放弃地方势力在朝中为官的崔氏的后代，其他的家族也有着同样的经历。就这样，北方大族通过组织共同体，把宗族和亲属联系起来，捍卫其在地方的势力，还把那些有机会做官的人写进家谱，而组成独有的世系关系。许多家族成员不再居住在一起，也不再相互帮助。任何几代人里没有做官的家族分支，都会逐渐从在乎官职的家族宗谱里消失。由于对朝廷和官僚机构越来越重视，北方大族的价值观和行为方式渐渐与南方人融合，他们几个世纪以来就一直更愿意在朝中做官，而不是回到地方本家，甚至不惜牺牲家族关系，以换取官职。[48]

虽然南北主要大族的行为方式和价值观开始融合，直到唐代他们之间的区别依然很明显。8 世纪中期关于家族和宗谱的作品 [49] 中，唐人柳芳说过：

> 山东之人质，故尚婚娅，其信可与也；江左之人文，故尚人物，其智可与也；关中之人雄，故尚冠冕，其达可与也；代北之人武，故尚贵戚，其泰可与也。及其弊，则尚婚娅者先外族、后本宗，尚人物者进庶孽、退嫡长，尚冠冕者略伉俪、慕荣华，尚贵戚者徇势利、亡礼教。四者俱弊，则失其所尚矣。[50]

上面这段文字可以看出南北差异带来的持久影响：北方都有相对 135
朴素和军事化的传统，南方却一直强调文化和个人才智。

国有土地

在中国历史上，自汉朝以后的几个世纪里，特别是在北方，人们对国有土地有一种特有的依赖。早期的秦汉帝国留下大量土地在自耕农手中，他们向国家交税并服役。其次就是国家拥有土地，由奴隶或佃农耕种，以提供财富来支付当地政府的开支。然而，汉朝时出现的地主所有制已经在挑战这个体制，汉朝灭亡之后的内战又迫使更多农民寻求强大部族的庇护，即在他们的土地上做佃农。这些地产变成经济和军事周转中心，这些地主既可以给中央政府提供潜在的支持，也可以对其造成威胁。

从3世纪开始，没有哪个政府能够挑战这些拥有土地的豪强。相反，三国时期所有统治者都效仿他们，把废弃的土地分配给避难者，避难者通过交税和服兵役等来换取政府的保护。汉朝就建立起农业殖民地，以发展边境地区，巩固国防。在曹魏时期，政府赠予的土地则是采取内部迁徙的方式经营。[51]

公元196年曹操在许都附近屯田，这是关于屯田最早的记载。黄巾起义时有很多被征用的土地和被逃难农民抛弃的荒地，这些都被赏给了投降的叛乱者和避难者。在战乱中，成为屯田客的前景很乐

136

观，因此进行的都是自愿选择。但是随着这一制度在之后的几十年里不断扩张，直到覆盖曹魏所有的郡县时，需要通过征召才能招到去这些荒地的人，有时人们也会逃跑。民屯的管理有别于军屯和常规的地方政府。政府对屯田进行了物理隔离，常规的管辖区域内会划分出一片田地，另由不同的机构管理，或者干脆一整片辖区都改为民屯。负责屯田的主要官员与县令地位相似，因为俸禄差不多，而且当屯田被废止后，典农官自动变为郡县官员。

屯田客最初向政府租借耕牛的时候要支付一笔固定的费用，后来逐渐转变为分成制（收成与国家分成），如果屯田客自己有牛的话只要交出50%的收成，如果是向政府租借牛的话就上交60%的收成。这些租税很可能比得上地主对佃户的租税了。除了提供耕牛以外，政府改进了某些地方的灌溉系统，并引进新的农业技术，使其更适合屯田，因为政府对一切劳动进行密切监督。交租似乎已经成为他们唯一的义务。

军屯晚于民屯出现，主要为曹魏南征供应军粮。记录最详细的就是淮河河谷一带的屯田，主要是为了向执戈对吴的军队提供粮草。公元223年设度支尚书分管税收，同时也负责屯田。军屯被分割成整齐的营地，60人为一营，一边戍守郊外一边屯田。佃农是主要劳动力，所要交纳的租税和民屯一样。唯一的区别是这些人除了要交粮外还需要服兵役，而民屯则不用。每个士兵得到3英亩土地，交租后，有足够的盈余来养活一个小的三人家庭。这些“军户”是世袭的魏军人中最重要的成分。

曹魏政权也有管理农业人口的常规行政机构。曹魏取消了汉朝的人头税，也取消了按田亩预期收成向各户征收的粮食税，只按户收取布税，以及按亩征收土地税。这些转变使征税所需信息量减小，也反映出了国家在进行充分的人口普查方面和评估土地质量方面的能力不足。之所以发生这些变化，很可能是因为屯田为国家收入提供了重要的补充。

我们有限的文字材料显示，军屯最初能提供足够的军粮，它们在全国范围内的扩张也支持这个结论。然而，公元264年，司马氏灭魏之前，颁布了一条法令，废除了管理农业屯田的官位，“以均政 137
役”，这样就把屯田客视为和其他农民一样。有几点原因可以解释这个问题。自从220年曹魏建立以后，曹氏统治者为了获得高官的支持，允许他们租借耕牛，并让他们管理农业屯田。这些官员有权雇佣佃户，并安排他们从事商业活动。这些权利的合法化，驱使这些官员霸占田地和佃户为己用，屯田逐渐变成官员的个人地产。

另一个废除屯田的原因是，公元263年征服蜀国后，不再急需屯田。民屯的废除标志着政府回归更传统的管理形式。对付孙吴的军屯仍然继续运作。农屯的废除让那些司马氏扶持起来的世家大族非常高兴，因为他们能逐渐培养起自己的势力，好正式取代曹氏。

280年西晋重新统一中国，它虽然是短命的王朝，但是重建了国家的土地政策。从现存的资料里找不到政策的细节，也找不到施政的具体力度。[52]不管怎样，八王之乱以及后来朝廷的南迁使西晋本已经有限的权力又大大缩水。虽然名义上，东晋限制了大地主家中佃户和荫客的数量，尽管统治者想要通过“土断”使人口登记和土地持有合理化，建康政权并没有自己的土地，也缺少控制其他土地所有者的权力。[53]

尽管自汉朝就主张（公元336年晋朝再次颁令重申）所有非农业用地——山林沼泽——归国家所有，自北方南迁的世家大族依然无视法令，在山脚下和刚被抽干的沼泽低地建造自己的别墅和园林。少数试图禁止占山护泽的法令都是无效的，虽然国家偶尔为了开发山泽资源而实施屯田，但大部分田地都流入少数几个门阀大族手中。灌溉和排水系统对于南方的开发也是至关重要的，但是这方面世家大族也比国家发挥更重要的作用。[54]

惊人的是，没有出现限制农田积累的法令。南方政府试图在他们 138
的北方边界实行军屯，总体上来说没有成功。实行民屯的主张要么没能实施，要么被地方官员当作为自己敛财的渠道。南方有一部分国有土地被发展成了“营田”，可以支付朝廷难以支付的部分官员的俸禄。由于这项政策对于大族而言非常有利，所以毫无意外获得了成功。但是到了梁朝，即便是这些土地也被门阀大族占有了。

国有土地在南方扮演了一种次要的角色，它们在北方却仍是至关重要的。事实上，所有非汉族统治的朝代，除了慕容部落建立的燕国，都强制数以万计的人们定居在他们都城周围，从事畜牧养殖和农业活动，以此来供养国家和军队。这与曹魏时期在许都建立民屯的政策几乎没有差别，但历史上有关这些实践活动的资料几乎为零。

唯一不缺乏细节的是，北魏强制性地把定居居民转变为“僧祇户”（他们服从于佛教寺院的管理）[55]。公元 469 年，沙门统昙曜奏请“平齐户及诸民，有能岁输谷六十斛入僧曹者，即为‘僧祇户’，粟为‘僧祇粟’，至于俭岁，赈给饥民。又请民犯重罪及官奴以为‘佛图户’，以供诸寺扫洒，岁兼营田输粟”[56]。这个建议被批准了，《魏书》写道：这些连同“佛图户”一起的制度使得各个寺院有了世代农奴，并很快在各州镇、各个军事驻地实行开来。476 年昙曜再次上奏请求“凉州（今甘肃）军户赵苟子等二百家为僧祇户”。

昙曜所提到的地方易于生长抗旱的粟米，表明这些田地通常选在干燥或更边远的地带，刚刚被开垦出来用作农业耕地。六十斛的数字表明
139 约有一半的收成要作为租税上交。其他资料表明：佛寺和国家向佃户提供耕牛，这和早期国有土地的管理模式类似。寺院也会提供农具并协助灌溉。一般是在对土地进行调查和评估之后才实行这样的屯田。

“僧祇户”的实行类似于早期的民屯，由于和佛教有关，所以政策会有所调整。寺院荫附民依附于寺院，由犯了罪被判服苦役或死缓的劳动者和奴隶组成，这种制度体现了一种新式的赦免，即通过佛教的教化来拯救那些失足的人。

粟米被专门当作救灾粮，这说明朝廷愿意践行佛教所强调的慈善

之举，也借此将政府的传统职能转嫁到佛门。如同赠予土地或财产等其他形式，这些“僧祇户”很可能会成为寺院永久不可分割的一部分，依附于寺院内律，代表了一种新的所有权，随着佛教的兴起在中国逐渐发展起来。[57]

北方国有土地的主要制度是均田制。公元 486 年，北魏孝文帝采用了在晋朝体制基础上的修订版本。为了加强皇权，国有土地以家庭[58]为单位，分给农民，农民需要交纳赋税和服劳役。经过不断修订完善，这一政策在随后的北齐和北周继续沿用，一直用到唐代。它规定了每一户已婚夫妻在其劳动能力或者说是纳税能力的基础上，都可以获得政府授田。土地依旧归国家所有，当夫妻不能再交税或提供劳役服务时，土地再归还给政府。

如果一户有不止一个成年男子，从理论上来说，授田会翻倍。有奴隶的家庭，每个成年男奴隶也会分到一块土地。西北地区和其他地区不同，土地也分配用于畜牧。在有些地方，土地会休耕一年以提高以后的地力，故从理论上讲，授田一般按照休耕的频率加一倍或者两倍。用于制造丝绸并交纳赋税的桑田可作为世业田，终身不还，还可以世袭。由于这样的土地在有产出以前需要几十年的培育，因此会在家族内代代相传。理论上，家庭的土地拥有量在总数上是有限制的。[59] 140

因为均田制的目的是将尽可能多的无主荒地用于耕种，所以最初的授田数量是非常重要的。但是有些地方耕地稀缺，大多数家庭只分到远少于法定数额的土地。法律也试图限制官员和世家大族兼并土地，但是这样的限制和汉代的措施一样，都没有效果。[60]

关于乡村生活的作品

在东汉灭亡后的几百年里，中国的乡村变化非常大，不仅仅体现在生活中，也体现在文化上。在陶潜（365—427）的著作中，我们发现了现存最早的以个人名义写著的关于农业生活的诗歌。[61] 钟嵘在其《诗品》（完成于 517 年之前）中称陶渊明是“隐逸诗人之宗”，陶渊明中年辞官归里，过着“躬耕自资”的生活，在畅快的饮酒中逃避人生。虽然相对富裕的陶渊明以贫穷农家的语气来写诗，被嘲笑为虚伪之举，但他的诗文描绘了他所亲眼看见、亲身经历的乡村生活的兴衰。

陶渊明的诗作开启了一个新的派别——田园诗。诗中描写了乡村风景和诗人所理解的田园生活。尽管有时这种诗也很像西方的牧歌，但陶渊明和一些效仿他文风的诗人的作品，以描绘现实和细节为特征，西方的牧歌很少涉及这些。[62] 除了描写退隐山居的诗词外，陶渊明还创作了叙事散文《桃花源记》，“桃花源”在中国文学史上成为世外桃源最经典的意象，隐居与世隔离的山野，从而摆脱污浊的城市和庙堂的纠葛。尽管描写的是理想中的乌托邦，这篇散文在细节上非常贴近现实，桃花源的一些事物，还有人们的生活方式都非常接近真实的乡村生活。这篇散文所虚构的理想社会，只是消除了现实中的阶
141 级局限和对环境的肆意破坏，其他没什么太大不同。通过这种方式，陶渊明的生活和写作反映了另外一种归隐生活，即与农耕乡村而不是山野风光紧密相连。[63]

陶渊明的作品试图捕捉农耕生活的真实体验，这一点体现在他的对句中，其中有很多关于不可测的天气、蝗灾和自然灾害的描写：

> 弱冠逢世阻，始室丧其偏。
> 炎火屡焚如，螟蜮恣中田。
> 风雨纵横至，收敛不盈廛。[64]

其他的叙述没这么戏剧化，但也都谈到了农耕的困难，下面这两句诗自汉诗改编而来，仍与农耕经历有关：“种豆南山下，草盛豆苗稀。”[65] 在这样的观察中，我们体会到了世俗生活中人们的烦恼，以及伴其一生的各种一而再，再而三出现的灾难，人生完全受不可预测

的大自然的摆布，这在中国文学史上尚属首次。

陶渊明的诗歌也描写了农民勤耕不辍的劳动生活，在诗中，“晨兴理荒秽，带月荷锄归”[66]。此处以月为伴，象征的不是月下独饮，也不是以月为媒抒发对消逝爱人的情思，而是指从白天劳作到深夜。“带月”的月只是另一种工具，能让诗人在太阳落山后还能继续劳作。

有时，生活的负担和回报之少几乎要将诗人压垮：

躬亲未曾替，寒馁常糟糠。
岂期过满腹，但愿饱粳粮。
御冬足大布，粗絺已应阳。
正尔不能得，哀哉亦可伤！ 142
人皆尽获宜，拙生失其方。
理也可奈何！且为陶一觞。[67]

与西方的牧歌不同，与同时代人赞美园林和大自然的诗亦不同，陶渊明的诗反映了，在乡村即便辛勤劳作，也常常难以解决生存问题。

在描写农村生活时，陶渊明经常引用钟嵘所谓的“农民话”，到处都提到村野小巷、平地、犬吠、鸡鸣、嫩芽、大豆和粟米、冰霜、松土以及各种各样的农耕用具。[68] 村民的语言不仅为他的诗歌提供了词汇，有时还直接与诗歌主题有关，比如：

时复墟曲人，披草共来往.
相见无杂言，但道桑麻长。[69]

这里，庄稼的生长不仅反映出农民的劳作，也体现出他在表达言语和社交互动方面的局限性。

在这些最有名的特征中，陶渊明的诗也描绘了农耕生活中的喜悦。但他主要描写的是这种喜悦的局限性，它只和肉体感官有关。相对照于陶渊明逃避城市生活所带来的喜悦，乡村生活中的欢欣则更为质朴。这种喜悦感只是农民辛勤劳作和历经艰难困苦的一个注脚，在如此艰辛的劳作之后，休息、粗茶淡饭和劣酒就已经能带来最大的享受。对此，最著名的庆贺诗句是“坐止高荫下，步止荜门里。好味止园葵，大欢止稚子”。《止酒》中的其他诗歌提到了床上简陋的铺盖、粗糙的衣服、用于充饥的粗劣谷物，而另外一些诗歌却描述了乡村的
143 宴会，主人与邻居共享美酒、吃一整只鸡，并荆薪代烛。[70]

陶渊明的田园诗中一个显著的特征是：他多次提及自家的酿酒，有时似乎这已成为他活在世上最大的安慰。[71] 对乡村的愉悦的幻想，其中有时也会掺杂对已抛弃的城市生活的念想，陶渊明在《和郭主簿二首》中写道：

蔼蔼堂前林，中夏贮清阴。
凯风因时来，回飙开我襟。
息交游闲业，卧起弄书琴。
园蔬有余滋，旧谷犹储今。
营己良有极，过足非所钦。
舂秫作美酒，酒熟吾自斟。
弱子戏我侧，学语未成音。
此事真复乐，聊用忘华簪。
遥遥望白云，怀古一何深。[72]

即使是田园诗派的代表人物，对其而言愉悦的乡村生活仍是一种自我放逐。

第6章

中国与外部世界

公元前221年，秦国以四处征战第一次创建了中华帝国，这次 144
统一也大体上确立了汉族与汉文化的边界。东汉尝试将帝国扩展至北方草原、中亚、辽东半岛、朝鲜半岛以及东南亚内陆，但没多久就失败了，这些地区也超出中央的掌控。然而，周边的非汉族文化在中华文明中扮演了很重要的角色。汉朝覆灭后，中华帝国有大约一半的时间都是由他们统治，他们的邦国一起组成了帝国，他们的族人统治着中国的核心地带——黄河流域。反而是没有接受中国统治的周边民族，吸取了很多中国文化与政治方面的特色，公元589年，中国重新统一后，他们成为大东亚圈甚至泛亚体系当中的一部分。

为了分析方便，我们将中国周边的民族划分为三个群体。从北方到西北，分布着游牧民族，他们创造的政治形态完全不同于汉人的模式，但也和汉人国家形成了共生关系；[1] 靠近东北地区居住着半游牧民族，其中包括拓跋鲜卑，他们建立起游牧军队与汉人官僚机构相结合的国家；最后，东北、东南、西南与西部有些原住民，他们要么建立起以贸易为主的城邦国，要么建立起农耕国家。到了唐代，这些小国形成了一种复杂的贸易体制，同时，他们都用汉语书写，采取汉人的行政管理制度，并有共同的信仰——佛教。

中国北方的游牧民族

145 首先，游牧民族的政权有两种形式：在北方与西北生活的是纯游牧民族，他们生存于汉地之外，定期贸易，需要朝贡，还经常进行劫掠；另一种位于东北，他们有双重性，把游牧军队和汉人的官僚机构结合起来，并向农民征税。[2]前者以匈奴为例，汉朝统治的多数时期，他们控制着中原以北地区；后者以拓跋鲜卑为代表，其所建立的北魏在5世纪重新统一了黄河流域。

当汉朝崩溃时，北方游牧族群的行为表明，在向中国内部定居与在汉朝军队服役的过程中他们与汉帝国间产生了一种共生关系。与其说这些游牧族群试图征服新领地或建立属于他们自己的王朝，不如说他们首先要在军阀中寻找新的保护人。后来的曹魏与西晋继续向游牧部落的首领提供报酬与贸易权，来换取游牧民族的军事支持，游牧民族的骑兵对于中原王朝的军队至关重要。[3]然而，随着西晋在八王之乱中瓦解，这种资助不复存在，游牧族群的首领不得不寻找新的权势去仰仗。

最早进行尝试的是匈奴的首领刘渊（304—310年在位），他曾在西晋做过质子，深受汉文化影响。他试图为自己的前赵（或称汉赵）王朝建立汉式的文官体制。事实上，由于他的家族曾被汉朝皇室收养，他甚至声称要复兴大汉王朝。然而，这样做只能让他和他的儿子们与部落里的族人疏远起来，这些族人仍是真正的权力基础，从未在汉人那里获得过支持，也因此，汉人仍然将刘渊视为胡人领袖。

第二个领袖是石勒，他早年曾是刘渊手下的将军，石勒通过采取大规模劫掠汉人的政策来直接获取财富。这种部落传统以及对战利品的分赏吸引了很多人，他们从刘渊那里叛逃过来。公元319年，石勒宣称自己的后赵王朝成立，329 年，他摧毁了对手最后的残军。然而他们对中国北方的征服使得战争的机会减少，王朝获得的战利品也因此越来越少。招募汉人官员的尝试同样不太成功。石勒的儿子兼继 146
位者石虎，通过掠夺乡村与任用外族官僚来维系国家，但是在石虎死后，即公元 349 年，政权被冉闵推翻。冉闵是石虎的汉族养子，他在首都邺城领导了对胡人的大屠杀。[4] 前秦曾短暂地统一了中国北方，它的整个发展模式也与此类似，即通过军事上取得的战绩来吸引同盟，但这之后没能建立起一个日常的官僚管理机制，所以在战场上受到重创之后很快就覆灭了。

从根本上说，中国的游牧政权需要建起一个文官体系，能执行日常行政事务，并从牧民那里征收固定的赋税。在东北地区，国家发展逐渐开始采用匈奴模式，以贸易为基础，向中华帝国朝贡，并对其他地区进行掠夺。东北地区有农耕者在此定居，有草原牧民，还有住在森林里的居民，他们将打猎、捕鱼和采集野果与农业发展相结合。这种多样的经济基础，随着居民与定居到这一地区的汉人接触的加深，促进了融合着游牧族群骑兵与农业社会官僚行政体系的国家的建立。公元前 108 年，汉武帝在东北设立了郡，但这仍是远离中国经济与人口中心的边疆地区，因此也远离了在这些中心地区发生的战争。当汉帝国分崩离析之时，这一地区被军阀公孙氏占据，一度享有和平与稳定，因此很多汉族人由华北平原逃难至此。

东北地区的部落被称为鲜卑族，其中包含很多独立的民族部落，并没有一个统一的组织。其中最为成功的一支是慕容鲜卑，他们最早引起人们的注意，是因为帮助了曹魏王朝来消灭公孙氏军阀。[5] 在公元 281 年，晋朝授予慕容鲜卑统治者“单于”这一匈奴首领的传统头衔，这既显示出这一头衔仍留有余威，也显示出慕容鲜卑一族愈发的重要。慕容鲜卑的第一位单于首次让他的儿子们接受了汉族文化教育，并且采纳汉族的风俗，但与同时代的匈奴刘氏家族不同，他和他的子孙都没有建立一个完善的汉化的朝廷。相反，他们逐渐发展出一个混合制的政体，由于慕容廆（283—333 年在位）进行了长达 50 年的统治，政权稳定，所以双方的政体也更加容易地融合到了一起。

在慕容廆统治的头十年中，大部分的时间都在进攻相邻的扶余王国，这一王国位于今天的中国辽东省[6]与朝鲜。这些战争俘获了大量的俘虏，他们要么被卖与汉人为奴，要么作为佃农被安置在慕容鲜卑的统治辖区内。294 年，慕容廆建立新的都城，并正式在全国范围内鼓励耕种。他甚至向晋朝请求赏赐桑树种与蚕虫。这一系列措施落实得很好，到 301 年，慕容鲜卑已经能在临近的晋朝州郡受到洪涝灾害时为其提供救灾粮。粮食由汉人的行政官员前来收集，他们也是来对慕容领地内的农业发展进行监管的。

147

汉族谋士也非常重要，他们来到慕容领地，通过提出建议，吸纳汉族步兵与攻城器械专家来强化慕容氏军队。这些新的军事力量使慕容鲜卑能够在 302 年击败曾经比他们强大的宇文鲜卑，从而获得稳定的根基，在八王之乱时，很多汉人到此避难。308 年，慕容廆自封为“大单于”，但不久以后他仍接受了即将衰败的晋朝授予的头衔，这帮助他吸引来更多汉人官员。这种双重头衔体现出慕容鲜卑国家融合一切的特点。慕容鲜卑从 322 年开始侵吞邻近部落。这个国家同样采取了建造坞堡的策略，以保护村民免受来自中部平原的游牧部族的骚扰之苦。这一策略在 338 年证明了自身的有效性，那一年石虎的军队入侵却遭遇惨败，也使得慕容鲜卑有机会向南与向西扩张。

鲜卑部落像很多游牧族群一样，实行兄终弟及制，这一制度曾导致不少中国内外的胡人小国发生内讧并覆灭。为了尽可能减少继承王位引发的争议，慕容鲜卑改用汉人的子承父业制，统治者的兄弟与叔叔们则被指派为权重位高的将军或官员。这一政策试图使王朝成为整个统治家族的集体财产，并且减少（并没能完全消除）兄弟间的斗争。

通过这样的改革，慕容氏建立了一个庞大的国家，从东北一直向南，一直延伸至淮河。来此避难的汉族文人成为官府要员，而游牧部落民则组成军队的核心，这支军队中也有汉人步兵与攻城器械。从农民那里获得的税收，其作用等同于以前匈奴制国家中的贡赋和掠夺来的战利品。这给予统治者不计其数的财富，他们可以就此收买到部落追随者的支持，这些追随者作为雇佣兵或者当朝官员，依靠并依附于朝廷。对农耕的依赖使得农业发展越来越集约化，大量财富因此流入 148
国库。337 年，慕容鲜卑的统治者建立起一个新的国家——燕国，这个名称在这一地区有古老的汉文化渊源，并于 353 年自封为帝。

尽管这个国家（前燕）非常短命，但至少它有一项非常重要的成就。357 年，燕国军队一举歼灭了游牧民族敕勒族的军队。伴随着鲜卑重心的南移，敕勒部落在当时已经逐步崛起。这一胜利如此引人瞩目，以至于匈奴单于转而向慕容燕国效忠。在中国历史上，这是第一次由外族人统治的、掌握了中华帝国核心地带的王朝在边疆打败了困扰汉人统治者上百年的游民族群联盟。慕容氏不仅将他们的成功归功于有效地使用游牧骑兵以及军事技术，同时也认为是自己能理解游牧民族联盟是如何构成的以及他们的弱点在哪儿。像慕容氏这样成功的统治者会通过操纵联姻与鼓动部落内斗来把玩部落政治游戏，而且他们也比汉族政权更容易将失败的部落民融合到自己的国家中。在之后的中国历史上，游牧民族建立的王朝对草原的胜利一再出现，直到清朝最终打败了蒙古人，并将蒙古和现今新疆一带的少数民族纳入到中国境内。[7]

慕容鲜卑国家的扩张被苻坚阻挡，苻坚利用燕国朝廷的分裂，在 370 年征服了燕国。383 年，苻坚南征失败，前秦就此瓦解。在此之后，慕容鲜卑的西邻拓跋鲜卑逐渐发展壮大，于 396 年控制了东北。拓跋鲜卑和慕容鲜卑一样，在国内双措并举，即采取燕国的治国模式，并在其官僚体制中大量吸收燕国的旧官员。拓跋珪重建军事力量之后，新兴起的北魏成功地把行政运行体系与由游牧士兵所组成的军队结合起来。这些游牧士兵已经将对部落的忠诚转化为对王朝的忠诚。这种联合使拓跋鲜卑在 423 年攻占了洛阳，通过 425 年和 429 年的两次征战再次控制草原地区，并且于 430 年再度征服关中地区，此前这一地区被古老的匈奴统治家族的后裔所占据。439 年，通过征服统治河西走廊的凉国，拓跋魏王朝完成了对中国北方的重新统一。

拓跋鲜卑继承的不仅有慕容鲜卑的治国体制，同时还有他们控制
149 草原的政策。399 年，他们像慕容鲜卑一样，击败了敕勒部落，这使得一个新的草原势力——柔然兴起。拓跋氏有着关于草原生存的知识，使得北魏朝廷能够了解他们对手的弱点，这在关于是否进攻柔然的一次朝廷辩论中就可以看出：

> 且蠕蠕恃其绝远，谓国家力不能至，自宽来久，故夏则散众放畜，秋肥乃聚，背寒向温，南来寇抄。今出其虑表，攻其不备。大军卒至，必惊骇星分，望尘奔走。牡马护群，牝马恋驹，驱驰难制，不得水草，未过数日则聚而困敝，可一举而灭。[8]

遵循这些方针，拓跋魏的每一代君主都至少要发动一次对柔然的大规模进攻，每次都夺取了大量民众与牲畜，柔然需要花数十年的时间来恢复。这些民众与牲畜为北魏边疆沿线的卫戍部队提供了补给。这种政策执行了一个世纪，使柔然处于相对弱小与分裂的状态，直到北魏在 492 年发动了最后一次对柔然的战争。只有在迁都洛阳，边疆部队被北魏朝廷渐渐疏远之后，柔然才再一次发展壮大，成为重大的威胁。

尽管如此，纵贯整个南北朝时期，没有一个游牧民族国家能够复制匈奴的成功，即通过夺取中原地区的财富为建立草原帝国打下基础。直到 589 年隋朝再度统一中华时，突厥控制着北部与西部地区，他们效仿匈奴的发展模式，并要求中华帝国交纳一定钱财，以此来建立和平关系，并获得军队人马的支持。之后的唐朝皇室源自中国西北

的部族，有些军事策略与军事实践和与之通婚的草原游牧民族非常相似。最初，如同北魏王朝一样，唐朝统治者也善于利用游牧民族国家的组织弱点。唐朝的第二位皇帝成功打破突厥联邦，并在630年和647年的两次大规模战役中击败了他们，由此被尊称为天可汗，同时 150
统治中国与突厥。然而，这一成功并没持续很久，他的后继者们很快就失去了对突厥的控制。突厥又恢复到他们原来的模式中，一会儿发动战争，一会儿要求纳贡。[9]

与北部游牧民族不断发展的关系，对中华帝国体制的本质产生了重要的影响。早期秦汉帝国的关键特征之一就是能自觉地超越战国时期形成的地方地缘与风俗，并高出一筹。国家的特征是：对神圣的统治者（“天子”）产生个人崇拜；在帝国政令之下，建立了一个人造都城，将天子当作国家的中心；使用一种在经典文献基础上产生的、脱离了日常对话的正规书面语言；官员要离开自己的家族与社群去为皇上效力。早期帝国体系的空间范围被汉文化的范围所界定。这种在文化上叠加政治的行为，因同时代北方匈奴帝国的出现而被强化，从而创造出一个两极世界，分成被汉人国家统治的“文明”的农业民族与被单于统治的“野蛮”的游牧人。

游牧族群向中国内地大规模地迁徙与定居，他们被征募为兵或在朝廷做官，匈奴帝国瓦解之后，定居民族与游牧民族间的政治划分不再那么清晰。这就产生了一个更广阔、容纳万物的世界秩序，过去截然不同的两种政治生态也能融合在一起。唐朝的第二任统治者唐太宗（626—649年在位），认为自己是汉族的皇帝与突厥的可汗的合体，“自古皆贵中华，贱夷、狄，朕独爱之如一，故其种落皆依朕如父母”[10]。更宽泛地说，在唐朝的第一个世纪里，大约170万外国人成为唐朝臣民。这些日本人、朝鲜人、粟特人和其他国家的人在官府中扮演重要角色，常被授予最高的军事职位与文官职位。

但是，权力却向相反的方向发展：游牧民族的首领在一个帝国内统治汉人与胡人。第一次出现这种情况是在北魏，并在此后的中国历史上一再重演。尽管数个世纪以来，都有一些文人认为汉人不应当为“野蛮人”的统治者服务，事实上，大部分汉族精英愿意臣服于任何征服者，只要他们能建立起像样的都城，举行祭天仪式，支持国家正
151 统经典研究，并且提供官职与俸禄。虽然有时这种投机主义会受到批判，但这种行为接受了建立更普遍帝国的真正内涵，也通过一个统治者是否能将边缘地区的民族纳入其疆域来判断他的合法性。

通过这种方式，北魏和其后的游牧民族王朝迈进一步，超越了地域局限与对地方的忠诚，而此前正是因为这种超脱才能从纷乱的战国割据中建立起统一的国家。以后的观念主张对汉族及其文化保持绝对的忠诚，这标志着帝国模式向民族国家的现代观念的转变。“征服者王朝”在中国历史上的关键角色及其在帝国模式内的合法性这一问题，已经成为很多日本学者研究的话题。尽管这些研究有值得商榷的政治目的，因为它们试图证明日本统治中国的合法性，但它仍说明了一点，即所有的中国王朝都是建立在军事力量的基础上。从东汉起，外族军队及其文化便成为这种力量的基础，并且从民族国家的角度出发，“中华”帝国从来就不完全是“华人”的。[11]

定居的邻邦

当北方的游牧部落以劫掠、进贡或征战与中华帝国发生关系时，东北的族群（生活在今天的朝鲜与日本）、东南的族群（生活在今天的越南）以及西南的族群（生活在今天的云南与贵州）定居下来，他们通过模仿中华帝国与其联系起来。如同“中国”这一称谓，韩国、日本和越南这样的称谓也不合时宜，因为直到南北朝时期才出现了后来将这些地区统一的政权实体的雏形，他们之所以能够诞生也是和中国有密不可分的关系。

每隔一段时间，中国周边的独立小国就会按一套授权程序建立起来。某位酋长向中华朝廷进贡，然后获得“王”或者“公”的爵位以及与爵位相当的印信。朝鲜半岛北部较早出现的国家是高句丽，公元 32 年的时候便向汉朝进贡，以后获得王爵。在半岛南部，晚些时候出现了一个国家——百济，其于 372 年与晋朝建立联系，386 年它的统治者从中华朝廷获得将军之职及带方郡王的资格。在 3 世纪，卑弥呼——日本一座小岛上的一位女祭司兼酋长，试图从曹魏朝廷那里获得官爵。5 世纪的时候，日本派来十几个使团，希望从中国南方 152
的政权这里获得爵位头衔。这些官爵是非常有价值的，因为它使得当地有野心的酋长将自己与竞争对手区分开来。这些官爵反射着中华帝国的光彩，也增强了他们创建国家的能力。[12] 虽然要的只是形式上的臣服，那些接受官爵的人也有可能积极地去消除汉文化的影响，甚至打击汉人军队，但是在东亚，语言的形成和治国的理念还是围绕着中国模式而形成的。

朝鲜与日本国的形成，同样受到越来越多四处游方的僧侣的影响。当朝鲜与日本转信佛教，对于那些寻求教化与经典佛经的人来说，中国就成了主要的朝圣地。他们回到家乡时，不仅遵守着佛教戒律，同样也描述着中国，成为中国文化的现身说法者，还将很多书面的资料带回家。同样，商人和贸易者把很多商品与技术从中国介绍到周边国家，使之逐渐采用中国模式。

朝鲜半岛上政权的出现也体现出了这个过程。汉朝的创建者在辽东郡以东建立了一个附属国。该国的第三代王在公元前 109 年的时候杀掉了汉朝官员，于是中国军队占领了这个地区并建立了四个郡。在接下来的一个世纪里，朝鲜半岛上的平民百姓与中国其他州郡享有同一种文化。与鲜卑族有关系的部落民继续按传统方式生活，因为大规模的移民，精英文化从中国的中部平原地区进入到今天的朝鲜。但是在公元 106 年之后，鸭绿江边的高句丽将汉朝的势力向西推到辽东，成为第一个从中国独立出来的附属国。[13]

244 年，高句丽被曹魏军队征服，但是当晋朝瓦解时，它又恢复了独立，并占领了以前汉朝设立的诸郡，334 年控制了今天的朝鲜与中国吉林省以南地区。与此同时，慕容鲜卑占领了扶余的大部分地区，并在 342 年给予高句丽沉重的打击。高句丽很快恢复过来，并且在 373 年（此时慕容氏已经被苻坚摧毁）建立了一个中华式的太学，借鉴晋朝的法律体系，并开始信仰佛教。在接下来的一个世纪，高句丽将朝鲜半岛的大部分地区置于其控制之下，成为一个主要的地区强权。[14]

153 在 4 世纪的后半期，在高句丽从北方向朝鲜半岛南部扩张的同时，朝鲜半岛的西南角出现了一个小小的城邦国家——百济。（地图 11）369 年，百济打败了从前统治它的领主，并很快受到在建康的晋朝廷的承认，还被授予官爵。415 年，这些官爵被提升到王爵。分散的史料表明，百济与晋朝间的关系远远不止于官爵授予。百济使者的姓名显示他们可能有中华血统，6 世纪早期百济墓葬中的砖石也与中国南方的款式一致。百济本纪同样记述了百济朝廷如何借鉴中国的建筑、音乐和诗歌形式。百济成为这些实践活动的主要中心，同时也是佛教中心，后来这些文化经由百济传到日本。[15]

154 南北朝诸朝仍将朝鲜半岛上的国家视作独立政体，6 世纪末重新统一的中华帝国却理直气壮地坚持重新对朝鲜半岛恢复统治。正是因为一系列试图征服朝鲜的争战都遭遇失败，才导致了隋朝的灭亡，唐朝的第二位皇帝对高句丽的征讨也失败了。新罗是第二个依附中国而生的朝鲜半岛国家，形成于朝鲜半岛东南地区，在它的配合下，中国人最终征服了高句丽。接下来，新罗——不是中国——占据了半岛。

倭国的逐渐兴起与朝鲜相似，但是时代上要更晚一些。除了在 3 世纪向中国派遣使者，卑弥呼女王仿制了中国样式的青铜镜与军旗，以此展示她与曹魏朝廷的捆绑式关系，并提高自己的声望。卑弥呼死

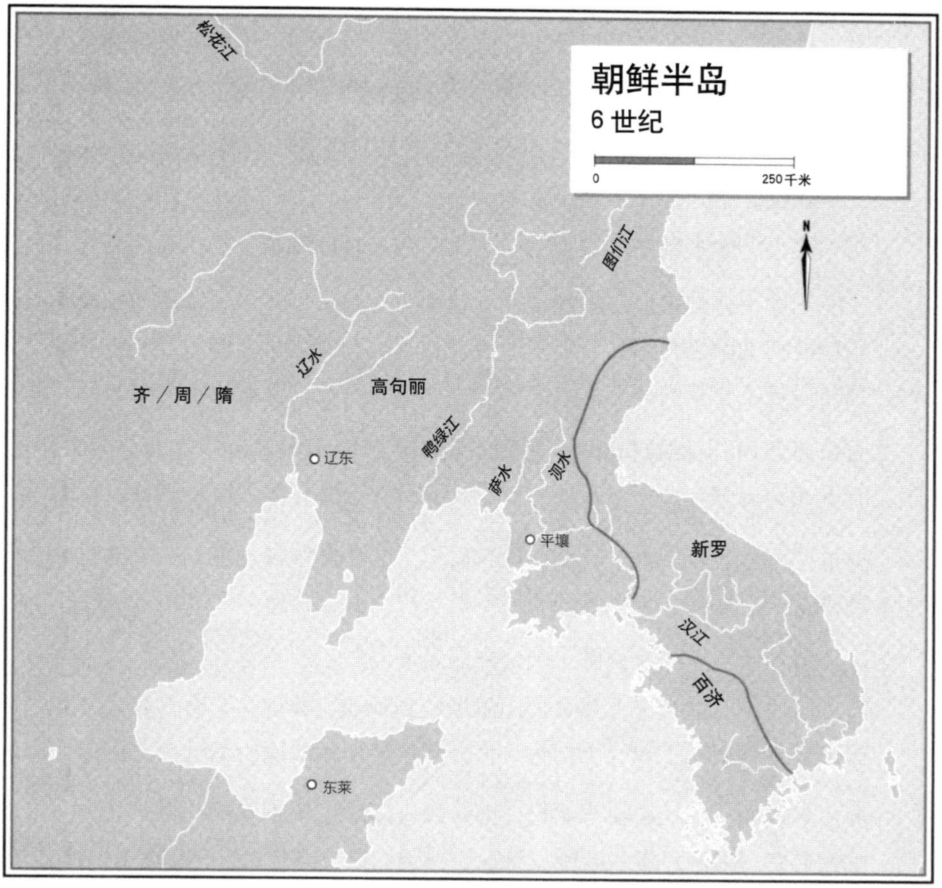

地图 11

后，中国与倭国的关系一度中断。413年以后，十多批倭国使者被派遣到南朝，要求南朝授予其官爵、官印、青铜镜和军旗。502年后，倭国停止遣使。600年至614年间，倭国恢复遣使，派遣到隋朝朝廷的使者不再渴望头衔，因为倭国这时已经建立起一个统一王朝，所以头衔已经没用了。倭国使者希望学习中国的制度，希望强化贸易关系。6到7世纪时，倭国朝廷自己经手绝大多数与中国的贸易，并且通过进口来的这些奢侈品获得声望，这也有助于中央集权的形成。在唐朝统治的3个世纪里，日本派遣遣唐使共16批，来访日期完全是凭倭国朝廷的兴趣所至而决定的。[16]

然而，大多数输入倭国的中国物品都是从朝鲜半岛传过去的。除了新型的甲胄与冶铁术这样珍稀的货物之外，进口商品中还包括中国传统经典文献以及由朝鲜老师所教授的治国理政之术。佛教及其寺庙建筑同样也是从朝鲜半岛引入倭国。倭国的发展与朝鲜半岛西南部的百济密不可分，经过这几个世纪，日本南部沿海与朝鲜半岛的关系，其密切程度甚至超过了日本南部沿海与日本那些从海边难以到达的区域之间的关系。朝鲜半岛的移民社会由中央朝廷管理，他们几乎完全独占这一时期的文字书写能力。[17]

日本逐渐崛起，或者更确切地说是邪马台不断兴起，这个国家依
155 附中国而生，两者关系在7世纪早期达到顶点，体现在它全盘吸收了中国的官僚机构。在几十年里，日本又引入中国的书写体系，在中国刑法规范的基础之上建立了自己的法规，修建了中国式的都城，受中国的启发，编制户籍，分配土地，征收赋税，并将之与日本的实际结合起来。[18]日本人甚至开始将他们的统治者称呼为皇，并且像中国人一样，把他们自己描述为世界的中心。他们与自己身边的“野蛮人”也建立起了朝贡关系，在一些书信往来中，将自己的统治者与中国的皇帝相提并论。就这样，在不断学习中国文化与制度的同时，“和魂”这样独特的概念首次在日本的文献中出现。[19]

在南北朝时期，现在的越南一直没能发展成为一个独立的国家，但是由于不时就会被汉人攻占，它的政治也有所发展。[20] 在第一个中华帝国形成前的 500 年间，这个地区，包括北越、广西省和广东省，属于东山文化区。秦朝统治此地之后，这里被称为岭南。秦朝灭亡后，这个地区成为南越国，独立存在了近一个世纪，只在名义上是汉朝的附属国。公元前 110 年，南越国才被汉帝国容纳进来。这一地区墓葬的陪葬品混合着中原式样与当地的越文化式样。公元 40—42 年，这里发生了徵氏姐妹领导的反叛，反叛被镇压后，大规模的汉族移民进入该地，但是这次反叛在现代越南的历史中被当作影响国家形成的一个中心事件。在这个世纪里，交趾（现代河内附近）与番禺（现代广州）成为中国与东南亚进行海上贸易的两个重要的船运中心。在城市之外居住着中国与外国的贸易者，城里的居民大多数是当地的土著部落民。

当汉朝瓦解后，岭南短暂地独立过一段时间，226 年它被吴国攻占，并分裂成两个地区——交州与广州。264 年这种区划官方化，是将南方分裂而治的第一步，最终这里将会成为一个独立的国家。在这一时段里，交州被几个主要的家族统治，他们与孙吴保持距离，转而和黄河冲积平原上的曹魏进行结盟。在接下来的几个世纪里，这些豪族，在李氏家族的领导下控制了这一地区。尽管他们在 541 年的第一次公开反叛以灾难性的失败告终。侯景之乱迫使梁帝国的军队于
550 年撤军，这让交州处于独立状态，直到 602 年隋朝占领该地区 156
并重归统一。在唐朝早期的几十年里，交州乃至整个岭南都处于世家大族的统治之下，朝廷允许他们处置所有的地方事务。

正如同在中国国内，受过教育的人们说着彼此听不懂的方言，但却可以通过象形汉字进行交流，东亚这些政体和语言都不同的区域之间也使用书写文字来进行交流。这一点非常重要，因为汉字不仅代表了发音，还有特定的含义，并且相似的字符在东亚各国也有着相似的

表意。其中不仅仅包括一些基本的政治理念，比如“北极星”皇帝和他的官僚，同时也包括家庭与社会阶层结构方面的理念，这些理念常常在儒家或“东亚价值观”的标题下被集合在一起。尽管汉字在中国以外的地区或被改动或被彻底废弃，但是其中蕴含的意味被东亚各国的文人精英所接受，并以此来进行文思交流。[21]

新近出现的东亚世界不仅通过国家结构和书写体系联系在一起，其发展与相互间的贸易也密不可分。中国的东边和南边出现了很多新兴国家，使臣定期来中国的都城进行朝贡。通常商人也会随行，随着南朝贸易的繁盛，长江流域形成了与朝鲜半岛、日本列岛及东南亚之间的贸易网络。如此一来，海上贸易第一次成为中国经济中的主要因素。(图 18)

在中原周边的定居者中，中亚——包括现在的新疆、阿富汗、

图 18　描绘一只船的石碑，四川成都，5—6 世纪

巴基斯坦北部，还有前苏联的部分地区——在与中原建立起联系之前，由绿洲周围的城邦国家所占据。在汉朝与匈奴的战争中，汉人考察了这一地区并占领其东部。但是，随着晋朝的灭亡，中华朝廷与这些城邦国家之间所有的交往都中断了。一些核心地区——龟兹、焉耆、高昌、楼兰——继续成为贸易与佛教传播的主要通道。主要的文献翻译工作就在这些城邦国家进行，杰出的高僧也经过这里前往印度与中国。[22] 在汉唐之间，因为佛教徒记录了他们的旅程，写成著作，这才使中国人对中亚西部及印度变得熟悉起来。在这些佛教徒
中，最著名的是法显。[23] 来自印度的经文在中国绘画、诗歌理论的发 157
展中扮演了重要的角色，某些印度的文学体裁及其作品也给中国的文学写作提供了新形式的范本。

贸易与佛教

中国与外部世界交往的方式中，最重要的还是贸易。中国的对外贸易最初只是官府政策的一个副产品，而由于官府一直对商人存有疑虑，贸易大多为外国人所控制。在中华帝国早期，来自中亚绿洲城镇的客商们通过边境集市或朝贡的方式购买中国丝绸，再将丝绸运到邻近的城镇进行交易，这里的商人再把丝绸转卖给更靠西的城镇。沿着这条“丝绸之路”，经过无数次的转手贸易，丝绸到达印度、波斯，最终抵达罗马。无论在哪里进行贸易，丝绸都是贵重的商品，并常常在宗教仪式中发挥重要作用。[24]

从西方按着相反方向流入中国的商品，大部分是用来满足好奇心 158
的珍稀玩物，或者是能让统治精英进一步自我膨胀的稀有物品：贵重金属、琉璃、奴隶、艺伎、野生或驯化的动物、毛皮和羽毛、罕见的植物和木材、异域食品、香水和药品、纺织品和燃料、世俗或神圣的艺术品，还有讲述国外风景的书籍与地图。[25] 当这些珍稀物品作为

贡品被带来，它们证明了中国统治者的权力与声望，因为他们居然能够传唤来自世界各地的贡品。如果是精英买走这些商品，这就彰显了精英的财富与品位。汉唐间精英的一个特征就是会对异域事物投入极大热情，这些新奇事物包括大胆创新的服饰、敷面香粉、新乐器和歌曲、异域水果以及新的艺术风格和技巧，它们都成为决定中华文明的要素。

与商品及流行风尚一同进入中国的还有带来更深远影响的一些文化元素。最重要的是佛教，但是商人也带来了其他宗教，如摩尼教、祆教、景教及伊斯兰教。这些宗教不仅提供了新的宇宙观和组织人类社会的新方法，还创造出对新一类商品的需求，或者说，过去既有的商品有了新的用途，突然之间就变得珍贵起来。茶叶与白糖随着佛教的兴起而增加了需求，椅子也随着佛教从西域传入中国，从未来佛弥勒佛的画像就可以看出来，同时，椅子是冥想中不可或缺的工具，在寺庙中也会经常用到。[26] 书写纸张的改良与印刷技术的发展也受到佛教信仰的重要影响，因为重复印刷制作经文被视作积累功德。[27]

在贸易发展中更为重要的是那些在中国无法获得，但是要在佛教仪式中使用的稀少的、珍贵的商品。[28] 这一时期的头几百年见证了大乘佛教许多关键的早期经典的产生，大乘佛教强调虔诚、神性的佛陀、对万物最普遍的拯救，以及菩萨的重要角色。菩萨在得道以后仍选择留在世间以完成拯救众生的工作。这些经文强调慈善是一种美德，并将善行从为僧侣提供食物与住宅扩展到为佛塔（穹顶的墓葬纪
159 念堂，这里保存着佛陀的舍利子）提供装潢与图画，随后又为那些摆放着佛祖画像的寺院提供服务。这些实践在印度佛教中已有很长的历史渊源，与之相伴出现的是寺庙社会。在中国，它们则是因为要强调俗家弟子的虔诚而推行开来。对于信徒来讲，获得特定的稀有商品是十分重要的，这些稀有商品被呈放在佛像前或寺庙中，也有一些情况下会收集在家中，仅仅是为了展示这些物品以获得声望。[29]

在这些物品中，最首要的是“七宝”。在最早的文本中，这些是指一个国王必须拥有的重要物品。在另一些更早的文本中，它们指未明确给予规定的珍贵物品。无论如何，《无量寿经》这本关键的大乘经典，介绍了一位神圣永生的佛祖，七件宝物必须是黄金、白银、天青石、水晶或石英、珍珠、红珊瑚、玛瑙或珊瑚。其后的文本提及要有红色的宝石，比如红宝石，还有一些文献中提到要有钻石。大量的佛教经典提到了这些宝物。一位乐善好施的国王命中注定会成为佛陀，他的宫殿就是由“七宝”组成，和极乐世界中的庙宇一样。佛教中的梵天常用这些物质来装饰。这些物质甚至成为道教天宫中长生树上的果实。在一些文本中，传说中载着信众前去接受启蒙的牛车就是由“七宝”装饰而成。在现实中，隋朝建立者于582年将他从一位僧侣那里获得的舍利子放置在“七宝”铸成的容器中，后来被分别装在30个红色的玻璃瓶里，在帝国全境内分发。因此，这七种象征着这个世界所能呈上的最美好的物件，也反映出了佛教信仰的物质方面。[30]

这些物质与遥远的极乐世界相结合并非偶然，因为它们是从遥远的西方来到中国的。这一点在红珊瑚身上表现得最为明显。珊瑚在汉赋中象征宝贵事物，通常是用来描绘不死之地或皇帝居所的，曹魏与晋朝的统治者都曾将珊瑚安置在皇冠上。它也成为南方精英乐于向他人展示的一项宝物，如下面逸事所述：

> 石崇与王恺争豪，并穷绮丽，以饰舆服。武帝，恺之甥也，每助恺。尝以一珊瑚树高二尺许赐恺，枝柯扶疏，世罕其比。恺以示崇，崇视讫，以铁如意击之，应手而碎。恺既惋惜，又以为疾己之宝，声色甚厉。崇曰：“不足恨，今还卿。” 160
> 乃命左右悉取珊瑚树，有三尺、四尺，条干绝世，光彩溢目者六七枚，如恺许比甚众。恺偶然自失。[31]

石崇是一个贪婪的红珊瑚收藏者，据记载，他也是一位虔诚的佛教信徒。这一时期的历史表明珊瑚是罗马帝国的产品。印度文献证明珊瑚来自地中海与红海，是主要的贸易物品。一些中国文献也提到在中亚购得此物。[32]

“七宝”中的其他宝物也是通过长途贸易从遥远的西方来到中国。高品质的珍珠来自印度与锡兰，稍微低等的一些来自波斯，像这样的珍珠已经在北魏佛教寺庙的遗址中发现。最好的天青石来源于中亚西部。这个时期中国已经开始生产琉璃，在5世纪早期的一座墓葬中发现的琉璃器皿和黄金佛像是由一种吹玻璃的特殊技巧制作而成，当时中国还没有出现这种技术。除了来自异域的“七宝”之外，在佛教信仰中用到的焚香与各种香料也是从印度进口而来。[33]

与佛教相关的珍贵商品的长途贸易也逆向展开。中国丝绸的出口比佛教的兴起要早，依照朝圣者法显的记载，4世纪的时候，中亚各国在举行佛教仪式的时候就必须要用到丝绸幡了。在集会上，丝绸幡会悬挂在僧侣座位之上，运送佛像的时候也会举着丝绸幡。朝圣者宋云就随身携带了大量的丝绸幡，将之捐献给沿路所经过的寺庙。4世纪到6世纪，中国北方的统治者经常向中国或外国的僧侣赏赐丝绸，作为对他们宗教服务的肯定。随后的唐、宋王朝，这已经成为常例，皇帝会向著名僧侣特别赐予绣着金边的紫色丝绸袈裟，这种袈裟同样也被供奉给佛教雕像。

6世纪的时候，拜占庭和萨珊帝国已经开始自己生产丝绸。但顶级的中国生丝做成的丝绸仍然是贵重的商品。波斯和拜占庭逐渐设计
161 出更适合他们自己口味的丝绸，这些样式流入中亚东部地区并深得人心，从而缩减了中国丝织品市场。在4世纪晚期，库车王在今天的新疆，向伟大的翻译家鸠摩罗什赐予由拜占庭制作的丝绸座席。尽管丝绸是国际贸易中占据首位的布料，佛教的传播同样也刺激了印度棉花的长途贸易，普通佛教徒看重这种棉布，因为织这种布不需要杀生，而制绸则需要杀死蚕。[34]

佛教寺庙是奢侈商品的主要消费者，他们也有权如此消费。寺庙

和佛塔用金子、银子、丝绸、珊瑚串珠、琉璃或较珍贵的石头装饰起来。如同玄奘在7世纪所描述的，佛教与复兴了的婆罗门信仰之间展开竞争，竞相将自己的寺庙装潢得更加炫目。[35] 佛教朝圣者或其他僧侣在寺庙之间旅行，经常不得不花费或捐献大量的黄金或丝绸。尽管一路上沿途的寺庙会提供食宿，但陆路和海路交通都需要付费，也需要献出贡品来供奉舍利子。玄奘为那烂陀寺的佛骨捐献了50金币、1000银币、四个丝绸幡、两匹锦缎以及两套礼仪袈裟。他从吐鲁番王那里获得丝绸，然后将之捐赠给沿途所经过的每一座佛塔。后来的朝圣者义净从中国带来丝绸，并用这丝绸为菩提迦耶的佛像制作了礼仪袈裟。[36] 因此，佛教信徒的四处行走也对逐渐形成的亚洲经济体制产生了很重要的影响。

与中世纪的欧洲一样，这个时代同样公开进行圣物的宗教贸易。王玄策是唐朝几次出行北印度的使团的领导，他在印度西北的一座寺庙里花费超过4000卷的丝绸来购买佛陀的顶骨。唐朝时期舍利子被视作有无上的价值，段成式（卒于863年）讲述的一则逸事表明了这一点。一位僧侣收到的捐赠品中有一份“朽钉”（指甲），他决定将其出售给胡商：

> “上人安得此物？必货此，不违价。”僧试求百千，胡人大笑曰：“未也。”更极意言之，加至五百千，胡人曰：“此直一千万。”遂与之。僧访其名，曰：“此宝骨也。”[37] 162

真正的舍利子也可以由七宝做成的东西取代，有几个从佛塔或寺庙中发掘出来的“佛指”实际上是用琉璃或水晶制成的。之所以会有这样的替代品，是因为人们相信：佛陀和得道高僧的身体在焚化后会产生硬的、晶体状小球，这被称为舍利。舍利可以用珍贵的物质来仿制。在中世纪的欧洲，圣物价值如此之高，有时候还会遭遇失窃。[38]

在中国的外国人

在南北朝时期，除了把商品与信仰带入中国，这些僧侣和商人自己逐渐也成为中国一个巨大的、长期存在的异族人群体，他们的出现改变了城市生活。有关中国佛教社会最早的记录并没有具体说明这些僧侣是中国人还是外国人，但是几乎可以确定是后者。有关外国僧人的最早记录是 2 世纪中叶定居在东汉都城的译经者。这中间还有一些外国商人，他们选择皈依佛教，所以这两类人很明显有着密不可分的关系。外国僧人同样也参与到 3、4 世纪南方世家大族的“清谈”圈子中。

到 4 世纪时，佛教越来越重要，一些外国僧人声望显赫，这使得人们开始考虑汉人是否真的具有绝对优越性。粟特人康僧渊为他自己在山中建筑了一座精舍，芳林列于轩庭，都城许多领袖人物成群结队地聚集到那里，赞颂其运用吐纳、泊然自得之态，康僧渊不堪忍受，被迫放弃了这处隐居之地。更加明显的是王珉（351—398）为帛尸梨蜜多罗所写的悼词：“然而卓世之秀，时生于彼，逸群之才，或侔乎兹，故知天授英伟，岂侔于华戎。”[39] 这篇文章特别值得关注，因为尽管帛尸梨蜜多罗以熟练背诵魔法咒语而闻名，他却从没学习过说汉语。

这一时期，胡人与汉人之间极有可能平等而立，甚至前者有可能
163 更有优势，这一点不仅仅体现在个人层面，也体现在国家层面。随着印度成为中国佛教徒心中的圣地，其转而成为“中央之国”，反而将中国推到了边缘地带。[40] 反过来，那些拒绝接受佛教的人通常因其异域性而不承认佛教存在的合理性。[41] 无论处于哪一种位置，佛教都引发了对中国与外部世界关系的重新思考，汉人与外国人之间的关系也重新被思量。

6 世纪的时候，一些外国朝圣者和留学生开始将中国视为神圣

的佛土。《洛阳伽蓝记》记载了一位外国和尚将洛阳描述为世上真正的佛教净土，菩提达摩自云：“年一百五十岁，历涉诸国，靡不周遍，而此寺（永宁寺）精丽，阎浮所无也。极佛境界，亦未有此！”该书还记载了洛阳有专门为外国僧侣准备的寺庙：“永明寺，宣武皇帝所立也，在大觉寺东。时佛法经像盛于洛阳，异国沙门，咸来辐辏，负锡持经，適兹乐土。世宗故立此寺以憩之。房庑连亘，一千余间。庭列修竹，檐拂高松，奇花异草，骈阗堦砌。百国沙门，三千余人。”[42] 值得注意的是，这座寺庙位于这座城市最大的市场附近，市场里同样充满了胡人。

据之后的文献记载，601 年到 604 年间，隋朝建立者组织分遣圣物活动，很多外国僧侣来华参加这一运动。到了唐代，中国的几处地方——最著名的是五台山——成为享誉世界的文殊菩萨的道场，来自印度、中亚、朝鲜、日本的朝圣者都将其视为朝圣目的地。在同一时期，中国同样成为未来佛弥勒佛信仰的中心，它同样吸引了很多外国的信徒。

在中世纪的中国，外国人在发挥宗教想象力这件事情上扮演着突出的角色。因为在宗教活动中常出现外国人奇怪的外貌，他们很快与中国的鬼魂、精灵联系起来。当这些鬼附身到亲属或灵媒身上并试图通过文字来传达信息时，这些“鬼画符”通常都是水平书写而成，与‘西番”印度和中亚的文字相似，而不是汉字的垂直书写。[43] 不仅仅是死者的文字书写能与外国人联系在一起，在佛教中扮演中心角色的各种符咒，也与外国人的语言十分类似。因此，文献中会提到“梵 164
文艺术”，并认为擅长法术的和尚来自中国以外的其他国家。不仅如此，当佛教信仰与实践在中国已成为自然而然的习俗之时，佛教徒仍然认为至高无上的佛祖是“外国人”。[44]

与那些来教授或研究佛教戒律者不同，来中国的外国人大多数是商人。根据进入中国路线的不同，他们分布在不同的城市，并且在每个地区的地方经济中扮演着不同的角色。佛教徒从印度和中亚进入中国的“丝绸之路”，在中国的对外贸易中也同样至关重要。这条路从叙利亚出发，经波斯、撒马尔罕，从印度出发则通过中亚东部，最后进入中国西北边境地区，直到首都长安。（地图12）这些路线在汉代都被使用过，但自那之后贸易量却翻了几番。还有另一条不那么重要的陆路，从四川出发，经过今天的云南，沿着伊洛瓦底江进入缅甸，穿过孟加拉。一些佛教信徒朝圣时也会选择穿过西藏的路线，但是太过危险，对于贸易来说也过于缓慢。[45]

由于最主要的贸易路线要穿越中亚，首都长安和洛阳成为从陆路去西方最大的外国商人集中地。隋朝重新统一后，长安不仅成为丝绸之路的终点，同时也是大运河的终点。长安有两个大集市，一个是东市，一个是西市，外国商人都集中在西市。长安以西的城市都有大型的外国人社区，在甘肃走廊的敦煌和凉州，外国人在数量上远远超过汉人。这些地区的外国商人由波斯人、叙利亚人、突厥人、印度人、粟特人组成，粟特人数量最多。[46]

粟特人是伊朗化的民族，原本居住在河中地区，也就是今天的乌兹别克斯坦和塔吉克斯坦。这个地区的核心地段位于阿姆河和锡尔河之间，处于撒马尔罕界内，但又向西延伸到布哈拉，往东延伸到费尔干纳盆地，往北延伸到石国（今天的塔什干）。粟特人住在数量众多的独立城邦中，因此也常为外来势力所统治。[47]尽管这些城市时常会被卷入战争，在这段时期内它们欣欣向荣。

尽管粟特人的城镇发展的是灌溉农业，但导致它们繁荣的关键仍
166 是贸易。至晚从3世纪开始，他们就会定期到上游的印度河河谷，在那里他们同来自克什米尔及其他地区的印度商人进行贸易。他们从4世纪早期开始就与位于新疆的绿洲城镇以及中原地区开展贸易往来，这在中国的文献中有记录，而且在敦煌也发现了写于311年的古代信件。到6世纪中期，他们已经和君士坦丁堡建立了直接的贸易关

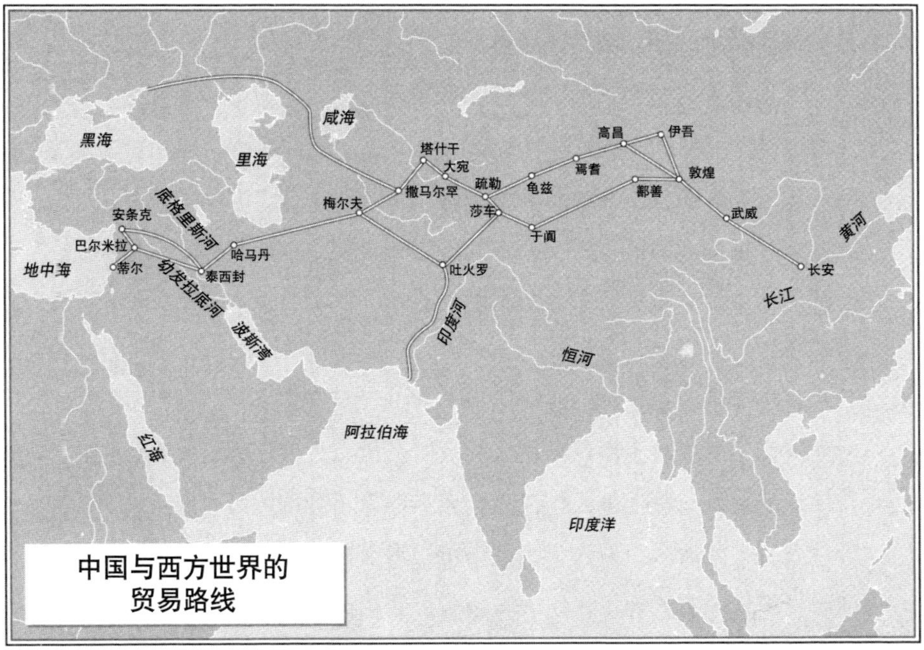

地图12

系。如此一来，他们掌控了从中国到拜占庭的这条丝绸之路上的贸易活动，印欧语也变成了混合语。汉人的故事普遍将粟特人看作最优秀的贸易者。“生子必以蜜食口中，以胶置手内，欲其成长口尝甘言，持钱如胶之粘物。并善贾，男年五岁则令学书，少解则遣学贾，以得利多为善。习善商贾，争分铢之利，男子二十即送之他国，来过中夏，利之所在，无所不至。”[48]

粟特人由他们自己的头人统治，遵循他们自己的法律。中国北方的政权赐予粟特人领袖“萨宝”的职位，该官职掌控部族的民事与宗教事务。[49]他们信仰拜火教，但是他们从美索不达米亚及印度信仰发展出了万神教和相应的宗教礼仪。尽管粟特人在家乡从未采纳佛教，他们中间的一些人因为将佛教经典翻译成汉语而举世闻名。粟特人还把其他文化方面的创新介绍到中国，包括金属与陶器的新式样，以及新流行起来的音乐和舞蹈形式。

与从西方来到中国的佛教徒和贸易者不同，南方的越族或蛮族之所以成为“外人”，是因为中国向南的扩张使他们成为自己土地上的陌生人。早在三国时期，随着汉人占有平原地区，“山越”被赶进了山区，并被迫成为劳役或被强迫入伍。在南朝零散的史料记载中，他们是南朝统治者和世家大族的剥削对象，同时也会发动对新强权的军事叛变。

与早先的汉朝不同，南朝在特定的区域设置了军职来管控越人。
167 南方人留下的史料主要反映越人与政府及世家大族之间的关系，但也有零星的史料记载了越人与汉人会在当地市场进行贸易，汉人商人冒险进入越人聚居区，越人为汉人作坊打季节性的零工。汉人佃农会逃到越人领地来躲避地主，汉人与越人会互相通婚，到越人中居住的汉人逐渐成为地主和豪族，越人甚至皈依了道教信仰。[50]

墓葬艺术为这些零星的文本资料提供了补充材料。最重要的发现来自靠近今天的汉中和河南邓县的汉水边上的雍州。证据包括一位文官的雕像，他有着不同寻常的发式——头的前部被剃光，头发在脑后以一个尖尖的绳结束起来——这种装束符合这一地区蛮人的特征，另一个男人戴着不同寻常的鸭形帽，这种鸭形帽是这一地区的特色。画砖描绘了部曲（农奴组建的私家军队）握着武器、牵着马、演奏军乐阅兵的图景。这些人很有可能是蛮族原住民，但是图画中没有文字能说明这一点。[51]

一些证据表明在南北朝晚期和隋朝时期，居住在长江流域及其支流边上的南方原住民大都被同化了。到这一时期，许多蛮人获得了法律上的“良民”（自由民）的身份，按照隋朝的记载，将这些蛮人掳为奴是非法的。蛮人终于和汉族普通农民平起平坐，也可拥有只需缴付租税的土地。尽管零星的文献表明在偏远或孤立的地区还有蛮人反动起义，但是在汉江、淮河和长江流域已不再有专门管控蛮人的军事机构。

在华夷关系上最值得关注的是“华”“夷”这两个概念之间的可流动性。最早由“夷”建立的王朝是刘渊建立的前赵，它的特征是：统治者在西晋朝廷成长，他能够很好地用汉语写作诗赋，并认同中华文化，致力于创建一个汉式国家。他声称自己是汉朝皇室后裔，将自己视为汉朝的复兴者。与之类似，北魏孝文帝将都城迁到洛阳，发布诏令要在朝廷上讲汉语、穿汉服、赐予朝臣汉姓、命令拓跋贵族与汉族之间通婚。在这一时期，我们在《魏书》中发现有很多例子，许多人的祖父母仍是鲜卑族，但是他们的同龄人却称他们为“汉人”，有时不乏贬义。

北周与北齐政权是从边境戍守部队的反叛中崛起的，他们部分反 168
转了这一倾向。北齐朝廷日常使用鲜卑语，有野心的汉族父母让他们的孩子学习鲜卑语以谋求更好的前程。北周朝廷一方面向它的汉族追随者赐予鲜卑姓氏，另一方面又自觉按照汉文化经典《周礼》来建构其政府，王朝的名称也正来自于此。因此，比起当下统治着社会的世家大族来说，北周更能代表“中华”正统。[52]

佛像绘画更进一步证明了华夷边界不断变得模糊。与北齐皇室关系密切的非汉人家族中一些成员的墓葬就是中华风格，墓葬中的陶器上绘有明显是中亚特色的图画。中国北方很多墓葬壁画中都有穿着鲜卑装束的人（男人的形象是：骑在马上，衣服有紧身袖子和宽大的翻领，裤子扎进靴子里，高帽子后面带着颈帘；女人的形象是：同样骑在马上，但是穿裙子，头发上带着穗带或圆髻）。这些形象出现在墓葬的壁画上、陶制的小人像上（特别是兵俑），以及佛教信仰的造像上。这种不同文化相混合的现象有一个显著例子，是在固原发现的一座墓葬中的漆棺。上面绘有中国道教图解中的经典形象，比如西王母和她的伴侣，还有讲述孝顺、虔诚的经典人物故事的场景，甚至出现了很多传说中的古人形象，比如蔡顺，图画边缘都进行了装饰。所有人物都穿着鲜卑族服饰，就此创造出一个鲜卑人组成的汉人历史，或者说是一个反映了中华历史与价值观的鲜卑世界。[53]

华夷界限逐渐模糊的最后一个例子是471年左右制于长安的一座佛教石碑。[54]石碑背后描绘的故事是，历史上佛陀最早的化身——善慧婆罗门，经过数次轮回，成为一个泛世转轮王，并且最终成为过去佛释迦牟尼。构成这个故事的场景有几个不同寻常的特点。首先，释迦牟尼最后的诞生地被设计成中国。当故事的核心人物以善慧婆罗门的身份出现时，他身着鲜卑服饰；当他成为转轮圣王时，他的长袍则是汉式的；但是当他居住在兜率天宫等待最后的重生转世时，他又穿回他的鲜卑服饰。与此相反，故事中的两位女性，一位女人向善慧婆罗门兜售鲜花，另一位则是佛祖的母亲，她们都穿着汉式的长袍。与
169 之类似，在石碑底部有捐助者的图像，大多数男人穿着鲜卑服饰，而女人则穿着汉式服饰。

这个图画故事把融进中国文化元素的印度当作故事背景，主人公在鲜卑身份和中华身份之间不断转化，不同的性别也被分为“汉人”或“外国人”。这表明了一种愿望：希望将所有人都包括在一个广大的国家中。这也表明了一种价值观：以服饰和行为为标志进行的族群划分，不再以血缘为划分依据，更多的是出于个人选择。

第 7 章

重新定义亲属关系

南北朝时期，家庭组织的基本结构没有改变，但是出现了一些重 170
要的新元素。尽管较大的宗族可能仍有数百个乃至数千个家庭生活在一起，但是在各个社会层面，最基本的家庭单位仍然是一个独立的直系家庭，并在所有儿子之间分配财产。东汉时期也有一些富裕的家庭三代人都生活在一起，但这种家庭并不常见。[1] 无论如何，新的实践允许这些家庭与其他亲属联合起来，重新建立家庭的结构。

家族墓葬群的存在与新兴的节日使更多的远亲能够聚在一起，寻求合作与互相帮助。新的写作形式或者旧形式的延伸使用，改变了大家族中的宗亲对他们自己成员身份的看法。制度化宗教的兴起为妇女们提供了一个离开家庭的途径，使之能够扮演一个更加积极的公共角色，甚至能成为一名作者。最后，佛教通过提供一系列确保人们轮回后能够拥有更好生活的宗教仪式，改变了生者与死者之间的关系。有些改变还重新强调了母子之间的关系，使得父子关系不再是谱系结构的唯一纽带。

墓地与节日

171 在汉朝末年与唐朝之间的时代里，家庭与祖先之间的关系发生了两个重要的变化：一是家族墓地群的建立，一是分散至各地的同宗家族成员在寒食清明节时，会在墓前进行定期的聚会。这两方面的发展都很重要，因为它们把更多人当作亲属联系在一起。

在墓地系统化的构造中，同一家族的不同家庭成员埋在此处，这一习俗可以追溯到汉朝统治的最后一个世纪。[2] 在西汉，宗祠是与个人墓葬相结合的，因此被当作个人纪念堂。然而，到了东汉时期，人们开始在多墓穴的家庭墓葬前建立祠堂。这些祠堂最开始的时候仍然是用来纪念个人的，但是随着后来亲属被埋入其他的墓室，祠堂变成家庭或家族的纪念场所，在那里，后代们向共同的祖先及其他埋葬在一起的前辈们献祭。从汉代的例子来看，这种祠堂纪念的祖先一般不超过四代，也没有将同一代的所有成员都包括在内。

除了为一个家庭建立的多墓穴墓葬，汉代的中国人还更进一步，将在世时没有住在同一屋檐之下的亲属埋在同一墓园里。统一安排墓葬模式始于西汉皇帝的"山陵"。东汉皇帝不再埋在人造假山中，但是他们的陵园却被安置在都城洛阳城墙以外的指定区域内。在东汉晚期，安排亲戚埋在同一个墓地的做法在精英家庭中更为普遍。陕西潼关附近发现了弘农杨氏的墓葬，有七个家庭的独立墓葬从东往西依次排列。墓志确定了六个人的身份以及四个墓的埋葬日期。最东边的墓属于杨震，他于 126 年下葬；倒数第二个墓穴里的是下葬于 173 年的杨震的一位孙子；最后一个墓可能葬的是他的一位曾孙。因为杨震的五个儿子中只有两个埋在这里，可见墓地的其他墓穴是为辈分较高的直系亲属，而非旁系血亲准备的。

另外一点，取代汉室的曹氏家族的墓地也反映出这种松散的结构。郦道元作于 6 世纪早期、全面描绘中国文化地理分布的《水经注》

中描述了这个2世纪晚期的墓地。他描述了四个墓。其中三个，属于父亲与两个儿子的墓葬，组成一团，另一个墓属于不同分支的家族成员，在同一地点被单独安葬。开始于1974年的考古发掘发现了五个 172
大型的多室墓，分布在方圆1.25公里的区域内，唯一紧靠在一起的两个墓穴属于一个父亲与他的儿子。在这个大区域内还有一些小一点的墓葬群或大墓丘，当地人通常称之为“曹氏山”。这个家族墓地的墓葬有的有祠堂与其他石碑，有的则没有，差异很大，而这种松散的安置关系可能反映了这个家族在现世生活中就非常分散与疏远。

从铭文中我们知道，在现代山东省发掘的武氏家族墓地包含三代人的至少五座墓葬。由石柱搭起的拱门与石头雕像标志着墓地的入口，墓葬分散为几个单元。这些墓葬都没有被发掘，但是由于在这一地区的精英中流行把不止一代家庭成员葬在同一墓室中的多个墓穴中——曹氏家族墓地离此并不远——武氏家族很有可能也是效仿此行。有两座像这样的墓被发现，但是它们与武氏家族的关系并不清楚。铭文表明家族中不只有一个分支被埋葬在这个墓地中，这显示出此地的旁系比西边的杨氏家族更为广泛。妇女们可能也被埋在墓地中。

在南北朝时期，多个地区开始出现家族墓地。[3] 在南方，考古学家发掘了宜兴周氏家族的墓地，墓葬的时间是在3世纪晚期和4世纪早期，有六座墓葬聚在一起，这个地方被称为“周墓墩”。埋葬在这里的人们属于南方的一个名门望族，他们给予吴国以及随后的西晋重要的支持，但是在4世纪早期，因起兵反抗北方来的移民而最终遭到摧毁。这六座墓沿南北轴纵列，进入墓穴的通道面向东—东南方向。

在4世纪前半期统治东晋朝廷的王氏家族，他们的墓地建在建康城的北郊，现在已经被发掘，共三代人七座墓。这些单室的拱形墓，全部都面朝南方，排成两行。墓葬中没有任何用以重建死者在阴间生活的房屋模型或俑像。家族崇高地位的唯一标志是进口的高级琉璃杯、一枚钻石戒指、一个贝壳制成的容器、珍珠、琥珀和绿松石珠。

173 汉代中国人的家族墓地也存在于沿西北边境一带，在嘉峪关、酒泉、敦煌都有所发现。[4] 以石环或土城墙区分出属于同一谱系的墓葬群。环内的墓穴按照亲属的辈分关系进行排列。许多墓葬在坟墓入口处的围墙上绘有壁画，这象征着个体家庭的边界。典型的汉墓，除了夫妻合葬之外，有的时候也会把下一代葬于同一处，这或许表明这一时期已婚子女与父母同居的现象增多。

南北朝时期，家族墓地也出现在诗歌中。潘岳（247—300）在《怀旧赋》中描写了在洛阳城南五十里地探访岳父及其二子的墓地：

> 东武讬焉，建茔启畴。
> 岩岩双表，列列行楸。
> 望彼楸矣，感于予思。
> 既兴慕于戴侯，亦悼元而哀嗣。
> 坟垒垒而接垄，柏森森以攒植。

几十年后，陶渊明描述了在周氏家族墓地翠柏成行的树荫下的野游，此处的周氏家族墓和上文提到的应该是同一处地方。[5] 至此，家族墓地已经成为精英生活的标准特征，只有这些精英才能创造并享有这样的生活。

这一时期的人们还发明了"功德寺"，将一块土地正式捐给佛教寺庙，并以此作为家族墓地。作为寺庙财产，它是免税的、永久归主人所有的，但是在实践中，它只用来满足捐献者家庭的需求。这些家族为"他们的"墓地指定寺庙主持，并一再捐献，使自己能够掌控寺庙，把这里当作自己经济与文化活动的场所。这与传统的家族墓地不同，从前，只有两三个亲属参加由僧侣们在墓边举办的法会。[6]

174 在唐朝以前，没有证据表明在家族居住场所之外会集体进行祖先崇拜。儿童向父母或祖父母的墓地献祭，但是隔了更多辈的子孙后代绝不会为其高祖组织类似的集体祭祀，而这种祭祀活动通常将参加成员视作一个充满含义的社会团体。无论如何，到7世纪末或者8世纪初，亲属们开始到四代或五代之前的祖先的坟地扫墓并举行献祭。[7]这些献祭发生在清明节，即在冬至日之后再过105天左右，也就是在农历二月末或三月的时候。清明节的出现意味着通过共同祭祀遥远的祖先，远亲们逐渐形成自我意识，并成为有组织的父系家族中的成员。

这一节日以前的历史预示了这一新的发展。在汉朝时期，既有在宗庙的献祭，也有在墓前的献祭，但是没有记录表明在某个特定的节日所有的亲属都会在墓前献祭。《四民月令》写成于东汉，其鼓励在四季的每个季节都进行祭祀。春季祭祀是在农历二月，与当地的社稷祭祀结合起来。[8]一些东汉的文献提到这期间有几天不能动火，有一份文献提到要禁火两个月，在此期间只能吃冷食。最早的文献提到这一禁忌是在隆冬实行，是为了纪念公元前7世纪的一位官员介子推。介子推不言禄，隐于山，晋文公为了迫使他出仕，放火烧山，但介子推却被烧死。为了纪念他，他的老家太原附近形成了专门的献祭活动。汉代政府曾经试图禁止这种对身体健康有害的寒食做法。206年的时候，曹操也颁布法令禁止它，指出应该在冬至过后105天，也就是说在清明节举行献祭活动。几十年后，太原当地人也将这一日期记录下来。

还有几次禁止寒食的尝试没有获得成功，分别是由石勒在317年、北魏在474年和496年做出的。两部6世纪中期的文献描述了冬至后105天全国范围内举行的节庆。《齐民要术》解释说这都是为了纪念介子推。《荆楚岁时记》援引《周礼》（成书于战国晚期或西汉早期）说明，在春季的第二个月，使者会振着“木铎”宣布在该国都城禁止用火。保存在一些战国晚期与西汉早期文献中的统治者年万，记录了敲响木铎来禁止性行为和禁止放火烧山的行为，因为正是 175
这种焚烧山林的行为害死了介子推。对火或性行为的禁令也在夏至颁布。[9] 这些文献明确地将这种对历史事件的纪念与一个更广泛的禁火令联系起来，认为这是辞旧迎新仪式的一部分。每年一次，通过禁火来熄灭旧年的火，重燃一把新火，这种仪式可能推动了隋唐时代扫墓习俗的出现。

在唐朝早期，寒食节为家族成员重聚提供了机会，那一天，他们齐聚在祖先墓前，扫墓、献祭，并且享受盛宴。与墓前献祭相关的逸事最早出现在7世纪60年代的文献中，即发生在隋朝时期。到了8世纪，这一活动变得普遍，正如732年颁布的一项法令所指出的，虽然经典中没有提及在寒食节扫墓的做法，但是这种行为已经成为一种习俗，并应该得到鼓励："寒食上墓，礼经无文，近世相传，浸以成俗。士庶有不合庙享，何以用展孝思？宜许上墓，用拜埽礼。于茔南门外奠祭，撤馔讫，泣辞。食余于他所，不得作乐。仍编入礼典，永为例程。"几十年后，流亡中的柳宗元感叹，即使是他身边为马治病的大夫、谦逊的田间农民都能够到他们的祖先坟前献祭，只有他无法前往自己祖先的坟墓。[10]

对于祖先崇拜而言，这样的发展带来两个主要的后果。首先，家族墓地的修建鼓励人们去祭祀更久远的高祖。因为越往前回溯祖先，越多的人会建立亲属关系，这就扩大了一个家族的规模。其次，寒食节为共同祖先的后代们聚到一起提供了机会，因此增加了他们之间的熟悉程度。这样就有可能形成规模更大、更有自觉意识的家族，使家族成员能够一起行动，或是在遇到困难时互相帮助。但是，也不能过分夸张这一节日所造成的影响，因为并没有证据表明很多亲属真的就会在某个人的墓前聚到一起。少量的诗歌和文章表明，祭扫陵墓很大程度上还是单个家庭的事务。[11]

除了家族墓地以及同扩大了的家族的成员一起参与一年一度的节
176 日外，晚唐的另一个特征也可以回溯到南北朝时期：几代人居住在一起的大家族——有一个十三代聚居的例子——而且不分割财产。晚唐的这种做法效仿北方早期的一种生活模式，家族中的几代人住在一起，与邻里乡党保持紧密的关系，从而形成地方上的一种防御机制。因为数代人都不分割财产，家族变得非常庞大，有的家族甚至有将近800人。[12]这样的大家庭一般都是平民家庭，数代聚居的书香门第极为少见，即便有，规模也没有这么大。这样的家庭从宋代早期（10世纪晚期）开始逐渐式微。虽然这些家族得到了儒家学者的好评与皇帝的奖励，但由于他们更多由贫困的平民而不是文人精英组成，这表明形成这样的家族结构主要是为了自卫，而不是出于建构一个符合礼制的家族的愿望。宋朝社会秩序的重建导致这种家族的衰落，也证明了这一结论。宋代是家族制度经典化的时代，建有祖宗祠堂，设有家族谱系。但在4世纪至5世纪无序的中国北方，那些形成的大家族还都是老派作风。

书写血统

有自我意识的亲属集团通过新的写作方式进一步发展，最著名的新形式写作要数“家训”与家谱。尽管早期文献记载了一些口头的或简短的书面遗言，少量的汉代文献中也提到了“家规”，南北朝时却产生了现存最早的传给后代的详细作文，它规定了家族的独特家风，这对家族的繁荣来讲是至关重要的。最经典的是颜之推（531—591）所写的《颜氏家训》。[13]这部书以书面写作的形式教导儿子，在家庭中要夺去妇女身体上与言语上的权力。因此，它旨在强化父系血统，不仅要在单个的家庭中这样做，在拥有共同祖先的同姓氏族之间都要做到这一点。

这部文献给所有试图维系家族世代的人提出忠告。其中包含的例子有：批评再婚的危险性，警告妻子的野心会离间兄弟友爱，坚持不断管教孩子，呼吁家长为防止失去权威身份应避免与其子孙过度亲 177

密。颜之推同样强调了细心管理家庭物质财富的重要性，不应过度信任奴仆。作为一个学者，他强调要认真对待书本，并花费几个章节来说明学习与熟练写作的重要性。[14]

除了给予忠告，这部书还描述并评价了不同地区家庭生活的差异、他们营生的不同手段和不同的家庭价值观。有一整章特别专注于“风操”，处理的主题包括如何避免提及故去的父母的名字、节日仪礼、悼亡以及其他相关事务。这部书经常把北方与南方的风气进行对比，并引用经典文献中的评论，来判断哪个地区的行为更加得体，比如下面的这个例子：

> 南人冬至岁首，不诣丧家；若不修书，则过节束，带以申慰。北人至岁之日，重行吊礼；礼无明文，则吾不取。南人宾至不迎，相见捧手而不揖，送客下席而已；北人迎送并至门，相见则揖，皆古之道也，吾善其迎揖。[15]

南方人坚持只在成文的著述中讨论家族史，而北方人更喜欢面对面地谈论这个话题，甚至会针对客人的家庭背景提一些颜之推视为极为无礼、冒犯客人的问题。颜之推的讨论更进一步，涉及更广泛的问题：在南方和在北方，什么样的人能够被认定为亲戚，以及该如何去对待他们：

> 江南风俗，自兹已往，高秩者，通呼为尊，同昭穆者，
> 178 虽百世犹称兄弟；若对他人称之，皆云族人。河北士人，虽三二十世，犹呼为从伯从叔。梁武帝尝问一中土人曰：“卿北人，何故不知有族？”答云：“骨肉易疏，不忍言族耳。”当时虽为敏对，于礼未通。[16]

虽然有一些争论的问题还不清楚，但是颜之推的文本阐释了几个观点。无论是北方还是南方，精英都会追溯数十代——甚至不夸张地讲——上百代的亲戚，而要做到这一点，就必须依赖于一份详细的家谱。人与人之间确切的关系，以及对这些亲戚关系应如何描述

是一个核心问题。如梁武帝与北方人之间的争论，就表明后者认为“族”这个还没有被明确定义的概念实为人造，并在某种程度上否定了将亲戚结合在一起的血缘与情感的纽带。这与南方人倾向于在书面记录中建构亲戚关系的喜好类似。与之相反，北方人期盼有一种活生生的、现世的概念来规范家族关系。

最后，《家训》中还有一部分材料是传给颜之推的子孙的，专门强调要给颜氏家族的成员看。颜之推花费很大心血，指出维系其家族的家风与家庭信念的规则。其中一个例子是，他警告后人不要卷入军事纷争。在提出避免战争的一般原因之前，他列举了从孔子时代到现在成为文士学者的颜氏成员，其中只有两位家庭成员选择了戎马生涯，皆罹祸败。如此一来，避免从军成为家族的义务，也是出于对祖先传统的尊重。

另一个例子是他在章节的开篇就敦促信奉佛教：“三世之事，信而有征，家世归心，勿轻慢也。”[17] 颜之推用专门的一章来证明佛教的真实性，紧接着又用一章来批判道教，这里最重要的原因就是要遵循家族传统。成为颜氏家族成员，意味着必须要信奉佛教。

颜之推坚持认为学术研究与文学活动应该是一个正常人生甚至一个正常家族的中心事务。他提到自己的儿子在北方与胡人一起长 179
大，所以他们只能从文本中学习到恰当的风操与正确的家族作风。稍后，他解释说要降低自己的生活标准来支持对儿子的教育，“务先王之道，绍家世之业”。在讨论写作时，他指出一个家族传统，就是颜氏家族几代人的文学作品都“甚为典正，不从流俗”。颜之推把学术研究和写作当作家族传统，同时，他也坚持书法的重要性，他将书法描述为“门业”，对自己的生存至关重要。颜之推多次提到文章是亲属纽带的基础，并主张接受年长亲戚的批评与指正，以学习如何写作。[18] 简单地说，通过亲戚的教导，家族的男性成员形成了他们自己的写作传统，这种传统对于一个家族的生存而言是至关重要的。经过几代人，这一传统也使得家族成为一个独特的整体。

写作是维系家族的一种方式。颜之推批评被妇女们所统治的身体与语言的世界，这也成为他写作的主题。这一主题在“勉学”一章中得到最详尽的讨论。他提出人们鼓励孩子羡慕和仿学优秀邻居的行为很不明智，因为最好的行为榜样存在于汲取历史精华的文献当中。在整部家训中，他更是断言最高的智慧与知识来自眼，而非来自耳。在其中一处指的是要相信自己的亲眼所见而非道听途说，在其他地方，指的是从书本中找寻真相而不是相信别人所说的。[19] 这些争论并没有直接涉及男人与女人之间的关系，只是证明了以书面文献取代强势的言语是合理的，而且对于家族的生存而言，文献的流传与研习是其根本所在。

上面提到的最后一点在整部家训中得到充分阐释，即经典研习提供了最好的——即便不是唯一的——家族生存的经济基础。即便战争摧毁了全部的家产，害死了所有的亲属，通过学习获得的知识也不会丢失，并且总能找到需要它的市场。这比土地更有价值，因为几代人之后，土地总会分散，这也比爵位更有价值，因为随着短命王朝的崩溃，头衔也会消失。这样一来，他从社会与经济方面理性论证了写作为什么会是家族生存之道，当然，他也虔诚地坚持认为其最终作用是提高人的道德修养。

180 这种从经济因素将写作合理化的论证，组成了“勉学”一章的核心部分。颜之推声称所有人，甚至神圣的统治者与高级贵族，都必须学习，他将学术研究置于社会的经济模型之中：

> 人生在世，会当有业：农民则计量耕稼，商贾则讨论货贿，工巧则致精器用，伎艺则沈思法术，武夫则惯习弓马，文士则讲议经书。多见士大夫耻涉农商，差务工伎，射则不能穿札，笔则才记姓名，饱食醉酒，忽忽无事，以此销日，以此终年。[20]

在指出每次王朝灭亡后无所事事的贵族子弟是如何随之没落之后，他认为那些拥有一技之长的人能在任何地方生存，而写作是最有用的也是最为高贵的技能。颜之推坚持认为写作是一个能获取价值的技能，并能帮助人们从最早的境遇中恢复过来，这是因为他自己年轻的时候曾一贫如洗，经历了几个王朝的更迭，又在北方被俘获。他自己的这些经历已经将这门手艺的价值“刻在骨肉里”[21]。

学习对于家族而言是至关重要的，这是南北朝时期精英们的普遍观念。权贵的王氏家族有一位成员在5世纪末写道，祖先爵位所能带来的权势总会逐渐消逝，只有努力学习才能维持家族的地位。他断言，世上的父子之间、兄弟姐妹之间的地位都会有巨大的差异，这种差异完全取决于他们学习的努力程度。[22] 这种观点同样贯穿《世说新语》全书，在这部文献中，即便是最显赫的家族如谢氏，也时常会检验他们年幼的子女在文学与学术上是否能取得卓越表现，以此保证家族的未来。幼童与青年的天赋与品性也要受到高下的比较，就像选拔官员时一样严苛。一些有鉴赏力的成人会预言哪个儿子能以其文学天赋或技能，在文明社会中保持或恢复家族的地位。下面就是一个很好 181
的例子：

> 司空顾和与时贤共清言，张玄之、顾敷是中外孙，年并七岁，在床边戏。于时闻语，神情如不相属。瞑于灯下，二儿共叙客主之言，都无遗失。顾公越席而提其耳曰：“不意衰宗复生此宝。”

在少数情况下，甚至连女孩也参与到这种竞争中来。[23]

除了家训以外，家谱的写作在这一时期也变得很重要。尽管在汉代文献中就有提到族谱编撰及其在王朝末年如何被大规模地毁掉，但是南北朝时期进行家族记录成为精英家庭的普遍现象，任谁都在模仿他们。他们以谱系来证明其家族成员的身份，保证他们属于一个杰出的家族分支。国家依据族谱来决定谁的家族背景能够保证他获得一定的权势。因此，族谱成为社会与政治秩序的基本决定因素，也是亲属结构的决定因素。

没有族谱流传至今，但是在那一时期的历史记载及文章中，我们可以重塑它们的基本特征。家谱描述家族的起源、不同的分支及其相应的地位、成员所担任的主要官职、婚姻状况。《世说新语》的注释中会引用一些家谱的摘要来提供逸事主人公的个人信息。这些摘录提供了某人在公共生活中使用的名字（并不是他私底下使用的名字）、家族中他这一分支的起源、他父亲和祖父的名字以及所担任过的最高官职、他自己所担任过的最高官职以及其他职位，有时还记载他死亡时的年龄，偶尔还记载其母亲的家族、姐妹的名字以及其他亲戚的信息。[24]

最佳的证据是《河南于氏家谱后序》中的选段，由于邵在 8 世纪后期写成。在这篇序中，他说明了自己家的族谱可以回溯到北魏时期，那时家族获赏了新的姓氏与封地，都是授予一个叫作于谨的祖先的。家族保存了超过 170 年的官职与婚姻记录，但是却在 756 年的安禄山叛变中遗失。于邵现在重修家谱，他解释道，家族现在划分为九个分支，分别是于谨的九个儿子的后代。每一条分支都用两卷书来描述。第一卷记录该分支的祖先及其随后的四代人，这五代人被供在祠堂中享受祭祀；第二卷记录这些分支当下的领头人物，他的父亲以及他的后代。

182

这次讨论显示了家谱范围之广，但是于邵又附加上一个关键性的修订：

> 其文公第四子安平公房此建平公已上三房衣冠人物全少，今与文公第五子齐国公、文公第六子叶阳公、文公第七子平恩公、文公第八子襄阳公、文公第九子桓州刺史并以六房，同为一卷。就中第五卷已下，子孙皆名位不扬，婚姻无地，湮沈断绝，寂尔无闻，但旧卷而已。后有遇之者、知之者，以时书之。其五祖九祖分今叙在三卷，并录之于后。[25]

简单地说，南北朝时期的家谱，如同汉朝的那些家谱一样，并没有记录下所有的血亲，而是只记载那些有地位的、官宦生涯或婚姻生活成功的家族成员，只有这些人值得被认可与纪念。

王朝历史中的各种逸事，都体现出这种双重原则，一方面尽可能地广撒网，另一方面又把所有没多大作用的小鱼扔出去。有一个例子能说明信息的广博，一个叫韦鼎的人告诉隋文帝，他的亲族被划分为南北两个分支，它们之间并没有联系，但是因为有家谱，所以他依然能够找到这两个分支之间的联系。保存在日本的一份唐代的族谱序讲到，作者需要记录下详细的族谱，以便使那些已经疏远的旁系能够更容易地追溯他们共同的祖先。相反，也有一些逸闻讲述了成功的亲戚们如何拒绝把贫困的孤儿当作自己的亲戚。一个著名的例子是，满璋之试图为儿子迎娶显贵家族的女儿，却没能成功，因为调查者发现他 183
的家谱中虽然有官员，但是也有平民。

唐朝的官方正史明确表示把不成功的亲戚排除在家谱之外是一种约定俗成的做法："然每姓（在山东士族之间）第其房望，虽一姓中，高下县隔。"[26] 在家族成员构成这一关键的问题上，南北朝的世家大族不允许情感因素干扰对现实利益的算计。只有那些通过联姻或者出仕而在世俗世界占据一席之地的人，才能被算作真正的精英。

家族谱系的这种构建方法是九品中正制在社会中的一种运用。要想代代都能保持高位，就需要家族成员不断获得提拔。同样的，要保证家族成员能以门资入仕，每代都要有人获得更高的官位，才能为后代打好基础。以家族成员身份是可轻松入仕，但是反过来，只有获得高等官位才能成为家族成员。

唯一能将世家大族团结在一起的，就是他们身为亲戚的自觉，这种自觉意识体现在他们的族谱当中。[27] 唯一的例外是那些北方大家族，他们掌控着地方的防御力量，但也就没办法获得比地方精英更高的地位。由于编撰族谱时会排除一些没能获得一官半职的失败旁系，所以精英的亲属结构已超越了个体家庭的层面，它形成于国家关系当中。因此，这一时期世家大族垄断高职位的代价是要从此依赖于政治官僚机构的运作。个人从朝廷中隐退成为“隐士”，已是奢望。从长远来看，即便要从世俗世界隐退，其家族必须已经获得了一定的名望，并且通过做官任职获得不菲的收入。

亲戚关系与佛教

南北朝时期大家族的不断发展与国家结构中对血缘关系的重视有
184
关。这一时期的家族也越来越信任宗教组织，并从宗教仪式中寻找自己存在的意义，特别是在佛教秩序中产生了一种新的对来世的重视。为确保死者能够转世投个好胎，一些佛教仪式变得非常重要，它们对于维系家庭与祖先之间的关系也至关紧要，因此不断强化了家族的结构。在某些时代与某些地方，道观——特别是灵宝派的传统——扮演着类似的角色。

用佛教和道教来为家族服务的最早例子完全来自一些壁画以及与之相辅的碑刻。因此很难从空间和时间范畴来系统性地总结这方面的发展。很多变化也许是地域性的。以佛教来超度祖先，并为整个家族的现世和来世祈福的最早、最明确的例子，来自石窟的壁画，或者是独立石塔（包含佛教圣物的圆顶或锥形的纪念塔）的侧面或背面，或者是石碑（在石板上刻字，因纪念的目的而竖立）的侧面与背面之上。佛的形象出现在汉墓以及3世纪时陪葬的水瓶上，但是不清楚这些形象是代表着特定的佛教信仰，还是仅将佛陀作为众神之一而引入他的形象。在有些情况下，佛陀与西方直接联系在了一起，因此也和西王母有关。西王母通常被刻画在墓葬中，以保证墓主人在死后能够获得平安幸福。因此，最初的一个半世纪里，中国出现的佛祖形象大多只是中国传统信仰的一种延伸。[28]

4 世纪的时候，这些存在于墓葬之中的早期佛教形象消失了，取代它的是经典的宗教圣像。尽管提及石刻佛像的文献可追溯到 4 世纪，幸存的最古老的雕像来自 5 世纪初。[29] 有 13 座还原的石塔——高度从 17 厘米到 1 米——在中国西北的凉州被挖掘出来，其中有 7 座石刻上的日期是 426 年到 436 年。在这一时期，这个地区是被信仰佛教的匈奴家族统治的。从 3 世纪开始，那里就建成了一个僧侣团体，就是在同一时期，附近的敦煌出现了最早的、远近闻名的佛教石窟。

但是，从这一时期这一地区的墓葬中看不到佛教的任何影响。嘉峪关墓葬中的画像砖上描绘了家庭与日常生活的许多场景，其中也有 185
一些传统的宗教形象，如西王母、东王公、伏羲与女娲、镇墓兽，以及与祭祀土地有关的树木形象。一些墓葬（包括没有任何装饰的）与那些被发现的汉墓一样都有“镇墓文”。有一类文本指出，装粮食的瓶子和铅制的小人像能够承担死者生前犯下的所有罪恶，但是两位神——青鸟公和北极星——保证死者会对自己犯下的罪孽负责，使之与生者完全分离开来；第二类文本认为有两组星辰能够替死者承担罪责，清洗所有罪恶，并保证他们与生者再无关联。这些在汉代都有先例可循，除了在一片陶瓷碎片上发现了一个佛像，没有任何证据表明佛教对丧葬习俗产生了任何影响。[30]

传统的丧葬制度在这一地区保存了下来，那 13 座报恩塔成为佛教与早期传统相融合的显著证据。（图 19）这些佛塔看上去是由手工工场生产出来的，随后购买以使用。它们有一个八边形的底座，一个圆形的滚筒，一个有壁龛的圆顶，一个突出的顶子——上面细小地刻着一系列的故事，这些故事是经典的摘要版本，按惯例刻在塔顶上。有一些在顶部刻有北斗的形象。圆顶有八边，与八边形的底座相对应，七条边上有相同的佛陀形象，第八条是戴着皇冠和珠宝的菩萨。这些代表了六位往世的菩萨，历史上的佛祖释迦牟尼，以及代表

图19　北凉的祈愿石塔，敦煌附近

未来的佛陀弥勒佛。圆形的滚筒上有经典佛经的选段——滚筒上写有经文是一大特色——随后是题献，一般包括捐献者的名字、日期、购买时的情况以及捐献者的愿望。八边形的每一边包括一个戴着光圈的形象，分别是四个男子和四个女子，所穿服饰表明他们是从印度或中亚来的。在这些形象的右上角有《易经》中的八卦之一。[31]

这些事物表明很早就有了佛教意象与传统的中国宇宙观的元素相融合的例子。在汉朝，北斗七星和六十四卦就在占卜的过程中联系在
186 一起，在南北朝仍继续被使用。八卦在传统上与家族成员相关，即父亲、母亲、三个儿子以及三个女儿。佛塔上雕刻出的八卦与之类似，也被划分为四个女性和四个男性。

这些物体上的石刻融合了佛教与中国传统文化，这至少说明了两点。首先，俗家信众自己支付雕刻的费用，只有一次例外。有时候甚至全家人都是赞助者。由于没有人声明自己的头衔，也许他们中间没有官员，但是，能花钱雇佣书法家和仆人表明了他们也算相当富裕。第二，对善行致谢时，首先要对皇帝感恩，其次是对各种各样的亲属群体，包括“七代以来的直系血亲”、兄弟、未详细说明的祖先以及其他亲戚。他们表达愿望，希望所有家族成员都能够有运气见到弥勒佛，也就是说，希望所有人都能在未来佛居住的极乐世界重生。因 187
此，这些佛教雕刻的首要功能是确保祖先能够更好地重生，并且使家族繁荣。[32] 尽管这些雕刻为这一地区所特有，通过刻画佛祖形象来保证祖先和家人获得福祉，这也说明了新宗教在大多数人的日常生活中所扮演的角色。

与这些佛塔几乎同时出现的还有一座纪念碑，它是 424 年一个叫作魏文良的男人要求雕刻的。这座碑有很多汉代墓葬的元素，描绘了灵魂前往死亡世界的过程。但与汉代明显不同的是，这些形象之上还有一对人物，他们打着佛教的手势，意思是“无惧”与“赐予希望”。此外，一个人物的服饰表明他是道教的神，但是他却被描述为“佛门弟子”[33]。其他石碑也将佛教与道教的神明结合到一体当中，或者在佛教神的位置上摆着道教神，让道教神打着佛教神的姿势。有一些石碑被刻上了愿望，希望能够通过这些石碑使其祖先与亲戚受益，这是一种独特的佛教信仰的形式。[34]

敦煌的早期石窟雕刻也出自同一时期，这表明佛教雕像发挥了一定的政治功用，并能表达对死去亲人的怀念。对敦煌的征战在一场大屠杀中达到高潮。不久以后，征服者下令开凿了三个石窟，上面刻出壁画，以供禅师作法之用。中央的壁画描绘了未来佛弥勒佛，弥勒佛帮助冥想，并为实践提供目标，周围的墙壁上画满了现在佛以及他前几世的肉身形象。这些图像之所以令人印象深刻，是因为它们都描述了佛陀在成佛之前所承受的肉体上的痛苦和伤害：被一千个钉子刺破，从他身上切下千块的肉片，将自己的肉给饥饿的老鹰以挽救鸽子的性命，或者放弃自己的头颅以履行诺言。这些故事可能旨在减轻胜利者的罪行，并以可视化的形式表明他们亲戚的命运。这些亲戚虽悲惨地死去，但在新宗教的帮助下，可能会有一个幸福的来世。[35] 以这样的故事来装饰石窟在龟兹已经是寻常之事（龟兹是敦煌石窟最直接的榜样），但选择这几个特殊的故事可能与最近的政治事件相关。

188 在石头与青铜雕像上刻写铭文，以佛教来保佑死去的亲戚能有幸福的来世，这种习俗在北魏、周、齐王朝还继续存在着。因此，495年的时候，一位周姓女人供养雕凿了释迦牟尼像和弥勒佛像，这是为了她“亡夫故常山太守田文彪、亡息思须（颜）、亡女阿觉（赍）”，她祈求他们在未来的生活中都能“遇见三宝（佛宝、法宝、僧宝），来到弥勒佛（未来佛）的世界。如果他们堕入三恶道（地狱道、恶鬼道、畜生道），希望他们可以快速地超脱”。佛教再一次被借用，以保佑家庭成员死后也能幸福。[36]

由一个村子里全部的虔诚佛教信众资助的雕像表明，他们的首要目的是为自己、自己活着的亲戚及祖先获得宗教上的福祉。皇帝和国家的福祉则是次要的。[37] 一些石碑上提到了一些方法，让孩子也能获得启迪。有一个540年建成的长方形的石碑，它描述了一个场景：“此是定光佛教化三小儿补施，皆得须陀洹道。”也就是说，他们最终会获得启迪，而且不会逆生。[38]

在接下来的隋朝，石窟壁画上绘有极乐世界，家庭成员可在这片被神保佑过的天国获得重生。在唐朝，这种实践变得更加普遍，“家庭石窟”的传统也达到了发展的顶峰。[39] 佛教与死亡之间的紧密联系最后一次从艺术史上得到证实，是3世纪以后的墓葬结构都按照佛教寺庙或石窟的结构重塑的，而原来只是按汉墓的模式建构的。[40]

佛教在界定生者与死者间的关系时，扮演了中心角色，这一点可以从艺术与石刻作品中找到证据，同时，也有一些文献来佐证这一观点，它们阐述了中元节是如何在那一时期成为表现中国传统礼仪风俗的重要节日的。[41] 父子关系构成了中国的主要亲属关系，而这个新节日则着重体现儿子对母亲的孝顺。在 5 世纪的叙述中，中元节的来历是因为佛陀的弟子目连借十方僧众之力将其母亲从恶鬼道解救出来并使其重生。通过在农历七月十五日对十方僧众进行供奉来实现这一 189
目标。七月十五是夏季避暑之末，一季的苦行使他们的精神力达到顶峰。他们集体的功德不仅能够解救目连的母亲，同时还能解救“七代六亲”，相同的形式一再出现在奉献者的铭文中。

这个故事成为这一年度节日的起源。在中元节，俗家弟子从自己收获的水果和粮食中拿出一部分来供奉给僧侣，以求死去的亲人能够过得幸福，悲伤的家人也能够恢复平静。《荆楚岁时记》完成于约 561 年，它表明在 6 世纪中期，中国南方各地都在庆祝中元节，寺庙被精心装饰，还举办有音乐和歌曲的集体庆祝活动。[42] 这个节日以及与其起源相关的神话故事都将碑文和画像中没有明确点出来的东西夸张地表现了出来：对信徒而言，佛教已经成为超度祖先的关键所在，因此对于家庭结构的重建也非常重要。传统的祖先崇拜只是与亲属有关，唯一对非亲属的供奉就是对国家的献祭。在新秩序中，只有通过向僧侣献祭才能有效祭祀祖先，所以佛寺成为建立亲属关系不可或缺的一个部分。

女性的新角色

在几个世纪中，中元节背后的故事被一再重述和阐释，成为中华文化中对母子关系最为有名的叙述。目连的形象从佛教开始向大众宗教信仰与传统的祖先崇拜领域传播，这个故事也成为葬礼上表演最流行的主题。在这些方面，它通过正式的文字点出了中国家庭中最基本的一条纽带，而在此之前的文献都忽视了这条关系线。[43] 由于颂扬了母子关系，目连救母的故事和中元节在几个世纪以来，越来越强调界定家庭的这种情感纽带。

在位于嘉峪关和敦煌的 3 世纪墓葬中，考古学家发现许多壁画都在描述慈爱的父母带着或陪着小孩玩，孩子成为人们关注的焦点。父母将孩子放在他们的膝盖上，整理他们的头发，摆动绳子上的球来逗弄孩子，至少在其中的一幅画上，祖父母还在旁边看着。[44] 这些场景描述了一个独立的小家庭，父母和孩子通过相互关爱与关心来加深彼此的亲密关系，并紧密聚拢在一起。

190

越来越重视母亲的趋势，同样也改变了郭巨的故事。郭巨出身贫苦，为了让母亲有足够的食物，不得不杀死自己尚在襁褓中的孩子。当他在挖坑时他发现了一坛金子，这是上天对他孝敬母亲的奖励。在这个故事的早期版本中，郭巨是一个典型的孝子，但是他孩子的母亲并不是故事中的角色。纳尔逊艺术博物馆馆藏的北魏棺材盖子上也画出了这个故事，完全是从母子关系的角度来讲述的。第一个场景描述的是孩子的母亲抱着孩子坐在高台上，有两个婢女告诉她即将面对的牺牲；第二幅场景展现出她抱着孩子跪在地上，而她的丈夫则在挖坑；第三幅场景是她兴高采烈地抱着孩子返回，另一只手与一个身份不明的长者一起用一根竿子抬着一坛金子。如此一来，整个故事成为母亲失去与得到补偿的故事。在这个故事里，孩子从未离开过母亲的怀抱。邓县的一片刻画不太精致的瓦当上，一坛金子与铲子放在郭巨的一侧，而他的另一侧则是带着孩子的母亲。（图 20）母亲与孩子之间的关系再一次地被凸显出来。[45]

最后还有一个相关的艺术主题强调了母子之间的情感纽带，但并没有完全把父亲排除在外，即是梵（中国的“闪子”）的故事。在这个故事里，未来佛成为一对又老又瞎的夫妇的儿子。有一天，他到森林里去给父母打水，却发生了意外，被一个国王射伤。他哭叫着说这

图20　上：棺材的一边描绘着郭巨的故事，北魏，6世纪，纳尔逊艺术博物馆，堪萨斯城
下：砖石上描绘郭巨的故事，邓县，河南南部，公元5世纪晚期到6世纪早期

个国王杀了他就等于杀了三个人。听到这些，国王及时悔悟，跑去告诉老夫妻，他会像闪子一样孝顺他们。悲痛万分的父母发誓，如果他们的儿子在道德上完美无缺，国王弓箭上的毒就会离开他的身体。作为回应，因陀罗神往闪子的嘴里倒入灵丹妙药为他解了毒。这个故事在印度很流行，很快便传播到中国。在很多石碑上或石窟的壁画上都刻有或绘有这个故事。故事的高潮和最受关注的场景通常都是双亲

在死去儿子的尸体旁哀悼，这也再一次强调了在界定一个理想的家庭时，父母与孩子之间的情感纽带发挥了中心作用。[46]

非汉人常常赋予女性更大的权力，在南北朝时期，掌权的女性
192 也获得更多的认可，这一现象与佛教有关。摄政皇太后——文明太后在孝文帝年轻时控制朝政，胡太后从 515 年到 520 年控制北魏朝廷——都是佛教的支持者。文明太后死后，她的儿子为超度她而继续资助主要的佛教工程，这种做法成为那一时代的标准，也再一次地强调了母子之间的联系。

与增加女性权力相反的做法是北魏子贵母死的制度。一旦儿子被立为皇太子，他的母亲就会被处死，这是为了消除皇太后掌权的威胁。但胡太后逃脱了这一命运，她的形象在《洛阳伽蓝记》中非常突出。在这部书中，胡太后既是都城最大寺庙的主要赞助人，又在摧毁王朝的那场内战中扮演了主角。[47]唐朝并不是严格意义上的征服者王朝，不过它仍然见证了女性权力的最高点。武则天从 690 年到 705 年统治着中国，是中国史上唯一以自己名义来进行统治的女皇帝。甚至在她退位后，中国仍然由有权势的女人统治了 10 年，直到 713 年太平公主被迫自尽。所有这些女人都是佛教秩序的主要支持者。

除了对这些旧角色的正式认识，像尼姑与道姑这样新的公共角色也出现在制度化的宗教里。历史上存在着为女人准备的宗教职位，她们在萨满教中也可任职。但是，制度化信仰中的新职位，因为是由皇室公主与退位的皇后授认的，所以享有更高的声望与合法性。女性的宗教专业人士，特别是在道教中，被看作圣徒，其精神成就能够帮助拯救世界，她们中的一些人也成为后世一些宗教分支的奠基人。[48]除了她们的宗教活动，她们还是最早开始进行写作的女人，并且在死后留下数量可观的诗歌，不论是尼姑还是道姑。[49]

尼姑同样是宗教艺术的支持者。其他女人也一样，她们或者以个人身份行动，或者以宗教团体中的成员身份来进行活动。这一点在农

村尤其突出，因为女性的名字常常被刻在佛教石碑背面的名单中，也就是被当作佛教俗家子弟中的一员。实际上，至少有两个石碑是由全村女性组织发起雕刻的。其中一块由 30 位女性集体捐助，第二块是由 75 位女性组成的团体捐助的。[50] 女性在北方宗教社会中有如此地位，同样反映了如下事实：女性常常控制着他们家庭的财政。 193

尼姑还有一个引人注目之处，她们开了女性可以拒绝婚姻的先河。尼姑的传记记载了她们如何因对佛陀的信仰而坚持抵制来自家庭的各种压力。她们甘于奉献，诚心祈祷，使得神灵也支持她们的坚持。这种支持有时会采取不同寻常的形式，正如下面的故事所讲述的：

> 僧端，广陵人也。门世奉佛，姊妹笃信，誓愿出家，不当聘彩。而姿色之美，有闻乡邑。富室凑之，母兄已许。临迎之三日，宵遁佛寺。寺主置于别室，给其所须，并请《观世音经》，二日能诵。雨泪稽颡，昼夜不休。过三日后，于礼拜中见佛像语云："汝婿命尽，汝但精勤，勿怀忧念。"明日，其婿为牛所触亡也。因得出家，坚持禁戒，摄念空闲，似不能言，及辩析名实，其辞画亹叠。诵《大涅槃经》，五日一遍。[51]

尽管这部文献没有说是因为佛陀，新郎才死于暴力，只是预言了死亡这一点，但暴力对待求婚者甚至逼婚的父母，一再成为拒婚故事的主题。

这些文献中提到了观音菩萨。观音在之后的很多拒婚故事中，比如妙善公主和陈靖姑的故事中，成为重要的帮助者，这也表明女性有可能扮演另一种角色，即女神。[52] 南北朝时期，没有出现新的重要女神，旧形象就得到了充分精细的阐释。

汉代有一位神秘的神女，她管理着战争、性别和寿命，她会向黄帝展示与这些内容相关的文献和护身符。在 4 世纪的时候，她出现在一些道教文献中，成为一位身体神（居住在人类身体中的神）。她被设想为宇宙的微观缩影，内行人士能够看见她，冥想她，向她祈祷寻求帮助。她准备炼制长生不老药，还包括春药。自汉代以来，人们都是这样来理解她的身份。她作为文本启示者的角色并不是很突出，但一些主要的道教文献都声称是从女神们那里接到最初的文本启示。需要注意的是，这些女人并不是严格意义上的女神，她们是平常的女人，后来才获得了永生，并在完美的神界拥有了头衔。[53]

汉代的墓葬艺术中有两个强大的宇宙女神，即西王母和女娲。女娲与她的配偶伏羲配对，纠缠在一起，生成宇宙，融合了阴阳这对双生双克的力量。西王母也创造了一个宇宙，在遥远的西方统治着一群长生不老的朝臣，可能还象征性地代表着家庭中的女家长。[54] 南北朝时期，在道教上清派传统中，西王母被视为最高神。在这种条件下，她启示了重要的经典，成为显灵与默想实践的对象，并被当作身体神来供奉。她在西方的乐园——在汉代时已经占据了中心地位——变得更加精巧和细致。为了维系宇宙，她定期与她的伴侣会面，这一切也被详细描述出来。

作为配偶或伴侣，西王母与一系列的中国英明统治者都有联系，如《穆天子传》将她与周穆王联系起来一样。其他统治者包括黄帝、舜和禹。但是她扮演的最重要角色，是在一系列造访汉武帝的故事中成为核心人物，她向汉武帝提供了长生不老之术。在这些故事中，西王母的角色被设定为性伴侣及长生不老之术的提供者，她在唐诗中主要也是以这种形象出现。[55]

将女神视作情爱的形象，最早出现在战国时代的楚辞中，在楚辞里，她是心仪女子形象的原型。描写在现实中遇到女神的诗歌，成为明确描写情爱和欲望的最早书写形式。这些例子包括宋玉写的《高唐赋》与《神女赋》。宋玉被认为是战国晚期谜一般的诗人，但实际上这些诗歌可能写于东汉或更晚。[56] 这两首赋通过叙述历史上或梦中与女神的相遇，激起君王遇见女神的热望。

与此主题相关、年代最早的诗歌是著名的《洛神赋》，由曹魏亲王曹植写于3世纪早期。在这首诗中，亲王于河畔遇见了美丽的神女，神女示意与其深交。他的谨慎抑制了他的激情，故而被神女遗弃，满怀悲切。这种将女神与情爱混为一谈的做法成为中国文学的一个标准主题，它同样将西王母的形象从宗教人物转化成为唐诗中的情爱人物，并成为妓女、乐师与其他表演者的保护神。 195

第 8 章

道教与佛教

东汉王朝与南北朝见证了中国宗教的变革，这一时期出现了大规模、组织化的宗教运动。这些信仰使人类对自己在宇宙中的位置有了新的认知，并建立起新的超越了亲属关系、地域局限以及政治阶级的新体系。有些社会、情感和文化方面的需求，从前的祖先崇拜和社稷神崇拜都没法予以满足。还有，那些与家族、国家连接在一起的早期宗教实践，在南北朝时期被道教与佛教这两个伟大的制度化宗教的理论阐发改变了形态。寺庙作为城市中的半公共空间兴盛起来，园林作为极乐世界的缩影得以发展，一个靠佛教信仰连接的泛亚洲世界出现，再加上道教和佛教对家庭也会产生影响，这些思想与行为的新形式永久地变革了中国的文化、社会和政治结构。

佛教是东汉时期由中亚与东南亚商人带入的外来信仰。这个新的宗教得到精英分子的青睐，并逐渐普及到整个社会，直到它渗透到中国人生活的每一个方面。在中国，道教的历史可以追溯到更远，至少在战国时期便已存在道教雏形与其宣扬的信念。道教形成了组织化的运动，大约与此同时，佛教也进入中国。但是，在佛教发展提供范式之前，道教都没有发展出道观、道士等级和教规等。[1]

制度化的道教

长生不老的观念出现在战国晚期，在激励秦始皇与汉武帝的封禅 197
中扮演着重要角色。长生不老同样是汉代墓葬艺术中一个重要的主题，其中包括对西王母朝廷、骑着神兽翱翔在天空的神仙或在峰峦叠嶂中博弈的神仙的描写。哲学与养生保健文献中也出现了这样的观念，人能够通过改变身体形态来实现长生不老。公元 1 世纪时候，王充的著作批判了这种观念。[2]

成为道教基础的第二个早期观念来源于启示经典。在一些叙述中，神女或哲学家老子向圣人或其他一些凡人授受经书，并由这些人在俗世重建起秩序。在另外的版本中，特定的经书并不是由拟人化的神授予，而直接从自然世界不言自明的运作规律中生成。这种观念非常清晰地出现在《易经》的陈述中，也出现在西汉晚期并于此后盛行于世的“谶纬”文献中。经典之一《太平经》出现在东汉，后来逐渐成为道教第一场大规模运动中的神圣教规。[3]

道教的第三个根基源于这样一个信念：死后的世界也是由天上的一个官僚机构所统治，拥有类似于早期帝国的政治体系。关于这一信念的证据出现在战国时期的文献中以及东汉时期的“镇墓文”中。那里提到一个天上的君主，他控制着一些管理坟墓、山陵、蒿里（死后世界）等地的行政官员。这种官僚体系确保墓中的长眠者能远离地下世界的邪恶势力，同时也保证死者无法返回阳间打扰生者。因此，这种墓葬习俗在本质上是可以驱邪的，可以驱除来自阴间的邪恶势力，也可以将已故之人从阳间彻底地清除出去。道教基本接受了这种官僚模式，但是又增加了一些拯救灵魂的说教，即允许一些圣洁的灵魂升入天堂，在某些情况下，甚至还能占据一官半职。[4]

史料有记录的中国第一个有组织、大众化、流行的宗教运动发生 198
在公元 3 世纪。在中国北方平原大旱之际，许多人聚集在路边，携带着一束束或一秆秆的麻与稻草穿越乡野。他们声称这些物品是西王母赐予人们的护身符，可以避难保命。整个夏季，他们聚集在城镇与城市中，在那里举行大众信仰的仪式。在都城，他们歌唱、跳舞，手举火把穿越街道和屋顶，所有这些活动都是在期盼迎接西王母的降临。秋季过后，大旱消失，这种场面也就在官方记录中消失了。

史料中关于人们对西王母狂热崇拜的简短记载，是我们仅有的文字证据。但是从其他文献中，我们知道在汉武帝时代，人们认为西王母居住在大地最西边，可以长生不老。在西汉，人们将西王母与昆仑的传说联系在一起，认为昆仑山是连接大地与上天的地方，在非常遥远的西方居住着长生不老者。因为这两个传说有共同的地理位置，也都提到了长生不老的特性，因此这两个传说就合并了起来。在东汉墓葬图中，西王母经常出现，她是管理位于西方的极乐世界的主神，那里有长生不老的蟠桃，没有人会死亡。东汉时期卜卦的碎片表明西王母仍然是拥有巨大神力、有保护力量的天神，她可以保佑人们平安并带来财富和子孙。人们也可以借助一些方术穿越时空到达西王母的天上世界中。从公元前 3 世纪对大众运动的记述中，我们同样了解到，人们可以用歌舞和护身符等方式召唤她。[5]

西王母信仰要早于道教崇拜，但是它揭示了制度化教义出现的主要原因。在汉朝的宇宙论中，上天与君主是紧密联系的，也就是天人感应、天人合一。作为天子，只有他一人能够祭天，当他行为不当的时候，上天会用干旱与瘟疫来进行惩戒。人民遭受痛苦与死亡，但是他们无法通过良好的行为或者虔诚的祭祀来满足上天，借以躲避灾难。这样，西王母就成为一个可作为替代的最高神，她向大众开放，
199 能拯救那些呼喊她的人。就这样，她成为道教神祠中的重要神灵，等同于佛教神祠中的佛祖和菩萨。不仅如此，对于西王母狂热崇拜的仪式还有一些特点，如向往长生不老，追求在神奇旅程中穿越时空，对充满神力的护身符的运用，灵魂出窍和入定等，这些特点和古代中国

萨满教的实践特征颇为相似，它们后来都成为道教信仰中的重要组成部分。所以，西王母信仰可以被看作原道教运动，是中国制度化宗教的直接祖先。西王母后来被列入道教神序列中，在道教徒和一般民众心中都占有重要地位。

受末世论的影响，山东发生黄巾起义，四川出现五斗米道，它们体现了以后道教的两个新特点：神授经书与末世论，预言旧的秩序将被扫除，种民所居住的太平盛世即将来临。最早的道教经书宣称，太平世是在公元前 7 世纪，以“太平”命名的这部书被献给东汉朝廷。另一部同名的经书形成于公元 2 世纪，它是黄巾军的核心经典。这一运动以及与之密切关联的五斗米道，据说就是建立在 142 年的非文本启示的基础上。他们将追随者按军事单位组织起来，以便于统一信仰和集体行动。他们首要的宗教实践包括通过忏悔罪恶与执行苦修来治愈疾病与延长寿命（其信念是，疾病是因不当的行为与违反禁忌造成的）。

这两个运动教导称，除了个人犯下的罪恶，人们还要对家族集体几个世纪以来积累的罪恶负责，这些罪恶只有通过集体赎罪、传道甚至分裂并创造新国家等方式才能得以清除。他们同样使用冥想、呼吸吐纳以及其他的保健卫生和饮食学方法来延长寿命。这些运动明显都根基于老子信仰。老子被认为是《道德经》的作者，他在这一时期被理解为广大无边的存在，会定期转世以拯救受伤害的人们。五斗米道更是将《道德经》看作经典，认为它的字句有神奇的力量。[6]

虽然黄巾起义在 184 年被镇压了，但五斗米道的张天师家族在四川一带建立了道教王国。这个国家被分成几个治（教区），治负责
登记人口，由“治头”管理，这是从汉代地方社会中吸取的管理模 200
式。五斗米道按照军事化的方式将教徒列籍、划分阶层，并决定他们在入教仪式及以后定期仪式中的位置。他们同样规定了每年一月、七月和十月的十五日为举行仪式的节日。在这些聚会中，政府会告知民

众运动的概念意义，以及一些教规教律。同样还有一个赎罪的禁食习俗，信徒在身上涂抹泥和木炭，捆绑双手，念出罪恶之事，以此获得救赎。个人忏悔的行为包括修建道路，这是一个以“道”来证明自身神圣性的活动，还包括修建义舍，它既是地方的行政中心，也是往来官员的落脚之处。这个国家还修建了特殊的“静室”，让人们来这里默想自己的罪过。[7]

215 年，张鲁领导的五斗米道向曹操投降，大量的信众被重置在洛阳、邺城周围，以及东北地区的其他地方。这次道教信众的重新安置，使道教能够传播到中原地区。道教的领袖似乎对曹氏家族施加了一些影响，并在曹魏王朝的建立过程中扮演着重要角色。[8] 到了 3 世纪末期，西晋王朝开始瓦解，在李氏家族的领导下，被重置的道教徒又辗转返回到四川，建立起道教神权统治的国家，称为大成国。因被川蜀的大山所环绕（四川与中国的大部分区域相隔绝），所以在这里一再建立起道教国家。大成国一直持续到 4 世纪中期，它亡于桓温之手。[9] 随后，道教的信众和教义再一次分散到各地，但是以后的道教都是由四川的神权政治延伸而来，所有的道教派别都将它们的根基追溯到张氏所建立的天师道。

道教的大众运动传播着集体赎罪的末世论，而对个人长生不老的追求曾经吸引了秦始皇和汉武帝，这一点也继续吸引着东汉的精英们，特别是中国南方的世家大族。这一传统在 4 世纪中期葛洪（284—363）写成的《抱朴子》中达到了顶峰。[10] 他从老师那里接受了图书资料并进行整理，这些资料表明在文化阶层中一直存在着一系列的传统活动，但可惜的是，这些资料都没能留存下来。因此，他那
201 漫长却不系统化的、追求长生不老方术的工作，就成为道教兴起以前唯一的、与实践有关的证据。

道教的终极信念就是长生不老，这种变化和那些自然界的变化类似，比如蛇蜕皮、蛹化为蝶等。葛洪的部分任务就是试图让读者相信

长生不老是的确存在的。这种主张是对他所相识的干宝写就的著作的回应。他还认为，这个时代道德品质的下降，使得长生不老者不愿与人们居住在一起。最高层的长生不老者是天上的神仙，他们可以登上天国，并在天国中占有一席之地；次一级的是地上的神仙，他们云游于群山之中；最底层的是尸解仙，通过提供一个替代物作为尸体来瞒过管理灵魂的官僚，假死后脱。有时候，后两个概念是过渡阶段，它们为信徒提供足够多的时间，使之最后能飞升天国。葛洪坚持认为，真正能够长生不老的人应该是要离开社会、归隐山林、修身养性、培育艺术的，这其实和该时期的隐士生活非常相似。[11]

长生不老的方术较少强调通过吐纳、行操及房中术来保精行气，这些方法属于早期传统的“养生”范畴。[12] 其目标在于内养形神、外怯邪恶，通过积累体内的积极因素、吸收外部的积极能量、排斥体内淤塞的消极因素来达到长生不老的境界。通过饮食限制来纯化肉体：肉类、酒类还有强烈气味的蔬菜或谷物都是被限制食用的。像这样的食物富含三虫等，这些阴邪的尸虫被困在人体内，只有人死后才能被释放出来。相反，修仙者应该依靠自然饮食来生活，比如食用树皮、菌菇、露水、草本以及各种丹药，它们能杀死三虫，或者能将肉体替换成一个更加永久的肉体。一旦他们长生不老，便会餐风饮露。

最有效的长生不老的方术，还有葛洪最根本的兴趣，就是制炼丹药。许多物质可以消除体内有害物质的影响，使身体回复到最原始、没有分化的纯净状态。这些物质需要经过各种程序与法式的提炼，原初的元素发生蜕变，然后才能融汇为宝贵的精华，最后被服用。最重要的物质是黄金，它从来不会生锈，因此它自己便是永生的。其次还有朱砂，它是一种自然矿物质，因为其火红的颜色被认为是包含力量
的。自然的朱砂常常被替换，取而代之的是用硫黄、硝石和水银炼制 202
的合成物（这些也是火药的成分，火药的发明就来自道教的实验）。由于道教炼丹术使用水银，导致很多人中毒死亡，不论最初是有意的

（服用水银是迈向长生的一步或者是朝廷的阴谋）还是意外的。与这些化学品相伴出现的，还有许多草本药物和菌类。[13]

因为这种“外丹”对像葛洪那样的修道者而言也过于昂贵，所以它逐渐被“内丹”所取代。这是一种内养气功，与吐纳密切相关。修炼者通过《易经》八卦中的特定卦象，创造了人体内部的炉鼎。这种内部炉鼎炼出他们自身纯净的内丹，并周流全身。

葛洪的著作完成之时，恰恰是西晋灭亡、北方流民来到南方之时。他们也将道教带到了新的家园。随着东晋朝廷的建立，南方既有的一些大族发现他们自己在政治上已经降到次要地位。他们为自己的野心找到一个新的发泄口，于是组成了南方道教中最重要的流派——茅山道派，也被称为上清派道教。[14] 这个宗派围绕着杨羲在364—370年间所授受的经书来发展，因为这些经书以出众的文采和绚丽的书法吸引了精英们的关注。这些经书提供了一个审美机制，通过这个机制，旧有的南方世家大族能够接受道教，也不会在精神层面上觉得低于天师道。

这些经书所展现的内容成为后世道教的标准宇宙观：它用一种迄今为止最有想象力的方式表现神界的崇高与权势，表现天庭的等级秩序。那些与杨羲对话的完美男人与女人，比起葛洪理想中的仙人，等级要更高，而且更加优雅。还有授受这些经书的上清天要远远高于四川天师道或葛洪所讲的太清天。杨羲所授受的经书中包括这样的经文：

> 明精内映，玄水吐粱。
> 203 赐书玉礼，刻名灵房。
> 饮食月华，与真合同。
> 飞仙紫微，上朝太皇。[15]

天师道中最关键的实践，特别是房中术，被人们公开谴责，或作为初步修炼而退居劣势的地位。早期忏悔仪式的治疗功能还被编入杨羲的著作中，但是这些仪式宣称能通过解决地下世界死亡亲戚之间的纠葛——有时因为他们生前的罪过而引发纠纷——来进行救赎，这导致了灵魂对他们的怨恨。为了解决这个问题，要调动各路神仙来安抚死者，或者保佑生者上升到没有这些亲戚的天国。[16] 因此，杨羲所接受的经书，在旧有的南方世家大族间保存、转抄、传播（后来的人物又接受了新的神启），他们声称这些经书比早期道教的经书更加精致，更加完全。

茅山经书同样改变了大众运动的期待。根据杨羲所著，目前的世界是由六天构成的，并受六天权威的控制，也就是说，无法长生的死者受到死去将军的灵魂的控制，这些将军需要长江流域的人民对其进行血祭。[17] 茅山派的信徒反对这种崇拜，他们向得到神圣经书传授者宣誓效忠，并通过静修净化自己，由此成为思想上的精英。作为种民，他们将会在灾难性的六天毁灭中存活下来，此时，粗鄙的祭天者已经丧命，种民将重新填满被救赎的世界。这一人间太平盛世是为高贵而精细的少数人准备的，这些人内心敏感，受过良好的教育，能抓住微妙精神世界的精髓，并能欣赏高品质的书法和诗歌。5 世纪晚期的时候，茅山派受到南齐皇室的欣赏，教派的第九代传人陶弘景，与随后的梁朝建立者也建立了密切的关系。

当这种精英道教在南方获得士大夫与统治者喜爱之时，另一个道教理论在北方找到了肥沃的依附土壤。寇谦之，他的家族曾追随过五斗米道，他在 5 世纪初的几十年里受到了一系列的神启，被奉为圣尊的老子告诉他真正的道已经变得腐朽，所有的牺牲祭祀与男女合气之术都应该被禁止，道教徒只能通过静修、辟谷、吐纳以及养生来追求长生不老。另一个神启告诉他，北魏皇帝就是缔造太平盛世的君主。 204

带着这份信仰，寇谦之来到北魏朝廷，他与一个汉族官僚集团结成同盟，这些汉族官僚希望本土文化能超越佛教信仰，再次恢复其最高的地位。寇谦之说服北魏皇帝于 442 年改信道教，并采纳太平真君的称号，以道教圣人的身份进行统治。[18] 皇帝也从寇谦之那里接受了护身符，并任命寇谦之为朝廷命臣。这位统治者同样颁布了由寇谦之所写的新规来净化道教。在 444 年到 446 年之间，皇帝谴罪于佛教，但这看上去是崔浩领导的汉族官僚集团的意志，而不是寇谦之的。寇谦之死于 448 年，皇帝也在 452 年遇刺，这使道教的神权政治与对佛教的镇压都得以终结。

因此，开始于 2 世纪的道教最初是期待世界末日来临之际的大反叛，但是到了 6 世纪早期，它已经转变为哲学化的宗教，迎合精英的世界观与国家的需求。在北方，它得到国家的直接支持，有道观和遵从道规的道士。在南方，它在精英间流行，其形式是在师徒之间传授神圣的经典，信徒中有很多是皇室成员，甚至有皇帝。7 世纪早期，唐朝建立，皇室声称其为老子的后裔，将道教奉为国家最高宗教，官方的道教官观与道士遍布每个主要的城市之中。

制度化的佛教

有组织的道教以一种流行运动开始，以成为国家宗教组织而结束，佛教却沿袭了相反的轨迹。它随着精英进入中国，却成为大众的宗教。中亚的商人与从海上而来、到达江苏的贸易者率先将新的宗教带入中国。我们不知道佛教被引入中国的确切时间，但是第一个关于佛教的文字记录是在公元 65 年，在皇帝的某位兄弟的照顾下，建立起了佛教僧侣的社区。这个文本将皇帝的这位兄弟对佛教的崇拜与他
205 对黄老的崇拜联系起来。在汉代的墓葬中，一个与老子密切相关的道教神通常会与佛陀在一起，佛陀有时取代了西王母的位置。166 年，皇帝自己也开始信佛，此时佛教还与对老子的信仰结合在一起。这个模式表明佛陀在最开始的时候是被视为另一个道教神的，就如同西王母，也居住在西方，保佑那些信仰他的人。[19] 对大多数中国人来说，佛陀是一个有奉献精神的人物，对他的崇拜多是为了寻求平安或好

运，而不是把他当作一个哲学真理的导师。一些外国僧侣定居在东汉的都城，并且开始艰难的翻译佛经工作。只有在南北朝，佛教的形而上学观念以及教义信条才被中国的精英所承认与欣赏。3 世纪早期，对形而上学进行的探究与战国时代道家经典《庄子》联系在一起。许多参与“清谈”的人同样对“无”进行探究，他们的话语围绕着言与意、一与多、有与无展开。佛教的心理阐释与形而上学的专有词汇直接被应用到这些问题的讨论中，因此，佛教僧侣开始参与到中国精英的争论与言谈中。特别是在 317 年晋室南渡之后，豪门士族的子弟在佛教中寻求引导或者成为僧侣，以增进他们的论辩技巧。杰出的僧侣——比如支遁——成为东晋朝廷清谈圈中的指明灯，他写作抒情诗赋、演练书法，并将对佛教的研究与对庄子的评论联系起来，试图调和佛教教义与中国知识分子传统。[20]

与此同时，在北方，一些由胡族建立的国家也吸纳了佛教，有时是因为它是非汉人知识分子的信仰，有时是因为佛教僧侣能够制造神迹，佛图澄就在石勒统治的后赵王朝中效力。因为与中亚佛教发生联系，这些国家引入了新的观念，并且鼓励将大多数的佛教经典翻译为更加流利的汉语。最为著名的人物是鸠摩罗什，401 年，他从敦煌被带入苻坚统治下的长安。其他的僧侣，著名者如慧远，引入了其他新的实践活动，比如对阿弥陀佛的崇拜。阿弥陀佛承诺让每一个看到他的佛像或念他的佛号的人都能够在他的西天“净土”中得到重生。僧侣们需要精神上的修炼，还需要控制吐纳，与之相比，这种虔诚的做法对底层人民来说非常容易。因此，诵念阿弥陀佛的佛号成为中国最流行的宗教习俗之一。[21] 206

5 世纪的时候，不论是在南朝还是在北朝，军事王朝下的皇权都得以恢复，这导致佛教进入了国家支持的阶段。位于南方的东晋朝廷，经过几次争论，认为沙门可以不敬王者。这在一定程度上反映了皇权的软弱以及一些世家大族对佛教的热情支持。但是东晋的这个先例也得到南朝各个军事王朝的尊重，他们一般不会去干涉、规定佛教秩序。[22]然而，这种不干涉政策，并不意味着南朝皇帝们不再利用佛教的精神力量来巩固他们自己的地位。皇帝们受菩萨戒，建设庙宇，雕塑佛像，供养僧侣，为和尚与官员举办素食宴会，并资助制作公共读物与佛经展览。

大乘佛教（众多佛教流派中唯一流传到中国的一支）的目标是将众生从轮回中拯救出去，菩萨得道后并不涅槃，而是留在世间，直到度化完众生。在正式地发下菩萨誓后，南朝的统治者不仅表达他们信奉佛教之意，还借此稳固他们作为救世主与救星的地位。这使得皇帝本来就神圣的位置更增“转轮王”或宇宙主宰的光辉。因此皇帝借用佛教的术语来表现新复兴了的皇权，也以此表现他们对王朝与人民所积累的功德。

在中国历史上最为著名（或者留有不好的名声，这取决于个人的好恶）的佛教守护者是梁朝的武帝。[23]他宣称自己是皇帝兼菩萨，他还声明自己拥有领导僧侣及信众的权力，并寻求扩大朝廷的神权与世俗权威。他聚集了成千上万的人群来见证他的誓言，还定期组织大量人群进行演讲、公共陈述、更新誓言以及展现仪式。在这些活动中，
207 皇帝承诺将奉献功德，不仅要为他的人民赢得福祉，还要为地狱中受苦的人和那些堕入其他恶道的人超度。梁武帝以后的几位南朝皇帝也都立下了同样的誓言。唐朝的武则天，对这位中国历史上唯一的女皇帝而言，转轮王及菩萨的身份至关重要。[24]

在北方，国家对佛教的支持与对其更有力的监管联系在一起。国家干涉佛教寺庙秩序的第一次行动发生在 4 世纪晚期，当时北魏统治者任命了僧官。那时南方的僧侣已经获得了沙门不敬王者的特权，北方僧官的设置则相反，北魏提出皇帝事实上是佛的化身，故所有的僧侣都应该向他致敬。北魏统治者视己为佛的身份认同感，可能源于许多居住在草原的游牧民族的信念，即统治者是神的一种表现。无论如

何，它已经成为北魏王朝自我形象的一部分。如同南方王朝借佛教增加自己的精神控制权一样，宣称成佛再次增加了已经够强大的中国天子的权力。

北魏的第三任皇帝信仰道教并试图压制佛教，经过此一短暂的间隔，后来北魏皇室又恢复了以信仰佛教作为标识的统治家族身份。有一个北魏皇帝有五座释迦牟尼佛的青铜雕像，每一座代表一位在他之前进行统治的皇帝。在北魏都城之外的云冈，最初开凿的五座石窟也是将北魏统治者当作佛陀来纪念。（图 11）北魏皇帝设置专门政府部门来监管佛教，以僧官来任命佛教领域中主要寺院的住持。在 470 年至 476 年之间，北魏设立了佛祇户，从东北掳来的俘虏成为寺院的依附民，他们需要向寺院交纳一定数量的粮食。而佛图户，也就是犯重罪者与官奴婢，被赐给寺院，成为寺院奴婢，在其领地内从事劳作。寺院积累的财富，在饥荒或水灾的时候用来赈济，但是寺院也的确在这一过程中变得富裕。随着老百姓信仰热情的高涨，他们捐献许多土地与金钱，使得很多佛教寺庙变得非常富有。[25]

北魏尝试限制受戒僧人的数量，但是人数却不断增加，僧侣数量
仍然大大超过限制。限制寺院建筑的法令也被发布，但是却被皇族自 208
身以及他的臣民们所忽略。在北魏统治下，信众的数量达到顶峰是在6 世纪的头几十年里，当时皇太后热情地在都城建设了壮观的寺庙，并且定期给予奢华的捐助，宦官与官宦们也如法炮制。在内战爆发的时候，洛阳有 1300 座寺庙，每一座寺庙都有百户之多（而法律规定，每座城市只能有一座寺庙）。而这都还不是都城佛教风化的上限，依照官方记录，在王朝末期，帝国境内有 3000 座佛教寺庙，有 200 多万的僧侣。即便这个数据存在着模糊性，也有些夸张，这一数字依然非常可观。

这 200 万僧侣中的许多人只是为了避税，许多“寺庙”只是包含一对和尚的小建筑。无论如何，6 世纪时，中国北方的信仰确实是

既深且广地得到传播。这些证据来自杨衒之的《洛阳伽蓝记》。这部书里记载了都城里由信众所建的超过100座的寺庙，它们都是为公共信仰服务的。与宏大雕像联系在一起的还有显灵奇迹。官方试图将这些奇迹与当日的政治事件相联系，从而吸引了大量的人群。

在当地城市中满是关于佛及其他神灵的传说，以下这个例子很好地说明了这一点：

> 南阳人侯庆有铜像一躯，可高丈余。庆有牛一头，拟货为金色，遇急事，遂以牛他用之。经二年，庆妻马氏忽梦此像谓之曰："卿夫妇负我金色，久而不偿，今取卿儿丑多以偿金色焉。"悟觉，心不遑安。至晓，丑多得病而亡。庆年五十，唯有一子，悲哀之声，感于行路。丑多亡日，像自然金色，光照四邻。一里之内，咸闻香气，僧俗长幼，皆来观睹。[26]

209 对雕像力量的信仰还有更多的证据，都来自云冈和龙门石窟中的佛像题记与绘画。云冈石窟与龙门石窟是北魏两个伟大的佛教石窟。（图21）除了皇族、官员与僧侣的题记外，那里还有无数个由宗教社会和信众团体募捐雕像、以此获得功德的例子。这些题记揭示了佛教对于都城居民的意义。对他们来讲，看破现实的哲学观念没多大意义。有意义的是对能拯救众生的怜悯之神的虔诚信仰，这能够使他们脱离苦海，并将他们送到一个得到救赎的幸福世界中。大多数题记提
210 供了公式化的、为王朝祈祷的词句，但他们主要关心的还是父母能够得到超度并在极乐世界中重生。其他一些题记表达了获得功德以在阿弥陀佛的世界中重生的愿望，这些题记要么感谢佛陀来实现他们的愿望（比如生个儿子或从疾病中康复），要么为物质利益许愿。简单来说，对于普通老百姓而言，佛陀继续扮演他在汉墓艺术中所扮演的角色，就像西王母一样，是一个拯救受难之人的慈爱的神。[27]

云冈石窟和龙门石窟的题记主要体现了朝廷的利益，其次体现了那些城市精英的利益。虔诚的平民百姓的利益在数量众多的石碑与雕

图21　龙门石窟，洛阳附近，6世纪早期

像题记上表达，这些石碑和雕像都是由农村的信众社邑集资购买。这些题记表明调动佛陀与菩萨力量的主要目的在于确保个人幸福、亲戚健康，以及死去的亲人能得到超度和往生。[28] 它们同样列出了捐献者的名单，有女人，还有起关键领导作用的和尚与尼姑，这些和尚和尼姑在农村传播信仰。许多题记表明，石碑是由和尚雇用正在旅行中的工匠所建，或者是从城市作坊中购买已经制作好了的。后一种情况，工匠会留下空白，以便刻写捐助者的名单与他们的愿望。一些石碑上也会有一些装饰物，对所描绘的场景进行标识，因此这也是一个教育模型。最后，还有一些文献常常就是石碑题记本身，确定着可以与之相伴进行的各种仪式。

文献证据同样表明佛教与传统家庭信仰的结合是非常普遍的。最早的与最翔实的记录，是6世纪中国的人天教门。[29]这个民间佛教信仰教导追随者要遵循五条道德准则——不杀生、不偷盗、不邪淫、不饮酒、不诳语，倡导颂扬佛陀的简易方法，即绕佛像而行，这能够确保在现世中更好地重生，并享有健康与财富。这种功利性的信条从根本上简化了佛教的形式，以保证信众获得俗世的幸福。它避不提及涅槃、菩萨、功德转换、超度众生以及大乘佛教其他任何原则，沉默地将参禅、对哲学原理的阐述这样一些佛教实践的核心部分搁置
211 一边。人天教门以向佛陀的法号及雕像敬献来取代提供基本的道德禁令。这种对俗家子弟信仰活动的简化在最大范围内吸引了潜在的信众。信教者所形成的虔诚的团体显然与北魏王朝所设立的佛祇户有关系，它有利于在佛祇户中传播信仰并实践公众慈善事业。

证据表明5世纪时佛教在中国北方向乡村传播，主要是游方和尚在不同的村落讲述佛经中的故事，这样的传教常受到当局的迫害，他们更喜欢拉拢农民，来宣传正统佛教。[30]显然，许多和尚在乡村中被视为一个驱魔师、魔法师或灵媒，就像他们的一些更加高超的前辈，比如向石勒展现佛法者一样。他们同样领导购买石碑与搭建桥梁这样的慈善工作，这些在他们的题记中有描述。其他一些游方僧人燃烧自己身体的一部分，或者以钉子穿过身体而感觉不到疼痛，这些表演通常都在公众节日里展示，今天的中国仍然在发生着这样的事情。

有一个故事讲的是，一个和尚试图用钱从屠宰者那里赎回一些猪，但是农民不愿意卖，于是和尚开始割自己身上的肉来换取这些猪。这样的人物形象成为法令针对的对象，法令禁止这些行为。他们

同样也分享了这个时代道教圣人的正面形象，过着不受拘束、放浪的生活，体现出隐士的理想。这种僧侣与信众的自由混合成为大乘佛教思想某些分支的一个突出特征，特别是与启示场景有关的时候。

充满敌意的官方记录证明了农村地区小神龛、捐献塔和草庵的流行。官员们抱怨说，在山林、原野和每一个村庄都有小的非法建筑。7 世纪的官员狄仁杰（即狄公），在中国及西方小说中是著名的断案者。狄仁杰指出，在村口都会有印制佛经、制造佛像的店铺，许多村庄还保留着素食节。北魏的一位官员说，关中地区所有村民都参加了这样的活动，这样的聚会场合给了大家公开批评官府的机会。如题记中捐助者名单所显示的，像人天教门这一类的组织也会举办聚会。在敦煌文书中，有对由虔诚信众所组成的这类团体活动及其规则的记 212
载。敦煌佛教社邑的存在将信众与僧侣带入一个规则化的契约秩序中，从而规范全部的宗教活动。[31]

道教与佛教之间的叠加与借用

尽管道教与佛教来源不同，但是在中国的实践中，它们却经常能交融在一起。这两种宗教都规定了宗教专家，建立了住宅机构，编制规范的经文，并阐释了其神学系统。这些都是互相借鉴的，尽管在多数情况下是佛教为完全成熟的道教体制及其实践提供范式。这两种信仰中发展出可观的常用词汇，所涉及的事物包括信众组织，佛教和道教的雕像，以及在雕塑与绘画中佛、道神灵的联合。某些铭文认为佛教是“授人以道”，反过来也可以说道教是“授人以佛”。[32]

更为重要的是，这两种信仰都参与到这一时期主要的几个文化发展中，最显著的是末世论与轮回信念。这个时代出现的核心理念之一是末世论教义，即世界或世界秩序即将毁灭，随后将诞生一个由信徒控制的新的、纯洁的世界。这种观念源于汉末道教徒起义时的末世论与南方世家大族中的道教徒所设想的蜕变了的神启。与此同时，迫在眉睫、世界毁灭的大灾难观念也在佛教中凸显出来。所有世界终将灭亡的观念是标准的佛教主题，但是在 3 世纪的中国，它是与标志着世界末日的大灾难联系在一起的，比如火灾和水灾。[33] 在 4 世纪与 5 世纪，这种联系在佛教传统中变得更加广泛。

《妙法莲华经》是佛教经典中最有影响力的经典之一，从 255 年到 406 年被翻译了五次，描述了即将到来的世界毁灭的场景，只有那些逃到佛教净土中的人才能幸存下来：

> 常在灵鹫山，及余诸住处。
> 众生见劫尽，大火所烧时。
> 213 我此土安隐，天人常充满。
> 园林诸堂阁，种种宝庄严。
> 宝树多花果，众生所游乐。[34]

这样的场景将即将到来的世界末日与花园净土的美好愿景结合起来。这个来自《妙法莲华经》的场景在 5、6 世纪的壁画中出现过几次。[35]

更为广泛的是与弥勒佛以及月光菩萨相关的末世论。弥勒佛通常的形象是弥勒净土住持，在净土，虔诚的信众希望得到重生。有些时候，弥勒佛是在遥远的未来为信众在世上创建一个幸福的净土。在 6 至 7 世纪少量的文献中，弥勒佛成为一个救世主，他将会在末日之战后带领自己的信众进入一个重生的新世界。在佛教经典中并没有这样的场景，于是人们猜测它是对道教模式的吸收借鉴。[36] 月光菩萨出现在中国的几部经典中，这些经典预言毁灭世界的大洪水将在月光菩萨所创造的信仰净土中终结。值得注意的是，这个形象在印度代表的只是一个信仰佛教的虔诚的儿子，他将自己的父亲带入了佛教。末世的场景完全是中国人发明的，它包括在特定的年岁中要发生的事件，这些都与道教对世界行将结束的预言相同。因此，几乎可以肯定，佛教末世论的主要内容来自道教。[37] 弥勒末世论与那些和月光菩萨相关的预言，经常被佛教僧侣与信众用以诉求更高的政治地位，这便如早前道教的末世论被用来支持政治纲领一样。

佛教末世论的另一条线索来自佛陀灭度。这一教义在印度发展，但是在中国，受到道教末世论的影响，它变成更为复杂的、更为直接的三阶段下降说，这一说法更为直接，人们宣称佛祖的教义已经或即将消失殆尽，这会在现实世界带来严重后果。在早期的例子中，比如434年北凉的石塔上，其题记对佛灭度后的末世发出不少的哀叹，因此就需要对图像进行崇拜。[38] 然而，在6世纪，这导致了更加极端的行动。一些僧侣开始在石头上刻写完备的佛经，以待随后的新佛出 214
世。[39]6世纪的《仁王经》认为，佛法的衰退意味着国王将取代僧侣成为佛教的主要捍卫者，背诵经文以保佑国家将成为佛教的中心礼仪。8世纪时，为应对吐蕃的入侵，不空重新翻译了《仁王经》,《仁王经》成为佛教密宗的中心文本，执经的僧侣们也成为官府的臂膀。[40]

对待佛法终结最根本的方法来自6世纪晚期出现的三阶教，这一运动宣扬佛法终结的时代僧侣与信众之间的一切区别都被磨灭。它主张僧侣与信众的大融合，就如梁武帝安排的那种广泛的集会，以此替代传统的、体制化的佛教。它的传教人宣称众生皆有佛性，皆可成佛。他们同样规定了信众的慈善义务，这成为他们实践活动的中心环节。因此，他们建立了“无尽藏”，所有人都能对其进行捐献，以此向穷苦者布施。“无尽藏”的存在贯穿隋唐，直到8世纪中期才被废止。[41]

除了末世论，这一时期佛教与道教共有的第二个主要概念是转世，它对中华文明的发展更为重要。这个观念虽然随着佛教进入中国，但是它逐渐被各种道教思想所吸收，因此有利于被整个中国社会广泛接受。[42] 中国人对转世观念的全面接受，源自4世纪末期道教的灵宝派，它的出现是道教史上的一个分水岭。在灵宝派的学说中，佛教概念和术语成为道教文献中重要且持久的元素，这使得一些学者简单地将这一传统看作对佛教的直接采纳。[43] 然而，灵宝经典中对转世轮回观念的论述是针对佛教教义的矛盾而形成的，在这一矛盾中突出了生与死的紧张关系。

一方面，佛教的辩护者，如郗超（339—377）主张业力轮回的
215 学说，这意味着每个个体都要对他自己行为的后果负责。但是其他佛教徒声称功德可以转移到祖先身上，以保证他们获得更好的重生，因此主动制造佛像、庆祝中元节。灵宝派通过精心的阐述形成了自己的理论，以道教为基础分析了身体各部分的构成，建构了历史阶段下降的模式，通过符箓召唤祖先，通过彼此的行为来体现亲属关系，并生成了一种转世理论，强调亲属之间的相互作用力以及亲属关系的持久性。它还发展出复杂精细的仪式，通过这些仪式能超度某人不幸的祖先。[44] 转世的观念被后世所继承，成为中国宗教常识的一部分。

佛教的兴起及其与道教的相互作用，永久性地改变了中国宗教宇宙观的几个特征。首先，汉代意象比较模糊的死后世界被更为形象、更具体的一层又一层的天堂和地狱所取代；引入了恶鬼道（因为有罪而被惩罚不能享用牺牲祭祀品）的信念，还出现了新类型的恶魔，佛教极大地丰富了中国人对死后世界的想象。其次，它也从根本上将灵魂世界道德化，很少有证据表明汉代人相信地下世界的奖励与惩罚，最常见的操作原则似乎是，被埋葬的人在地下世界所受到的待遇与他们在现实生活中的位置对应，决定一个人命运的是礼而不是作风。然而，佛教的一个简单化的愿景就是因果报应，人的现世行为会决定他死后是过得更好还是更坏，会上天堂还是会下地狱，这在南北朝时期及之后的时代成为中国人对死后世界的看法。与此相关的是第三个主要的变化：佛教在中国的丧葬礼仪与节日中成为不可缺少的角色，因为它要超度死者。佛教礼仪能带来僧侣与佛陀的精神力量，将祖先从地狱中拯救出来，并且让他们尽快在净土中重生。

尽管北周统治者在 574 年到 578 年之间灭佛，但佛教在隋朝成为主要的国家宗教。这个王朝的创始人是一个虔诚的佛教徒，他将自己

的崛起归功于佛陀，并创制国家佛教的一整套仪轨。这些在南北朝时期就已经得到发展：皇帝的菩萨戒，建立国家寺庙并赐予产业，僧侣的度牒，赞助读经，向佛教定期捐献，等等。他同样修建了一百多座佛塔来保存舍利，希望能以此为他的王朝积累功德并能使之长存。[45] 216

然而，隋文帝的祈祷没有得到应答，隋朝在他儿子统治时期便灭亡了。继之而兴的唐朝，在礼仪上给予道教优先权。尽管它继续支持佛教寺院，但国家资助佛教的鼎盛期可能已经过去了。不管怎样，大唐帝国时期是佛教作为中国社会哲学力量的最高峰，佛教将其宇宙观传播到寻常百姓中。它的因果报应观念、极乐世界与地狱观念、节日超度的观念，还有它的慈悲的神，都成为中华文明中的一部分，一直延续到今天。

驯服荒野

南北朝时期的宗教场所设在荒野地区、无人居住的山区与南方内陆，在山上与林中建设宗教建筑。要将这些地方纳入文明世界，同样需要驯化当地的宗教权力。道教与佛教对这一过程的叙述有两种形式：对野兽、恶魔居住地区的征服与感化的故事，以及对接受血祭的当地神的征服与转化的故事。

早在公元前 4 世纪，《左传》便认为一个地区的土壤、水、风及赖之存活的生物在物质性与道德性上具有一致性。这种风土与动物的一致性也体现在对饮食、祭祀与农业模式的叙事中。[46] 在汉代，与此相同的观念出现在“香炉”及相关艺术对地形的描述上，在那里，以流动、动感的线条表现丘陵，景色所及满是互相交错的奇怪生物。同一时代的文献描述了不同类型的地形是如何产生不同类型的植物、动物与人性的。这一时代的诗赋叙事先描绘自然景观，然后是动物，然后再将视野转向都城，那里同样有神奇壮丽的场面。这种观念被带入

佛教的艺术与文献中，它描绘了佛陀说法所在地灵鹫山，那是一座形
217 状如同大鸟的山，还描绘了飞禽走兽以及当地的神灵。[47]这种将其居民与风土看作一个整体的观念，意味着将一个区域纳入文明其实就是要驯化所有的野物。

道教与当地动物神之间关系紧张，最明显的一个例子出自四川历史。四川是制度化道教信仰出现的地区，汉末张道陵创建了天师道，此时四川仍然居住着不同文化的人群，人数最多的族群是巴人。这些人是狩猎白虎的著名勇士，他们也同样崇拜这些凶猛、强大的动物。白虎在同一地区与巴人生活在一起，是巴人所喜欢的狩猎生活的一部分。巴人最原始的神话是：始祖廪君死，魂魄世为白虎，巴氏以虎钦人血，遂以人祠焉。这可能涉及宗教中的灵魂附体概念，萨满参与其中，承担灵媒角色，老虎也涉及其中。

先秦时代，各小国不断扩张，陷入持续性的冲突中，巴人也被卷入纷争。一个与秦国有关的故事讲述了一只肆虐横行的白虎及跟随它的虎群被猎杀的场面。于是在道教起义运动兴起时，巴人成千地蜂拥而至，加入其中，对抗剥削。没有明确的记录表明在四川的巴人是如何转向道教的，因为早期的道教批判对当地恶神的血祭，这意味着转向道教需要放弃对野生动物的崇拜。[48]

另外一个从崇拜动物神转向崇拜道教的例子是文昌。文昌信仰的最早形式出现在四川北部的梓潼。七曲山附近的一个洞穴中有一条大蛇，这条蛇掌控着雨与雷，这座山正位于从成都到秦汉王朝在关中都城的主干道旁。4 世纪时的故事是这样讲的：当秦王图谋劫掠蜀地时，许嫁五女于蜀，蜀遣五丁迎之，还到梓潼，见一蛇入穴中，一人揽其尾，拽之不禁。至五人相助，大呼拔蛇，山崩，同时压杀五丁及秦五女。然而，在 6 世纪的《十六国春秋》中，这座山上的神不是蛇，而是一个姓张的男人，在后世的唐诗中，他是一个著名的失败了的战争英雄。这是另一个归化野生动物神的例子，可能开始归顺于四川的道

教，最后则皈依于国家宗教之下。不过，这里的驯化行为是将神的形式改造成人。[49]

道教对地方信仰的敌视还表现在它常攻击对异样的地方神进行的血祭，这些神的身份多是战死的将军或其他死于暴力者。有记录表明，整个南北朝时期，很多非正统的本地信仰的信徒都转向了道教，因为道教提供了升华的、更有组织的宗教实践，这是信徒们更为熟悉的。道教的杰出人物如张鲁、寇谦之以及灵宝派的创立者陆修静，他们全都声称会在信众身边提供纯洁的实践形式。葛洪同样记载了地方非正统宗教的信仰者转向他所赞成的、有文献基础的精英信仰形式的例子。尽管相关记载过于零星，难以再现历史细节，但是它们表明在中国南方，偶尔也在北方，以文献为基础的制度化的道教被卷入与地方信仰之间持续性的紧张关系之中。道教从地方信仰中借鉴理念与实践，却试图压制它的主神与仪式。[50] 如此一来，这一时期道教的大多数历史是合并宗教的历史，道教将南方边缘地区带入中华经典的广阔世界中。 218

在佛教故事中，征服、驱逐或转化当地动物神的故事也非常丰富。在 6 世纪的《高僧传》中，有十二个故事是在讲述僧侣们进入一个原住民信仰当地神（有时是动物神）的区域，僧侣们使这些居民转而信仰佛教。假如动物神是在山里，那么它就要将它的洞穴交给僧侣。其他一些故事是关于龙的，居住在山中深渊里的龙归化于佛教，这是在那里建立寺院的第一步。在一些故事中，龙的归化带来了当地急需的雨水。有时候，僧侣们使用法力来驱赶而不是收服地方的动物神。还有一些例子是，僧侣们在修建寺庙之前驱赶蛇与其他动物，但是驱赶是为了让动物在打地基时不受伤害。[51]

驱赶动物还有一种自我牺牲的形式，在这种形式中，僧侣们以自己的肉身喂食动物，然后成为村庄的守护神：

> 宋初彭城驾山下虎灾，村人遇害，日有一两。称乃谓村人曰："虎若食我，灾必当消。"村人苦谏不从，即于是夜，独坐

> 草中。咒愿曰：“以我此身，充汝饥渴，令汝从今息怨害意，
> 219 未来当得无上法食。”村人知其意正，各泣拜而还。至四更中，
> 闻虎取称，村人逐至南山，啖身都尽，唯有头在，因葬而起塔，尔后虎灾遂息。[52]

除了转化或驱逐野蛮的当地神外，佛教僧侣还去认定某些地方是有法力、能保佑信众的菩萨的居住地，以此将某一山区带入人类世界。其中最早被认定的一个地方是五台山，它被认为是文殊菩萨的道场。这一信仰使得该地区及周围山脉成为 7 世纪早期的一个主要朝圣地，它也由此得到帝国的大力支持。[53]

中国宗教对荒野之地征服的最后一个要素是城隍信仰的出现。但有一个例外，最早这种信仰是在长江流域或南方的几个地方流行，即便晚一些，当城隍已经广泛普及，超过 2/3 的例子仍然来自南方。[54] 在最早的有文献记载的例子中，从 5 世纪中期到 8 世纪，城隍神是有姓名的人，通常是获得军事成就者或者修建城墙有功者。这种反复的归功强化了城隍作为“城墙与护城河”保护神的身份，其身份的本质是保护人民、维护秩序。在南朝的一些例子中，城隍同样是因修建水库、建立灌溉系统、开放荒地而得到崇信的。城隍毫无例外都是凡人，他们因安民或善于教化而得到供奉。一些城隍是自战国时代到汉朝建立这段时期的历史人物，另外一些则是不出名的当地人物，他们的成就主要出现在隋朝或唐朝。[55]

城隍的来源通常与转化或打败地方动物神有关，这在台州（位于浙江东部）的城隍例子中特别明显。城隍最初是龙神，接受人们的祭祀，在随后的传说中，龙被人文化了，当地一个重要家族的成员致仕后来到山上，变为龙保护这座城市。江西的一个关于城隍的原始神话是，在隋朝崩溃后，一位英雄在内战中打败了当地的军阀，随后成为地方官，并消灭了一头巨大的、长有金色兽皮和朱红色尾巴的水牛，
220 这头水牛通常会在晚上从深渊中爬出来伤害人们以及庄稼。[56] 这些以

及相似的城隍例子，都包含镇压、驱逐或转化动物神的事迹，这表明城隍信仰在国家或大众宗教中扮演着与佛教和道教同样的角色，它们在宗教上将腹地与边境合并到一起。

就佛教与道教而言，城隍信仰同样是通过消灭血祭将宗教整齐化、人文化。像这样的国家与地方信仰之间的冲突，始于5世纪初的几十年，并延续了一个多世纪。项羽，这个汉朝创建者的对手，他的灵魂反对在吴兴（太湖南岸）设置任何官衙。对项羽的信仰与弁山神信仰合并起来，他在郡边缘的山脚下享受祭祀。地方官死于官衙，使人们相信项羽占据了衙门（当地政府所在的建筑），于是官员开始拒绝进入衙门。当地老百姓甚至在那里竖立了项羽的雕像。一些官员，包括一位虔诚的佛教徒，试图无视或驱赶这个鬼魂，但是他很快就病死了。尽管项羽的雕像最终被一个官员搬离了衙门，但对项羽的信仰仍然继续存在。于是，当城市建立城隍信仰之时，项羽被指名道姓地从候选人中排除了。

项羽的例子也许经过文学修饰，但在历史上真实存在。历史上还有其他的记述，比如官员们因为求雨失败而鞭打当地神的雕像，因此得病死掉了。通俗小说也包括这样的故事：甄冲新任官职，赴任途中为社公所拦。社公选中甄冲，愿招之为女婿。已经结婚了的甄冲拒绝社公之意，社公大怒，便令呼三斑两虎来进行威胁。他逃回自己的家并很快死去，被社公带走与其女成亲。[57]

这些鬼魅、土地神、动物精怪最终都要被善良的城隍收服。城隍是帝国官僚的同盟，一旦他失败了，还要受到官僚们的惩罚。城隍代表了地方宗教的归顺与道德化，这场正统宗教的胜利部分体现了精英规范、帝国文化的一种延展，它们开始进入边缘地区与山区，此前，这些地区是难以进入的。但更重要的是，它意味着帝国精英能够控制新兴的城市阶层所支持的观念，朝廷也成功地将自己塑造为一种代表神圣力量的形象。

第 9 章

书 写

221 南北朝时期有非常丰富多彩的中华文化，这为文学创作打开了新的自主空间。同时出现的有诗歌与清谈的结集、制度化的宗教、寺院与城市园林、山上的别墅与隐士的岩穴，这些文人创造了一个更加自主的“美学”空间，它不再是以宣扬道德为主的经典、哲学与史书编撰的附庸。[1] 这片书写与意象的新领域通过“玄学”的兴起在知识文化界占据了一席之地。

探索神秘

“玄学”大概指的是 3 世纪中期一群文人的思想活动以及他们的弟子们的相关研究。汉朝灭亡后，官方经典文献的正统性动摇了，这些作者便开始探究《易经》《道德经》和《庄子》，从而对语言、社会和整个宇宙产生新的领悟。他们围绕着一系列二元对立的范畴展开论辩：存在与虚无、名与实、言与意、一与多、性与才。这些辨析在名教（在社会角色方面的说教）与自然（事物在不被有意干涉时的自然发展）两者的论辩中扮演着重要角色。关键的思想家包括何晏、王

弼、向秀、郭象、钟会，以及作为诗人、散文家的阮籍与嵇康，他们 222
是竹林七贤中最重要的两位。[2]

汉代官方所尊崇的儒家将天进行了道德化，玄学却与之不同，是从宇宙论或形而上学方面探讨。玄学的渊源可以追溯到西汉末年，最早的思想先驱是扬雄（前 53—18），扬雄仿《易经》著述，冠名为《太玄》。在他的书中，“玄”被描写为一个无差别的、无法言说的原则，太初演化为阴阳，然后化生万物。它与《道德经》中对“道”的描述相似，也与王弼所认为是万物根基的“无”相似。实际上，扬雄提出了一个问题，“玄”是如何从“虚无”中产生万事万物的。[3]

扬雄指出，他的思想主要源自《道德经》，同时也捍卫儒家道义的绝对权威。随后，一些学者——包括严遵、桓谭和王充——明确指出宇宙中不存在一个道义的、人性化了的“天”来干预人间事务。[4]这些思想家特别是王充的著作得到东汉后期学界领袖马融的拥护，也为后来兴起的玄学提供了思想基础。

汉王朝覆灭之时，随着政治和社会发生变化，这些早期的观念也逐渐成为当时思想界的主流。东汉帝国的瓦解使得官方正统彻底动摇，丧失了大部分的思想权威，并且不再有国家作为后盾。对隐逸生活日益增长的兴趣意味着要形成新的理念，能够将朝堂之外与政事无关的活动合理化，并鼓励美学方面的自我挖掘。“清谈”的兴起和对人物品性评价的喜好息息相关，这引发了关于名与实、性与才之间关系的问题的探讨。玄学繁荣起来，至少是部分繁荣，因为它迎合了这些需求，并且旨在研究这些问题。

在三国时期，与玄学相伴出现的是南北思想的分化。在长江中游的荆州地区，出现了对《易经》与《太玄》的新的解读，即对自然的强调。继续留在北方朝廷的学者，比如《人物论》的作者刘劭，精细阐发早期思辨中名与形的关系，这种关系在形式主义和儒家传统中不
断得到发展。曹操占领荆州后，将长江中游的学术领袖带到北方，这 223

些不同地区的学术传统互相接触，在 240 年至 249 年玄学发展达到顶峰，出现了很多经典著作。[5]

这十年里，思想界的领袖是何晏，他当时还是吏部尚书。领袖思想家还有王弼，他的影响最大，著作也保留得最完整。这些著作包括对《周易》和《道德经》的注解，还有对《易经》和《论语》更为概括的集解。王弼最著名的观点就是他对“无”的理解——“无”有各种各样的解释，比如“没有”“虚无”或“否定”，“无”是现实最根本的基础。他坚持认为，所有存在的实体都必须有一个使其不成为他者的原因。而且应该存在一个终极的源头或本原，王弼认为这个本原和“道”类似，也是所有具体事物之所以存在的一个并不存在的先决潜力条件。“无”作为一个非客体，它没有任何特点和个性，因此先于并高于所有事物，包括汉代世界观里道德化的天。它同样超越了象与言，处于“玄”中，“玄”这个词就是这样来定义的。从而，这种关于虚体与实体之间关系的讨论，发展成了一场语言是否有能力表达终极意义的讨论，以及如何为现实存在实体命名的讨论。[6]

这些观念是关于存在与语言的，即语言是否能够描述存在，或者能否描述语言自己的边界。这些观念在政治理论中也得到了发展。“无”先于一切存在，并产生出各种实体，进而演化出秩序与意义。所以，各种人之所以可以团结稳定于一处，是因为存在唯一一个统治者，他屹立于传统社会秩序之外，所以能作为那个推动一切的终极原因。[7] 然而，统治者要发挥这一功用，就不能成为人民的对立面，他的“一”不能反对人民的“多”，他必须是一个理性的“他者”，完全处于充满欲望和诡计的寻常世界之外。以这种方式，王弼从玄学的角度认可了过去“无为而治”的政治理想，同时对曹魏国家提出了隐晦的批评，批评它对世家大族的监管与压制，以及与南方的蜀国、吴国的持续交战。[8]

除了不断强调否定性或虚无的终极优先性，王弼还断言孔子是比老子更伟大的贤者。这一立场，再加上他所坚持的单一统治者的必要性，使现代学者认为王弼是一个保守的思想家，也是一个“儒者” 224
（儒家不断发展，到这一时期任何试图把所有从前思想融合在一起的派别都会被归为儒家学说）。然而，对王弼而言，孔子之所以高出一筹，是因为他能“体”无，而老子只是“言”无。因此，王弼哲学最重要之处在于他坚持无的绝对优先性，并否定语言表达终极事物的可能性。王弼批评“名教”，即汉代儒学的经典价值观，因为“名”无法抓住存在的本质，表达社会地位的名更是在利用一致性。唯一有用的名，它本源于自然，并成为圣人的成就。[9]

王弼以及何晏，他们在批评具体政策的时候，又以道教经典与《易经》来证明所有政治秩序的合理性。诗人、散文家嵇康与阮籍，则持相反的立场，用相同的文本形成更加激进彻底的批评。在一系列讨论对长生不老的追求、音乐中为什么缺乏情感以及如何驱遣私利的文章中，嵇康明确提出一种激进的世俗生活，这种生活不需要有一个致力于为公众服务的圣贤，并代之以道教“真人”，真人从世俗世界的烦恼中超脱出来，目标就是实现自我完善。[10]嵇康的著名之处在于他极力回避政治、不修边幅、寄情于山水间并活在酒与音乐的世界中。

阮籍在学术方面没有太明确的观点，他谴责礼教，以《庄子》哲学为其榜样，接受有关音乐的既有观念，也赞同《易经》中的观点。然而，关于他的个人作风，他不受拘束，行为狂野洒脱，有种浑然天成的自然气质。他的终极理想是成为一个“大人”，嘲笑儒家的道德观念与政治参与意识，主张从世俗世界逃离，开始一段超脱的精神旅程。[11]竹林七贤都有这种生活态度，即在自然之美中自然随性地生活。因此，竹林七贤并非靠其思想方面的成就，而是凭借这种生活方式成为许多南方精英的榜样。[12]

郭象（252—312），以其《庄子注》而闻名。这部书不完全以早先向秀的注释为基础。郭象发展了先前裴頠的观点，认为“虚无”或

225 “虚体”的观念是没有意义的，因为所有的存在都是由实体组成。为了说明接受道德教育的必要性，裴頠否定了“无”。郭象则坚持所有的实体都是同时自发而成，所以整个宇宙都是自然而成的。在汉代的世界观中，社会与自然被有目的、有意识、有技巧地合并在一起，成为一个道德整体。东汉的批评家如王充，将两者区分开来，认为自然缺少人类社会的特质，也就是目标或者统一的道德观。郭象对“玄”的注释再次将自然与人类合并在一起，不过他认为二者都是无目的、无意识、无技巧性和非道德的。[13]

他进一步主张，传统的道德观念和一国之本都源于自然，但是它们与其他事物一样，自生自化。在郭象的宇宙中，所有事物都按其自身轨道运行，在这样做的时候，有条理的秩序形成了，每个事物都有属于它自己的位置。统治者与佃农都是按其所处位置的要求来扮演自己的角色的，这样就在一个自发运行的社会秩序中实现了道家所提倡的无为而治的理念。[14]然而，与王弼相反，郭象不再认为统治者是本体论中一个独一无二的哲学存在，也不再是与众多凡人相对应的那个超自然的“一”。郭象认为他只是在这个宇宙的这个位置上自发形成的一个个体而已。

而郭象也像王弼一样，以玄作为事物的起源来论证政治秩序，其他的作者和政治家们也为了不同的目的运用着同样的自然理念。竹林七贤和那些仿学他们的人，在激进个人主义的名义下，以自然来反对部分或全部的传统道德价值观念。在整个南北朝时期，玄学所阐释的自然自发的观念，被美学家和业余爱好者所使用，他们要么因此证明归隐去实现自我的生活是合理的，要么以其在精神和价值上的优越性来独占朝廷官职。[15]对艺术的自由追求得以逐渐发展，主要还是因为“自然而成”这种价值不断为众人认可。在万事万物自生的世界里，每个活动或事物都不需要迎合天或国家的单一来源价值观来证明自身。[16]

抒情诗

抒情诗最早出现于汉朝，当时多为无名氏所作乐府诗和“古诗”。前者描写了精英和普通人生活的点点滴滴、各个方面，后者则多感慨伤怀于人生的短暂，而声色犬马所能带来的愉悦感又那么短暂。在这 226
些诗歌形式的基础上，署名的抒情诗出现了，但乐府诗和古诗仍以匿名诗歌的方式继续发展。这种发展最显著的特征是，在中国南北分裂以后，南方与北方的乐府诗出现了明显的差异。[17]

北方的乐府诗，作于非汉人统治的军事王朝，强调雄壮的英雄主义，叙事多和军事有关。

新买五尺刀，悬著中梁柱。
一日三摩挲，剧于十五女。

这一时代同样产生了现存最早的关于木兰的故事。木兰女扮男装、替父从军。一开始很多描写豪迈气概的诗歌的确写于北方，但后来“北方英雄主义”的诗歌风格成为中国文学史上的一种传统，很多南方诗人按想象中典型北方人的口吻来写相同题材的诗歌。[18]

南方最著名也最流行的是无名氏创作的四行情歌，按照题名所示的曲调进行歌唱。有一些明显是按女性的口吻写的，而另一些看上去男性或女性都可以来吟唱。它们经常直白地表现情色欲望，但是有时也使用双关的修辞手法来表达情思，比如“莲”表现“怜”，或者“丝”表现“思”。在6世纪，这些情歌在朝廷上非常流行，有经过专门训练的女子乐坊来进行合唱表演。其中最著名的是子夜歌，子夜的意思是“午夜”，但同时据称也是指一个著名女乐伎的名字。一个典型的例子是：

揽裙未结带，约眉出前窗。
罗裳易飘飏，小开骂春风。

这些歌曲既影响了南方朝廷上宫体诗的发展，也对后世主要诗歌形式——绝句的出现有很大影响。[19]

227 在汉朝末年，著名文人也开始创作乐府诗以及相关类型的诗歌，那时候实际的大权已落入曹操和其他军阀手中。曹操自己就是一个著名的诗人，其诗作以其沙场征战精神和雄浑而质朴的语言闻名。他身边汇聚了那个时代最好的几个诗人，史称“建安七子”（建安是年号，196—219 年间）。[20] 曹操的两个儿子——太子曹丕与幼子曹植，同样是著名的诗人。曹丕是中国第一位重要的文学理论家，而他的弟弟则是以抒情诗赋来表达个人内在思想与情感的最佳典范，他是有修养的文人的榜样。[21]

在解读曹植的诗歌时，通常都是从他与兄长之间的对立关系以及导致他早逝的失败的政治生涯来入手的。因此，对曹植诗赋的评价与对他个人品性的判断融合在一起。[22] 在某种程度上，这成为对曹植在中国诗歌史上重要性进行判断的一种阻碍。但是，它同样表明了曹植获得成功的本质所在。曹植是中国最早的抒情诗人之一，以前的诗人都是匿名的，这些诗人却将自己的经历与体验当作诗歌的核心。在创作悲剧性自我的过程中，曹植的多面个性都融入了诗歌之中，他也成为中国抒情诗基本预想的一个先例，随后被解读为面对实际体验时能有一种后天培养出的敏感，并如实将此回应表达出来。[23] 中国读者通过曹植的传记理解他的诗歌，是因为当时出现了一种新体诗，曹植是其首个典范。

曹植运用多种形式把自我与诗歌融合在一起，这些都成了中国抒情诗的特点。他与圈子里的其他诗人改造了汉朝的“旧诗”，创造了“表现与回应的新诗歌”（poetry of presentation and reply）。这清楚地表明诗歌扮演了社会交流的角色。在“旧诗”里，作者描写了一些标准的场景——喧闹的街道、孤独的台阁——随后陈述由此引起的感受，在“表现诗歌”中，曹植先描写了自己所目击的场景，将其与朋友所受的困苦联系起来，随后给予安慰或鼓励。

细节的描述，通常构成了诗歌的主要部分，它传达出这样一种感觉，即作者见证了最初的场景，并对此进行反思，然后向朋友讲述了自己的感受，这样就使得作者与诗歌紧密联系起来。在曹植的手中，诗歌除了是诗人个人体验和内心感受的反映，也变成谈话的一种形 228
式。在他大多数朋友离开人世、自己也因政事被流放之后，曹植基本上彻底放弃了“表现与反应”的写作风格。他最长的也是最后一首以此形式创作的诗歌非常详尽地描述了离别的伤怀、旅途的痛苦，以及个人的精神状态是如何渗透到周围景物的方方面面当中。[24]

曹植和其父曹操一样，努力发展乐府诗。[25] 曹操改造了乐府诗的形式来描述自己的政治诉求及一路上的艰辛。曹植则改进乐府诗，并借此表达理想化的自我形象。曹植仿作了经典的乐府诗《陌上桑》，与原作中从几个视角描述漂亮的罗敷不同，曹植的版本只展现了一个观察者的所见所闻。原著中罗敷的出场是通过列举她的服装与配饰来完成的，在曹植笔下，罗敷的举止与服饰的每一方面都表现出优雅与灵动，使之具有统一的特性。原著中的罗敷是结婚了的，但在曹植诗歌的结尾，罗敷作为一个单身女人出现，她拒绝了所有的追求者，选择等待真正的高义贤良之士。显然，罗敷代表了诗人自己。曹植将整首诗改写为对自己的处境进行反思。[26]

关于英雄少年的诗歌中，也有类似的对诗人自身理想和所受苦难的沉思。对过往圣贤与忠良的引用，反映出历史有多么捉弄人，也反映出命运的曲折，但是最终揭示了诗人自身处境的不公与所受的痛苦。即便是他所作的俗如煮豆的诗歌，也含蓄地影射了他与作为统治者的兄长曹丕之间的关系。在对历史悠久的宴会诗再创作时，他改变了以前同类诗歌中情绪与主题的快速更迭，转而对宴会场景及其对参与者的影响进行持续的反思。他最常使用的乐府诗主题是“游仙诗”，根据《楚辞》改编而来。在这些诗歌中，他借向仙界飞升的旅程，对自身所处世界的堕落进行批判，并试图从痛苦中寻求情感的释放，但人们不清楚他是否真的相信有这种超越现实的世界存在。[27]

下一代诗人则以竹林七贤为带头人物，他们中间的一些人甚至是亲戚关系，但据我们所知，他们从来没有在同一地点聚齐过，有些人
229 可能都从未见过面。最伟大的诗人是嵇康和阮籍，特别是阮籍，他著名的一组《咏怀诗》标志着对中国抒情诗的又一次重大创新。阮籍是一个划时代的人物，他深化了抒情诗，使之更加具有普遍性。阮籍展示了一个成熟的诗人不仅仅能通过描绘自己生活中的事件来抒发自己的情感，也能借助一个与众不同的个人的视角来描绘这个世界或者历史，从而洞悉整个人类存在的意义。[28] 阮籍并不是只描述自己所处的特殊境况，也不是对人类生活泛泛而谈，而是痛苦艰难地寻找个人存在的意义，并思考人之种种悲伤与脆弱。

阮籍的新尝试获得了成功。他将叙述顺序进行了调整，叙述不再是一条直线式的铺陈，而是在脑海中画了另一幅图，各种自然意象与文学典故自由融合在一起，从而激起诗人的各种情绪与情感。阮籍的大多数诗歌都没有受到单一意象的局限，而是通过收集不同的意象来界定某种情绪或感觉。正如下面这首诗歌，它是《咏怀诗》中的第七十一首：

> 木槿荣丘墓，煌煌有光色。
> 白日颓林中，翩翩零路侧。
> 蟋蟀吟户牖，蟪蛄鸣荆棘。
> 蜉蝣玩三朝，采采修羽翼。
> 衣裳为谁施？俛仰自收拭。
> 生命几何时？慷慨各努力！

这首诗中，各种植物、动物、瞬息万变的自然以及人生有限这些内容同时出现，这些原本绝不可能被融合到同一场景当中，因为均来自不同的季节和不同的环境，也不能按照常规的记叙顺序排列下来，

但它们还是被组合到一起，形成了对存在之虚无的思考。在其他诗歌中，人的肉身的不堪一击与社会和政治的崩塌联系在一起，这便是他所处时代的特征。[29]

4 世纪到 5 世纪早期，山水诗与隐逸诗兴起，齐、梁王朝的诗人 230
有机会与皇子接触。皇子们的宫殿既是中国南方的政治中心，也是文学中心。下一波极具创新精神的诗人出现于 5 世纪末期的永明时代（483—493），他们以齐朝竟陵王萧子良著名的西邸为活动基地。这个诗歌圈子以“竟陵八友”著称于世，它最杰出的成员包括沈约、谢朓、王融。[30]这些诗人最著名的成就就是把声律和对偶方面的知识运用到诗歌创作上。对音律的使用在唐朝发扬光大，并使“律诗”成为中国诗歌的理想形式，直至今日仍是如此。

韵律的规则归纳起来是“四声八病”。“四声”指的是平、上、去、入，是那个时代语音的特征。在唐朝的“律诗”中，声调只是被划分为两类——平与仄，但是今天的研究已经确认，较早时代的记述表明，使用“永明体”的诗人们会在其诗歌中积极区分全部四声。[31]“八病”特指一些出现缺陷或者不够有力的声律组合。唐诗被音律规则紧紧限定，而这些早期的规则大多时候只是在禁用一些固定的音律组合。整个系统以保持音律的活泼与灵活性为名，旨在避免重复，并鼓励音律上的各种花样。之所以会这样，是因为此时音律被逐渐重视起来。正如同当时的文学理论家刘勰所讲的：

> 今操琴不调，必知改张；摛文乖张，而不识所调。响在彼弦，乃得克谐，声萌我心，更失和律，其故何哉？良由外听易为察，而内听难为聪也。故外听之易，弦以手定；内听之难，声与心纷；可以数求，难以辞逐。[32]

这种看法认为诗歌的音律与它的字句一样，根植于人的语言，是诗人心灵的产物。因此音律本身与诗歌的意境也有着千丝万缕的联系。

231 对诗歌音律的重视，有几种原因。这一时期诗歌已经从音乐中独立出来，评论家钟嵘批评新的音律体系时提出了这样的反问句：“今既不被管弦，亦何取于声律耶？”但这恰恰是新的声韵体系出现的原因，因为它要创造一个独立于音乐之外的和谐之声。沈约为规则化的韵律做了辩护，他指出，汉语有四声，而音域则有五音。新的韵律使诗歌在从音乐结构所施加的强硬束缚中解放出来之后，仍能保持和谐与乐感。[33]

对音律模式的新兴趣也反映了随佛教一起被引入中国的印度文学的影响。因为长期接触梵文和中亚的其他语言，并接触了大量据此翻译成汉语的作品，中国学者与诗人对自己的语言有了更明确的认识，也受到鼓励，要在自己的诗句中更多地展现汉语的语言特色。中国南方的佛僧在了解了吟唱梵文时所使用的“三声”（更准确地是“抑扬之声”）之后，也借鉴此模式来吟诵佛经。竟陵王萧子良不仅支持并资助了那些永明派的诗人，也在西邸支持公开吟诵佛经的活动。在作诗时对吟唱和抑扬顿挫之声调的强调，为中国音律的理论化提供了一个范式。梵文文学不仅为那个时代受佛教影响的诗人们提供了新的韵律，同时还提供了它自己关于音韵学的理解，其中有对“缺陷”或“病”的详细列举，这为新的汉语理论提供了范式。[34] 因此，大量涌入的梵文使人们对中文的音律特性有了更系统化的思考。

围绕着后来成为梁朝简文帝的萧纲（503—551）又形成了一个诗人圈子，发展了“宫体诗”，它在后来的中国文学史中成为被批评与谴责的对象。尽管如此，“宫体诗”仍旧是当时的主要诗歌形式，著名的大唐诗歌能够包含这么多的作诗技巧，它也功不可没。[35]“宫体诗”在很多方面是南朝诗歌发展的一个极端趋势，旨在使诗歌成为完全自主自发的领域。在萧纲关于诗歌的论述和他自己所作的诗歌中，萧纲明确地拒绝了道德与政治的干预。道德与政治观曾经统治了汉代诗歌理论，虽然在后汉诗人的作品中式微，却仍然存在。他甚至贬斥曹植的一些文学批评理论，而曹植被当时的评论家钟嵘看作有史以来最伟大的诗人之一。萧纲认为，诗歌完全是用来表达内心感受的，它最突出的特点就是有精致而华丽的语言，因此永远也不该接触沉重的公众话题。这些主题对于语言活泼的诗歌来说过于严肃，而且已经出现了专门涉及这类话题的文体，比如呈文与散文。诗歌应该是一种优雅的、略带情爱的文字游戏，目的在于表达并加强宫廷生活所具备的情趣和激情。[36] 232

文学理论

即使创作抒情诗成为衡量文人地位的标尺，作家们仍然力图证明文学创作本身就是一种非常高尚的追求。这一理论最早出现于曹丕《典论》中留存下来的关于文学的一些片段中。[37] 曹丕认为文学不是为道德服务，而是人类活动的最高形式，是衡量一个人人生的首要方式：

> 盖文章，经国之大业，不朽之盛事。年寿有时而尽，荣乐止乎其身，二者必至之常期，未若文章之无穷。是以古之作者，寄身于翰墨，见意于篇籍，不假良史之辞，不托飞驰之势，而声名自传于后。[38]

这标志着文学思想进入了一个新时代。在早期的讨论中，获得不朽名声的标准过程就是“立德”“立功”和“立言”。但是，这里的“言”指的是政治言论或圣贤的道德教化。尽管早期的作者如司马迁坚持认为文学能极大地帮助一个人扬名后世，但也只被当作政治生涯不成功之后的一个勉强之策。通过文学作品流芳千古这一想法放在曹丕身上显得特别具有讽刺意味，因为我们从他对诗歌的社会功用的讨论中可以知道，曹丕所有的诗人朋友都死于瘟疫或战争。在文章结尾，他反思了人生的短暂以及与朋友离别的伤怀。

除了这种新出现的、对文学中心性的强调，曹丕的文章第一次
233 探讨了文学作品如何反映其作者的品性：“文以气为主，气之清浊有体，不可力强而致。譬诸音乐，曲度虽均，节奏同检，至于引气不齐，巧拙有素，虽在父兄，不能以移子弟。”

在得出这种“以气为主”的判断之前，曹丕列举了他那个时代顶尖作家的优势与劣势，他们的“气”往往能用来解释他们的一些倾向。[39] 每位作家都有一种与众不同、与生俱来的“气”，这种“气”能使他偏重于强化诗歌的某些方面，而去弱化其他方面。因此，这里的讨论将某人写作的风格和他与生俱来的个性结合在一起，写作就不再只是通往永生之路的阳关大道，也成了表现一个人内在本质的最重要形式。

下一个文学理论的伟大著作是陆机的《文赋》,《文赋》中提出了南朝文学讨论的最基本议题。[40] 这首赋的创新重点在于把重心放在创作活动本身之上。因为赋希望深入全面发掘一个主题，陆机试图描述创作一篇文学作品的整个过程。陆机首先介绍了写作前的精神状况，接着讲述开始创作之前的思考，最后再描述创作活动本身。按晋朝的传统，为求完整应将一首赋置于某个宇宙观当中，所以陆机也首次提出最高等文学是表达宇宙间秩序与原则的观念。之后，陆机在王弼、郭象以及其他玄学家对精神与宇宙的认知的基础上，阐述了文学创作的新模式。

陆机是最早将情感看作诗歌中心的作家之一。在对文体的分类中，陆机写道：“诗缘情而绮丽。”在这里，他以更广泛、更多变的“情”取代了儒家传统经典中宣扬并已极度道德化的“志”。这也使他坚持认为诗歌就应该用来描写感官和肉体所体验到的美好。[41] 随后，许多诗人都认为情感表达是诗歌最重要的功用，其中就包括 6 世纪早期的评论家钟嵘和刘勰。这种前所未有的、对情感表达的偏好，标志
234 着诗歌不再被当作一种有效的、向公众喊话的工具，而成为表达诗人

内在情感的一种方式。[42]

陆机的另一个主张在接下来的几个世纪里也得到了进一步的发展，他认为诗人所激发出的情感是对这个世界以及世间万物的一种回应。因此，诗人应该将自己置于宇宙的中心，之后，他应该：

> 悲落叶于劲秋，喜柔条于芳春，
> 心懔懔以怀霜，志眇眇而临云。[43]

这里，诗人的心灵与一年四季相契合，他的感觉也随着每个季节出现的不同事物而起起落落。

感觉与事物之间的紧密联系在3世纪的许多诗歌中都能体现出来，又被后来的评论家们予以理论化。举个例子，刘勰在他的文学论著中用一章来论述物质世界对诗歌的影响。他与陆机一样，阐述了一些类似的主题："岁有其物，物有其容；情以物迁，辞以情发。一叶且或迎意，虫声有足引心。况清风与明月同夜，白日与春林共朝哉！"这种主张坚持认为事物具有举足轻重的作用，诗歌是用来描述事物与心灵之间的相互交融的，这类诗歌逐渐兴起，山水诗的主题也与之类似。[44]

陆机的赋同样描写了诗人是如何在精神上做好写作准备的，他认为通过适当的准备，可以开发出超自然的感知力与创造力。诗人首先以静思来清除脑中多余的想法，密封视觉与听觉以排除干扰。这使得诗人进入一种启蒙状态。在这种状态下，已经做好准备的头脑会充分发挥想象力，将周围的物质世界转化为文字：

> 其始也，皆收视反听，耽思傍讯，精骛八极，心游万仞。
> 其致也，情曈昽而弥鲜，物昭晢而互进。[45] 235

这种净化心灵的主张来自早期的道家经典著述，特别受《庄子》的影响。在《庄子》中，圣人的虚一而静能够使他拥抱天地万物。陆机对这些经典的探究表明道家思想在后世玄学家的阐释下重新发扬光大起来。最后的几行，颠覆了过去的看法，情感不再是通过对周围事物的感知而激发出来的，这强调了诗人灵感的重要性，能够融会心与物。[46]

下一位主要的文学理论家是钟嵘（459—518），他原创性的贡献较少，但是他的《诗品》将从古至今所有的诗人按其优秀程度予以自上而下的分类。这种分类方式起源于汉代，当时班固按道德特征将人分为几等，随后的九品中正制也是按天赋与品性将人分等，以此来选拔官员，同时也反映出当时精英的地位。[47]这种从以道德品性或政治才能论人到以诗歌技巧论人的变化，表明文学艺术越来越被视作一种独立其身的成就，而非伦理或政治的依附品。

钟嵘是第一个强调诗歌直接性的批评家。他主张作家应该避免从早期著作中引用过多的典故，而应该直接描写这一刻的现状。与此紧密相连的是，他强调对物体进行详细而娴熟的描写，并认为这是诗歌的一个优点。对于自 3 世纪末以来的诗人而言确实如此。因此，他将张协（卒于 307 年）归为最高品的诗人，一部分原因就是他能够对外部世界进行巧妙的描写。对描述性语言的强调是南北朝诗歌的主要特征。[48]

然而，钟嵘同样是第一个强调描写不是以自身为目的而是要有更深刻意指的批评家。因此，他表示，张协诗歌的最大优点在于“味”，这种“味”来自多彩的语言和如同乐曲般的音律。同样，颜延之诗歌
236 的价值在于巧妙描写所引发的强烈情感。“言外之意”的理念是有启发意义和有深意的，它常被描述为“味”，只有不断地反思琢磨才能够品出诗歌之味，而“味”也成为诗歌鉴赏的根本。钟嵘对“兴”的概念进行了再创造，提炼出“味”。在汉代对《诗经》的注解中，“兴”一般是指诗歌开头所描绘的一个自然意象；在钟嵘的著作以及随后他人的评论中，它与“味”关联密切，意味着一种像“情绪”的感觉，如同在下文中所说的：

> 故诗有三义焉：一曰兴，二曰比，三曰赋。文已尽而义有余，兴也；因物喻志，比也；直书其事，寓言写物，赋也。弘斯三义，酌而用之，干之以风力，润之以丹彩，使咏之者无极，闻之者动心，是诗之至也。[49]

在这里，“兴”不再是一种简单的写诗技巧，而是作诗最首要的、无所不包的原则，界定语言最高品质的原则，它会在读者脑海中徘徊，并与读者产生共鸣。

刘勰的批评著作《文心雕龙》，在他所处的时代并不是很重要，但是到20世纪，它被看作中国文学理论最伟大的论著。这种评价的转变反映这本著作的独特性。它对传统文体进行了系统的论述，包括散文、书信、序跋以及散的笺记等。这种结构化的论述是前所未有的——它分析式地叙述了文学发展史，阐述了文学的创作过程，列举了文学的几种类型——几乎可以认为这本书是受到佛教和其他印度理论经典的激发而产生的。前几个世纪进入中国的例子展示了如何运用有限但却细致的格式来全方位地探索一个主题。这些文献可以被分为两个部分，一个部分处理特殊的类别，另一部分则针对行文风格和语言，这一点也和研究诗学的梵文文献类似。刘勰是一个孤儿，他 237
成长于佛教寺院，成为僧祐和尚的俗家弟子，他也是一位非专业的学者，撰写过大量有关佛教的论述。因此，尽管《文心雕龙》中只有一个地方很明显受到佛教的影响，也只有少量新词是在翻译梵文原著时创造的，它对文本的系统化组织与著述时的基本思想模式，在中国文学传统中是前无古人后无来者的，这清楚地表明刘勰的著作极大地受到佛教经典的影响。[50]

尽管刘勰著作的架构是独一无二的，但它却是对几个世纪以来的文学观念最充分和最系统的论述。除了研讨所有已知的文体，这部著作还包括了其他的主题，比如从宇宙观的角度来探讨写作的起源、物体外观的重要性、情感的作用、作家个人品性与其作品之间的关系，以及一个有修养之人通过想象所具备的超人般的能力，能够直接贯穿时间和空间。关于最后一个主题的篇章是最有影响力的文段之一。在简短介绍了能在时空中自由移动的“神思”之后，文章继续说道：

> 故思理为妙，神与物游。神居胸臆，而志气统其关键；物沿耳目，而辞令管其枢机。枢机方通，则物无隐貌；关键将塞，则神有遁心。是以陶钧文思，贵在虚静。[51]

在这里，刘勰将陆机和其他人的观察发展为一系列详细且系统化的论述，探讨了人的心灵是如何与物质世界相互交融而创造出如此的文学作品。整个过程都建立在玄学的唯心论和宇宙观的基础之上。

刘勰思想中关于文学自发性的新想法主要体现在他对经典的讨论上。[52]《宗经》一章中，刘勰认为五经完善了“道”的概念，也是所
238 有文学创作的源泉。这种论点与传统观点一致，因为汉代的藏书阁就已经把各类文学作品的经典收集成册。然而，汉代学者普遍认为，经典以及由之衍生出的各类著述都是由统治者及其手下官员写成的，所以文本内容和整个社会的政治倾向相一致。[53]刘勰及其所处的时代将文学看作独立的存在，刘勰坚持认为经典不仅仅是经典的历史文献，更是文学的范本。因此，他主张经典是“文章奥府”，并引用了汉代学者扬雄的观点，认为经典的文风像是“雕琢过的玉器”。他还断言，儒家学说之所以屹立不朽，是因为孔子的文字表达“辞富山海”[54]。这样，文学的力量成为社会秩序的基础而不是如早前所主张过的社会秩序决定文学话语权，取得文学成就成为获得社会权威的重心所在。

最后一个体现出文学自发自治的方面，就是这一时期编撰的很多文集均由诗歌与文论组成。在结集中选择与编排文章的原则通常反映有关文学本质的看法，文集本身又进一步完善这些观念。汉朝毛亨、毛苌曾编选、注释《诗经》，因此又称《毛诗》，是现在仅存的关于诗经的汉代注释，它认为诗歌是在表达规范性的、权威的意志，而它对篇章的安排则是按周朝的地理结构与时代顺序进行的。同样地，《楚

辞》也是集合了几个时代不同类型的诗歌，再被当作一个诗人的诗作来重新解读。这些对文集的解读形成了一种新的文学范式，即对忧思充满激情的见证。[55] 同样地，完全由美文组成的编撰文集，标志着文学逐渐被当作自主自发的创作，这些文集的内容也反映了这种自主自治的边界所在。[56]

已知最早的、将文学视作一种艺术的文集是由曹丕完成的，这也是文学自觉理念的第一个标志。217 年左右，曹丕将他的四位友人所作的诗歌编辑成册，这些朋友都在当年的一场瘟疫中病逝。5 世纪早期，谢灵运编撰了主要由五言诗组成的诗集，这部诗集陆续被后世的几位作家修订与完善。[57]7 世纪的《隋书·经籍志》列举了 107 部文集，有 2213 卷之多，其中也包括一些文学批评。这些文集大部分编撰于梁朝，那个时代留存至今的两部文集向我们提供了唯一已知的文集内容。 239

在现存文集中最有影响力的是《文选》，它是在皇太子萧统（501—531）主持下编撰的。萧统是文学活动的主要支持者。《文选》收录了超过 130 位作家的 761 篇作品，有散文也有诗歌，从公元前 3 世纪一直跨越到公元 6 世纪。在对文学的理解上，它保持中立，其序言重申了文学作品所扮演的社会与政治角色，但是与此同时，其内容却排斥了经典、哲学与历史内容，它所展示给世人的“写作”全部是诗歌与散文，与齐、梁王朝时代出现的“集”中所指文学类别相对应。[58] 这一类别的发展，以及在此基础上进行的文集创作，清楚地表明自觉自发的文学创作正在逐渐兴起。

文集的篇章编排把保守、务实的文学观与更现代的审美眼光混杂在一起。诗歌部分被划分为赋与抒情诗，前者是汉代最为尊崇的体裁，后者则在此前的几个世纪中占据绝对优势。赋最开始都是以皇家意象为主题，比如描绘都城与猎苑，后来才涉及更为私人化的主题，比如远游、音乐、艺术等，最后是情感的表达。抒情诗开始于道德劝诫，随后关注一些社会主题，比如宴会的举办或历史的发展，最后则是用来表达个人情感或者描绘山水风景。萧统所编梁朝的宫体诗，摒弃了那个时代极为流行的咏物诗、艳体诗。对散文部分的组织也按照同样的方式，从那些更为公开、严肃（诏诰或记事之史）的主题转向更为私人和情绪化（最显著的是私人信件）的主题。因此，《文选》在整体上体现了“美文”的中心地位，但是在其内部结构上，选文则更偏向保守，还是更加侧重公共话题和政治主题。

萧统死于531年，他的皇太子之位被弟弟萧纲取代。萧纲对文学有不同的理解，这一点体现在另一部文集——《玉台新咏》之中。
240 萧纲是后来所谓宫体诗的主要支持者。这部集子是表现宫廷生活的诗歌的结集，包括描写宫阙的、珍稀事物的、园林的，当然首要是描写宫中仕女的诗歌。其序言便显示出对女子的关注，序言描写了宫廷美妇的婀娜身姿，讲述她们如何创作雅致的诗歌（也列举了历史上的一些女性诗人），随后讨论了她们的写作动机：

> 优游少托，寂寞多闲。厌长乐之疏钟，劳中宫之缓箭。纤腰无力，怯南阳之捣衣；生长深宫，笑扶风之织锦。虽复投壶玉女，为欢尽于百娇；争博齐姬，心赏穷于六箸。无怡神于暇景，惟属意于新诗。庶得代彼皋苏，蠲兹愁疾。[59]

这篇序言表明编者是为宫廷仕女的消遣而编撰诗集，并为她们的创作提供样本。这就说明诗歌的主题是社会消遣或娱乐，它是对朝臣以女性口吻来模拟创作的经典模式的一种变形。[60]

这部诗集的内容与其序言相匹配。《文选》主要收录汉、魏、西晋时的作品，与之相反，《玉台新咏》四分之三的内容，写作年代都在编撰文集之前的100年以内，有两卷还包括活着的诗人的作品，最具代表性的作者就是它的资助人萧纲。其诗歌同样反映了当时的品位，强调艳体诗、巧妙的双关语以及对事物的详尽描述。大部分汉代乐府诗都被排除在外，而很多南朝流行民歌的代表作都得以保留，比如都城地区的“吴歌”和长江中游城市江陵和襄阳的“西曲”。这些主要是绝句，内容多是爱情与求爱，充满地方语言特色。但这部诗集最首要的特点，还是它拒绝传达任何严肃的道德或政治目的，并将文学艺术看作雅致的、精英的娱乐方式。

书 法

书法作为一种视觉艺术逐渐兴起，也体现出当时的文人对独立自 241
治的美学世界的向往。早在战国时代，书法就是获得官职的必备技能。汉代时，不同的书法风格有不同的功用，在汉朝的前三个世纪里，书法对学者而言不是那么重要。甚至相反，书法时常与令人厌烦的小官员或“吏”联系在一起，这些官员任意修改法律文书以使自己或直属上级获益，他们挥动着刀笔，污蔑那些高贵大方的灵魂。甚至在书法已经成为文人的艺术形式之后，它仍然与有辱人格的职位联系在一起。《世说新语》中的典故和《颜氏家训》的训诫都谈到一个优秀的书法家将面对上级领导和朋友们不断的索求，这等同于被当作仆从甚至是劳役。[61]

书法第一次作为精英自我表达的方式并与个性相连，是同蔡邕（132—192）有关。蔡邕是一个著名诗人、音乐家和散文家，他是第一个以上乘书法作品获得名望的人。[62] 因为他把流畅自如的文笔和精湛的书法结合在了一起，便接到很多请求，希望由他来创作墓志并将之写于石碑之上，然后再由雕刻师把碑文雕刻出来。171 年，蔡邕校书东观，他以同样的技法将五经的权威版本刻写于石碑之上。

此时，蔡邕卷入了“清议”运动的斗争中。169 年，他为郭泰创作了他最为有名的碑刻。郭泰是反对朝廷无道一方的领袖，他也是第一批以赏鉴识人而闻名的人之一。在 178 年，汉灵帝建立了鸿都门学，替代已有的太学，来招募一些与既有的学者圈子无关的优秀文人。这个新的鸿都门学会训练辞赋创作、“鸟虫篆”的书法。“鸟虫篆”的笔画呈蜿蜒盘曲之状，与方正、呈几何状的官方字体不同。蔡邕谴责了这些人，并批判了这种脱离道德品行、只重写字技法的用人
242 观念。他同样创作散文和辞赋赞颂传统隶书和篆书的效用及其神圣起源，将它们与大一统国家的建立相关联。因此，尽管蔡邕把文人的才华与高超的书法技艺联系在一起，他仍然认为书法是小道，只是用来为国家服务的。[63]

书法成为文人的艺术，部分是因为汉朝时行书与草书的发展。这使得用笔更加自由，书法的线条成为书写者身体动作的一种直接延展。如此一来，字迹就成为一个人的延展。这一点在写草书的时候特别明显，它开始于一种流动的、简洁的书写，下笔可以很快，但随后演化为一种灵活的、动态的艺术形式，让每个书写者都能够发展他或者她自己的风格。

关于书法的第一部理论著述是赵壹的《非草书》（公元2世纪晚期）：

> 余郡士有梁孔达、姜孟颖者，皆当世之彦哲也，然慕张生之草书过于希孔、颜焉。孔达写书以示孟颖，皆口诵其文，手楷其篇，无怠倦焉。于是后学之徒竞慕二贤，守令作篇，人撰一卷，以为秘玩。……凡人各殊气血，异筋骨，心有疏密，手有巧拙。书之好丑，在心于手，可强为哉？若人颜有美恶，岂可学而相若耶？[64]

赵壹认为书法是身体的延展，书法是独特个性的表达，因此无法通过模仿来掌握。

他的文章表明汉末的时候很多学者通过临摹漂亮的书法来掌握这门艺术，这种做法导致南北朝书法发展过程中一个关键问题的出现：复制与伪造。对这一时期的书法理论而言，这是一个独特的问题，要不就从诗歌、绘画和医书中借鉴（因为书法是身体的表达）。[65] 如同

赵壹文章中指出的，学习书法，临摹至关重要，所以仿写是文人日常生活的一部分。然而，南北朝时期的逸事表明，试图将仿写达到原本水平的做法被看作以“伪”代“真”。如同这一时代批评理论的其他方面，这些表达似乎来源自《庄子》，“真”表示真正的、与生俱来的品质，标志着人类的完美状态，而“伪”则代表虚假的或虚伪的。陶潜的诗作将“真”“伪”引入中国诗学之中，并把“真”当作他愿意为之奋斗的理想。

这种二分法第一次运用到书法上是虞龢（卒于366年）《论书表》中所记载的关于王羲之（303—361）的逸事。王羲之的字体已经成为一切书法的标准，因此一直以来都是模仿者的目标。有一则逸事讲述的是宗室成员刘义宗花费大量的金钱来购买杰出的书法作品：“新渝惠侯雅所爱重，悬金招买，不计贵贱。而轻薄之徒锐意摹学，以茅屋漏汁染变纸色，加以劳辱，使类久书，真伪相糅，莫之能别。故惠侯所蓄，多有非真。”[66] 在最高层的圈子里，书法成为一种能带来名望的艺术，书法市场也因这种需求而产生。但是因为这样一个市场的存在，伪造书法作品也形成了一个产业，并有许多非常成熟的运作技巧。

“伪造”的概念本身就表明人们认为书法作品是有价值的。在一则逸事中，王羲之都没有一眼认出来面前摆着的是仿照自己作品而造的赝品，这表明即便是那些与“原作”无法用肉眼区分的书作，也会被看作假货。这意味着在鉴定评析书法作品时，最关键的要素就是人们认为书法作品是其作者个性的一种延展，书法作品之所以珍贵，就是因为它与写作者本人紧密相连。这是我们手中最明显的证据，来证明书法是如何由一种单纯的文书技能发展成一种高雅的艺术的。书法中的线条展现着书写者高贵的精神品质。书法作品能够展现精神气质，这也说明了为何《世说新语》会对王羲之和他的儿子王献之的书法甚至其人格品性进行如此诗意的叙述，也说明了为何王羲之的个性决定了他的作品能有如此高的价值。[67]

最后，书法与追求“真”之间的关系也可以从道教的形成过程中体现出来。在南方，以杨羲所受经典为基础，形成上清派，以其绚烂的诗歌与书法有别于他者。陶弘景为梁武帝进行书法判断，他在论著中曾讲述如何鉴别真迹，并运用此能力来辨别杨羲的书法，从而将真经从后来增写的经书中区分开来。因此，真伪书法间的区别能够将神圣的经典从伪经中辨别出来。在由真经编撰成的《真诰》的后记文中，陶弘景就指出了这一点。然而，杨羲记录的经文是潦草地以草书写成的，当时的书法家都受其影响，而后来却被仔细地以隶书转抄。这表明，仍然存在这样一种观念，认为严肃的公共文本应该用正式的隶书来书写。[68]

《真诰》将书法划分为三个层次。最高级的存在于世界最初本源之中，它只能被仙人阅读与书写；次一级的被描述为“云篆”，它用来书写符箓来控制鬼神，它们无法为寻常凡人所阅读，而是修行的道教徒的特权；第三级别是普通人熟悉的寻常书写。不同于早期的形式，这些字被强制性地按固定、明确的形状书写，使之可以识别，但是却被剥夺了字形中超自然的力量。后世的道教经典有力地阐释了这一观念：自天地初始，字符便存；在某些叙述中，有形的世界便来自它们。字符具有神性，在道教经典形成过程中扮演鉴别经文真伪的角色，这种理论表明书法在这一时期的宗教史上具有重要地位。

叙述文

南北朝时期写作发展的最后一个方面是叙述文在形式与使用上的转型，这种转变从史书的撰写开始。撰写史书最重要的一个发展，就是它已经成为文献分类法中的一个独特类别。在汉代，这一时期的所有历史著作都看作经典著作《春秋》的衍生物。史学第一次被划分成一个单独的类别，是在曹魏王朝学者荀勖所编撰的《新簿》中，《新簿》采用了四部分类法，但是那时还没有正式使用“史”的名称。

“史”正式成为独立的一类文学，是在南朝的刘宋王朝时期。438 年，刘宋重组了太学，将之划分为四学：儒学、玄学、史学和文 245 学。从此，史学成为一门独立的学问，和讲究自发自治的文学有着类似的发展思路。史学作为一种不同的学科，也与对史学实践之性质的讨论有关系。这一方面第一个清楚的例子是谯周（卒于270年）的《古史考》。对史学实践的探讨在《文心雕龙》（约 500 年）有关史学的篇章中达到高潮。[69]

汉代宫廷所收文献的分类中，春秋类仅列 12 篇，而《隋书》（完成于 656 年）中史部列有 874 部，其中 817 部当时仍然存在。除清朝（1644—1912）之外，南北朝编撰的历史著述在历朝历代中都算得上是最多的。许多历史学家，特别是司马彪、袁宏和范晔，都写下了汉朝的历史，并以此解释汉朝是如何覆灭的。其他人也撰写了汉朝以后各个王朝的历史，既有私人撰述的，也有国家官修的。很多史学著述试图把汉王朝的正统继承人同纯粹的反贼逆臣区分开来。最著名的例子是陈寿的《三国志》、沈约的《宋书》、萧子显的《南齐书》和魏收的《魏书》。沈约和萧子显的历史撰述是由朝廷支持修订的，他们所撰写的与此朝紧挨着的上一个王朝的历史，成为后世中国官修史书的一种模式。[70]

这一时期史学的兴盛还表现在史书不仅仅把国家政权当作唯一的研究对象。这时出现了有关于地方的史书，比如有《华阳国志》；还有宗教方面的历史，这些著作包括慧皎的《高僧传》，其描述庙宇和彰显神迹的雕像，描述撰文受到何种启示的文尾题署；还有像《洛阳伽蓝记》这样不同于常规的著述。很多作家也产生了其他兴趣，比如书写各种传记，或者收集各类逸事。这一类型的先导是裴启，他编撰的《语林》为《世说新语》提供了模范样本。这一著作，后来为中国乃至日本数个世纪以来的逸闻录提供了灵感。与其他一些对过往的记述一样，《世说新语》没有遵照政治历史学的模式写作，因此受到许多古代作家的贬低，通常被归类为“小说”，后来该词与英语单词“fiction”相对应。[71]

246 历史与小说逐渐区分开来，一个重要的表现是“志怪”这种新文体的繁盛。[72]这种体裁大部分是讲述有关鬼、怪物或奇异之事的故事。“志怪”一向被看作中国小说的源头，但是那些写“志怪”的人却认为他们是在进行纪实写作，而且这种写作是三种经典纪实模式的扩展：宇宙论、预兆记录、史学。中国早期的宇宙论（有关世界的结构的记录）包括《禹贡》《穆天子传》《山海经》这样的文献。[73]这些文献专注于偏远地区和高山野岭，讲述了一些能够帮助证实中央政府地位的奇闻逸事。预兆记录被收集到官方史书中，包括对数量众多的预示着世界大乱的怪异现象的记述。最后，像干宝这样的关键人物证明，这些预兆与鬼神的故事实为对传统史学的补充。[74]

作为对历史的补充，奇闻逸事重在强调“边缘性”，因为故事多来自偏远地区、高山野岭或隐秘的幽冥隐匿之处。这些故事大部分都在南朝控制的地域内流传，作者也多是南方人，相当大比重的异常事件发生在南方与西南地区。[75]这样一来，那些因中央政府向南或向深山扩张而被纳入帝国版图的地区，就有了留存至今的文字记录。有的时候这些故事帮助修复了中央与边缘地带的关系，也因而挑战了社会的层级结构。在某些文献中，作者表现出异于常人的技能，或者是对偏远地区深入的了解，这意味着只有他，而不是统治者，能够掌控边缘地区并将其纳入现世的世界。

这种把从人类世界中隐退的方士所具备的优势作为主题的现象，在收集奇闻逸事的道教文献中变得更加突出。这些志怪故事强调居住在世界边缘的人与物所拥有的自主性，甚至高出世俗统治者一筹。方士飞升到更高的地方，超越了显贵和君主的梦想，谁能到达人所能抵达的最遥远的地方，谁就拥有最至高无上的地位。在描述汉武帝与神

247

仙会面的史料中，东方朔协调着统治者与这些来自世界边缘的神仙之间的关系，于是中间人，而非统治者，成了一切的主宰。仅有受佛教启发的文本不受此模式影响。因为受到异域起源的影响，这些文献坚持认为每个内心虔诚向佛的人都有创造奇迹的潜能。[76]尽管如此，那些记录下来的有关佛法显灵的文献也都强调了这些信徒来自边远的地区。

这一类型的主要著作反映了汉代对天人关系的看法得到了更宏观的延展。[77]在汉朝，人与神共处于道德化的世界之中，天是最高的权威，维护着传统价值观。然而，“志怪”延展了空间与道德的范围，将宇宙之中的每一事物都包括在内。以前统治者是天与人之间的唯一纽带，但现在神不仅与统治者联系，还与所有人乃至动物相联系。尽管“怪”的世界看起来非常混乱，但在这些看似无序的事件中，万物之间有种稳定的联系，也出现了固定的模式，能够体现出天地间可见与不可见的万物之间的关系。因此，这些文献所透露的终极含义，就是存在一种普遍的“跨越各种边界的相互作用关系”。以前汉代以礼仪为基础的秩序让位于一个新的世界规范，其中囊括了来自最边远地区的异怪、神仙居住的山巅与隐秘洞穴以及所有生者与死者的世界。

结 语

在长达四个世纪的分裂之后，中国于 589 年由短命的隋朝完成统一，接下来的几个世纪处于唐朝的统治之下（618—907）。自汉朝灭亡后，中国社会发生了转型，隋唐王朝又重新对其实施统一的皇权统治。虽然隋唐王朝自称是汉室的正统后人，但是隋唐王朝所颁布的很多律令以及行事规范都沿袭了“胡人”先辈的传统，这些“胡人”先辈指的是公元 5、6 世纪统治着中国北方的魏、周与齐。

沿袭的南北朝的制度包括：均田制，即最后的对国有土地进行规范的制度；府兵，即世袭军衔的最后一种形式；征收粮食税和布税；国家支持的制度化的道教与佛教；与自汉代出现的、东方与南方更加偏远疆域的正常外交关系；非汉族可参与朝堂政事，因为隋唐两朝的皇室均与汉人以外的民族有大量的通婚。

主要的创新包括：废除帮助半世袭贵族崛起的以推举制为主的九品中正制；把长安和洛阳建造成别出心裁的都城；将拥有全境近 40% 人口的中国南方并入帝国；创立了国际关系的新模式，它既巩固了前几个世纪所发展的关系，也开启了帝国后期占主导地位的对外关系模式。

隋朝征服南方的过程很迅速。隋朝的建立者隋文帝（581—604 年在位）于 581 年发动政变取代北周，从而拥有了前所未有的战略力量。552 年时，四川已经被周的前身西魏所占领。两年以后，西魏又攻占了江陵一带，即长江中游的大部分地区。侯景之乱后出现的南陈，与周国联合，在 575 年联合攻打齐国。但是当齐国在 577 年覆灭之后，周军反攻他们之前的盟友，摧毁了他们大部分的军事力量，将他们赶回长江一线。这时南陈看上去马上就要灭亡，只是周朝内部的斗争及随后隋朝的夺权行动延缓了征服全境的脚步。 249

到 587 年时，隋文帝的处境已经安全了，他开始准备征服南方。之前阻止北方军队南征的主要障碍是他们缺乏一支强大的舰队。隋朝的将军们开始在四川组建并训练一支主要的水军，同样，在长江中游和沿海地区也开始组建较小规模的舰队。大量的陆上军事力量也在集结。588 年，以皇子杨广（未来隋朝的第二任皇帝）为名义上的领袖，侵略开始了。经过了一系列的战斗后，隋军从水上横扫南陈的军事力量，并穿越长江，占领了都城建康。南陈统治者被俘虏，只得下令让自己的部队投降。南方的家族由于担心新政权会剥夺他们的特权，在 589 年领导了起义，但是被野蛮地镇压了，从此南方与北方之间的政治分裂结束了。当这两个地区关系持续紧张时，杨广在南方实行仁政，使抵抗不断减少，直至消失。他部分重建了被摧毁的南陈都城，并将其重命名为丹阳。杨广还成为南方佛寺与文学集会的资助人，并经常对其进行赞助。[1]

如同其他新兴的王朝，隋朝建立了一系列对帝国统治至关重要的制度。除了重新由国家出资，对经典文献进行学术研究，隋文帝还支持制度化的佛教与道教，而在此之前，即 574 年至 578 年间，这两者在北方一度成为被镇压的对象。隋王朝的宗教政策包括将主要的寺庙视作由国家支持的机构，允许一定量的剃度，向佛寺赠送礼物，以及在某些场合主办宴会等。隋文帝向帝国各主要城市分发舍利，并

建立了一个合法的程序和一种税收结构，由国家控制，重新分配土地，
250 他还根据北周府兵制建立了新的军事组织。最后，他与他的儿子沿袭自汉朝以来就形成的传统，继续与高丽国和中亚国家发展关系，还与现在东南亚的一些国家甚至和远在日本海的一些岛国发展双边关系。[2]

隋朝第一个重大改革是废除九品中正制，这一制度曾多次为追求官职的世家大族提供便利。隋朝在中央与地方发起了一系列的官僚制度改革，包括恢复汉爵、重新启用只设两级地方行政区划的制度。这些都是隋朝为重现统一汉王朝风范所采取的举措。然而，最重要的一个行政改革是废除中正官，以及不再依赖有家庭背景的人通过推举制来出任朝廷最低品的官员。几个世纪以来，这一制度都是保证某些家族获得官位并保持其社会主导地位的关键机制。虽然他们还没有形成一个封闭的贵族圈子，也没法在一个军阀林立的世界中获取政治方面的绝对主导权，但世家大族仍享有无法撼动的社会声望，短命王朝的统治者受其阻拦，也无法彻底掌握官员任免权。583 年这一制度被废除，取代它的是由中央官僚机构中的吏部选曹，并且通过年度考课加强控制，这标志着皇权迈出了压倒世家大族、重申皇权的第一步。[3]

隋朝开始尝试引入一种新的科考制度，这一制度在宋代以后成为出仕的主要途径。587 年，隋文帝下令，诸州应向中央岁贡三人，选拔人才所看重的应该是候选人的才华以及对经典的熟悉程度，选拔似乎是以地方考试的形式来进行的。隋文帝在 601 年大规模地取缔了地方的学堂，同时又在诸州中分发佛教舍利。他的继承人隋炀帝（605—618 年在位）重新开设学校，并引入进士科，进士成为唐朝以及之后各代最高等的学位。除了地方与诸州的学校，晋朝及北魏时期还在都城设立了三个学院。零散的文字资料显示，各校学生先要通
251 过地方组织的口试，再去参加自己所报政府机构组织的笔试。[4]

隋朝另一个伟大的创举是建造了新的都城——大兴城，就在汉长安城东南，地处渭河河谷。（地图 13）尽管在过去的几个世纪里，

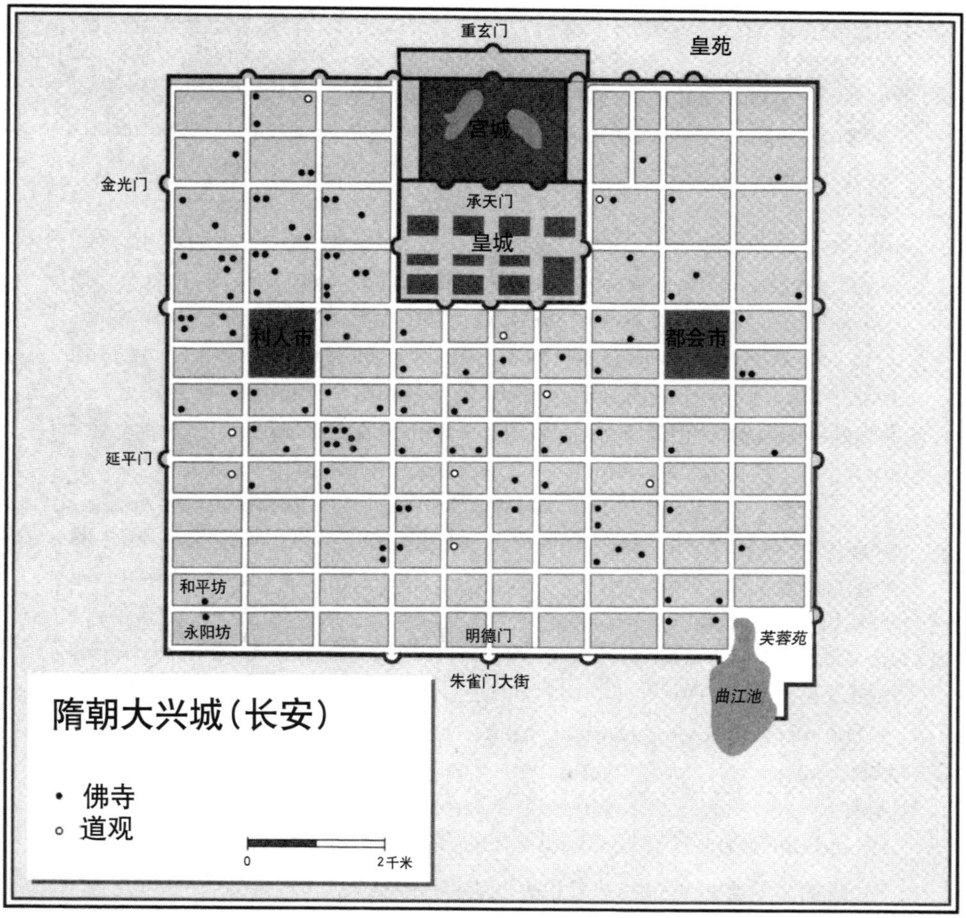

地图13

汉长安古城已经衰落，但是它有利的地理位置还是让之前的很多统治者把这里当作安全的大本营。它之前当过西北好几个短命王朝的都城，其中就包括北周。隋朝创始人本人也是最先在这里夺权。通过选择这里建立新的都城，隋朝明确地将他们统一中国的壮举与继承汉室联系在一起，汉朝是上一个能够长期稳定统治大一统的中国的王朝。

汉朝时代的长安城依河而建，是北方一座形状不规则的城市。新 252

城市将会是一个巨大的、遵循经典的矩形城市，每条边有约 8 至 9.6 公里长。城市的北边有一个巨大的皇家园林。在城墙内，皇城的诸多宫殿就建在北城墙之下。在它的南面，是一个用围墙包围着的区划，所有的官府衙门都在其中。这是中华帝国都城设计的新特点。外城之内的其余区域，被分为了 108 个区域，都用围墙包围着，其中两个是市场，106 个是居民街坊。在实际建筑过程中，外墙是最先建成的，接着是宫殿群落，所以在 583 年，皇帝就迁入了巨大的空城。皇族成员随后在城市内建设了他们各自的王府。任何由捐款修建而成的佛寺都可以获赠天子题字的牌匾，因此很快就有超过百所寺庙拔地而起。攻陷南陈之后，大量的人口被强制重置在都城。尽管如此，直到隋唐易代时，这座城市的大部分地区仍然是空无一人。新的王朝将这个宗教性的、行政中心转变为一个具有活力、民声鼎沸的城市。[5]

隋朝创始人的继位者隋炀帝重建了汉朝的第二个政治中心——洛阳。洛阳曾是东汉的都城，同样也当过几十年北魏的都城。（地图 14）重建计划在他继位的第一年即被执行。尽管这座城市只比大兴城的一半大一点，但是城里有很多复杂而昂贵的建筑，耗资巨大，而这种铺张奢侈的习惯也决定了隋朝没落的命运。由于城北被群山环绕，又有皇陵坐落于此，故而皇家园林建设在了城市的西面。宫殿群也被设置在城市的西北角，以便于出入。如同大兴城一样，新式的官僚机构建在宫殿群的南面。一条沿中轴线建成的大路从官府南门贯穿直至南城墙。因为宫城与官府布在了西边，故而沿着中轴线建成的大路无法像大兴城的主干道那样，将城市等分为两部分。

将洛阳分为南北两部分的是洛河，这种地形导致居住街坊与市场的不规则分布。洛河以北没有被宫殿或官衙占据的地区被分成了 30
253 个区域，其中两个区域合并起来组成了一个临河市场。洛河南边，紧紧挨着河并列成一条线的街坊只有正常大小的一半，这些街坊以南的区域按格子状被划分为 66 个正常大小的街区，其中四个合并起来组

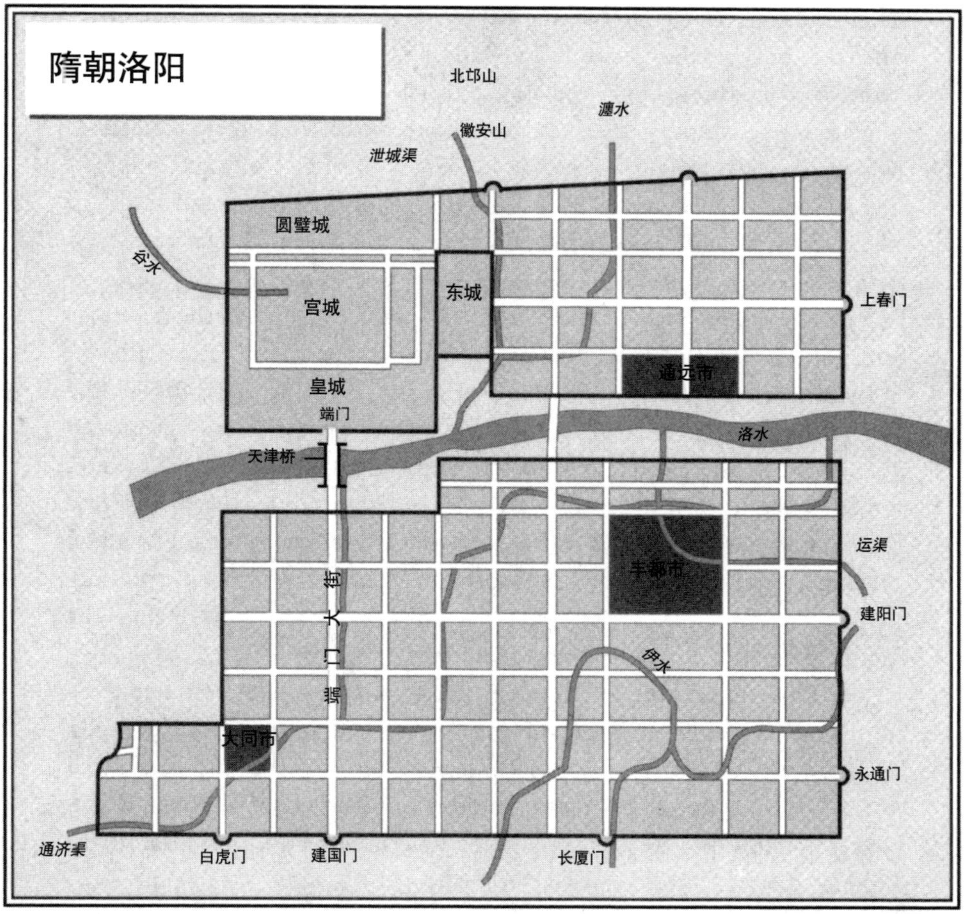

地图14

成了另一个市场，这个市场紧邻洛河以南，并通过运河与洛河相连。610年以后，洛阳西南角的一个与通济渠相连接的街坊被当作第三个市场。

隋朝的东都洛阳在以下几个方面不同于大兴城。首先，官衙的分布不规则，由此造成了中轴线的偏斜。城内宗教建筑较少，事实上，隋炀帝在西部的都城还对佛寺进行了一定程度的清除。最为重要的

254 是，在大兴城里有两个市场对称分布在宫殿群两侧，而与此不同，洛阳有三个市场，位置分布由是否临水来决定。这种根据实用程度设计的布局使洛阳城的这三个市场比大兴城的市场更加适合进行贸易，大兴城的市场分布则是根据宇宙观与政治模式来决定的。[6] 贸易的中心性，特别是以水运为基础的水上贸易，在城市规划中成为一个非常重要的新特征，是中国城市格局变革过程中一个重要的进步。

隋朝最重要的创新体现在对水运的重视上，第一条大运河的修建为大宗商品从南到北、从东到西的高船运提供了便利。这一庞大工程旨在通过促进人员与货物的大规模流动，使中国两大河流流经的地区能够结合到一起。这两个地区已经经历了长达四个世纪的分裂。最重要的是，这样一来粮食就可以从南方运到北方，因为南方现在是最重要的粮食产地，北方则通过不断征战与军事统治，成为国家的政治中心。

大运河的修建通常被归功于隋炀帝，但实际上 584 年的时候，隋炀帝的父皇隋文帝就已经开始了这项连接新老运河及水路的工程。隋文帝决定重建汉朝就有的一条运河（称为广通渠）。广通渠与渭河平行，渭河容易产生淤积并且水位会季节性地变浅。广通渠的开凿使包括粮食在内的大宗商品能够从东部更加肥沃的黄河冲积平原运向人口拥挤的关中京畿地区。（地图 15）运河的第二个分支通济渠连接了洛阳与淮河，然后通过一条以前就存在的旧河道（称为邗沟）在江都（今扬州）附近汇入长江，这一工程开始于隋炀帝统治下的 605 年。大运河的第三部分，基本上遵循古运河的航线，从京口（今镇江）附近的长江流域出发，沿着江南运河抵达杭州湾尽头的余杭镇。京城几个主要的粮仓以及设在运河沿岸的粮仓都可以用来存储和转运粮食。

大运河的最后一部分开始于 608 年，从洛阳附近洛河与黄河的交汇处出发，向东北开凿到今天的北京附近。这是大运河中唯一需要进行大量新的开凿工作的一部分。[7] 它使得东北能够与中部平原相连

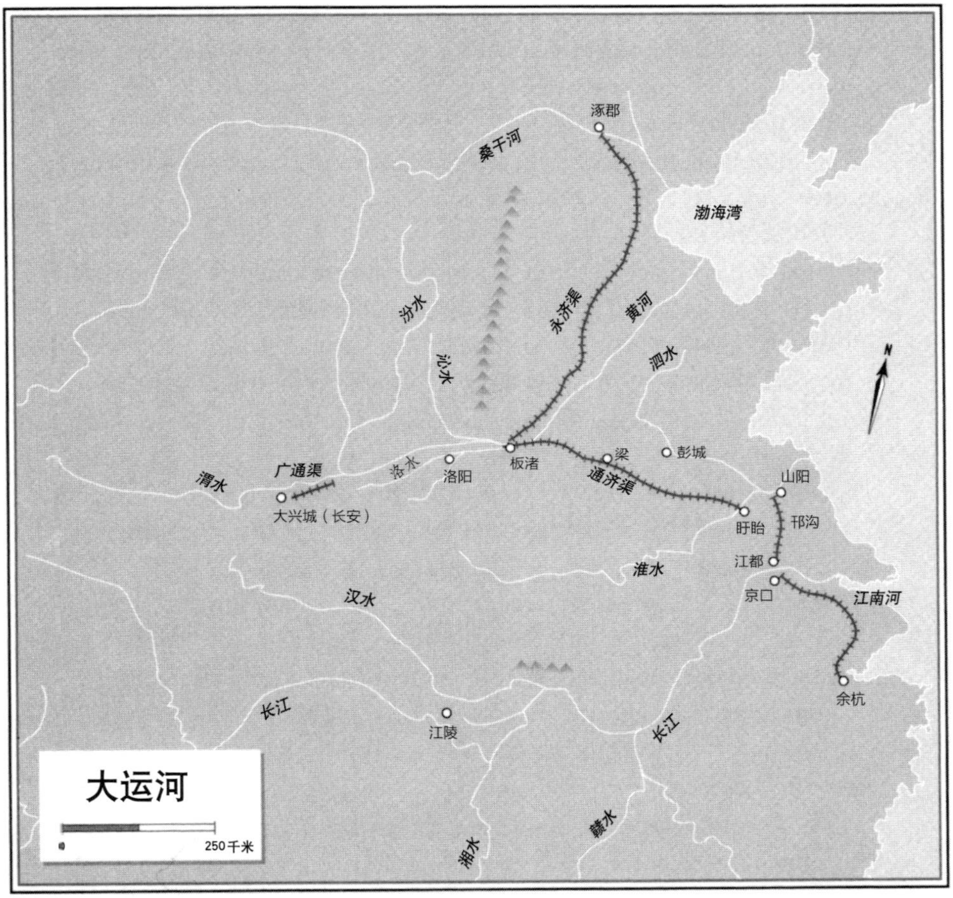

地图 15

接，从而也和南方连接起来，这样就通过水道将中国的所有地方连接起来。它为对高句丽（朝鲜）的军事远征提供了后勤补给，但这场毁灭性的远征最终导致了隋朝的灭亡。

隋朝在隋炀帝的骄奢淫逸下崩溃，中国的历史学家粗暴地批评大运河的修建。但是，它对中国长期的政治统一起到了毫无半分夸张的重要作用。大运河与南方已经存在的运河网络一起使除四川以外中国每个粮食产地都能通过水道向首都进行船运。四川和长安之间陆路畅 255

通，并通过河流与人口密集的长江下游连接。大运河既是一种象征，也是一种实际的交通方式，它把已经分裂了四个世纪的两个各自为政的地区重新纳入到一个政体当中。当经济与人口的增长让南方成为中国人口最稠密与生产最高效的地区时，这种连接变得更加重要，南方
256
对成为军事、政治中心的北方提供供给与支持主要就依赖这条运河。北京之所以在元、明、清朝成为首都，也是隋炀帝决定将运河延伸到东北的结果。

尽管对后世发展产生了重要影响，但是对大运河的建造者而言，这却是一场灾难。它的修建耗费了大量的人力和财力。就其本身而言，这本来并不会带来灾难，但是隋炀帝还在其他很多类似劳民伤财的工程上挥金如土。他在都城及其他地方建造了巨大的、装饰精致的宫殿，其中包括洛阳西部园林中富丽堂皇的宫殿群落，在运河几个关键港口、在北部边境、在江都和丹阳等南方重要城市及其邻近地区修建宫殿。当隋炀帝巡幸时，这些行宫为他提供舒适豪华的下榻之处。尽管它们在政治和战略上有存在的意义，但它们也代表了对国库的超常消耗。

这些建筑是隋炀帝“欲望迷宫”这一神话的现实灵感，他在江都，即“江边都城”，幻想出一种城市结构，在这里他可以在隐秘的深宫中放纵地享受每一种愉悦感官的活动。在帝国晚期的小说中，这一建筑及其居住者成为任性、淫荡的固有意象。[8] 甚至当隋朝因这些巨大的工程建设而破产时，隋炀帝仍然发动了对高句丽的一系列远征，这些战争最后导致了隋朝的崩溃。

与运河系统的其他部分不一样，其东北分支旨在将供给从中部地区运送到前线的军队中，同时也将这个地区与帝国绑定在一起。东北的军队最初只是进行防御，但是外国的发展进步使其投入一系列毁灭性的进攻之中。当隋朝经过近 30 年的统治，政权逐渐稳固之后，他们试图恢复中国在东亚世界应有的中心地位。他们在南方发动了几场

战争，虽然没有获胜，但也没带来灾难性的后果。他们在中亚取得更多的战争胜利，在那里，高昌及其他几个主要国家投降并对其朝贡，认可其宗主权。他们最开始在政治上成功地将当时控制中国北方广大地域的突厥划分为两个国家，并操纵着地处现今蒙古的东突厥内部的王位争夺战。[9]

然而，当隋炀帝与臣服的东突厥统治者在607年进行会面时， 257
他遇见了一个来自高句丽的使团。因为担心这两个潜在的北方敌人会结成同盟，隋朝发令要求高句丽正式臣服于中华帝国。当这一要求被拒绝后，隋炀帝等到609年大运河的东北分支完工，随后组建军队，于初夏时征讨高句丽。但中国军队被沿着辽河的一系列坚固城池所阻挡，夏末雨季的到来也使其无法进一步向前进军。

613年的第二次远征激起隋帝国境内许多遭受洪灾的地区发动叛乱，这次征战因为在洛阳不远处爆发的起义大军而被迫中断。坚持远征似乎已成为隋炀帝的个人情结，于是他在614年又发动第三次远征，尽管这个时候国内已经因公开的叛乱而四分五裂。隋炀帝与他的军队抵达高句丽的首都，从高句丽王那里得到投降臣服的承诺。当这个承诺没有被兑现时，皇帝下令发动另一场远征，但是这个时候，全中国都陷入了公开的叛乱之中，没有军队响应皇帝的号召。国家崩溃，陷入内战，皇帝逃到了他心爱的南方。618年，他在江都被他所青睐的将军的儿子谋杀。尽管他也取得了真正的成就，但在历史的记载中，隋炀帝依然是一个残暴狂妄、毁灭自己王朝的暴君。[10]

隋炀帝的垮台与随之而来隋朝的覆灭，在一定程度上可以归咎于隋炀帝性格的缺陷，但见微知著，这也预示了帝国晚期社会基本架构所导致的一些矛盾。隋炀帝愿意遵循对突厥分而治之的经典战略，但又毫无理由地坚持对朝鲜北部进行实质上的征服，这可能是因为在他的观念中，游牧民仍保留着异质性，而定居族群则应当被囊括在中国领域之内。[11]然而，东北的各个民族同样具有这种心理和品性，已在中国北方建立过燕、魏、周、齐等国，并且在后来一再抵制中国将其纳入版图之内的尝试。因此，帝国晚期能够征服中国全境或者大部分地区的那几个朝代——辽、金、清——都起源于东北。这些族群与中华帝国之间的紧张军事关系致使靠近东北边境的北京成为最首要的帝国都城。

258 隋炀帝在不知不觉中为后世地处东北的政治中心打下了最初的基础，并认为他所统治的帝国最关键的就是要对那些区域进行直接的统治。他将自己的都城设置在运河与河流的交汇点洛阳，但明显他更喜欢繁华的、发展更先进的长江下游的生活，他在那里越待越久。他拒绝把在战略上具有更安全位置的大兴城当作都城，而大兴城是关中地区的中心，还是北周与隋朝统治精英的地方基础。隋炀帝不仅拒绝在旧的都城居住，他还从长江流域选拔人才任命为掌握此地实权的重臣，也是朝廷中的最高官职。隋朝末期，国家陷入分崩离析之中，官员们催促隋炀帝撤退到更加安全的关中地区，这里有他最好的将军与最忠诚的军队，但是他仍然拒绝了，并选择了江都，在这里面对命中注定的失败与死亡。[12]

尽管隋炀帝对南方的依赖主要基于个人情感，长江流域在随后的几个世纪里确实成了中国的人口、经济与文化中心。因此，隋炀帝个人与政治上的悲剧，这种对军事征服东北的执着和对南方个人生活的痴迷，造成了他整个人的一种分裂，这从小处体现了帝制中国晚期在地理布局方面产生的矛盾，疆域被划分为军事占主导的北方与经济、文化占主导的南方。然而，在隋朝的悲剧与帝制中国晚期基本元素的出现之间，唐朝复杂多变的历史也起到了一定的影响作用。

致 谢

我想表达对所有其研究成果体现在这部南北朝历史著作中的学者们的感谢。他们的名字在注释与参考文献中都可以找到。我同样感谢卜正民（Timothy Brook）的帮助，他是帝制中国史的总编，给予我支持并进行了许多有益的对话；感谢哈佛大学出版社策划并资助这一系列的凯瑟琳·麦克德莫特（Kathleen McDermott）；感谢同一出版社的苏珊·华莱士·伯默尔（Susan Wallace Boehmer），她对如何修改这本书提出了许多建议。我要进一步特别感谢丁爱博（Albert Dien），他阅读了全部的手稿并提出了许多批评与评论，他的《六朝文明》对于了解这一时代的物质文化与可用图像范围方面提供了非常宝贵的帮助。最后，我想感谢我的夫人，克里斯汀·弗里克隆（Kristin Ingrid Fryklund），她为书稿做了准备工作并进行校对。所存在的任何错误以及全部的翻译，除非另有说明，都由我负责。

年表和朝代

注释

参考文献

索引

年表和朝代

南朝和北朝

196 年　曹操始置屯田

208 年　曹操败于赤壁，丧失了重新统一中国的可能性

220 年　东汉最后一位统治者正式退位，魏朝建立；九品中正制建立

222 年　吴国建立，开启三国时代

249 年　司马氏政变

265 年　魏晋嬗代

280 年　晋灭吴，重新统一中国

300 年　八王之乱开始

304 年　刘渊自称“汉王”；十六国中第一个国家建立

311 年　洛阳被劫掠；晋朝廷流亡到长安与南方

316 年　长安被攻破

317 年　晋朝在南方重建，开始了北方王朝与南方王朝并立的时代

322 年　王敦对抗晋朝、发动叛乱；长江中游与下游第一次分裂

337 年　燕国建立，第一个地处东北的“双重”国家

347 年　桓温攻占四川

350 年　冉闵于洛阳屠胡

354 年　桓温入侵关中地区，被苻坚击退

356 年　桓温占领洛阳，晋朝对洛阳的控制持续到 365 年

369 年　桓温在最后一次北伐中失败，但是准备当皇帝

376 年　谢氏家族建立北府兵

381 年　苻坚完成对北中国的统一

383 年　苻坚南征失败，他的国家随后瓦解

386 年　拓跋珪在东北建立代国

398 年　拓跋珪征服慕容氏，在平城建立北魏帝国都城

399 年　孙恩的道教徒起义，蹂躏了长江下游地区

402 年　桓玄占领建康，清洗北府兵将领

404 年　刘裕打败桓玄，军人控制南方

404 年　刘裕建立宋王朝，南朝开始

426 年 北魏占领长安，有效地重新统一北方
439 年 北魏占领甘肃走廊，完成北方的统一
442 年 北魏建立“道教神权政治”
446 年 北魏镇压佛教
450 年 崔浩国史案后，北魏对朝廷中的汉族官员进行清洗
459 年 北魏在云冈开始建设佛教石窟
479 年 齐朝在南方取代了宋朝
485 年 北魏开始实行均田制
493 年 北魏孝文帝迁都洛阳，采用汉化政策
494 年 北魏在龙门开始建设佛教石窟
502 年 梁朝在南方取代了齐朝，梁武帝的统治时代开始
523 年 北魏边境戍守部队的反叛开始
528 年 尔朱荣占领洛阳，血洗朝廷
535 年 北魏正式分裂为两个部分，分别建都于邺城与长安
548 年 南方发生侯景之乱
549 年 建康沦陷，梁武帝崩殂；西魏恢复拓跋姓氏
550 年 北齐建立；西魏创建府兵制
557 年 北周建立；南方的陈朝建立
574 年 北周镇压佛教
577 年 北周重新统一北中国
581 年 在一次政变后，隋朝建立
589 年 隋灭陈，重新统一中国
595 年 废除九品中正制
610 年 大运河完工
612 年 首征高句丽
613 年 二征高句丽；大规模的公开叛乱开始
617 年 唐朝建立者李渊在太原起事
618 年 唐朝取代隋朝

中国王朝

商	约前 1600—前 1027
周	前 1027—前 256
西周	前 1027—前 771
东周	前 771—前 256
春秋时期	前 721—前 481
秦	前 221—前 206
西（前）汉	前 206—公元 8
新	8—23
东（后）汉	23—220
三国（魏、蜀、吴）	220—280
晋	265—420
西晋	265—317
东晋	317—420
南北朝	420—589
隋	589—618
唐	618—907

注 释

（注释中的页码皆为原书页码）

导 言

[1] 长期以来，在中国古代朝代分野和重要事件的时间界定等问题上，中西史学界存在诸多分歧，不同学者之间也多有争议。这些分歧和争议在本书中也有所体现。诸多分歧，追其原因，是由对于具体事件的判定标准不同而产生的分歧，代表了不同历史学者对于同一事件的不同观点。本书在翻译及编辑过程中，为了最大程度地呈现作者的学术观点和作品原貌，决定尊重作者关于朝代和事件的时间界定。特此说明。——编者注

[2] 关于楚，见罗覃（Thomas Lawton）编，《东周时期楚文化的新视角》（*New Perspectives on Chu Culture*）；李学勤，《东周与秦代文明》（*Eastern Zhou and Qin Civilizations*），第10—11章；柯鹤立（Constance A. Cook），约翰·S. 梅杰（J. Major）编，《何为楚：古代中国的形象与现实》（*Defining Chu : Image and Reality in Ancient China*）。汉代人口数据，见毕汉斯（Hans Bielenstein），《王莽，汉之中兴，以及后汉》（“Wang Mang, the Restoration of the Han Dynasty, and Later Han”），见鲁惟一（Michael Loewe）编，《剑桥中国秦汉史》（*Cambridge History of Ancient China*）第一卷，剑桥：剑桥大学出版社，1986年，第240—242页。

第 1 章　南北中国的地理

[1] 施坚雅（William Skinner），《中国乡村的市场和社会结构》（“Marketing and Social Structures in Rural China”），《亚洲研究学刊》24：1（1964）；施坚雅，《19世纪中国地区城市化》（“Regional Urbanization in Nineteenth-Century China”），见施坚雅编，《中华帝国晚期城市》，斯坦福：斯坦福大学出版社，1977年；施坚雅，《地方的城市和等级制度》（“Cities and the Hierarchy of Local Systems”），见施坚雅编，《中华帝国晚期的城市》，斯坦福：斯坦福大学出版社，1977年。关于早期帝制中国的区域，见陆威仪（Mark Edward Lewis），《早期中国的空间建构》（*The Construction of Space in Early China*），第4章。关于南北朝晚期的区域，见罗伯特·M. 萨默斯（Robert M. Somers），《唐朝在时间、空间和结构上的巩固》[“Time, Space and Structure in the Consolidation of the T'ang Dynasty（a.d. 617—700）”]，见丁爱博（Albert E. Dien）编，《中国中世纪早期的国家和社会》，斯坦福：斯坦福大学出版社，1990年。

[2] 段义孚（Tuan Yi-fu），《中国》（*China*），第85—86、88—89页；杨联陞，《晋代经济史释论》（“Notes on the Economic History of the Chin Dynasty”），《哈佛亚洲学报》9（1945—1947），第113页。关于东汉的长江流域，见张磊夫（Rafe de Crespigny），《南方的将军：三国时代吴国的建立及其早期历史》（*Generals of the South: The Foundation and Early History of the Three Kingdoms State of Wu*），第1章。

[3] 文斯（Herold Wiens），《中国的进入热带的行程》（*China's March into the Tropics*），第100—104页；基斯·布坎南（Keith Buchanan），《中国土地的变化》（*The Transformation of the Chinese Earth*），第17—19页。后者在第27页有一个表格，表明中国南、北方户籍人口

平衡的转换。

[4] 段义孚，《中国》，第 1 章；基斯·布坎南，《中国土地的变化》，第 2、4 章；瑞格（T. R. Tregear），《中国地理学》（*A Geography of China*），第 1、2、4 章；莱曼·P. 冯·斯里克（Lyman P van Slyke），《扬子江：自然，历史与河流》（*Yangtze: Nature, History, and the River*），第 1—3 章。

[5] 汉代农业手册的碎片列举了十三种农作物：长有穗状花序的粟、黏性的粟、冬小麦、春小麦、稻谷、大豆、较小的豆、麻、葫芦、瓜、芋头、水葫芦、桑树。见段义孚，《中国》，第 81 页。其他文献谈及高粱、燕麦和大麦。见许倬云，《汉代农业：早期中国农业经济的形成》（*Han Agriculture: The Formation of Early Chinese Agrarian Economy*），第 81—91 页。

[6] 许倬云，《汉代农业：早期中国农业经济的形成》，第 111—112 页。

[7] 莱曼·P. 冯·斯里克，《扬子江：自然，历史与河流》，第 19—24 页。

[8] 史蒂芬·F. 赛格（Steven F. Sage），《古代四川和中国的统一》（*Ancient Sichuan and the Unification of China*）。

[9] 薛爱华（Edward H. Schafer），《朱雀鸟：唐代南方的景象》（*The Vermilion Bird: T'ang Images of the South*）。

[10] 何肯（Charles Holcombe），《东亚创世纪：公元前 221—公元 907》（*The Genesis of East Asia, 221 b.c.—a.d. 907*），第 13、18—21 页。

[11] 崔瑞德（Denis Twitchett），《中世纪寺院和中国经济》（"Monasteries and China's Economy in Medieval Times"），《东方和非洲学院研究通报》19：3（1957），第 532—533 页。关于灌溉的地区差异，见李约瑟（Joseph Needham），白馥兰（Francesca Bray），《中国科学技术史》（*Science and Civilisation in China*），第六卷《生物和生物技术》，第二部分"农业"，第 109—113 页。

[12] 张磊夫，《南方的将军：三国时代吴国的建立及其早期历史》，第 46—58、311—312、316—317、319—323、377—378、383 页。关于沿江的南方扩展的概况，见第 373—375 页。

[13] 同上书，第 18—29、213、227、237、241—244、251—258、267—269、289—293、353—407 页。

[14] 莱曼·P. 冯·斯里克，《扬子江：自然，历史与河流》，第 54—56 页；瑞格，《中国地理学》，第 58—61 页；《李白集校注》，第 199 页。早期写蜀道之难的诗歌是曹操作的，作于 3 世纪早期。见白乐日（Etienne Balazs），《曹操的两首诗歌》（"Two Songs by Ts'ao Ts'ao"），见芮沃寿编，《中国文明与官僚制》，纽黑文：耶鲁大学出版社，1964 年，第 183—184 页。关于侵略蜀地的困难，见张磊夫，《南方的将军：三国时代吴国的建立及其早期历史》，第 361—363、369、372、376—377、390—391、482—483、487 页。

[15] 谢和耐（Jacques Gernet），《中国 5—10 世纪的寺院经济》（*Buddhism in Chinese Society: An Economic History from the Fifth to the Tenth Centuries*），第 116—141 页；崔瑞德，《中世纪寺院和中国经济》，第 535—541 页；许理和（Erik Zürcher），《佛教征服中国》（*The Buddhist Conquest of China*），第 207—208 页；陈观胜（Kenneth K. S. Ch'en），《中国佛教的变迁》（*The Chinese Transformation of Buddhism*），第 125—132 页，提供了这种现象的例子。

[16] 谢和耐，《中国 5—10 世纪的寺院经济》，第 142—152 页；崔瑞德，《中世纪寺院和中国经济》，第 533—535 页；陈观胜，《中国佛教的变迁》，第 131、138、151—158 页。

[17] 陆威仪，《早期中国的空间建构》，第 3—5 章；陆威仪，《早期中国的写作与权力》（*Writing and Authority in Early China*），第 8 章。

[18] 伊佩霞（Patricia Ebrey），《后汉经济社会史》（"The Economic and Social History of Later Han"），见鲁惟一编，《剑桥中国秦汉史》，剑桥：剑桥大学出版社，1986 年，第 626—648 页，特别是

第 643 页之后；陆威仪，《早期中国的空间建构》，第 212—234 页。

[19] 裴士凯（Scott Pearce），《形式与内容：6 世纪中国的复古改革》（"Form and Matter: Archaizing Reform in Sixth-Century China"），见裴士凯、司白乐（Audrey Spiro）和伊佩霞编，《200—600 年间中国帝国在文化和权力的重组》（*Culture and Power in the Reconstitution of the Chinese Realm, 200—600.Ed*），剑桥：哈佛大学出版社，2001 年，特别是第 173—177 页；梅约翰（John Makeham），《"述"者与"作"者：〈论语〉的中国注释者及注释》（*Transmitters and Creators: Chinese Commentators and Commentaries on the Analects*），第 1—5 章，特别是第 156—167 页。唯一对这一时期经典作注的是加贺荣治（Eiji Kaga），《中国古典解释史：魏晋篇》（*Chūgoku koten kaishaku shi*）。

[20] 林文月，《"风骨"的衰落和复兴：论建安至盛唐诗歌风格的转变》["The Decline and Revival of *Feng-ku* (Wind and Bone): On the Changing Poetic Styles from the Chien' an Era through the High T' ang Period"]，见林顺夫、宇文所安编，《抒情诗的生命力》（*The Vitality of the Lyric Voice: Shih Poetry from the Late Han to the T'ang*），普林斯顿：普林斯顿大学出版社，1986 年，第 135—145 页；缪文杰（Ronald C. Miao），《王粲生平及其创作：中国中古诗歌研究》（*Early Medieval Chinese Poetry: The Life and Verses of Wang Ts'an*）；克里斯托弗·雷·康纳利（Christopher Leigh Connery），《建安诗歌语编》（"Jian' an Poetic Discourse"），普林斯顿大学博士论文，1991 年。关于东汉有署名作者的抒情诗，见侯思孟（Donald Holzman），《中国诗歌中追溯出的最早期五言诗》（"Les premiers vers pentasyllabiques datés dans la poésie Chinoise"），见《献给戴密微先生的〈汉学杂编〉》（*Mélanges de sinologies offerts à Monsieur Paul Demiéville*），巴黎：法国联合大学出版社，1974 年。

[21] 萧统，《文选》，卷一，第 339 页。同样见挚虞，《文章流别志论》；见黄兆杰，《中国古代文学批评》（*Early Chinese Literary Criticism*），第 63—64 页。

[22] 萧统，《文选》，第 42 章，第 925 页，引自司白乐，《拟古：中国早期人物画中的审美与社会主题》（*Contemplating the Ancients: Aesthetic and Social Issues in Early Chinese Portraiture*），第 74—75 页。给这位朋友更早的信件，见第 924 页。关于曹丕的理论著作，见宇文所安（Stephen Owen），《中国文学思想读本》（*Readings in Chinese Literary Thought*），第 57—72 页；高德耀（Robert Joe Cutter），《以此方式出生？中国中世早期文学思想的本质与培育》（"To the Manner Born? Nature and Nurture in Early Medieval Chinese Literary Thought"），见裴士凯、司白乐、伊佩霞编，《汉人王朝重建中的文化与权力：200—600》（*Culture and Power in the Reconstitution of the Chinese Realm, 200—600*），剑桥：哈佛大学出版社，2001 年，第 53—71 页。

[23] 司白乐，《拟古：中国早期人物画中的审美与社会主题》，第 6 章。

[24] 马瑞志（Richard B. Mather）译，《世说新语全注》（*New Account*），第 126 页。罗吉伟（Paul Rouzer）使用这个故事介绍他的章节《竞争的社群》（"Competitive Community"），见《口齿伶俐的妇女：中国早期文本中的性别和男性社会》（*Articulated Ladies: Gender and the Male Community in Early Chinese Literature*），第 73—74 页。

[25] 蔡宗齐，《抒情诗转化的基质：中国早期五言诗的诗歌形式与自我呈现》（*The Matrix of Lyrical Transformation: Poetic Modes and Self-Presentation in Early Chinese Pentasyllabic Poetry*），第 95—103 页；高德耀，《曹植及其诗歌》["Cao Zhi (192—232) and his Poetry"]，华盛顿大学博士论文，1983 年，第 1—4 页。

[26] 马瑞志译，《世说新语全注》。作为例子，见第 34、43、50、59、64、70、72、73、82、117、141—142、143、144、160、173、194—195、202、217、218、232、239、242—243、264、270—271、302、306—307、332、333、360、368、373、382、387、388、389、395、397、

398、402—403、403—406、414、415（2）、418、424—425、434—435、437（2）、439、452页。

[27] 完整且具特质的对兰亭集的研究，见毕少夫（Friedrich Alexander Bischoff），《兰亭诗》（*The Songs of the Orchis Tower*）。

[28] 李约瑟、鲁桂珍和黄兴宗，《中国科学技术史》（*Science and Civilisation in China*），第六卷《生物和生物技术》，第一部分"植物学"，第111、114、359、381、385、445—459、488、520、531、541—542页；罗伯特·福特·凯帕尼（Robert Ford Campany），《奇异的写作：中古早期的反常记录》（*Strange Writing: Anomaly Accounts in Early Medieval China*），第49—52页；王罗杰（Roger Greatrex），《抱朴子译注》（*Bowu zhi*）。

[29] 周一良，《魏晋南北朝史论集》，第390—391页；吕谦举，《两晋六朝的史学》，杜维运、黄进兴编，《中国史学史论文选集》卷一，台北：华世出版社，1976年，第351—352页。

[30] 祁泰履（Terry F. Kleeman），《大成：一个中国千年王国的宗教与种族》（*Great Perfection: Religion and Ethnicity in a Chinese Millennial Kingdom*），第108—112页；史蒂芬·F.赛格，《古代四川和中国的统一》，第10—14、30、39—43、51—55、76、127、138、143、171、200页。与《水经注》相关，见韩禄伯（Richard E. Strassberg），《刻画景观：中国帝国的游记》（*Inscribed Landscapes: Travel Writing from Imperial China*），第77—90页；J. B.哈利（J. B. Harley）、伍德沃德（David Woodward）编，《地图学史卷二：传统东亚与东南亚的地图学》（*History of Cartography, Vol. 2, Book 2*），第92—95页；李约瑟、王玲，《中国科学技术史》，第3卷，第三部分"数学、天学与地学"，第514、609、615、620页；罗伯特·福特·凯帕尼，《奇异的写作：中古早期的反常记录》，第31、44、187—198页。

[31] 陈世骧，《顾恺之传》（*Biography of Ku K'ai-chih*），关于顾恺之的风景画，见迈克尔·苏利文（Michael Sullivan），《中国艺术》（*Arts of China*），第90—95页。关于顾恺之作为清谈家、智者、诗人，见马瑞志译，《世说新语全注》，第542页。关于延续嵇康的诗歌路线，将之运用到绘画中，见第368页。关于顾恺之的影响以及随后的传说，见马啸鸿（Shane McCausland），《中国绘画第一精品：警世卷轴》（*First Masterpiece of Chinese Painting: The Admonitions Scroll*），以及苏利文，《中国山水画的诞生》（*The Birth of Landscape Painting in China*）。

[32] 关于顾恺之的绘画评论，见卜寿珊（Susan Bush）与时学颜编，《早期中国的绘画文本》（*Early Chinese Texts on Painting*），第28—29、32—36、39页，文章在第35页。与绘画有关的宗教信仰，见司白乐，《顾恺之的新光线：灵魂之窗》（"New Light on Gu Kaizhi: Windows on the Soul"），《中国宗教研究》16：1（1988年秋季），第1—16页；德罗绘（Hubert Delahaye），《中国初期的山水画：宗教性》（*Les Premières peintures de paysage en Chine: aspects religieux*），第6—73页。

[33] 马瑞志译，《世说新语全注》，第368页。

[34] 文青云（Aat Vervoorn），《岩穴之士：中国早期隐逸传统》（*Men of the Cliffs and Caves: The Development of the Chinese Eremetic Tradition to the End of the Han Dynasty*）；柏士隐（Alan J. Berkowitz），《隐遁的模式：中国中古早期隐逸的实践与形象》（*Patterns of Disengagement: The Practice and Portrayal of Reclusion in Early Medieval China*）。

[35] 英语学界缺乏对南北朝园林的研究，在亚洲语言学界，见大室幹雄（Mikio Ōmuro），《园林都市：中世中国的世界像》（*Enrin toshi: chūsei Chūgoku no sekaizō*）；魏嘉瓒编，《苏州历代园林录》，第18—49页；吴功正，《六朝园林》；侯迺慧，《诗情与幽境——唐代文人的园林生活》，第15—36页。关于随后的时代，见杨晓山，《私人领域的变形：唐宋诗歌中的园林与玩好》（*Metamorphosis of the Private Sphere: Gardens and Objects in Tang-Song Poetry*）；侯

迺慧，《唐宋时期的公园文化》；侯迺慧，《诗情与幽境——唐代文人的园林生活》。关于园林与精英文化，见柯律格（Craig Clunas），《明代中国的园林文化》（*Fruitful Sites: Garden Culture in Ming Dynasty China*）；萧驰，《中国园林作为诗意的归所：石头记通考》（*The Chinese Garden as Lyric Enclave: A Generic Study of the Story of the Stone*）。

[36] 贺碧来（Isabelle Robinet），《道教：一种宗教的成长》（*Taoism: Growth of a Religion*），第115—119、150—151、189、196 页；司马虚（Michel Strickmann），《论陶弘景的炼丹》（"On the Alchemy of T' ao Hung-ching"），见尉迟酣，石秀娜编，《道教的面》，纽黑文：耶鲁大学出版社，1979 年；司马虚，《茅山降经：道教和贵族》（"The Mao Shan Revelations: Taoism and the Aristocracy"），《通报》63（1977），第 3—6、15—40 页；司马虚，《茅山的道教：道经编年史》（*Le Taoïsme du Mao Chan: Chronique d'une Revelation*），第 21—57、115—117 页。

[37] 关于慧远与庐山，见陈观胜，《佛教在中国：一个历史的概述》（*Buddhism in China: A Historical Survey*），第 103—112 页；许理和，《佛教征服中国》，第 204—253、258—263 页；冢本善隆（Zenryu Tsukamoto），《早期中国佛教史：从其传入到慧远之死》（*A History of Early Chinese Buddhism: From Its Introduction to the Death of Hui-yuan*），共二卷，第 759—898 页；韩禄伯，《刻画景观：中国帝国的游记》，第 67—71 页。

[38] 关于道教和佛教对于山的宗教转化，见祁泰履，《中国的山神：山神的驯化与边缘的征服》（"Mountain Deities in China: The Domestication of the Mountain God and the Subjugation of the Margins"），《美国东方学会学报》114（1994 年 1—6 月），第 226—238 页。关于佛教僧侣山林归隐，见宫川尚志（Hisayuki Miyakawa），《六朝史研究：政治社会篇》（*Rikuchō shi kenkyū: seiji shakai hen*），第 279—288 页；柏士隐，《隐遁的模式：中国中古早期隐逸的实践与形象》，第 141—144、207—217、238—241 页；万志英（Richard von Glahn），《旁门左道：中国宗教文化中的神与魔》（*The Sinister Way: The Divine and the Demonic in Chinese Religious Culture*），第 87—97 页。关于将山脉作为神圣空间的诗歌，见柯睿（Paul Kroll），《高处的诗句：登顶泰山》（"Verses from on High: The Ascent of T'ai Shan"），见林顺夫、宇文所安编，《抒情诗的生命力》（*The Vitality of the Lyric Voice: Shih Poetry from the Late Han to the T'ang*），普林斯顿：普林斯顿大学出版社，1986 年。

[39] 司马虚，《茅山降经：道教和贵族》（"The Mao Shan Revelations: Taoism and the Aristocracy"），《通报》63（1977）：第 1—64 页；司马虚，《茅山的道教：道经编年史》。

[40] 关于法显，见陈观胜，《佛教在中国：一个历史的概述》，第 89—91 页。布尔顿（Nancy Elizabeth Boulton），《作为文学流派的中国早期佛教的旅行记录》（"Early Chinese Buddhist Travel Records as a Literary Genre"），乔治城大学博士论文，1982 年，第 44—79 页；理亚各（James Legge）译，《法显行传》[*A Record of Buddhistic Kingdoms: Being an Account by the Chinese Monk Fa-Hien of his Travels in India and Ceylon（a.d. 399—414）in Search of the Buddhist Books of Discipline*]，将北印度视作"中国"在第 28 页。关于使中国成为佛土见沈丹森（Tansen Sen），《佛教、外交和贸易：中印重新结盟，600—1400 年》（*Buddhism, Diplomacy, and Trade: The Realignment of Sino-Indian Relations, 600—1400*），第 1—101 页。

[41] 宇文所安，《纪念：中国文学过往的经历》（*Remembrances: The Experience of the Past in Chinese Literature*），第 2 章。

[42] 宇文所安，《中国诗歌的黄金时代：盛唐》（*The Great Age of Chinese Poetry: The High T'ang*），第 147—182 页；宇文所安编译，《中国文学选集：从最初到 1911》（*An Anthology of Chinese Literature: Beginnings to 1911*），第 459—460 页。关于妇女方面，见罗吉伟，《口齿伶俐的妇女：中国早期文本中的性别和男性社会》，第 175—200 页；傅汉思（Hans H. Frankel），《蔡琰及其诗歌》（"Cai Yan and the Poems Attributed to Her"）；马约翰（John

Marney),《江淹》(*Chiang Yen*)，第132—134页。

[43] 见陆威仪,《早期中国的空间建构》，第387页注197；“吴地记”(“Record of Wu”)，引自《太平御览》，卷一五六，第3a—b页；葛蓝(William T. Graham),《南方的哀叹：庾信〈哀江南赋〉》(‘*The Lament for the South*’: *Yü Hsin's ‘Ai Chiang-nan fu’*)，剑桥：剑桥大学出版社，1980年，第83、139页。

第2章 世家大族的兴起

[1] 伊佩霞,《后汉经济与社会史》，第630—637页；丁爱博(Albert Dien),《导论》，见丁爱博编,《中国中世早期的国家与社会》(*State and Society in Early Medieval China*)，斯坦福：斯坦福大学出版社，1990年。

[2] 陈启云,《荀悦与中古儒学》，第19—23页。对于中国的叙述，见张磊夫,《桓帝与灵帝》(*Emperor Huan and Emperor Ling*)。关于清议，见何肯,《在汉朝的阴影下：南朝初期士大夫的思想与社会》(*In the Shadow of the Han: Literati Thought and Society at the Beginning of the Southern Dynasties*)，第74、77—78页；唐翼明,《魏晋士人的声音：“清谈”研究》(“The Voices of Wei-Jin Scholars: A Study of ‘Qingtan’”)，第118—131页。

[3] 有关政治背景见陈启云,《荀悦与中古儒学》，第2—3章。对皇帝的优越感见陈启云,《荀爽易传中的革命思想》[“A Confucian Magnate’s Idea of Political Violence: Hsün Shuang’s (a.d. 128—190) Interpretation of the Book of Changes”],《通报》54：1—3(1968)，第73—115页；余英时,《魏晋时期的个人主义与新道家运动》(“Individualism and the Neo-Taoist Movement in Wei-Chin China”)，见孟旦(Donald Munro)编,《个人主义与集体主义：儒家与道家价值观研究》(*Individualism and Holism: Studies in Confucian and Taoist Values*)，安娜堡：密歇根大学中国研究中心，1985年，第122—124页。东汉精英向其后世家大族的转变，见杨联陞,《东汉的豪族》(“Great Families of the Eastern Han”)，见任以都和德范克编,《中国社会史：研究选译》，纽约：Octagon Books，1972年，特别是第125—133页。

[4] 伊佩霞,《后汉经济与社会史》，第637—648页；伊佩霞,《对后汉上层阶级的更好理解》(“Toward a Better Understanding of the Later Han Upper Class”)，见丁爱博编,《中国中世纪早期的国家和社会》，斯坦福：斯坦福大学出版社，1990年，同样见毛汉光,《中古世家性质的演化》(“The Evolution in the Nature of the Medieval Genteel Families”)，见丁爱博编,《中国中世早期的国家与社会》，斯坦福：斯坦福大学出版社，1990年。

[5] 巫鸿,《武梁祠：中国古代画像艺术的思想性》(*The Wu Liang Shrine: The Ideology of Early Chinese Pictorial Art*)；刘怡玮(Cary F. Liu)，李安敦(Anthony Barbieri-Low),《再现中华往昔：武氏祠的艺术、文物与建筑》(*Recarving China's Past Art, Archaeology, and Architecture of the “Wu Family Shrines”*)。

[6] 伊佩霞,《后汉经济与社会史》，第645—646页。

[7] 芭芭拉·亨德施克(Barbara Hendrischke),《早期道教运动》(“Early Daoist Movements”)，见孔力维(Livia Kohn)编,《道教手册》(*Daoism Handbook*)，莱顿：博睿学术出版社，2000年，第135—139、147—157页；保罗·米肖(Paul Michaud),《黄巾军》(“Yellow Turbans”),《华裔学志》17(1958)，第47—127页；石泰安(Rolf A. Stein),《论公元2世纪政治宗教性的道教运动》(“Remarques sur les mouvements de taoïsme politico-religieux au IIe siècle ap. J. C.”),《通报》50(1963)：第1—78页。

[8] 中文叙述，见张磊夫译,《建立和平：汉末编年史189—220，司马光〈资治通鉴〉卷

五九—六九》(*To Establish Peace: Being the Chronicle of Later Han for the Years 189 to 220 a.d. as Recorded in Chapters 59 to 69 of the Zizhi tongjian of Sima Guang*)。

[9] 陈启云,《荀悦与中古儒学》，第 40—47 页。

[10] 同上书，第 47—58 页，特别是第 49、57 页。

[11] 在欧洲的语言学界没有对曹操实质性研究的出版物。关于曹操的兴起，见卡尔·列班(Carl Leban),《曹操与魏的兴起：早期历史》(“Ts'ao Ts'ao and the Rise of Wei: The Early Years”)，哥伦比亚大学博士论文，1971 年。柯睿,《曹操的肖像》(“Portraits of Ts' ao Ts' ao: Literary Studies on the Man and the Myth”)，密歇根大学博士论文，1976 年。关于他的诗歌，同样见张诵圣(Sung-sheng Yvonne Chang),《从乐府诗到古体诗的体裁嬗变：从曹操、曹丕到曹植》(“Generic Transformation from ‘Yuefu’ to ‘Gushi’ :Poetry of Cao Cao, Caǒ Pi, and Cao Zhi”)，斯坦福大学博士论文，1985 年，第 1 章；斯泰那恩(Diether von den Steinen),《曹操诗歌》(“Poems of Ts'ao Ts'ao”),《华裔学志》4(1939—1940)，第 135—181 页。中文见王仲荦,《曹操》；郭沫若编,《曹操论集》。日语见竹田晃(Akira Takeda),《曹操：如此行动与文学》(*Sō Sō: sono kōdō to bungaku*)。

[12] 陈启云,《荀悦与中古儒学》，第 8—65 页；顾浩华(Howard L. Goodman),《曹丕的超越：汉末中国王朝建立的政治文化》(*Ts'ao P'i Transcendent: The Political Culture of Dynasty-Founding in China at the End of the Han*)，第 4—13 页；张磊夫,《南方的将军：三国时代吴国的建立及其早期历史》，第 241—250 页。

[13] 张磊夫,《南方的将军：三国时代吴国的建立及其早期历史》，第 4 章。关于北方人河流作战的困难，见第 434—437 页。

[14] 同上书，第 5—6 章。关于四川的道教国家，它被曹操击败，以及它在曹魏政治中的角色，见祁泰履,《大成：一个中国千年王国的宗教与种族》，第 65—81 页；顾浩华,《曹丕的超越：汉末中国王朝建立的政治文化》，第 4 章。

[15] 张磊夫,《南方的将军：三国时代吴国的建立及其早期历史》，第 7 章。

[16] 简要的总结见侯思孟,《诗与政治：阮籍生平与作品》(*Poetry and Politics: The Life and Works of Juan Chi*)，第 1 章，特别是第 7—18 页。更加详细的解释见顾浩华,《曹丕的超越：汉末中国王朝建立的政治文化》，第 45—55 页。

[17] 张磊夫,《南方的将军：三国时代吴国的建立及其早期历史》，第 482—485 页。

[18] 唐长孺,《魏晋南北朝史论丛》，第 3—29 页；张磊夫,《南方的将军：三国时代吴国的建立及其早期历史》，第 493—513 页。

[19] 宫崎市定(Ichisada Miyazaki),《九品官人法的研究》(*Kyūhin kanjinhō: kakyo zenshi*)；宫川尚志,《六朝史研究：政治社会篇》，第 263—338 页；唐长孺,《九品中正制度试释》，见《魏晋南北朝史论丛》；侯思孟,《中世选官体系的创建：九品中正制》(“Les débuts du système medieval de choix et de classment des fonctionnaires: Les neuf catégories et l' Impartial et Juste”),《高等汉学研究所学刊》，卷 1，巴黎：法国巴黎大学，1957 年；葛涤风(Dennis Grafflin),《重塑中国：南朝早期的伪官僚主义》(“Reinventing China: Pseudobureaucracy in the Early Southern Dynasties”)，见丁爱博编,《中国中世纪早期的国家和社会》，斯坦福：斯坦福大学出版社，1990 年；多米尼克·德克莱尔(Dominik Declercq),《反对国家的书写：3 至 4 世纪中国的政治修辞学》(*Writing Against the State: Political Rhetorics in Third and Fourth Century China*)，第 134—151 页；何肯,《在汉朝的阴影下：南朝初期士大夫的思想与社会》，第 78—84 页。

[20] 钱南秀,《中古中国的精神与自我：〈世说新语〉及其遗产》(*Spirit and Self in Medieval China: The Shih-shuo hsin-yü and Its Legacy*)，第 29—36 页；柯睿,《曹操的肖像》，第 17—24 页。这些文章解释了“找寻价值”。

[21] 唐翼明,《魏晋士人的声音:“清谈”研究》,第116—132页。

[22] J. K. 施罗克(J. K. Shyrock)译,《研究人的能力:刘劭的〈人物志〉》(*The Study of Human Abilities: The Jen wu chih of Liu Shao*),第95、98、99、120、132页。见钱南秀,《中古中国的精神与自我:〈世说新语〉及其遗产》,第34、67—68、113—117、155—156页;司白乐,《拟古:中国早期人物画中的审美与社会主题》,第71—74页;牟宗三,《才性与玄理》,第43—66页。

[23] 钱南秀,《中古中国的精神与自我:〈世说新语〉及其遗产》,第20—24、44—47页。

[24] 刘劭甚至使用“机”的术语,见《研究人的能力:刘劭的〈人物志〉》,第130、136—137页。关于“机”的早期传统,见陆威仪,《中国古代法定的暴力》(*Sanctioned Violence in Early China*),第117、119—121页,第291页注82。

[25] 钱南秀,《中古中国的精神与自我:〈世说新语〉及其遗产》,第34—35页。

[26] 见第一章注释21、22。

[27] 《三国志》,引自司白乐,《拟古:中国早期人物画中的审美与社会主题》,第73—74页。其他与曹叡相关的见方志彤(Achilles Fang),《三国编年史(220—265):〈资治通鉴〉卷六九至卷七八号》(*The Chronicle of the Three Kingdoms(220—265): Chapters 69—78 from the Tzu chih t'ung chien*),第314—316、533—538、562页;唐翼明,《魏晋士人的声音:“清谈”研究》,第140—145页。这些都显示了曹叡对“浮华”的敌意,见唐长孺,《魏晋南北朝史论丛》,第94—99页。

[28] 何肯,《在汉朝的阴影下:南朝初期士大夫的思想与社会》,第4—5、79—80页。

[29] 多米尼克·德克莱尔,《反对国家的书写:3至4世纪中国的政治修辞学》,第120、123—124、175—178页;唐翼明,《魏晋士人的声音:“清谈”研究》,第173—174页;侯思孟,《诗与政治:阮籍生平与作品》,第9—25、34、48、51—53、61、88页;侯思孟,《嵇康的生平与思想(223—262)》[*La vie et la pensée de Hi K'ang(223—262 Ap. J.-C.)*],第28—30、39—40、42—43、46—51页。

[30] 唐长孺,《魏晋南北朝史论丛》,第118—126页。一篇写于290年后的批判文章被翻译并讨论,见多米尼克·德克莱尔,《反对国家的书写:3至4世纪中国的政治修辞学》,第4章。

[31] 多米尼克·德克莱尔,《反对国家的书写:3至4世纪中国的政治修辞学》,第148—151、172—174页。

[32] 同上书,第171—174、178、220—224页。多米尼克·德克莱尔描述了皇甫谧拒绝察举征辟,夏侯湛在以门第入仕后举贤良,却被降品,仕途难以再进。

[33] 葛涤风,《重塑中国:南朝早期的伪官僚主义》,第150—154页。

[34] 见姜士彬(David Johnson),《中世纪中国的寡头政治》(*The Medieval Chinese Oligarchy*),第19页:“没有什么主题能比官吏入仕来更好地理解中国社会的动力了。原因是显而易见的:中国不像英国或法国,英国法国那里的人们可以通过职业,比如法律、医药、商业、教会或军队来获得更高的社会地位。在中国,只有一个显著的职业阶层:官吏。并不存在另一条通路,使人能由此上升自己的社会地位。”

[35] 白乐日,《在虚无的反叛和神秘主义的逃避之间:公元3世纪中国的思潮》(“Nihilistic Revolt or Mystical Escapism: Currents of Thought in China During the Third Century a.d.”),见芮沃寿(Arthur F. Wright)编,《中国文明与官僚制》(*Chinese Civilization and Bureaucracy: Variations on a Theme*),纽黑文:耶鲁大学出版社,1964年。同样见吴伏生,《诗学的衰落:南朝和晚唐时期的中国诗歌》(*The Poetics of Decadence: Chinese Poetry of the Southern Dynasties and Late Tang Period*),第1—2章;徐幹,《中论》(*Balanced Discourses*),第xvii页;何肯,《在汉朝的阴影下:南朝初期士大夫的思想与社会》,第3—42、87—93、127—129

页；唐翼明，《魏晋士人的声音："清谈"研究》，第 11 页宫崎市定的观点，第 140—145 页，轻浮颓废的做法存在于 3 世纪。积极的描述方式，如余英时，《发现个人》（"Discovery of the Individual"），将之视为个人情趣或道德特征。见《魏晋时期的个人主义与新道家运动》。通过使用文学比喻对这一时期"个人主义"的建构，见罗吉伟，《口齿伶俐的妇女：中国早期文本中的性别和男性社会》，第 3 章，特别是第 78—85 页；桀溺（J.Diény），《王粲（177—217）》["Lecture de Wang Can（177—217）"]，《通报》73（1987），第 286—312 页。

[36] 何肯，《在汉朝的阴影下：南朝初期士大夫的思想与社会》，第 42—56 页；谷川道雄（Michio Tanigawa），《中国中世社会与共同体》（*Medieval Chinese Society and the Local "Community"*），第 87—126 页；姜士彬，中世纪中国的寡头政治》，第 114—116 页。

[37] J. K. 施罗克译，《研究人的能力：刘劭的〈人物志〉》，第 113—116、126—127 页。关于《人物志》与九品中正制度的关系，见汤用彤，《读〈人物志〉》，载《魏晋玄学论稿》，第 3—22 页；唐翼明，《魏晋士人的声音："清谈"研究》，第 154—156 页；司白乐，《拟古：中国早期人物画中的审美与社会主题》，第 70—74 页；钱南秀，《中古中国的精神与自我：〈世说新语〉及其遗产》，第 33—36 页。

[38] 唐长孺，《魏晋南北朝史论丛》，第 289—297 页。用英语讨论"清议"与"清谈"的见白乐日，《在虚无的反叛和神秘主义的逃避之间：公元 3 世纪中国的思潮》，第 227—232 页；唐翼明，《魏晋士人的声音："清谈"研究》，第 116—140 页；钱南秀，《中古中国的精神与自我：〈世说新语〉及其遗产》，第 20—42 页。

[39] 钱南秀，《中古中国的精神与自我：〈世说新语〉及其遗产》，第 3—8 页。

[40] 马瑞志译，《世说新语全注》，第 258 页。

[41] 钱南秀，《中古中国的精神与自我：〈世说新语〉及其遗产》，第 3—4、44—60 页。关于将魏晋精英看作"竞争性的社群"的观点，见罗吉伟，《口齿伶俐的妇女：中国早期文本中的性别和男性社会》，第 3 章。竞争朗诵的例子，见司白乐，《拟古：中国早期人物画中的审美与社会主题》，第 109 页。

[42] 马瑞志译，《世说新语全注》，第 458 页。

[43] 《关于忍耐力的养成》（"Cultivated Tolerance"），见马瑞志译，《世说新语全注》，第 179—195 页；罗吉伟，《口齿伶俐的妇女：中国早期文本中的性别和男性社会》，第 101—110 页。在另外一则逸事中，当一个男人被迫换上女装时，仍能保持平静。见马瑞志译，《世说新语全注》，第 459 页。

[44] 马瑞志译，《世说新语全注》，第 190 页。关于《世说新语》中以谢安、桓温对手关系为中心的记述，见司白乐，《拟古：中国早期人物画中的审美与社会主题》，第 104—114 页。又见桀溺，《谢安（320—385）：根据〈世说新语〉之琐言来观察一位中国士族文人》[*Portrait anecdotique d'un gentilhomme chinois, Xie An（320—385）d'après "Shishuo xinyu"*]。

[45] 关于这些不可靠的叙述，见侯思孟，《诗与政治：阮籍生平与作品》，第 13—14 页。对领袖人物的叙述，见唐翼明，《魏晋士人的声音："清谈"研究》，第 144—159 页。

[46] 柏士隐，《隐遁的模式：中国中古早期隐逸的实践与形象》，第 4 章，特别是第 128—130 页。

[47] 这一体裁出现在汉朝，但是更多的幸存下来的例子则来自汉朝以后的时代。见多米尼克·德克莱尔，《反对国家的书写 3 至 4 世纪中国的政治修辞学》。

[48] 司白乐，《拟古：中国早期人物画中的审美与社会主题》，特别是第 75—86 页；唐翼明，《魏晋士人的声音："清谈"研究》，第 160—173；侯思孟，《诗与政治：阮籍生平与作品》；侯思孟，《嵇康的生平与思想（223—262）》；侯思孟，《竹林七贤和当时的社会》（"Les Sept Sages de la Forêt des Bambous et la société de leur temps"），《通报》46（1956），第 317—416 页。

[49] 关于晋朝政治向精英与世家大族的发展，见多米尼克·德克莱尔，《反对国家的书写：3

至 4 世纪中国的政治修辞学》，第 123—132 页。关于清谈与玄学的复兴，见唐翼明，《魏晋士人的声音："清谈" 研究》，第 174—192 页；多米尼克·德克莱尔，《反对国家的书写：3 至 4 世纪中国的政治修辞学》，第 261—262、277、299—306 页。关于这个时代的诗歌，见黎超密，《清流与汪洋：公元 3 世纪潘岳与陆机的诗歌》（"River and Ocean: The Third Century Verse of Pan Yue and Lu Ji"），华盛顿大学博士论文，1990 年。

[50] 葛德威（David A. Graff），《中世纪中国的战争，300—900》（*Medieval Chinese Warfare, 300—900*），第 44—47 页；多米尼克·德克莱尔，《反对国家的书写：3 至 4 世纪中国的政治修辞学》，第 129—131 页。

[51] 毛汉光，《中古世家性质的演化》（"The Evolution in the Nature of the Medieval Genteel Families"），第 90—93 页；葛德威，《中世纪中国的战争，300—900》，第 76—79 页。对领导家族的详尽研究，见杜桑卡（Dusanka D. Miscevic），《中国中古时期大家族研究》（"A Study of the Great Clans of Early Medieval China"），《远东博物院学报》，卷 65（1993），第 5—256 页；毕汉斯，《六朝：卷一、卷二》（"The Six Dynasties: Vols. 1 and 2"），《远东博物院学报》，卷 69（1997），第 5—246 页。

[52] 关于北方精英在北魏朝廷的顶峰存在，见丁爱博，《汉族著姓与拓跋贵族的调和——孝文帝太和十九年诏令研究》（"Elite Lineages and the T'o-pa Accommodation: A Study of the Edict of 495"），《东方经济与社会史学刊》19：1（1976），第 61—88 页。

第 3 章　军事王朝

[1] 孔为廉（William Gordon Crowell），《中华帝国早期的政府土地政策和系统》（"Government Land Policies and Systems in Early Imperial China"），第 4 章，华盛顿大学博士论文，1979 年；唐长孺，《六朝时期的客与部曲》（"Clients and Bound Retainers in the Six Dynasties Period"），见丁爱博编，《中国中世纪早期的国家与社会》，斯坦福：斯坦福大学出版社，1990 年，第 114—115 页；唐长孺，《魏晋南北朝史论丛》，第 37—43 页；王仲荦，《魏晋南北朝史》，第 41—43、123—130 页；张磊夫，《南方的将军：三国时代吴国的建立及其早期历史》，第 287、313—318、322、325、327、335、339、389、473—475 页。

[2] 葛德威，《中世纪中国的战争，300—900》，第 39 页。

[3] 陈寅恪，《桃花源记旁证》，《陈寅恪先生论文集》，卷 2，台北：三人行出版社，1974 年；王仲荦，《魏晋南北朝史》，第 38—39、320—321、326、331、462—463 页；何肯，《在南北朝的阴影下：南朝初期士大夫的思想与社会》，第 42—49、56—57 页；谷川道雄，《中国中世社会与共同体》，第 102—110 页；邝龑子，《陶潜与中国诗学传统：文化身份探求》，第 3 章；葛德威，《中世纪中国的战争，300—900》，第 55—56、58、61、63、66、81、85 页；川胜义雄（Yoshio Kawakatsu），《六朝贵族制社会研究》（*Rikuchō kizokusei shakai no kenkyu*），第 120—127 页；宫川尚志，《六朝史研究：政治社会篇》，第 437—471 页。

[4] 唐长孺，《魏晋南北朝史论丛》，第 3—29 页；王仲荦，《魏晋南北朝史》，第 99—109 页；张磊夫，《南方的将军：三国时代吴国的建立及其早期历史》，第 463—524 页；川胜义雄，《六朝贵族制社会研究》，第 157—164 页。

[5] 《晋书》，引自唐长孺，《魏晋南北朝史论丛》，第 41 页。

[6] 《三国志·吴志》，《抱朴子外篇》，引自唐长孺，《魏晋南北朝史论丛》，第 25 页。同样见唐长孺，《六朝时期的客与部曲》，第 114—117 页。

[7] 杨中义,《“依赖”性职位的演化》(“Evolution of the Status of ‘Dependents’”),见任以都和德范克(John De Francis)编,《中国社会史:研究选译》(*Chinese Social History: Translations of Selected Studies*),纽约:Octagon Books,1972 年,第 143—155 页。

[8] 唐长孺,《六朝时期的客与部曲》,第 117—118 页。

[9] 张磊夫,《北部边疆:后汉帝国的政策与战略》(*Northern Frontier*),第 407—416 页。

[10] 丁爱博,《早期中国铠甲研究》(“Study of Early Chinese Armor”),第 37—38 页;丁爱博,《六朝文明》(*Six Dynasties Civilization*),第 6 章;葛德威,《中世纪中国的战争,300—900》,第 41—42 页。

[11] 顾传习(Chauncey S. Goodrich),《中国古代的骑具与马鞍》(“Riding Astride and the Saddle in Ancient China”),第 288、293—294、295、297、299—300、304 页,图板 3、8—10。具有清晰的马鞍结构的陶俑,其时间为公元 186—219 年。

[12] 丁爱博,《马镫及其对中国军事史的影响》(“The Stirrup and Its Effect on Chinese Military History”),第 33—35、37 页;葛德威,《中世纪中国的战争,300—900》,第 42—43 页。

[13] 葛德威,《中世纪中国的战争,300—900》,第 41—42 页。

[14] 同上书,第 43—44 页。

[15] 同上书,第 79—80 页;何肯,《在汉朝的阴影下:南朝初期士大夫的思想与社会》,第 25—29 页;王仲荦,《魏晋南北朝史》,第 318—330 页;川胜义雄,《六朝贵族制社会研究》,第 22—28 页。

[16] 唐长孺,《六朝时期的客与部曲》,第 119 页;葛德威,《中世纪中国的战争,300—900》,第 80—81 页。

[17] 葛涤风,《中国中世南方的世家大族》(“The Great Family in Medieval South China”),《哈佛亚洲研究》41 : 1(1981 年 6 月),第 71—73 页;司白乐,《拟古:中国早期人物画中的审美与社会主题》,第 110—121 页。

[18] 马瑞志译,《世说新语全注》,第 45 页。

[19] 葛德威,《中世纪中国的战争,300—900》,第 86、122—128 页。同样见王仲荦,《魏晋南北朝史》,第 332—338 页。

[20] 《晋书》,引自王仲荦,《魏晋南北朝史》,第 341 页注释 13。

[21] 马瑞志译,《世说新语全注》,第 139 页:“以温今日声势,似能有为,然在吾观之,必无成功。何则?晋室衰弱,温专制其国,晋之朝臣,未必皆与之同心,故温之得势,众所不愿矣,必将乖阻,以败其事。”见王仲荦,《魏晋南北朝史》,第 338 页。

[22] 毛汉光,《中古世家性质的演化》,第 92—95 页;何肯,《在汉朝的阴影下:南朝初期士大夫的思想与社会》,第 56—58 页;马瑞志译,《世说新语全注》,第 304 页。

[23] 马瑞志译,《世说新语全注》,第 57、58、304、410—411 页。

[24] 除了第二章末尾的逸事,他对谢安的钦佩在马瑞志译,《世说新语全注》中得到展示,第 237、261 页,他对礼仪学识的赞佩见第 61 页。

[25] 司白乐,《拟古:中国早期人物画中的审美与社会主题》,第 117—119 页。

[26] 唐长孺,《六朝时期的客与部曲》,第 120—122 页。

[27] 孔为廉,《北方移民与户籍问题》(“Northern Emigres and the Problems of Census Registration”),见丁爱博(Albert E. Dien)编,《中国中世早期的国家与社会》(*State and Society in Early Medieval China*),斯坦福:斯坦福大学出版社,1990 年;关于桓温的土断,见第 191—193 页。

[28] 葛德威,《中世纪中国的战争,300—900》,第 84—85 页;王仲荦,《魏晋南北朝史》,第 279、356—357 页。

[29] 颜之推，《颜氏家训》，第129—130页。关于六朝旧门阀对军事事务的蔑视，见王仲荦，《魏晋南北朝史》，第405页。

[30] 王仲荦，《魏晋南北朝史》，第277页。川胜义雄的《六朝贵族制社会研究》对《世说新语》中有关反对军事事务的动机进行了尖锐地说明，见第327—347页。

[31] 葛德威，《中世纪中国的战争，300—900》，第82—83页。

[32] 同上书，第86—87页；王仲荦，《魏晋南北朝史》，第360—364页。关于宗教背景，见宫川尚志，《孙恩之乱时庐山周围的信仰》（"Local Cults around Mount Lu at the Time of Sun En's Rebellion"），尉迟酣（Holmes Welch）、石秀娜（Anna Seidel）编，《道教的面》，纽黑文：耶鲁大学出版社，1979年。

[33] 葛德威，《中世纪中国的战争，300—900》，第87—88、90—92页；王仲荦，《魏晋南北朝史》，第391—395、404—410页；第405—407页列举了南朝时期出身寒微的将领。宫川尚志，《六朝史研究：政治社会篇》，第394—395页。

[34] 司白乐，《拟古：中国早期人物画中的审美与社会主题》，第124—126页；葛德威，《中世纪中国的战争，300—900》，第88页；王仲荦，《魏晋南北朝史》，第404—418页；唐长孺，《魏晋南北朝史论丛续编》，第93—123页；宫川尚志，《六朝史研究：政治社会篇》，第384—398页。

[35] 缺乏用英语进行的讨论，见宫川尚志，《六朝史研究：政治社会篇》，第349—405页。韩国磐的《南北朝经济试探》对贸易的水平与形式并没有进行很好的探讨，见第154—179页。

[36] 王仲荦，《魏晋南北朝史》，第410—411页。

[37] 同样，这在英语世界中也没有被探讨。见川胜义雄，《六朝贵族制社会研究》，第407—435页；川胜义雄，《中国的历史：卷三》（*Chūgoku no rekishi*: *Vol. 3*），第236—242页。同样见川胜义雄，《中国南朝贵族的衰退》（"La Décadence de l' aristocratie chinoise sous les Dynasties du Sud"），《亚洲学刊》21（1971），第13—38页；王仲荦，《魏晋南北朝史》，第479—480、487—496页。

[38] 葛德威，《中世纪中国的战争，300—900》，第87—89页；王仲荦，《魏晋南北朝史》，第391—398、441—457页。在英语世界，缺乏对军队模式转变的研究，见川胜义雄，《中国的历史》，第239—240页；川胜义雄，《六朝贵族制社会研究》，第354—357、380—395、425页；宫川尚志，《六朝史研究：政治社会篇》，第555—584页。引自第582页。关于世家大族地方分支的军事化，见王仲荦，《魏晋南北朝史》，第461—464页。

[39] 裴士凯，《侯景是谁？》（"Who，and What，was Hou Jing？"）；葛德威，《中世纪中国的战争，300—900》，第89页；沃拉克（Benjamin E. Wallacker），《中古中国围城战研究：建康之围》（"Studies in Medieval Chinese Siegecraft: The Siege of Chien-k'ang"），《亚洲史杂志》5:1（1971），第35—54页。叙述见王仲荦，《魏晋南北朝史》，第446—457页。关于社会经济背景，见川胜义雄，《六朝贵族制社会研究》，第349—405、421—427页。

[40] 葛德威，《中世纪中国的战争，300—900》，第89、121—122、125、132—135页。叙述见王仲荦，《魏晋南北朝史》，第458—461、464—467页。同样见川胜义雄，《六朝贵族制社会研究》，第427—432页。

[41] 关于中国人知道的最早游牧政体，见狄宇宙（Nicola Di Cosmo），《古代中国与其强邻——东亚历史上游牧力量的兴起》（*Ancient China and Its Enemies*: *The Rise of Nomadic Power in East Asian History*），第167—190页。关于晚近的例子，见米华健（James Millward），《清内陆亚洲帝国与土尔扈特的回归》（"Qing Inner Asian Empire and the Return of the Torghuts"），见米华健（James A. Millward）、邓如萍（Ruth W. Dunnell）、欧立德（Mark C. Elliott）、傅雷（Philippe Forêt）编，《新清帝国史：内陆亚洲帝国在承德的形成》（*New Qing Imperial*

History: The Making of Inner Asian Empires at Qing Chengde)，伦敦：Routledge Curzon 出版社，2004 年，第 95—96 页。关于十六国时期，见托马斯·巴菲尔德（Thomas Barfield），《危险的边疆：游牧帝国与中国》（*The Perilous Frontier: Nomadic Empires and China*），第 97—118 页；葛德威，《中世纪中国的战争，300—900》，第 54—69 页。在非西方语言学界，见王仲荦，《魏晋南北朝史》，第 234—317 页；唐长孺，《魏晋南北朝史论丛》，第 127—192 页；谷川道雄，《隋唐帝国形成史论》（*Zui Tō teikoku keisei shi ron*），第 25—67 页。

[42] 希来伯尔（Gerhard Schreiber），《前燕王朝史》（"The History of the Former Yen Dynasty"），《华裔学志》15（1956），第 1—141 页；柯兰谷（Kenneth Douglas Klein），《4 世纪鲜卑国家对于中华帝国重新统一的贡献》（"The Contributions of the Fourth Century Xianbei States to the Reunification of the Chinese Empire"），加州大学洛杉矶分校博士论文，1980 年。

[43] 葛德威，《中世纪中国的战争，300—900》，第 64—66 页。

[44] 韩大伟（David B. Honey），《汉化与合法化：刘渊、石勒与汉、赵的建立》（"Sinification and Legitimation: Liu Yüan, Shi Le, and Founding of Han and Chao"），加州大学伯克利分校博士论文，1988 年。

[45] 罗杰斯（Michael C. Rogers），《淝水之战的历史：一个历史典型的案例》（*The Chronicle of Fu Chien: A Case of Exemplar History*）。对《晋书·苻坚载纪》的注释性翻译与批判性研究有实质上的学术内容，但并不总是可靠的。作者检查了政治性的重新书写，但是他的推论太远了，认为战役没有发生，所以苻坚帝国的快速瓦解仍然没有得到解释，除了从一开始便存在"内在紧张"。此外，罗杰斯假设了一个 7 世纪的"唐阶层"。无论如何，在假定的唐阶层中的所有元素都组成了《十六国春秋》中的片段，因为《十六国春秋》作于唐朝以前，那时唐阶层并不存在。

[46] 葛德威，《中世纪中国的战争，300—900》，第 55—61 页。

[47] 对这一时期族群身份的区分困难，在最近几年得到充分地强调。见裴士凯、司白乐和伊佩霞，《导论》（"Introduction"），第 14—20 页；司白乐，《融合优势：5 世纪佛教雕塑的记忆、摹仿与意义》（"Hybrid Vigor: Memory, Mimesis, and the Matching of Meanings in Fifth-Century Buddhist Sculpture"），均见裴士凯，司白乐，伊佩霞编，《汉人王朝重建中的文化与权力：200—600》（*Culture and Power in the Reconstitution of the Chinese Realm, 200–600*），剑桥：哈佛大学出版社，2001 年；裴士凯，《形式与内容：6 世纪中国的复古改革》，第 151—156、177 页；王静芬（Dorothy C. Wong），《种族与身份：南北朝时期作为佛教艺术赞助人的北方游牧者》（"Ethnicity and Identity: Northern Nomads as Buddhist Art Patrons during the Period of Northern and Southern Dynasties"），见狄宇宙（Nicola Di Cosmo）、韦栋（Don J. Wyatt）编，《中国历史上的政治边疆、民族边界和人文地理》（*Political Frontiers, Ethnic Boundaries, and Human Geographies in Chinese History*），伦敦：Routledge Curzon 出版社，2003 年。同样见王仲荦，《魏晋南北朝史》，第 468—475 页，对南方也持同样的观点。

[48] 关于拓跋的胜利，见葛德威，《中世纪中国的战争，300—900》，第 69—73 页。

[49] 在英语学界缺乏系统的研究。简短的讨论出现在托马斯·巴菲尔德，《危险的边疆：游牧帝国与中国》，第 118—119 页；艾博华（Wolfram Eberhard），《中国历史》（*A History of China*），第 137—138 页。在亚洲语言学界，见王仲荦，《魏晋南北朝史》，第 512—516 页；唐长孺（Tang），《魏晋南北朝史论丛》，第 203—227 页；谷川道雄，《隋唐帝国形成史论》，第 123—129 页；川胜义雄，《中国的历史》，第 304—309 页。

[50] 在英语世界中没有讨论。在亚洲语言学界，见川胜义雄，《中国的历史》，第 309—312 页；谷川道雄，《隋唐帝国形成史论》，第 129—134、188—212 页；严耕望，《中国地方行政制度史》卷三，第 691—797 页；周一良，《魏晋南北朝史论集》，第 215—238 页。

[51] 英语世界中的简短讨论见托马斯·巴菲尔德,《危险的边疆：游牧帝国与中国》，第124—125页；葛德威,《中世纪中国的战争，300—900》，第97—99页。关于鲜卑贵族与汉族高门士族的关系，见丁爱博,《汉族著姓与拓跋贵族的调和——孝文帝太和十九年诏令研究》;《导论》(“Introduction”)，第22—23页。在亚洲语言学界，王仲荦,《魏晋南北朝史》，第536—556页；唐长孺,《魏晋南北朝史论丛续编》，第132—154页。谷川道雄,《隋唐帝国形成史论》，第138—160页。

[52] 应该是“契”或“契胡”。——译者注

[53] W. F. J. 詹纳尔（W. F. J. Jenner),《记忆中的洛阳：杨衒之与沦陷了的京城，493—534》[*Memories of Loyang: Yang Hsüan-chih and the Lost Capital (493—534)*]，第86页；唐长孺,《魏晋南北朝史论丛》，第414—426页。

[54] 葛德威,《中世纪中国的战争，300—900》，第98—106页；W. F. J. 詹纳尔,《记忆中的洛阳：杨衒之与沦陷了的京城，493—534》，第38—102页；王仲荦,《魏晋南北朝史》，第563—591页；谷川道雄,《隋唐帝国形成史论》，第177—217页。关于宇文政权及其军事力量，见裴士凯,《中国6世纪的宇文政权》(“The Yü-wen Regime in Sixth-Century China”)，普林斯顿大学博士论文，1987年，然而缺乏与东魏、北齐的比较研究。

[55] 丁爱博,《西魏北周的军事职责》(“The Role of the Military in the Western Wei/Northern Chou State”)，见丁爱博编,《中国中世纪早期的国家和社会》，斯坦福：斯坦福大学出版社，1990年。

[56] 葛德威,《中世纪中国的战争，300—900》，第108页。葛德威的讨论源自日本学术，见谷川道雄的总结,《隋唐帝国形成史论》，第219—257页。向汉族及其他非鲜卑族群赐鲜卑姓氏，见丁爱博,《西魏北周的赐姓》(“The Bestowal of Surnames under the Western Wei-Northern Chou: A Case of Counter-Acculturation”),《通报》63（1977），第137—177页。

[57] 中文与日文的二手文献在葛德威论著中得到总结,《中世纪中国的战争，300—900》，第108—111页。同样见王仲荦,《魏晋南北朝史》，第612—622页。

第4章　城市的变化

[1] 安妮·柏丽尔（Anne Birrell),《汉代民间歌谣》(*Popular Songs and Ballads of Han China*)，第154页。关于另外的提到城市的诗歌，见第132、134、136—137、142、157、159—160、162—163、166—167、168页。

[2] 韦利（Arthur Waley),《汉语译文》(*Translations from the Chinese*)，第37—48页；波顿·华兹生（Burton Watson),《中国抒情诗风：2至12世纪的诗》(*Chinese Lyricism: Shih Poetry from the Second to the Twelfth Century*)，第15—32页（省略了六首诗）。对此的研究，见蔡宗齐,《抒情诗转化的基质：中国早期五言诗的诗歌形式与自我呈现》，第3章；桀溺,《古诗十九首》(*Les dix-neufs poèmes anciens*)，第161—187页。桀溺同样将这些诗歌翻译成法语。

[3] 同样见宇文所安,《迷楼：诗与欲望之迷宫》(*Mi-lou: Poetry and the Labyrinth of Desire*)，第19—24页。

[4] 桀溺,《古诗十九首》，第30—31页。

[5] 波顿·华兹生,《中国抒情诗风：2至12世纪的诗》，第24—25页。

[6] 蔡宗齐,《抒情诗转化的基质：中国早期五言诗的诗歌形式与自我呈现》，第62—72页。

[7] 陆威仪,《早期中国的空间建构》，第240—243页。不同地区城市的考古证据，见丁爱博,《六朝文明》，第2章。

[8] 孙康宜,《六朝早期诗歌的景物描写》("Description of Landscape in Early Six Dynasties Poetry"),见林顺夫、宇文所安编,《抒情诗的生命力》,普林斯顿:普林斯顿大学出版社,1986年;孙康宜,《六朝诗歌研究》(*Six Dynasties Poetry*),第2—3章;侯思孟,《中国上古与中古早期的山水欣赏:山水诗的产生》(*Landscape Appreciation in Ancient and Early Medieval China: The Birth of Landscape Poetry*),特别是第4—5章;宇文所安,《中国文学思想读本》,第277—286页。

[9] 萧统,《文选》卷一,第373—375页。康达维(David R. Knechtges)译,《文选》,卷一,第373—374页。

[10] 萧统,《文选》卷一,第385、387、389、393、395、397、399—401、403、405—421、423、425页。

[11] 同上书,卷一,第429—433、456—465页。蜀都、吴都的有限野蛮本性被重申,见第471—475页。

[12] 同上书,卷一,第467—469页。

[13] 白乐日,《〈隋书·食货志〉译注》(*Le Traité économique du "Souei-chou"*),第267页;萧统,《文选》,第429—431页,更多细节见宫川尚志,《六朝史研究:政治社会篇》,第537—546页。

[14] 颜之推,《颜氏家训》,第18—19页。关于北齐邺城,见朱岩石,《东魏北齐的都城邺城》("The Capital City Ye of the Eastern Wei and the Northern Qi"),见巫鸿编,《汉唐之间的视觉文化与物质文化》,北京:文物出版社,2003年,第111—114页。

[15] 《北史》,第八章,第302页。

[16] 杜朴(Robert L. Thorp)、文以诚(Richard Ellis Vinograd),《中国艺术与文化》(*Chinese Art and Culture*),第152—154页;夏南悉(Nancy S. Steinhardt),《中国都城规划》(*Chinese Imperial City Planning*),第80—82页;W. F. J. 詹纳尔,《记忆中的洛阳:杨衒之与沦陷了的京城,493—534》,第40—42页。

[17] 李约瑟、孟席斯(Nicholas K. Menzies),《中国科学技术史》,第六卷《生物和生物技术》,第三部分"农业:甘蔗技术,农业和造林学",第549—565页。几十年后,谢灵运讲述了会稽的山林,见弗朗西斯·韦斯特布鲁克(Francis Westbrook),《谢灵运抒情诗及〈山居赋〉中的风景描写》("Landscape Description in the Lyric Poetry and 'Fuh on Dwelling in the Mountains' of Shieh Ling-yunn"),耶鲁大学博士论文,1972年,第302页。关于树的类型的名单,见第257—258页。

[18] 山林、别墅、园林的内在联系及其发展,是大室幹雄,《园林都市:中世中国的世界像》及其姊妹篇《桃园的梦想:古代中国的反剧场都市》(*Tōgen no musō: kodai Chūgoku no han gekijō toshi*)的主题,在英语学界缺乏研究。

[19] 柏士隐,《隐遁的模式:中国中古早期隐逸的实践与形象》,第238—241页。谢灵运的《山居赋》类比了传统隐士与原始人的条件,见弗朗西斯·韦斯特布鲁克,《谢灵运抒情诗及山居赋〉中的风景描写》,第197页;陆威仪,《中国古代法定的暴力》,第167—174页。关于孔子的言论,见《"述"者与"作"者:〈论语〉的中国注释者及注释》,第91页。关于与禽兽为伍,见马瑞志译,《世说新语》,第60页。

[20] 关于知识背景及完整的注释翻译,见弗朗西斯·韦斯特布鲁克,《谢灵运抒情诗及〈山居赋〉中的风景描写》,第3—4章。

[21] 见弗朗西斯·韦斯特布鲁克,《谢灵运抒情诗及〈山居赋〉中的风景描写》,第186章。谢灵运所叙述的山中园林的种种优长,见弗朗西斯·韦斯特布鲁克,《谢灵运抒情诗及〈山居赋〉中的风景描写》,第196—198、278页。《世说新语》中的一章着力叙述了将山居作为社会

活动的一种方式，见马瑞志译，《世说新语》，第331—339页；同样见第115、288页。

[22] 见弗朗西斯·韦斯特布鲁克，《谢灵运抒情诗及〈山居赋〉中的风景描写》，第239—244、270、307—309页。关于山丘与流水，见第253—255、287—297页。

[23] 同上书，第270—286、304、312—316页。马瑞志，《5世纪诗人谢灵运的山水佛教》，（“The Landscape Buddhism of the Fifth-Century Poet Hsieh Ling-yun”），《亚洲研究期刊》18（1958—1959），第67—79页。

[24] 仲长统的议论被伊佩霞所翻译，《后汉经济社会史》，第624页；白乐日，《汉末的政治哲学与社会危机》（“Political Philosophy and Social Crisis at the End of the Han Dynasty”），见芮沃寿编，《中国文明与官僚制》，纽黑文：耶鲁大学出版社，1964年，第215—216页；海陶玮（Hightower），《陶潜之赋》（“*Fu* of T'ao Ch'ien”），《哈佛亚洲研究》17（1954），第217—218。关于谢灵运对仲长统的探讨，见弗朗西斯·韦斯特布鲁克，《谢灵运抒情诗及〈山居赋〉中的风景描写》，第199—200页。

[25] 卫德明（Hellmut Wilhelm），《石崇及其金谷园》（“Shih Ch' ung and his Chin-ku-yüan”），《华裔学志》18（1959），第314—327页，对序的译文在第326页。马瑞志译，《世说新语》，第264—265页。关于石崇在《世说新语》中的描述，见罗吉伟，《口齿伶俐的妇女：中国早期文本中的性别和男性社会》，第105—110页。关于著名的《兰亭集序》及其翻译，见马瑞志译，《世说新语》，第321—322页。关于这篇序，它的不同版本，及其翻译，见毕少夫，《兰亭诗》，第25—50页。

[26] 司白乐，《拟古：中国早期人物画中的审美与社会主题》，第104—119页；柏士隐，《隐遁的模式：中国中古早期隐逸的实践与形象》，第143页；唐翼明，《魏晋士人的声音：“清谈”研究》，第238—248、252—256页；桀溺，《谢安（320—385）：根据〈世说新语〉之琐言来观察一位中国士族文人》。

[27] 园林在马瑞志译《世说新语》中被提到，第60、194页。这部文献中其他参引提到的园林、城市隐居、房屋周围的树木、竹林，见第205、235、388、398、426、455、456页。

[28] 托马斯·杰森（Thomas Jansen），《中国中世纪早期的宫廷社会：在萧子良王所设宴席上的辩论》（*Höische Öfentlichkeit im frühmittelalterlichen China:debatten im Salon des Prinzen Xiao Ziliang*），第25—26、56—58、66—70、78—83页。关于沈约的城郊别墅，见马瑞志，《诗人沈约（441—513年）：缄默的侯爵》[*The Poet Shen Yüeh（441—513）: The Reticent Marquis*]，第8章。关于谢朓的《游后园赋》，见孙康宜，《六朝早期诗歌的景物描写》，第113—115页。关于庾信的诗，见波顿·华兹生，《汉魏六朝赋选》（*Chinese Rhyme-Prose: Poems in the Fu Form from the Han and Six Dynasties*），第103—109页。除了这些园林，历史记录中还包括皇家园林，齐代所建的新的森林园林，还有梁代修建的十二座园林。

[29] 马瑞志译，《世说新语》，第398页。

[30] 原文为Jiang Shaoyu，疑有误。——编者注

[31] 关于戴逵与戴颙与佛教相关的艺术以及对竹林七贤的描述，见玛丽莲·瑞（Marilyn Martin Rhie），《中国与中亚的早期佛教艺术》（*Early Buddhist Art of China and Central Asia*），第2卷，第94—98、203—206页。

[32] 卜寿珊与时学颜，《早期中国的绘画文本》，第21—22、36—38、337—338页；德罗绘，《中国初期的山水画：宗教性》，第76—84页。

[33] 汪跃进（Eugene Wang），《〈妙法莲华经〉的具象化：中古中国佛教的视觉文化》（*Shaping the Lotus Sutra: Buddhist Visual Culture in Medieval China*），第77页，第407页注释24。

[34] W. F. J. 詹纳尔，《记忆中的洛阳：杨衒之与沦陷了的京城，493—534》，第173页；杨衒之，《洛阳伽蓝记》，第58—59页。

[35] 汉宝德（Pao-the Han），《外在形式与内在视野：中国景观设计的故事》（*External Forms and Internal Visions: The Story of Chinese Landscape Design*）收集并转述相关段落，第 76—80 页。关于宗室、外戚、姻亲们在龙门山修建园林的竞争，见 W. F. J. 詹纳尔，《记忆中的洛阳：杨衒之与沦陷了的京城，493—534》，第 241—244 页；杨衒之，《洛阳伽蓝记》，第 191—196 页。

[36] W. F. J. 詹纳尔，《记忆中的洛阳：杨衒之与沦陷了的京城，493—534》，第 189 页；杨衒之，《洛阳伽蓝记》，第 92 页。

[37] 何重华（Judy Chunghwa Ho），《汉唐之间对家庭伦理的描绘》（"Portraying the Family in the Metropolitan and Frontier Regions during the Transition between Han and Tang"），见巫鸿编，《汉唐之间文化艺术的互动与交融》（*Between Han and Tang: Cultural and Artistic Interaction in a Transformative Period*），北京：文物出版社，2001 年，第 478—479、490、492—493 页。

[38] 何炳棣，《洛阳，495—534》（"Loyang. a.d. 495—534"），关于汉魏之间都城规划的演进，对佛教寺庙的强调，见杨泓，《汉唐间城市建筑、室内设计、生活方式的变化》（"Changes in Urban Architecture，Interior Design，and Lifestyles between the Han and Tang Dynasties"），见巫鸿编，《汉唐之间的视觉文化与物质文化》，北京：文物出版社，2003 年，第 27—28 页。关于拓跋氏对洛阳汉式礼仪建筑的适应，见熊存瑞，《北魏的礼仪建筑式样》（"Ritual Architecture under the Northern Wei"），载巫鸿编，《汉唐之间的视觉文化与物质文化》，北京：文物出版社，2003 年。

[39] 冢本善隆，《早期中国佛教史：从其传入到慧远之死》，第二卷，第 135、180 页；玛丽莲·瑞，《中国与中亚的早期佛教艺术》，第一卷，第 107 页。关于佛图澄的生涯，见陈观胜，《佛教在中国：一个历史的概述》，第 79—80 页；玛丽莲·瑞，《中国与中亚的早期佛教艺术》，第二卷，第 245—253 页；芮沃寿（Arthur F. Wright），《佛图澄传》（"Fo-t' u-teng: A Biography"），《哈佛亚洲研究》11（1948），第 322—370 页。关于与他寺庙相关的记录，见玛丽莲·瑞，《中国与中亚的早期佛教艺术》，第 251—252 页。

[40] 玛丽莲·瑞，《中国与中亚的早期佛教艺术》，第二卷，第 16、18、252—253、304、310、363、404 页。关于南方奇迹般的造像，见玛丽莲·瑞，《中国与中亚的早期佛教艺术》，第 41—59、83—176 页；篠原亨一（Koichi Shinohara），《智顗传：中国天台宗第四任主持》（"Quanding' s Biography of Zhiyi，the Fourth Chinese Patriarch of the Tiantai Tradition"），见古兰诺夫（Phyllis Granoff）与篠原亨一（Shinohara，Koichi）编，《寻找僧侣：印度与中国的宗教传记》（*Speaking of Monks: Religious Biography in India and China*），安大略的奥克维尔：Mosaic 出版社，1992 年，第 154—218 页。与道安、慧远有关的造像崇拜，见陈观胜，《佛教在中国：一个历史的概述》，第 100—101、106—108 页；许理和，《佛教征服中国》，第 194—195、212、219—229 页；冢本善隆，《早期中国佛教史：从其传入到慧远之死》，第 753—756、844—869 页。

[41] 见詹姆斯 · O. 卡斯威尔（James O. Caswell），《书写与非书写：新编云冈石窟史》（*Written and Unwritten: A New History of the Buddhist Caves at Yungang*），第 1 章；素柏（Alexander C. Soper），《北朝的皇家石窟：捐赠人，受益人，日期》（"Imperial Cave-Chapels of the Northern Dynasties: Donors，Beneficiaries，Dates"），《亚洲艺术》28（1966），第 241—270 页；素柏，《中国早期佛教艺术中的文学证据》（*Literary Evidence for Early Buddhist Art in China*），第 123—139 页。

[42] 关于《妙法莲华经》对中国佛教艺术及建筑的影响，见汪跃进，《〈妙法莲华经〉的具象化：中古中国佛教的视觉文化》，关于《妙法莲华经》中形象的流行，见第 3—11 页。关于南朝的宝塔，见玛丽莲·瑞，《中国与中亚的早期佛教艺术》，第二卷，第 67—69 页；素柏，《六

朝佛教艺术的南中国影响》（"South Chinese Influence on Buddhist Art of the Six Dynasties"）。关于北朝早期宝塔，同样还有永宁寺，见詹姆斯·O. 卡斯威尔，《书写与非书写：新编云冈石窟史》，第 17、19、32、33 页；玛丽莲·瑞，《中国与中亚的早期佛教艺术》，第一卷，第 61—64；第二卷，第 301 页；黎惠伦（Whalen Lai），《世俗之城中的社会与神圣：〈洛阳伽蓝记〉中的寺庙传说》（"Society and the Sacred in the Secular City: Temple Legends of the Lo-yang Ch' ieh-lan-chi"），见丁爱博编，《中国中世早期的国家与社会》，斯坦福：斯坦福大学出版社，1990 年，第 240—242 页。

[43] W. F. J. 詹纳尔，《记忆中的洛阳：杨衒之与沦陷了的京城，493—534》，第 141—142 页；杨衒之，《洛阳伽蓝记》，第 5—6 页。关于菩提达摩的研究，见 W. F. J. 詹纳尔，《记忆中的洛阳：杨衒之与沦陷了的京城，493—534》，第 151 页；杨衒之，《洛阳伽蓝记》，第 20—21 页。关于胡僧将这座城市描述为佛土，见 W. F. J. 詹纳尔，《记忆中的洛阳：杨衒之与沦陷了的京城，493—534》，第 208 页。关于将中国转变为佛教之国，见沈丹森，《佛教、外交和贸易：中印重新结盟，600—1400 年》，第 2 章，关于胡僧的言论，引自第 79—86 页。

[44] 黎惠伦，《世俗之城中的社会与神圣：〈洛阳伽蓝记〉中的寺庙传说》，第 243—246 页，引自服部克彦（Hattori Katsuhiko）的统计。

[45] 同上书，第 231—235、262—264 页。

[46] 同上书，第 245—246 页。

[47] W. F. J. 詹纳尔，《记忆中的洛阳：杨衒之与沦陷了的京城，493—534》，第 193 页；杨衒之，《洛阳伽蓝记》，第 98—99 页。

[48] W. F. J. 詹纳尔，《记忆中的洛阳：杨衒之与沦陷了的京城，493—534》，第 171、240—241 页；杨衒之，《洛阳伽蓝记》，第 55—56、189—190 页。对这些雕像以及包括鬼、狐狸精的其他故事的叙述，见黎惠伦，《世俗之城中的社会与神圣：〈洛阳伽蓝记〉中的寺庙传说》，第 246—261 页。关于南方创造奇迹的雕像与舍利塔，还有僧侣与信众的偶像崇拜，见玛丽莲·瑞，《中国与中亚的早期佛教艺术》，第二卷，第 26—54、64—96、112—115、137—143、147—153 页。关于雕像及其能力，见柯嘉豪（John Kieschnick），《佛教对中国物质文化的影响》（*The Impact of Buddhism on Chinese Material Culture*），第 52—80 页。

[49] W. F. J. 詹纳尔，《记忆中的洛阳：杨衒之与沦陷了的京城，493—534》，第 165 页；杨衒之，《洛阳伽蓝记》，第 45—46 页。

[50] W. F. J. 詹纳尔，《记忆中的洛阳：杨衒之与沦陷了的京城，493—534》，第 208 页；杨衒之，《洛阳伽蓝记》，第 126—127 页。

[51] W. F. J. 詹纳尔，《记忆中的洛阳：杨衒之与沦陷了的京城，493—534》，第 147—151 页；杨衒之，《洛阳伽蓝记》，第 13—20 页。这表明它们有 296 米高，与埃菲尔铁塔相匹敌，在其他文献中更加可信的数据是 146 米高或 118 米高。

[52] W. F. J. 詹纳尔，《记忆中的洛阳：杨衒之与沦陷了的京城，493—534》，第 151—163 页；杨衒之，《洛阳伽蓝记》，第 21—41 页。

[53] 除了佛诞日与斋日需要洗浴佛像外，其他主要的吸引大量公众聚集参加的佛教节日是中元节，在农历的七月十五日。见太史文（Stephen F. Teiser），《中古中国的中元节》（*The Ghost Festival in Medieval China*），关于南北朝时期的仪式，见第 48—58 页。

[54] 对云冈石窟及其石刻有细节化叙述的是素柏，《中国早期佛教艺术中的文学证据》，第 123—139 页；素柏，《北朝的皇家石窟：捐赠人，受益人，日期》；詹姆斯·O. 卡斯威尔，《书写与非书写：新编云冈石窟史》。与洛阳附近龙门石窟相关的，见詹姆斯·O. 卡斯威尔，《书写与非书写：新编云冈石窟史》，第 33—38 页，条目列在它的索引中。在中古中国的故事与诗歌中，反映了对《妙法莲华经》的使用与翻译是为了使得亲属更好地转世，见汪跃

进，《〈妙法莲华经〉的具象化：中古中国佛教的视觉文化》，第xiv—xvi、xxi—xxii页。关于石刻证据，见王静芬，《中国石碑：一种象征仪式在佛教传入之前与之后的运用》（*Chinese Steles: Pre-Buddhist and Buddhist Use of a Symbolic Form*），第4—10章。关于大多数石碑的城市起源，见第73、91、106—107、135、153章。关于石碑的公共属性，以及与一个更广泛的赞助人阶层的关系，举例而言，见第178页。

[55] 马瑞志译，《世说新语》，第51、55、74、108、109、112、122、410页。

[56] 关于建康成千上万的慈善，见玛丽莲·瑞，《中国与中亚的早期佛教艺术》，第二卷，第71页。关于襄阳奇迹般的塑像，见第84页对南方寺庙、图像、大众信仰的研究，见第23—29、34—39、41—46、53—57、61—84、88—96、98—111、137—140、143—144页；许理和，《佛教征服中国》，第104—105、117、129、147—154、187—195、199—202。关于《高僧传》（*Biographies of Eminent Monks*）及其主题类型，见柯嘉豪，《高僧：中国中古圣传里的佛教理想》（*The Eminent Monk: Buddhist Ideals in Medieval Chinese Hagiography*）。

[57] 杨德（Andreas Janousch），《菩萨皇帝：梁武帝的菩萨戒与仪式》（"The Emperor as Bodhisattva: The Bodhisattva Ordination and Ritual Assemblies of Emperor Wu of the Liang Dynasty"），见周绍明（Joseph 第 McDermott）编，《中国国家与宫廷礼仪》（*State and Court Ritual in China*），剑桥：剑桥大学出版社，1999年；杨德，《梁武帝在位时期（502—549）的帝国礼仪改革》["The Reform of Imperial Ritual during the Reign of Emperor Wu of the Liang Dynasty (502-549)"]，剑桥大学博士论文，1998年。同样见冢本善隆，《早期中国佛教史：从其传入到慧远之死》，第二卷，第389—403页。

[58] 英语学界中对汉唐间土地政策进行系统研究，仅有孔为廉，《中华帝国早期的政府土地政策和系统》，但是如同一般的汉语著作一样，忽略了晋至北魏的中国北方的情况。

[59] 葛涤风，《重塑中国：南朝早期的伪官僚主义》，第163页。

[60] W. F. J. 詹纳尔，《记忆中的洛阳：杨衒之与沦陷了的京城，493—534》，第19—37、103—126页。关于平城的佛教建筑，见玛丽莲·瑞，《中国与中亚的早期佛教艺术》，第二卷，第300—302页。平城是日本论著的主题，现在翻译成汉语，前田正名（Masana Maeda），《河西历史地理学研究》（*Heijō no rekishi chirigaku kenkyū*），最后三章是探讨经济的。对拓跋魏都城经济的探讨，见韩国磐，《南北朝经济试探》，第2部分，第4章；最后请参考宫川尚志的《六朝史研究：政治社会篇》，其调研了这一时期的都城。

[61] 刘淑芬，《建康与南朝的商业帝国》（"Jiankang and the Commercial Empire of the Southern Dynasties"），见裴士凯、司白乐、伊佩霞编，《汉人王朝重建中的文化与权力：200—600》，剑桥：哈佛大学出版社，2001年。该文基于刘淑芬，《六朝的城市与社会》。关于世家大族的毁灭，见川胜义雄，《六朝贵族制社会研究》，第三部分，第三章。

第5章　乡村生活

[1] 石声汉，《从〈齐民要术〉看中国古代的农业科技知识：整理〈齐民要术〉的初步总结》（*A Preliminary Survey of the Book Ch'i Min Yao Shu: An Agricultural Encyclopedia of the 6th Century*）。同一作者同样做出最好的汉语版本。同样见李约瑟与白馥兰，《中国科学技术史》，第六卷《生物和生物技术》，第二部分"农业"。《齐民要术》（*Essential Methods*）在第55—59页中被介绍。关于个人工具、植物种植及其技术的文献，散见于该书中。

[2] 石声汉，《从〈齐民要术〉看中国古代的农业科技知识：整理〈齐民要术〉的初步总结》，第2页。同一文章的部分以及增加的部分的翻译，见白馥兰，《中国科学技术史》，第六卷《生

物和生物技术》，第二部分“农业”，第 56 页。

[3] 300 汉亩相当于 35 英亩、50 唐亩。北魏的亩被认为接近唐代的亩，但是处于二者之间。

[4] 孔为廉，《中华帝国早期的政府土地政策和系统》，第 303—308 页。将小型的中国农场与西方进行比较，同样见白馥兰，《中国科学技术史》，第六卷《生物和生物技术》，第二部分“农业”，第 429—432 页。

[5] 白馥兰，《中国科学技术史》，第六卷《生物和生物技术》，第二部分“农业”，第 96—97 页。

[6] 同上书，第 190 页；孔为廉，《中华帝国早期的政府土地政策和系统》，第 298—299 页。

[7] 白馥兰，《中国科学技术史》，第六卷《生物和生物技术》，第二部分“农业”，第 221—228、231—240 页；石声汉，《从〈齐民要术〉看中国古代的农业科技知识：整理〈齐民要术〉的初步总结》，第 40—41、48 页。

[8] 即“选种”一节。——译者注

[9] 即“禾则早晚不均，春复减而难熟”。——译者注

[10] 即“好穗纯色者”。——译者注

[11] 白馥兰，《中国科学技术史》，第六卷《生物和生物技术》，第二部分“农业”，第 288、329—330、343—345 页。长时段的观察，见石声汉，《从〈齐民要术〉看中国古代的农业科技知识：整理〈齐民要术〉的初步总结》，第 42—43 页。

[12] 白馥兰，《中国科学技术史》，第六卷《生物和生物技术》，第二部分“农业”，第 247—248、498 页；石声汉，《从〈齐民要术〉看中国古代的农业科技知识：整理〈齐民要术〉的初步总结》，第 43—44 页。

[13] 白馥兰，《中国科学技术史》，第六卷《生物和生物技术》，第二部分“农业”，第 254—256、263、270、272、276—277、308、443—446 页。

[14] 同上书，第 279—281、285—286、314、318 页。

[15] 即篇。——译者注

[16] 《诗经·周颂》中有“荼蓼朽止，黍稷茂止”的诗句，说明西周时已认识到杂草腐烂后的肥田作用。——译者注

[17] 同上书，第 291—294 页；石声汉，《从〈齐民要术〉看中国古代的农业科技知识：整理〈齐民要术〉的初步总结》，第 44—46 页。

[18] 白馥兰，《中国科学技术史》，第六卷《生物和生物技术》，第二部分“农业”，第 429—432、464 页；石声汉，《从〈齐民要术〉看中国古代的农业科技知识：整理〈齐民要术〉的初步总结》，第 52—53 页。

[19] 白馥兰，《中国科学技术史》，第六卷《生物和生物技术》，第二部分“农业”，第 378—400 页；石声汉，《从〈齐民要术〉看中国古代的农业科技知识：整理〈齐民要术〉的初步总结》，第 53—54 页。

[20] 石声汉，《从〈齐民要术〉看中国古代的农业科技知识：整理〈齐民要术〉的初步总结》，第 23—27、49—63 页；白馥兰，《中国科学技术史》，第六卷《生物和生物技术》，第二部分“农业”，第 510—552 页。

[21] 白馥兰，《中国科学技术史》，第六卷《生物和生物技术》，第二部分“农业”，第 477—510 页；白馥兰，《稻米经济：亚洲社会的技术与发展》（*The Rice Economies: Technology and Development in Asian Societies*）。关于早期其他的主要谷物，见白馥兰，《中国科学技术史》，第六卷《生物和生物技术》，第二部分“农业”，第 423、429—430、441—443、446—448、472、474 页。

[22] 白馥兰，《中国科学技术史》，第六卷《生物和生物技术》，第二部分“农业”，第 495、497—498、504—505 页。

[23] 白馥兰，《中国科学技术史》，第六卷《生物和生物技术》，第二部分“农业”，第 587—615 页的叙述框架是，将中国农村的历史看作稻作农业的影响。尽管这夸大了中华帝国早期的农庄规模，实际上，它们在规模和由业主承担的劳动替代程度上都与欧洲农庄相似性，但该文献仍然提供了对稻作农业对以后农业社会影响的洞察。

[24] 谢和耐，《中国 5—10 世纪的寺院经济》，第 142—152 页；陈观胜，《中国佛教的变迁》，第 151—158 页。

[25] 段义孚，《中国》，第 90—91 页。关于中国茶叶的过程及其农业基础，见李约瑟，唐立（Christian Daniels）与孟席斯，《中国科学技术史》，第六卷《生物和生物技术》，第三部分“农业：甘蔗技术，农业和造林学”，第 477—478 页。汉代文献中曾有“煮茶”，这引起争议，但是该命名的问题没有得到解决。见柯嘉豪，《佛教对中国物质文化的影响》，第 262—265 页。同一树种描述了茶文化的传播，及其与佛教的关系，见第 265—275 页。

[26] W. F. J. 詹纳尔，《记忆中的洛阳：杨衒之与沦陷了的京城，493—534》，第 215 页；杨衒之，《洛阳伽蓝记》，第 141—142 页。

[27] 马瑞志译，《世说新语全注》，第 72—73、407、422—423、481 页。其他逸事中对比南北方的地形、语音、学术与政治，见第 65、77、78、105、260、408、417 页。

[28] 马瑞志译，《世说新语全注》，第 473 页。第 407—408 页讲述了王导是如何被嘲笑的，因为他唯一的技能是他能够说吴语（南方方言）。关于他语言活动的另一则逸事，见第 86 页。关于语言变化的重要性，见马瑞志，《关于南朝时期洛阳与南京的方言的注释》（“Note on the Dialects of Lo-yang and Nanking”）。经典的研究是陈寅恪，《东晋南朝之吴语》。

[29] 颜之推，《颜氏家训》，第 19 页。

[30] 同上书，第 189 页。

[31] 陈寅恪，《从史实论切韵》与《东晋南朝之吴语》。

[32] 唐长孺，《门阀的形成及其衰落》与《魏晋南北朝隋唐史三论》，第 159—178 页；毛汉光，《中古世家性质的演化》，第 100—103 页。这个对比也在伊佩霞的著作中勾勒出，《早期中华帝国的贵族家庭：博陵崔氏个案研究》（*The Aristocratic Families of Early Imperial China: A Case Study of the Po-ling Ts'ui Family*），第 24—27 页。

[33] 《宋书》与《南史》，引自毛汉光，《中古世家性质的演化》，第 102 页。我遵循《宋书》。

[34] 伊佩霞，《早期中华帝国的贵族家庭：博陵崔氏个案研究》，第 22 页，第 126 页注释 25。

[35] 《魏书》卷四七，第 1062 页；卷四八，第 1089 页；卷六八，第 1520 页。

[36] 对该处境的描述，见《魏书》，卷一一〇，第 2855 页；《晋书》，卷一二七，第 2170 页。

[37] 《魏书》，卷七一，第 1571—1572 页。

[38] 《太平广记》，卷二四七，第 511 页。关于一个北方著名家族的逸事，“有一美味，不集不食”，“一家之内，男女百口，缌服同爨，庭无间言”。见《魏书》，卷五八，第 1302 页。

[39] 《宋书》，卷八二，第 2097 页。对于亲属间分家并产生敌对的例子，见卷五九，第 1609 页；卷八九，第 2229 页。

[40] 唐长孺，《六朝时期的客与部曲》，以及杨中义，《“依赖”性职位的演化》。

[41] 关于南北军事的对比，见唐长孺，《门阀的形成及其衰落》，第 7—10 页。关于“士族”去军事化，见毛汉光，《中古世家性质的演化》，第 92—95 页。

[42] 即宋隐。——译者注

[43] 《魏书》，卷三三，第 773—774 页。

[44] 伊佩霞，《早期中华帝国的贵族家庭：博陵崔氏个案研究》，第 52—53、63—64 页。

[45] 《魏书》，引自伊佩霞，《早期中华帝国的贵族家庭：博陵崔氏个案研究》，p. 第 57 页。

[46] 伊佩霞，《早期中华帝国的贵族家庭：博陵崔氏个案研究》，第 55—61、64—65 页。

[47] 同上书，第 64—83 页。

[48] 同上书，第 55、83—86 页。

[49] 即《新唐书》。——译者注

[50]《新唐书》，卷一九九，第 5679 页；引自毛汉光，《中古世家性质的演化》，第 101 页。

[51] 在英语学界中唯一的详细研究，见孔为廉，《中华帝国早期的政府土地政策和系统》，第 151—171 页。

[52] 同上书，第 183—216 页。

[53] 关于南朝的土地政策，见上书，第 235—273 页。

[54] 唯一的详细研究，见佐久间吉也（Kichiya Sakuma），《魏晋南北朝水利史研究》（*Gi Shin Nanbokuchō suirishi kenkyū*），在这本书的后面有七页纸的英文摘要。

[55] 这个观点遵循陈观胜，《佛教在中国：一个历史的概述》，第 154—158 页；谢和耐，《中国 5—10 世纪的寺院经济》，第 100—107、111—112、127—128 页。

[56]《魏书》，卷一一四，第 3037 页，引自谢和耐，《中国 5—10 世纪的寺院经济》，第 100 页。

[57] 谢和耐，《中国 5—10 世纪的寺院经济》，第 98—100、103、112—126 页。

[58] 此处的家庭，即编户。——译者注

[59] 即“盈者得卖其盈，不足者得买所不足，不得卖其分，亦不得买过所足”。——译者注

[60] 另外的讨论，见孔为廉，同样见熊存瑞，《隋炀帝：他的生活、时代和遗产》（Emperor Yang of the Sui: His Life，Times，and Legacy），第 180—182 页。对于唐朝的制度，见熊存瑞，《唐代中国的土地使用系统：均地的研究和吐鲁番文献》（“The Land-tenure System of Tang China: A Study of the Equal-field System and the Turfan Documents”），《通报》85（1999），第 328—390 页。

[61] 陶潜田园生活的作品被邝龑子所研究，《陶潜与中国诗学传统：文化身份探求》，第 7 章。一个基于对不同文本的考证、更加批判性的评价是田晓菲，《尘几录——陶诗论稿》（*Tao Yuanming and Manuscript Culture*），第 3 章。全部作品的翻译，见戴伟士（A. R. Davis）译，《陶渊明》两卷（*T'ao Yüan*-ming，2 vols）。

[62] 同时代的人，比如谢灵运也写了乡村生活，但是主要是同情官员而不是同情农民的声音。见侯思孟，《谢灵运与永嘉》。

[63] 关于陶渊明的隐逸，见柏士隐，《 隐遁的模式：中国中古早期隐逸的实践与形象》，第 205—226 页；邝龑子，《陶潜与中国诗学传统：文化身份探求》，第一部分；孙康宜，《六朝诗歌研究》，第 16—37 页。田晓菲做了一个大致的勾勒，《尘几录——陶诗论稿》，第 3 章。

[64] 戴伟士，《陶渊明》，卷一，第 58 页。同样见第 46 页诗二 :“常恐霜霰至，零落同草莽。”（“I always fear the coming of frost or hail，when my crops will be scattered like the weeds”）：第 77、85、90 页。我按照中华书局版《陶渊明集》修改了戴伟士的翻译。

[65] 戴伟士，《陶渊明》，卷一，第 46 页诗三。这吸取了汉代诗人杨恽的诗歌句子，因此更多是阅读的结果，而不是亲身经历的结果。见田晓菲，《尘几录——陶诗论稿》，第 248 页注释 25。

[66] 戴伟士，《陶渊明》，卷一，第 46 页诗三。关于工作日的时间长度，同样见第 24 页诗三，第 93 页。

[67] 同上书，卷一，第 58 页诗八，第 132 页。关于农作的辛劳与危险，同样见第 93、94 页。

[68] 邝龑子，《陶潜与中国诗学传统：文化身份探求》，第 143—144 页。关于钟嵘对陶潜诗的评价及他对陶潜田园诗的态度，见叶嘉莹与王健（Jan W. Walls），《钟嵘〈诗品〉诗歌评论的理论、标准与实践》（“Theory，Standards，and Practice of Criticizing Peotry in Chung Hung' s Shih-p' in”），第 44 页；萧统，《文选》，卷一，第 40—41 页。

[69] 戴伟士，《陶渊明》，卷一，第 46 页诗二。

[70] 同上书，卷一，第 47 页诗五；第 64 页诗一和诗二；第 80、94、106 页；第 132 页诗八。

[71] 同上书，卷一，第 12 页诗一与诗二；第 14 页诗二；第 15 页诗四；第 49、57、60、63 页；第 64 页诗二；第 65、88、95—102（诗一至二十）；第 106—107、108—110、114 页；第 154 页诗一。

[72] 同上书，卷一，第 67—68 页诗一。

第 6 章 中国与外部世界

[1] 托马斯·巴菲尔德，《危险的边疆：游牧帝国与中国》，第 2—3 章；何肯，《东亚创世纪：公元前 221—公元 907 年》，第 109、119—133 页。

[2] 同上注。

[3] 托马斯·巴菲尔德，《危险的边疆：游牧帝国与中国》，第 96—99 页。

[4] 韩大伟，《汉化与合法化：刘渊、石勒与汉、赵的建立》，第 4—5 章；巴菲尔德，《危险的边疆：游牧帝国与中国》，第 99、101—103 页；葛德威，《中世纪中国的战争，300—900》，第 56—63 页。

[5] 希来伯尔，《前燕王朝史》；巴菲尔德，《危险的边疆：游牧帝国与中国》，第 106—114 页。

[6] 辽东省是由东北人民政府 1949 年 4 月 21 日批准设立，由现辽宁省大连市、丹东市、辽阳市、营口市、宽甸、桓仁、岫岩组成。——编者注

[7] 托马斯·巴菲尔德，《危险的边疆：游牧帝国与中国》，第 111—112 页；濮德培（Peter C. Perdue），《中国西进：清朝对欧亚大陆中部的征服》（*China Marches West: The Qing Conquest of Central Eurasia*），第 285 页。

[8] 《魏书》，卷三五，第 817—818 页，引自托马斯·巴菲尔德，《危险的边疆：游牧帝国与中国》，第 122 页。巴菲尔德认为该言论为“一位军人”反驳一位朝臣时所说，但这实际上是汉族高门崔浩所说，他后来因在国史中将早期拓跋统治者宣恶于外而被处死。

[9] 托马斯·巴菲尔德，《危险的边疆：游牧帝国与中国》，第 131—150 页；加布里埃拉·莫莱（Gabriella Molè），《北魏至五代时期的吐谷浑》（*The T'ü-yü-hun from the Northern Wei to the Time of the Five Dynasties*）；何肯，《东亚创世纪：公元前 221—公元 907 年》，第 114—115 页；余太山，《两汉魏晋南北朝与西域关系史》（“A History of the Relationships between the Western and Eastern Han, Wei, Jin, Northern and Southern Dynasties and the Western Regions”），《中国—柏拉图杂志》131，2004 年 3 月，第 4—9 章。对北魏与柔然之间的战争的总结，见第 303—307 页。同样见罗伊·安德鲁·米勒（Roy Andrew Miller），《周书·西域各国传》（*Accounts of Western Nations in the History of the Northern Chou Dynasty*）。

[10] 《资治通鉴》，引自何肯，《东亚创世纪：公元前 221—公元 907 年》，第 23 页。同样见第 38—52 页。中国作为一个“文明”，其一系列的典籍与礼仪为其他族群所采纳。

[11] 一个有用的、时有偏向性的讨论是梅维恒的《北部（西部）民族与“华夏”国家的周期性起源》[“The North (west) ern Peoples and the Recurrent Origins of the ‘Chinese’ State”]。

[12] 何肯，《东亚创世纪：公元前 221—公元 907 年》，第 56—60 页。王贞平，《汉唐中日关系史》（*Ambassadors from the Islands of Immortals: China-Japan Relations in the Han-Tang Period*），第 2 章；吉纳·巴恩斯（Gina Barnes），《中国、朝鲜和日本：东亚文明的兴起》（*China, Korea, and Japan: The Rise of Civilization in East Asia*），第 241—245 页。关于卑弥呼（Himiko），见

皮国特（Joan R. Piggott），《日本王权的出现》（*Emergence of Japanese Kingship*），第 1 章。

[13] 何肯，《东亚创世纪：公元前 221—公元 907 年》，第 165—170 页；余太山，《两汉魏晋南北朝与西域关系史》，第 446—451 页；吉纳·巴恩斯，《中国、朝鲜和日本：东亚文明的兴起》，第 13 章。

[14] 何肯，《东亚创世纪：公元前 221—公元 907 年》，第 173—175 页。

[15] 同上书，第 176—178 页。关于日本任用中国人出使中国，见王贞平，《汉唐中日关系史》，第 9 章。

[16] 王贞平，《汉唐中日关系史》，第 17—19、28—29、221—222 页；何肯，《东亚创世纪：公元前 221—公元 907 年》第 190—191 页。

[17] 何肯，《东亚创世纪：公元前 221—公元 907 年》，第 186—193 页。

[18] 皮国特，《日本王权的出现》，第 3、6 章；何肯，《东亚创世纪：公元前 221—公元 907 年》，第 201—206 页。中国观念在日本得到文化适应，反映了中国观念的影响，见珀莱克（David Pollack），《断裂的意义：从 8 世纪到 18 世纪日本对中国的综合》（*The Fracture of Meaning: Japan's Synthesis of China from the Eighth through the Eighteenth Centuries*）。

[19] 何肯，《东亚创世纪：公元前 221—公元 907 年》，第 194—196、206—214 页。

[20] 参见何肯，《东亚创世纪：公元前 221—公元 907 年》，第 6 章；余太山，《两汉魏晋南北朝与西域关系史》，第 451—457 页。

[21] 使用汉字定义了一个文化圈的观点被何肯所研究，《东亚创世纪：公元前 221—公元 907 年》，第 60—77、192—197 页。

[22] 被很好地记载的城市国家是龟兹，如刘茂材著作中所描述的，《公元 2 至 6 世纪龟兹与中国的关系二卷》，对焉耆的简短研究，见玛丽莲·瑞，《中国与中亚的早期佛教艺术》，第二卷，第 578—600、720—731 页。

[23] 例子是法显［见理亚各译，《法显行传》（*Record of Buddhistic Kingdoms*）］，宋云（见杨衒之，《洛阳伽蓝记》，第 205—206、215—248 页）、玄奘［见《大唐西域记》（*The Great Tang Dynasty Record of the Western Regions*）；莎莉·哈维·芮根斯（Sally Hovey Wriggins），《玄奘丝路行》（*Xuanzang: A Buddhist Pilgrim on the Silk Road*）；艾可（Malcom David Eckel），《观佛：一个哲学家对于"空"的含义的疑问》（*To See the Buddha: A Philosopher's Quest for the Meaning of Emptiness*），第 4—6、11—21、51—65、131—143］和义净［义净，《南海寄归内法传》（*A Record of Buddhist Religion as Practised in India and the Malay Archipelago*）；义净，《大唐西域求法高僧传》（*Chinese Monks in India: Biographies of Eminent Monks Who Went to the Western World in Search of the Law during the Great Tang Dynasty*）］。更加完全的名单，见冢本善隆，《早期中国佛教史：从其传入到慧远之死》，第 430—438 页。关于唐代的朝圣者，见陈观胜，《佛教在中国：一个历史的概述》，第 233—240 页。

[24] 刘欣如，《丝绸与宗教：公元 600—1200 年物质生活与人们思想的探索》（*Silk and Religion: An Exploration of Material Life and the Thought of People, ad 600—1200*），追踪了丝绸之路在佛教、基督教、伊斯兰教中的作用，以及它在国际贸易中的角色。

[25] 外来物种及其用途，被薛爱华所描述，见《撒马尔罕的金桃：唐朝的舶来品研究》（*The Golden Peaches of Samarkand: A Study of T'ang Exotics*）。

[26] 柯嘉豪，《佛教对中国物质文化的影响》，第 222—249 页。

[27] 同上书，第 164—185 页；李约瑟，钱存训，《中国科学技术史》，第五卷《化学和化学技术》，第一部分"造纸和印刷"（"Paper and Printing"），第 8—9、45—47、86—87、135—136、149—159 页。

[28] 刘欣如，《古代印度与古代中国》（*Ancient India and Ancient China*）。

[29] 同上书，第 88—92 页。萧邦（Gregory Schopen）的论文集《佛骨，石头与佛教僧侣：关于印度佛教寺院的考古学、金石学、文献学的论文集》（*Bones, Stones, and Buddhist Monks: Collected Papers on the Archaeology, Epigraphy, and Texts of Monastic Buddhism in India*）；《佛教僧侣及其商业事务：印度佛教寺院的论文集》（*Buddhist Monks and Business Matters: Still More Papers on Monastic Buddhism in India*）；以及《印度大乘佛教的虚构与片段：论文集》（*Figments and Fragments of Mahàyàna Buddhism in India: More Collected Papers*）。

[30] 刘欣如，《古代印度与古代中国》，第 92—99 页；刘欣如，《丝绸与宗教：公元 600—1200 年物质生活与人们思想的探索》，第 41 页；汪跃进，《〈妙法莲华经〉的具象化：中古中国佛教的视觉文化》，第 4、89、96、124、125—127、141、144—145、153、278、379 页。同样见宁强，《早期敦煌石窟的赞助人：历史调查》（"Patrons of the Earliest Dunhuang Caves: A Historical Investigation"），见巫鸿编，《汉唐之间的宗教艺术与考古》，北京：文物出版社，2000 年，第 505—506 页。

[31] 马瑞志译，《世说新语全注》，第 462 页。关于石崇佛教信仰的证据，见冢本善隆，《早期中国佛教史：从其传入到慧远之死》，第 177—179 页。

[32] 刘欣如，《古代印度与古代中国》，第 54—57 页。

[33] 同上书，第 57—64 页。

[34] 同上书，第 64—75 页；刘欣如，《丝绸与宗教：公元 600—1200 年物质生活与人们思想的探索》，第 2 章。关于紫袍的象征，以及佛教论辩中对丝绸的使用，见柯嘉豪，《佛教对中国物质文化的影响》，第 98—103 页。关于棉花贸易，见沈丹森，《佛教、外交和贸易：中印重新结盟，600—1400 年》，第 186 页。

[35] 刘欣如，《古代印度与古代中国》，第 84—85 页。

[36] 刘欣如，《丝绸与宗教：公元 600—1200 年物质生活与人们思想的探索》，第 69—72 页。

[37] 引自沈丹森，《佛教、外交和贸易：中印重新结盟，600—1400 年》，第 190 页。

[38] 沈丹森，《佛教、外交和贸易：中印重新结盟，600—1400 年》，第 44、190—192 页；刘欣如，《丝绸与宗教：公元 600—1200 年物质生活与人们思想的探索》，第 41—48 页；柯嘉豪，《佛教对中国物质文化的影响》，第 29—52 页。

[39] 《高僧传》，引自许理和，《佛教征服中国》，第 104 页。关于尸梨蜜罗不能讲汉语，见马瑞志译，《世说新语全注》，第 50 页。关于他施法的名声，见柯嘉豪，《高僧：中国中古圣传里的佛教理想》，第 84、94 页。以上几点均被冢本善隆所讨论，《早期中国佛教史：从其传入到慧远之死》，第 323—326 页。

[40] 沈丹森，《佛教、外交和贸易：中印重新结盟，600—1400 年》，第 6—12 页；汪跃进，《〈妙法莲华经〉的具象化：中古中国佛教的视觉文化》，第 125 页。

[41] 许理和，《佛教征服中国》，第 5 章；孔丽维（Livia Kohn），《笑道：中国中古佛道论辩》（*Laughing at the Tao: Debates among Buddhists and Taoists in Medieval China*），《导论》；陈观胜，《佛教在中国：一个历史的概述》，第 137—144、184—185、191 页。

[42] W. F. J. 詹纳尔，《记忆中的洛阳：杨衒之与沦陷了的京城，493—534》，第 249 页；杨衒之，《洛阳伽蓝记》，第 204 页。

[43] 柏夷（Stephen R. Bokenkamp），《祖先与焦虑：中国的出生与重生》（*Ancestors and Anxiety: The Birth of Rebirth in China*），第 40—41、99—101 页。

[44] 柯嘉豪，《高僧：中国中古圣传里的佛教理想》，第 87—90 页；司白乐，《融合优势：5 世纪佛教雕塑的记忆、摹仿与意义》，第 144—145 页。

[45] 沈丹森，《佛教、外交和贸易：中印重新结盟，600—1400 年》，第 160—165、169—176 页；薛爱华，《撒马尔罕的金桃：唐朝的舶来品研究》，第 20—21 页；荣新江，《北朝隋唐的粟特

移民及其聚落》("The Migrations and Settlements of the Sogdians in the Northern Dynasties, Sui and Tang"),《中国考古与艺术摘要》4:1(2000年11月),第117—163页。

[46] 荣新江,《北朝隋唐的粟特移民及其聚落》;魏义天(Étienne de la Vaissière),《粟特商人史》(*Sogdian Traders: A History*);魏义天,《粟特人在中国》(*Les Sogdiens en Chine*),卷三《僧侣与商人》(*Les Sogdiens en Chine*);安妮特·L.利亚诺(Annette L. Juliano)与乐仲迪(Judith A. Lerner)编,《4至7世纪僧侣、商人与中国西北丝绸之路上的珍宝》(*Monks and Merchants: Silk Road Treasures from Northwest China, Gansu and Ningxia, 4th—7th Century*),第三部分,第220—270页。在汉语学界,杰出的调查,是荣新江的《中古中国与外来文明》,第17—180页。

[47] 榎一雄(Kazuo Enoki),《嚈哒民族性》("Nationality of the Ephtalites"),《东洋文科欧文纪要》18(1959),第1—58页;泽维尔·特蓝布赖(Xavier Tremblay),《西域史专题研究:据原始材料研究中亚民族和宗教中的摩尼教》(*Pour une histoire de la Sérinde: Le Manichéisme parmi les peuples et religions d'Asie Centrale d'après les sources primaires*),第183—188页。

[48] 安妮特·L.利亚诺与乐仲迪编,《4至7世纪僧侣、商人与中国西北丝绸之路上的珍宝》,第222—223页。

[49] 丁爱博,《萨宝问题再考》("The '*Sa-pao*' Problem Re-examined"),《美国东方学学会会刊》82(1962),第335—346页;荣新江,《中古中国与外来文明》,第169—180页。

[50] 英语学界缺乏好的研究,最好的叙述可能是川本芳昭(Yoshiaki Kawamoto),《魏晋南北朝时期的民族问题》(*Gi Shin Nanbokuchō jidai no minzoku mondai*),第413—442页;以及周一良,《南朝境内之各种人及政府对待之政策》,见《魏晋南北朝史论集》,第33—101页。

[51] 《中国:黄金时代的黎明,公元200—750年》(China: Dawn of a Golden Age, 200—750 a.d.),第11、27—28、212—215页。

[52] 关于《周礼》(*Rituals of Zhou*)在这一历史时期政治上的使用,见裴士凯,《形式与内容:6世纪中国的复古改革》。关于它在汉族与非汉族之关系中的作用,见川本芳昭,《魏晋南北朝时期的民族问题》,第367—410页。

[53] 《4至7世纪僧侣、商人与中国西北丝绸之路上的珍宝》,第62—65、69—71、77—81、90—93、144—147、298—299页;裴士凯、司白乐与伊佩霞编,《汉人王朝重建中的文化与权力:200—600》,《导论》,第15页。

[54] 司白乐,《融合优势:5世纪佛教雕塑的记忆、摹仿与意义》。

第7章　重新定义的亲属关系

[1] 在这整个时期占主导地位的是个体家庭分割的继承权,更大的谱系下多个家庭生活在一起,见姜士彬,《中世纪中国的寡头政治》,第112—116页。关于三代家庭,见何重华,《汉唐之间对家庭伦理的描绘》,第463—464、471—472页;南恺时(Keith N. Knapp),《无私的后代:中古中国的孝顺子女与社会秩序》(*Selfless Offspring: Filial Children and Social Order in Medieval China*),第1章。

[2] 关于汉代家族墓地的发展,见巫鸿,《武梁祠:中国古代画像艺术的思考性》(*The Wu Liang Shrine: The Ideology of Early Chinese Pictorial Art*),第33—37页;王仲殊,《汉文明》(*Han Civilization*),第210—211页;刘怡玮、戴梅可(Michael Nylan)、李安敦,《重塑中国历史:武梁祠的艺术、考古和建筑》,第561—577页;巫鸿,《中国古代美术和建筑中的纪念碑性》

(*Monumentality in Early Chinese Art and Architecture*)，第 4 章。

[3] 安然（Annette Kieser），《东晋时期北方移民对南方墓葬影响的重新评估》（“Northern Influence in Tombs in Southern China after 317 CE?—A Reevalution”），见巫鸿编，《汉唐之间文化艺术的互动与交融》，北京：文物出版社，2001 年；华国荣，《南京郊区的东晋王、谢、高氏墓葬》（*The Eastern Jin Tombs of the Wang, Xie, and Gao Families near Nanjing*），第 292—293 页。

[4] 何重华，《汉唐之间对家庭伦理的描绘》，第 468 页；郑岩，《河西魏晋壁画墓初论——河西与中原文化关系的一个视点》（“A Preliminary Study of Wei-Jin Tombs with Murals in the Hexi Region”），见巫鸿编，《汉唐之间文化艺术的互动与交融》，北京：文物出版社，2001 年，第 424 页。

[5] 萧统，《文选》，卷三，第 181 页；戴伟士译，《陶渊明》，卷一，第 56—57 页。

[6] 陈观胜，《中国佛教的变迁》，第 139—141 页。

[7] 关于清明节，见伊佩霞，《宗祧群体发展的早期阶段》（“The Early States in the Development of Descent Group Organization”），第 20—29 页。关于它的前史以及起源，见侯思孟，《中国中古早期的寒食节》（“The Cold Food Festival in Early Medieval China”），《哈佛亚洲研究》46 : 1（1986），第 51—79 页。

[8] 译文见许倬云，《汉代农业：早期中国农业经济的形成》，第 216 页。

[9] 诺伯洛克（John Knoblock），王安国（Jeffrey Riegel）译，《吕氏春秋》（*Annals of Lü Buwei*），第 78—79 页。在夏至时对火与性的禁令，见卜德（Derk Bodde），《中国古代的节日：公元前 206—公元 220 年汉朝的新年及其他年度节庆》（*Festivals in Classical China: New Year and Other Annual Observances During the Han Dynasty, 206 b.c.—a.d.*），第 289—316 页。对火的禁忌在第 290—291、294—302 页，性禁忌在第 292 页。

[10] 伊佩霞，《宗祧群体发展的早期阶段》，第 21 页。

[11] 姜士彬，《中世纪中国的寡头政治》，第 97 页。

[12] 伊佩霞，《宗祧群体发展的早期阶段》，第 29—34 页。

[13] 关于汉代的例子，见颜之推，《颜氏家训》，第 x—xi 页。关于颜之推，见颜之推，《颜氏家训》，第 xiv—xxxii 页；丁爱博，《颜之推（531—591）：一个崇佛的儒者》[“Yen Chih-t' ui（531—591）: A Buddho-Confucian”]，见芮沃寿、杜希德（Denis Twitchett）编，《儒家》（*Confucian Personalities*），斯坦福：斯坦福大学出版社，1962 年。关于他的思想，见吉川忠夫（Tadao Yoshikawa），《六朝精神史研究》，第 263—302 页。

[14] 颜之推，《颜氏家训》，第 2、5、8—9 页。

[15] 同上书，第 29 页。另一个对于分离饯行习俗的叙述表明，南方人流泪，而北方人却感到轻松，甚至会笑，见第 31 页。关于这一时期对名字的忌讳，见第 95 页。

[16] 颜之推，《颜氏家训》，第 29—30、32 页。

[17] 同上书，第 137 页。

[18] 同上书，第 22、74、92、96、111、126、128、198 页。

[19] 同上书，第 47、57、63、77、78、193、195—196 页。

[20] 同上书，第 52—55、61、64 页。

[21] 同上书，第 2 页。

[22] 姜士彬，《中世纪中国的寡头政治》，第 104 页。

[23] 马瑞志译，《世说新语全注》，第 64、158—159、186—187、199—200、201、202—203、208、213、227、234、238、268、297、298—299、344、417 页。

[24] 姜士彬,《中世纪中国的寡头政治》,第100—101页。

[25] 同上书,第101—102页。

[26] 同上书,第98、103—104、110页。

[27] 同上,第118页。关于对高门士族定义形式化的尝试,见丁爱博,《汉族著姓与拓跋贵族的调和——孝文帝太和十九年诏令研究》。

[28] 巫鸿,《早期中国艺术中的佛教因素》("Buddhist Elements in Early Chinese Art"),《亚洲艺术》47:3—4(1986),第263—316页;巫鸿,《武梁祠:中国古代画像艺术的思考性》,第134—141页;阿部贤次(Stanley Abe),《寻常图像》(*Ordinary Images*),第2章;丁爱博,《从堆塑罐论六朝墓葬仪式的发展》("Developments in Funerary Practices in the Six Dynasties Period: The *Duisuguan* or 'Figured Jar'"),见巫鸿编,《汉唐间文化艺术的互动与交融》,北京:文物出版社,2001年,特别的是,第516、521—523、526—530、534页是关于将佛教图像运用到堆塑罐上的研究。在稍后的、位于今天朝鲜的墓葬中,也是用同样一种方式使用佛教图像,见李清泉,《墓葬中的佛教形象:长川1号壁画墓释读》("Buddhist Images in Burials: The Murals from Changchuan Tomb No. 1"),见巫鸿编,《汉唐之间的视觉文化与物质文化》,北京:文物出版社,2003年,第502—505页。

[29] 素柏,《中国早期佛教艺术中的文学证据》,第9—10页。

[30] 阿部贤次,《寻常图像》,第110—123页。关于这一时期墓葬中的文本以及在幡旗、陶罐与其他事物上的位置,见宁强,《早期敦煌石窟的赞助人:历史调查》,第514—517页。

[31] 阿部贤次,《寻常图像》,第123—150页。

[32] 同上书,第156—160、162—165、167—171页。

[33] 汪跃进,《〈妙法莲华经〉的具象化:中古中国佛教的视觉文化》,第29—46页;阿部贤次,《寻常图像》,第297—305页。

[34] 阿部贤次,《寻常图像》,第270—295页。佛教与道教的艺术结合,特别是以道教经典中的形象来描绘佛教天堂,这在汪跃进的著作中被讨论,《〈妙法莲华经〉的具象化:中古中国佛教的视觉文化》,第154—170页。

[35] 宁强,《早期敦煌石窟的赞助人:历史调查》,第496—510、517—518页。

[36] 汪跃进,《〈妙法莲华经〉的具象化:中古中国佛教的视觉文化》,第24—27页。

[37] 詹姆斯·O.卡斯威尔,《书写与非书写:新编云冈石窟史》,第36—39页;松原三郎(Saburō Matsubara),《增订中国佛教雕刻史研究》(*Chūgoku bukkyō cHokoku shi kenkyū*),面10—103a;蒋人和,《龙门石窟古阳洞重建中断裂的时间、文本与意象》("Disjunctures of Time, Text, and Imagery in Reconstructions of the Guyang Cave at Longmen"),见巫鸿编,《汉唐之间的宗教艺术与考古》,北京:文物出版社,2000年,第319、321、323—324、343页。

[38] 刘淑芬,《艺术、仪式与社会:北朝乡村的佛教信仰》("Art, Ritual, and Society: Buddhist Practice in Rural China during the Northern Dynasties"),《泰东》第三系列8:1(1995),第24—26、32—33页。

[39] 汪跃进,《〈妙法莲华经〉的具象化:中古中国佛教的视觉文化》,第75—77页。关于唐代石窟,见宁强,《中古中国的艺术、宗教与政治》(*Art, Religion, and Politics in Medieval China: The Dunhuang Cave of the Zhai Family*)。

[40] 夏南悉,《从高句丽到甘肃和新疆:公元4至7世纪北亚洲的墓葬和祭祀空间》("From Koguryō to Gansu and Xinjiang: Funerary and Worship Space in North Asia 4th—7th Centuries"),见巫鸿编,《汉唐之间文化艺术的互动与交融》,北京:文物出版社,2001年;对于墓画影响佛教石窟的反向过程,见胡素馨(Sarah E. Fraser),《表演视觉:618-960年中国和中亚的佛教壁画实践》(*Performing the Visual: The Practice of Buddhist Wall Painting in China and*

Central Asia，*618—960*)，第 100—102 页。

[41] 太史文，《中古中国的中元节》；寇爱伦（Alan Cole），《中国佛教中的母与子》（*Mothers and Sons in Chinese Buddhism*）。

[42] 太史文，《中古中国的中元节》，第 48—56 页。关于这个神话的背景，见第 113—139 页。

[43] 关于早期故事中母子关系的核心，见太史文，《中古中国的中元节》，第 130—134 页。关于故事的演变，见寇爱伦，《中国佛教中的母与子》；黎素芬，《天上的父亲和地狱里的母亲：目连母亲在性别政治中的创造和转变》（"Father in Heaven，Mother in Hell: Gender Politics in the Creation and Transformation of Mulian's Mother"），见牟正蕴（Sherry J. Mou）编，《出席和引荐：中国文人传统中的妇女》（*Presence and Presentation: Women in the Chinese Literati Tradition*），伦敦：麦克米兰出版社，1999 年。关于目连在当时道教仪式上保护不幸死亡亲属的离开，见劳格文（John Lagerwey），《中国社会与历史中的道教仪式》（*Taoist Ritual in Chinese Society and History*），第 13 章。对于去与这个故事松散联系的地下世界，见艾米丽·爱亨（Emily Ahern），《一个中国乡村中的死亡教派》（*The Cult of the Dead in a Chinese Village*），第 228—244 页。关于仪式戏剧，见姜士彬编，《仪式戏曲与戏曲仪式：中国大众文化中的"目连救母"》（*Ritual Opera，Operatic Ritual: "Mu-lien Rescues his Mother" in Chinese Popular Culture*）；姜士彬，《宝卷中的目连：宝卷的文本表现与宗教意义》（"Mu-lien in Pao-chüan: The Performance Context and Religious Meaning of the *Yu-ming Pao-ch'uan*"），见姜士彬编，《中国民间宗教的仪式与经典：五个研究》（*Ritual and Scripture in Chinese Popular Religion: Five Studies*），伯克利：中文大众文化出版项目，1995 年。

[44] 何重华，《汉唐之间对家庭伦理的描绘》。

[45] 同上书，第 472—479 页。关于传统孝道故事为父权制服务，见南恺时，《无私的后代：中古中国的孝顺子女与社会秩序》。郭巨的故事也同样描绘在北魏漆棺上。

[46] 何重华，《汉唐之间对家庭伦理的描绘》，第 479—494 页。

[47] 关于北魏女性权力的文章是：珍尼弗·霍姆格伦（Jennifer Holmgren），《中国北方的婚姻，亲属与权力》（*Marriage，Kinship and Power in Northern China*）。对早一点的三国时代皇族女性的研究，见高德耀，孔为廉译，《皇后与嫔妃：陈寿〈三国志〉裴松之注选译》（*Empresses and Consorts:Selections from Chen Shou's Records of the Three States with Pei Songzhi's Commentary*）。

[48] 关于佛教尼姑，见蔡安妮（Kathryn Ann Tsai）译，《比丘尼生平：公元 4 至 6 世纪中国比丘尼传》（*Lives of the Nuns: Biographies of Chinese Buddhist Nuns from the Fourth to Sixth Centuries*）。关于道姑和女祭司，见孔丽维，《中世纪道教的简朴克己的生活：交叉文化的观点》（*Monastic Life in Medieval Daoism: A Cross-Cultural Perspective*），第 80—86 页；柯素芝（Suzanne Cahill），《宗教超越与神圣激情：中国中古时代的西王母》（*Transcendence and Divine Passion: The Queen Mother of the West in Medieval China*），第 6 章；拉塞尔·柯克兰（Russell Kirkland），《道教：持续的传统》（*Taoism: The Enduring Tradition*），第 135—142 页。关于唐代的女祭司变为道姑，见查尔斯·D. 本（Charles D. Benn），《洞穴中神秘事物的传播：711 年一个道教圣职授予仪式》（*The Cavern-Mystery Transmission: A Taoist Ordination Rite of a.d. 711*），第 1 章；柯素芝，《宗教超越与神圣激情：中国中古时代的西王母》，第 216—218 页。关于道教女性成为圣姑，见柯素芝，《闻起来很好，并且得到一份工作：唐代道姑们的身份如何得到确认和合法化》［"Smell Good and Get a Job: How Daoist Women Saints were Verified and Legitimatized during the Tang Dynasty（618-907）"］，见牟正蕴（Sherry J. Mou）编，《存在与表现：中国知识界传统中的妇女》（*Presence and Presentation: Women in the Chinese Literati Tradition*），伦敦：麦克米兰出版社，1999 年。关于她们角色的各方面，包括创始血

统，见戴思博（Catherine Despeux），《道教中的女性》（"Women in Daoism"），见孔丽维《道教手册》（*Daoism Handbook*），莱顿：博睿学术出版社，2000 年，第 384—391 页。

[49] 柯素芝，《物质文化与道：鱼玄机诗歌中的纺织、船与筝》["Material Culture and the Dao: Textiles, Boats, and Zithers in the Poetry of Xu Xuanji（844—868）"]；伊维德（Wilt Idema）、管佩达（Beata Grant），《彤管：中国帝制时代妇女作品选》（*The RedBrush: Writing Women of Imperial China*），第 153—163、189—195 页。有篇幅巨大的道教诗歌用以赞誉这一时期所授受的经书如《真诰》中的女性神仙。

[50] 王静芬，《南北朝时期佛教艺术的女性赞助人》（"Women as Buddhist Art Patrons during the Northern and Southern Dynasties"），见巫鸿主编，《汉唐之间的宗教艺术与考古》，北京：文物出版社，2000 年；刘淑芬，《艺术、仪式与社会：北朝乡村的佛教信仰》，第 34—35 页。

[51] 蔡安妮译，《比丘尼生平：公元 4 至 6 世纪中国比丘尼传》，第 49—50 页。

[52] 关于妙善，见杜德桥（Glen Dudbridge），《妙善传说》（*The Legend of Miaoshan*）。关于陈靖姑，见贝桂菊（Brigitte Berthier），《临水夫人：一种中国女性崇拜》（*The Lady of Linshui: A Chinese Female Cult*）。

[53] 关于"神秘女人"（"Mysterious Woman"），见柯素芝，《道教妇女团体的神迹》（*Divine Traces of the Daoist Sisterhood*），第 70—75 页。关于魏华存所授上清派经书，以及后世女性授经的例子，见贺碧来，《道教：一种宗教的成长》，第 115—116 页；拉塞尔·柯克兰，《道教：持续的传统》，第 96、136—139 页。

[54] 关于西王母作为家族女族长的神圣换位，见刘怡玮、戴梅可和李安敦，《重塑中国历史：武梁祠的艺术、考古和建筑》，第 577 页。

[55] 柯素芝，《宗教超越与神圣激情：中国中古时代的西王母》，第 32—58 页是关于她在南北朝时期的角色，第 2—6 章是关于唐代的角色，关于汉武帝的故事，见第 43—58 页；罗伯特·福特·凯帕尼，《奇异的写作：中古早期的反常记录》，第 318—321 页；朱迪斯·G. 史密斯（Judith G.Smith），《仪式与叙事的形成：汉武帝的传说》（"Ritual and the Shaping of Narrative: The Legend of the Han Emperor Wu"），密歇根大学博士论文，1992 年。

[56] 罗吉伟，《口齿伶俐的妇女：中国早期文本中的性别和男性社会》，第 2 章。

第 8 章　道教与佛教

[1] 苗建时（James Miller），《道教简介》（*Taoism: A Short Introduction*），第 1 章。

[2] 夏德安（Donald Harper），《早期中国医学文献：马王堆医书》（*Early Chinese Medical Literature: The Mawangdui Medical Manuscripts*），第 112—118、124—125 页；普鸣（Michael J. Puett），《成神：早期中国的宇宙论、牺牲与自我神圣化》（*To Become a God: Cosmology, Sacrifice, and Self-Divinization in Early China*），第 239—245 页；侯思孟，《早期中国诗歌中的寻仙》（"Immortality-Seeking in Early Chinese Poetry"），见裴德生（W. J. Peterson）、浦安迪（A. H. Plaks）、余英时编，《文化权力：中国文化史研究》（*The Power of Culture: Studies in Chinese Cultural History*），香港：香港中文大学出版社，1994 年；巫鸿，《武梁祠》（*Wu Liang Shrine*），第 122—140 页；鲁惟一（Michael Loewe），《升天之道：中国人对长生的探寻》（*Ways to Paradise: The Chinese Quest for Immortality*）；贺碧来，《道教：一种宗教的成长》，第 48—50 页。

[3] 齐思敏（Mark Csikszentmih à lyi），《汉代的传统目录学与授受经书》（"Traditional

Taxonomies and Revealed Texts in the Han"），见孔丽维、罗浩编，《道教身份认同：历史、传承和仪式》，火奴鲁鲁：夏威夷大学出版社，2002年；陆威仪，《中国古代法定的暴力》，第98—103、112页；陆威仪，《早期中国的写作与权力》，第6章；石秀娜（Anna Seidel），《皇家宝藏和道教圣物》（"Imperial Treasures and Taoist Sacraments: Taoist Roots in the Apocrypha"），见司马虚编，《密宗与道教研究》，卷二，布鲁塞尔：比利时中国高等教育研究协会，1983年，第291—323页；贺碧来，《道教：一种宗教的成长》，第70—74页。

[4] 石秀娜与蔡雾溪（Ursula-Angelika Cedzich）认为道教首次推出了中国的救赎范式。见石秀娜，《早期道教仪式》（"Early Taoist Ritual"），《远东亚洲丛刊》4（1988），第199—204页；石秀娜，《西方道教研究编年史》（"Chronicle of Taoist Studies in the West，1950—1990"），《远东亚洲丛刊》5（1990），第237页；蔡雾溪，《魂与鬼，法与令：镇墓文与早期道教仪式》（"Ghosts and Demons，Law and Order: Grave Quelling Texts and Early Daoist Liturgy"），《道教资料》，4：2（1993）：第34—35页。倪辅乾（Peter Nickerson）修改了他们的观点，提出道教采纳了"镇墓文"的时间，但是用新的救赎仪式对其进行补充。见倪辅乾，《开启道路：早期道教殡殓实践中的驱邪、旅程与救赎及其来历》（"'Opening the Way'：Exorcism，Travel，and Soteriology in Early Daoist Mortuary Practice and Its Antecedents"），见孔丽维，罗浩（Harold D. Roth），《道教身份认同：历史、传承和仪式》（*Daoist Identity: History, Lineage, and Ritual*），火奴鲁鲁：夏威夷大学出版社，2002年；以及《中国中古早期的道教、死亡与官僚》（"Taoism，Death，and Bureaucracy in Early Medieval China"），加州大学博士论文，1996年。

[5] 关于汉代文学艺术中的西王母及其信仰，见鲁惟一，《升天之道：中国人对长生的探寻》，第4章；柯素芝，《宗教超越与神圣激情：中国中古时代的西王母》，第11—32页。

[6] 康德谟（Max Kaltenmark），《〈太平经〉的思想》（"Ideology of the T'ai-p'ing ching"），见尉迟酣、石秀娜编，《道教的面》，纽黑文：耶鲁大学出版社，1979年；土屋昌明（Masaaki Tsuchiya），《〈太平经〉中的思过与首过》（"Confessions of Sins and Awareness of Self in the *Taiping jing*"），见孔丽维，罗浩编，《道教身份认同：历史、传承和仪式》，火奴鲁鲁：夏威夷大学出版社，2002年；贺碧来，《道教：一种宗教的成长》，第3章；芭芭拉·亨德施克，《早期道教运动》，第143—159页。

[7] 除了上述参考文献外，见祁泰履，《大成：一个中国千年王国的宗教与种族》，第66—85页。

[8] 顾浩华，《曹丕的超越：汉末中国王朝建立的政治文化》，第4章。关于曹氏对待道教的态度，同样见侯思孟，《早期中国诗歌中的寻仙》，第111—114页；侯思孟，《曹植和神仙》（"Ts'ao Chih and the Immortals"），《亚洲专刊》第三辑1：1（1988），第15—57页。

[9] 祁泰履，《大成：一个中国千年王国的宗教与种族》，第3章。

[10] 贺碧来，《道教：一种宗教的成长》，第4章；罗伯特·福特·凯帕尼，《与天地同寿：葛洪〈神仙传〉译注并研究》（*To Live as Long as Heaven and Earth: A Translation and Study of Ge Hong's Traditions of Divine Transcendents*），第18—97页。在英语学界，后者详细地研究了葛洪的著作。与长生不老相关的"内篇"的翻译，见魏楷（J. R. Ware），《公元320年中国炼丹术、医药和宗教：葛洪〈抱朴子·内篇〉》（*Alchemy, Medicine, and Religion in the China of a.d. 320: The Nei P'ien of Ke Hung*）。

[11] 罗伯特·福特·凯帕尼，《与天地同寿：葛洪〈神仙传〉译注并研究》，第75—80页。葛洪对其他长生不老立场的反对，见第82—85页。归隐山林与自我防卫的模式，在第60—75页中被描述。

[12] 夏德安，《早期中国医学文献：马王堆医书》，第110—147页；戴思博（Catherine

Despeux),《导引：古代的传统》（“Gymnastics: The Ancient Tradition”），见孔丽维、安阿伯编，《道教医药与长生之术》（*Taoist Meditation and Longevity Techniques*），安娜堡：密歇根大学中国研究中心，1989年；罗伯特·福特·凯帕尼，《与天地同寿：葛洪〈神仙传〉译注并研究》，第21—31页。

[13] 关于各种炼丹的理论与程序，见罗伯特·福特·凯帕尼，《与天地同寿：葛洪〈神仙传〉译注并研究》，第31—47、81—82页；赤堀昭（Akira Akahori），《服药与长生》（“Drug Taking and Immortality”），见孔丽维、安阿伯编，《道教医药与长生之术》，安娜堡：密歇根大学中国研究中心，1989年；法布里齐奥·普雷加迪奥（Fabrizio Pregadio），《药剂与炼金》（“Elixirs and Alchemy”）；苗建时，《道教简介》，第6章；司马虚，《论陶弘景的炼丹》，见孔丽维《道教手册》，莱顿：博睿学术出版社，2000年。

[14] 司马虚，《茅山降经：道教和贵族》。关于“上清派”，见贺碧来，《道教：一种宗教的成长》，第5章；贺碧来，《上清——最高阐释》（“Shangqing—Highest Clarity”），见孔丽维编，《道教手册》，莱顿：博睿学术出版社，2000年。

[15] 译文见柏夷，《早期道教经典》（*Early Daoist Scriptures*），第320页。

[16] 柏夷书中给出少数例子并进行分析，《祖先与焦虑：中国的出生与重生》，第4—5章。对道教治疗方法作全面验证的是司马虚，《中国的神奇医药》（*Chinese Magical Medicine*），第1章。

[17] 石泰安，《2至7世纪宗教化的道教与流行宗教》（“Religious Daoism and Popular Religion from the Second to Seventh Centuries”），见尉迟酣，石秀娜编，《道教的面》，纽黑文：耶鲁大学出版社，1979年；祁泰履，《邪神与血食：传统中国的牺牲，互惠与暴力》（“Licentious Cults and Bloody Victuals: Sacrifice, Reciprocity, and Violence in Traditional China”），《亚洲专刊》，第三系列7：1（1994），第185—211页。

[18] 马瑞志，《寇谦之与北魏朝廷中的道教政教合一：425—451年》（“K'ou Ch'ien-chih and the Taoist Theocracy at the Northern Wei Court, 425—451”），见尉迟酣、石秀娜编，《道教的面》，纽黑文：耶鲁大学出版社，1979年；孔丽维，《北天师》（“The Northern Celestial Masters”），见孔丽维编，《道教手册》，莱顿：博睿学术出版社，2000年；石泰安，《2至7世纪宗教化的道教与流行宗教》，第62—65页。

[19] 许理和，《佛教征服中国》，第1章；陈观胜，《佛教在中国：一个历史的概述》，第2章；冢本善隆，《早期中国佛教史：从其传入到慧远之死》，第2章；巫鸿，《早期中国艺术中的佛教因素》。

[20] 许理和，《佛教征服中国》，第3章；陈观胜，《佛教在中国：一个历史的概述》，第3章；冢本善隆，《早期中国佛教史：从其传入到慧远之死》，第6章。

[21] 许理和，《佛教征服中国》，第4章；陈观胜，《佛教在中国：一个历史的概述》，第79—83、103—112页；冢本善隆，《早期中国佛教史：从其传入到慧远之死》，第5、8章。

[22] 许理和，《佛教征服中国》，第104—113页；陈观胜，《佛教在中国：一个历史的概述》，第73—77、121—124页；陈观胜，《中国佛教的变迁》，第65—81页；冢本善隆，《早期中国佛教史：从其传入到慧远之死》，第331—338、350—354页。

[23] 杨德，《菩萨皇帝：梁武帝的菩萨戒与仪式》；谢和耐，《中国5—10世纪的寺院经济》，第266—267页。

[24] 福安敦（Antonino Forte），《7世纪末中国的政治宣传与思想意识》（*Political Propaganda and Ideology in China at the End of the Seventh Century*）。

[25] 陈观胜，《佛教在中国：一个历史的概述》，第6章；陈观胜，《中国佛教的变迁》，第81—116页。

[26] 黎惠伦,《世俗之城中的社会与神圣:〈洛阳伽蓝记〉中的寺庙传说》,故事的引文在第252—253页。

[27] 陈观胜,《佛教在中国:一个历史的概述》,第165—177页;詹姆斯·O.卡斯威尔,《书写与非书写:新编云冈石窟史》,第21—39页;刘欣如,《古代印度与古代中国》,第162—167页。

[28] 阿部贤次,《寻常图像》;林格利(Kate Lingley),《遗孀、僧侣、官吏与妻妾:6世纪佛教艺术赞助者的社会维度》(“Widows, Monks, Magistrates, and Concubines: Social Dimensions of Sixth-Century Buddhist Art Patronage”),芝加哥大学博士论文,2004年;以及刘淑芬,《艺术、仪式与社会:北朝乡村的佛教信仰》。

[29] 黎惠伦,《中国最早的民间佛教》(“The Earliest Folk Buddhist Religion in China: T'i-wei Po-li Ching and Its Historical Significance”),见大卫·查波(David W. Chappell)编,《中世纪中国社会的佛教和道教实践活动》(*Buddhist and Taoist Practice in Medieval Chinese Society: Buddhist and Taoist Studies II*),火奴鲁鲁:夏威夷大学出版社,1987年。

[30] 如下:谢和耐,《中国5—10世纪的寺院经济》,第9页。

[31] 除了谢和耐,《中国5—10世纪的寺院经济》,第259—277页,又见阿部贤次,《寻常图像》,第208—230页。

[32] 许理和,《佛教对早期道教的影响:对经典之证据的调查》(“Buddhist Influence on Early Taoism: A Survey of Scriptural Evidence”);阿部贤次,《寻常图像》,第5章;汪跃进,《〈妙法莲华经〉的具象化:中古中国佛教的视觉文化》,第41—44页。同样见柏夷著作引用灵宝派。

[33] 许理和,《论月光王子》(“Prince Moonlight: Messianism and Eschatology in Early Medieval Chinese Buddhismt”),第7页;许理和,《佛教对早期道教的影响:对经典之证据的调查》,第117、123、128页。

[34] 译文见郝理安(Leon Hurvitz)译,《妙法莲华经》(*Scripture of the Lotus Blossom*),第243页。

[35] 汪跃进,《〈妙法莲华经〉的具象化:中古中国佛教的视觉文化》,第219—237页。这些篇章同样讨论了其他文献、其他图像中与末日场景有关的情况。

[36] 那体慧(Jan Nattier),《弥勒神话的意义》(“Meanings of the Maitreya Myth”),见《弥勒佛:未来之佛》(*Maitreya: The Future Buddha*),剑桥:剑桥大学出版社,1988年,特别是第30—32页。同样,德野京子(Kyoko Tokuno),《中国佛经目录中的本土经典评价》(“The Evaluation of Indigenous Scriptures in Chinese Buddhist Bibliographical Catalogues”),见巴斯威尔(Robert E. Buswell, Jr)编,《中国佛教伪经》(*Chinese Buddhist Apocrypha*),火奴鲁鲁:夏威夷大学出版社,1990年,第41—42页。

[37] 许理和,《论月光王子》,关于“道教”的时间,见第21—22页。同样见司马虚,《中国的神奇医药》,第2章。

[38] 那体慧,《佛教预言研究》(*Once Upon a Future Time: Studies in a Buddhist Prophecy of Decline*),第四章聚焦于中国。关于对该教义在6世纪的主要传播,见梅弘理(Paul Magnin),《慧思之生平与著作:中国天台宗的源流》[*La vie et l'oeuvre de Huisi (515—577): Les origins de la secte bouddhique chinoise du Tiantai*]。关于早期的还愿佛塔,见阿部贤次,《寻常图像》,第141—145、158—160页。

[39] 雷德侯(Lothar Ledderose),《雷霆声洞》(“Thunder Sound Cave”),见巫鸿编,《汉唐之间的视觉文化与物质文化》,第240—246、255页。

[40] 查尔斯·D.奥彻(Charles D. Orzech),《政治与卓越的智慧:中国佛教创建中为世间君主服务的佛经》(*Politics and Transcendent Wisdom: The Scripture for Humane Kings in the Creation*

of Chinese Buddhism）。关于王之心性，见第61—74、94—97、99—107页。关于密宗进入国家，见第160—167、170—174页。

[41] 霍巴德（Jamie Hubbard），《绝迷深误、至善佛性：中国异教的兴衰》（*Absolute Delusion, Perfect Buddhahood: The Rise and Fall of a Chinese Heresy*）；陆威仪，《对三阶教派的镇压：作为政治议题的伪经》（"The Suppression of the Three Stages Sect: Apocrypha as a Political Issue"），见布斯韦尔编，《中国佛教伪经》，火奴鲁鲁：夏威夷大学出版社，1990年。霍巴德著作的第三章阐述了道教思想对佛教教义的启示、影响。关于"无尽藏"，同样见谢和耐，《中国5—10世纪的寺院经济》，第210—217页。

[42] 罗伯特·H.沙尔夫（Robert H. Scharf），《接受中国佛教：珍藏文献读本》（*Coming to Terms with Chinese Buddhism: A Reading of the Treasure Store Treatise*），《导论》，特别是第12页。

[43] 贺碧来，《道教：一种宗教的成长》，第6章；山田利明（Toshiaki Yamada），《灵宝派》（"The Lingbao School"），见孔丽维编，《道教手册》，莱顿：博睿学术出版社，2000年；柏夷，《灵宝经典的来源》（"Sources of the Ling-pao Scriptures"），见司马虚编，《特刊：密教与道教研究——纪念石泰安》，卷二，《中国佛教研究》21（1983），第434—486页。关于佛教对其术语的强烈影响，见许理和，《佛教对早期道教的影响：对经典之证据的调查》，关于投胎转世，见第135—141页。

[44] 柏夷，《祖先与焦虑：中国的出生与重生》，第6章；柏夷，《灵宝道教中的死亡与飞升》（"Death and Ascent in Ling-pao Taoism"），《道教资料》1：2（1989），第1—20页。

[45] 芮沃寿，《隋朝意识形态》（"The Formation of Sui Ideology，581-604"），见费正清编，《中国的思想和制度》（*Chinese Thought and Institutions*），芝加哥：芝加哥大学出版社，1957年；芮沃寿，《隋朝：中国的统一，公元581—617年》（*The Sui Dynasty: The Unification of China, a.d. 581—617*），第48—52、54—57、64—66、71—72、74、78—79、126—138页；芮沃寿，《隋朝（581—617年）》["The Sui Dynasty（581—617）"]，见崔瑞德和费正清编，《剑桥中国史》第三卷，中国隋唐，第一部分，剑桥：剑桥大学出版社，1979年，第57、61—67、75—78、113—119页；沈丹森，《佛教、外交和贸易：中印重新结盟，600—1400年》，第62—68、71、84、87、93—94页。

[46] 胡司德（Roel Sterckx），《中国早期的动物与妖怪》（*The Animal and the Daemon in Early China*），第4章。

[47] 这一主题在汪跃进著作中被阐释，《〈妙法莲华经〉的具象化：中古中国佛教的视觉文化》，第4章。

[48] 关于巴人与四川道教的关系，见祁泰履，《传统中国的族群认同与道教认同》（"Ethnic Identity and Daoist Identity in Traditional China"），第24—30页；祁泰履，《大成：一个中国千年王国的宗教与种族》，第25—54、73—76、120页。关于对牺牲的批判，见祁泰履，《邪神与血食：传统中国的牺牲，互惠与暴力》，第197—205页。

[49] 祁泰履，《一个神灵自己的故事——梓潼文昌帝君化书》（*A God's Own Tale: The Book of Transformations of Wenchang, the Divine Lord of Zitong*），第1—7页；祁泰履，《中国的山神：山神的驯化与边缘的征服》，第234—237页。

[50] 石泰安，《2至7世纪宗教化的道教与流行宗教》。

[51] 柯嘉豪，《高僧：中国中古圣传里的佛教理想》，第85—86、90、91、97—99、108—109页。

[52] 引自谢和耐，《中国5—10世纪的寺院经济》，第255页。这种将自己的身体来喂虎的行为是追随早期佛陀的生活。在其他故事中，僧侣以自己身体喂动物，以保护追随他的人们。还有将身体暴露以满足昆虫吸血。见柯嘉豪，《高僧：中国中古圣传里的佛教理想》，

第 39—40 页。关于早期的禅宗僧侣，“以制服地方神著称，以及如野生动物般的表现”，见佛雷（Bernard Faure），《当下的修辞：禅宗的文化评论》（*The Rhetoric of Immediacy: A Cultural Critique of Chan/Zen Buddhism*），第 99—100、103、109—110、112、258—261 页。

[53] 沈丹森，《佛教、外交和贸易：中印重新结盟，600—1400 年》，第 76—86 页；柯嘉豪，《高僧：中国中古圣传里的佛教理想》，第 105—107 页；于君方，《普陀山：朝圣与中国普陀洛迦的创立》（“P'u-t'o Shan: Pilgrimage and the Creation of the Chinese Potalaka”），见《中国的朝圣者及圣址》（*Pilgrims and Sacred Sites in China*），伯克利：加州大学出版社，1992 年。

[54] 姜士彬，《唐宋时期的城隍神信仰》（“The City-God Cults of T' ang and Sung China”），《哈佛亚洲研究》45（1985），第 402—409 页。

[55] 同上书，第 365—388 页。

[56] 同上书，第 374—377、379—388 页。

[57] 同上书，第 426—433 页；宫川尚志，《六朝史研究：宗教篇》，第 392—397 页。

第 9 章 书 写

[1] 这一观念来自鲁迅，形成于 20 世纪早期，并被广泛地接受。见蔡宗齐编，《中国的美学：六朝的文学秩序、艺术与宇宙》（*Chinese Aesthetics: The Ordering of Literature, the Arts and the Universe in the Six Dynasties*）。

[2] 汤用彤，《魏晋玄学论稿》；汤用彤，任继愈，《魏晋玄学中的社会政治思想》，特别见第 16—45 页。在英语学界，见鲁道夫 · G. 瓦格纳（Rudolph G. Wagner），《中国的语言、本体论及政治哲学：王弼对“玄”的学术探讨》（*Language, Ontology, and Political Philosophy in China: Wang Bi's Scholarly Exporation of the Dark*）；鲁道夫 ·G. 瓦格纳，《王弼〈老子注〉研究》（*The Craft of a Chinese Commentator: Wang Bi on the Laozi*）；任博克（Brook Ziporyn），《不受拘束的半影：郭象的新道家哲学》（*The Penumbra Unbound: The Neo-Taoist Philosophy of Guo Xiang*）；钱南秀，《中古中国的精神与自我：〈世说新语〉及其遗产》，第 2 章关于钟会，见《钟会老子注》。

[3] 扬雄，《太玄经》（*Canon of Supreme Mystery*）。关于玄，见第 2—5、429—464 页。

[4] 何肯，《在汉朝的阴影下：南朝初期士大夫的思想与社会》，第 88—92 页。

[5] 汤用彤，《魏晋玄学论稿》，第 111—116 页。

[6] 关于王弼的本体论与语言观，见鲁道夫 · G. 瓦格纳，《中国的语言、本体论及政治哲学：王弼对“玄”的学术探讨》，第 1—2 章。

[7] 鲁道夫 · G. 瓦格纳，《中国的语言、本体论及政治哲学：王弼对“玄”的学术探讨》，第 168 页。

[8] 同上书，第 3 章，特别是第 213—215 页。

[9] 同上书，第 58—64、198 页。体现否定性的儒家观念是对汉代“无为之君”（king without attributes）观念的扩展。

[10] 侯思孟，《嵇康的生平与思想（223—262）》，第 3 章。翻译见韩禄伯，《中国 3 世纪的哲学与争论：嵇康文集》（*Philosophy and Argumentation in Third-Century China: The Essays of Hsi K'ang*）。

[11] 侯思孟，《诗与政治：阮籍生平与作品》，第 4—5、10 章。

[12] 司白乐，《拟古：中国早期人物画中的审美与社会主题》，第 6 章。关于竹林七贤的逸事，见

第 75—86 页。

[13] 任博克，《不受拘束的半影：郭象的新道家哲学》，第 25—30 页。

[14] 同上书，第 4、9 章。

[15] 多米尼克·德克莱尔，《反对国家的书写：3 至 4 世纪中国的政治修辞学》，第 124、261—262、277、299—230 页。

[16] 在“玄学”的背景下，出现了审美领域自觉的观念，见蔡宗齐编，《中国的美学：六朝的文学秩序、艺术与宇宙》，《序言》，第 4—11、13 页；卜寿珊，《王微（415—453）关于绘画的论说》[“The Essay on Painting by Wang Wei（415—453）in Context”]，见蔡宗齐编，《中国的美学：六朝的文学秩序、艺术与宇宙》，第 65—69 页；林顺夫，《佳境岂应无何有：论六朝园林与乐园思想》（“A Good Place Need Not Be a Nowhere: The Garden and Utopian Thought in the Six Dynasties”），见蔡宗齐编，《中国的美学：六朝的文学秩序、艺术与宇宙》，第 135—145 页；韩瑞亚（Rania Huntington），《跨越边界：六朝时期的超越与美学》（“Crossing Boundaries: Transcendents and Aesthetics in the Six Dynasties”），见蔡宗齐编，《中国的美学：六朝的文学秩序、艺术与宇宙》，第 191、194 页；李惠仪，《〈世说新语〉与中国传统美学自我意识的出现》（“*Shishuo xinyu* and the Emergence of Aesthetic Self-Consciousness in the Chinese Tradition”），见蔡宗齐编，《中国的美学：六朝的文学秩序、艺术与宇宙》，第 241、243—249 页；艾朗诺（Ronald Egan），《书法、音乐与绘画文献中的自然与更高的理念》（“Nature and Higher Ideals in Texts on Calligraphy，Music，and Painting”），见蔡宗齐编，《中国的美学：六朝的文学秩序、艺术与宇宙》，第 288—291、294—301、305 页。同样见林理彰（Richard John Lynn），《王弼与刘勰的〈文心雕龙〉》（“Wang Bi and Liu Xie's *Wenxin diaolong*: Terms and Concepts，Influence and Affiliations”），见蔡宗齐编，《中国的美学：六朝的文学秩序、艺术与宇宙》。

[17] 宇文所安，《中国早期诗歌之形成》（*The Making of Early Classical Poetry*），第 1 章。

[18] 宇文所安，《中国文学选集：从最初到 1911》，第 240—243 页。

[19] 同上书，第 237—240 页。

[20] 克里斯托弗·雷·康纳利，《建安诗歌语编》；张诵圣，《从乐府诗到古体诗的体裁嬗变：从曹操、曹丕到曹植》；缪文杰，《王粲生平及其创作：中国中古诗歌研究》。

[21] 孙筑谨（Cecile Chu-chin Sun），《龙嘴中的珍珠：中国诗歌中的感受与场景》（*Pearl from the Dragon's Mouth: Evocations of Feeling and Scene in Chinese Poetry*），第 1—2 章。

[22] 关于对他诗歌积极与否定的评价，其形成都是基于对他道德个性的判断。见蔡宗齐，《抒情诗转化的基质：中国早期五言诗的诗歌形式与自我呈现》，第 97—103 页。

[23] 宇文所安，《中国古典诗歌与诗学：世界的预言》（*Traditonal Chinese Poetry and Poetics: Omen of the World*），特别是第 12—27、34—40、56—68、117—121 页。

[24] 蔡宗齐，《抒情诗转化的基质：中国早期五言诗的诗歌形式与自我呈现》，第 103—110、119—125 页。

[25] 曹植同样写“古诗”（old poem），这是一种以弃妇或羁旅之人作为经典角色的诗歌类型。见蔡宗齐，《抒情诗转化的基质：中国早期五言诗的诗歌形式与自我呈现》，第 125—130 页。

[26] 蔡宗齐，《抒情诗转化的基质：中国早期五言诗的诗歌形式与自我呈现》，第 110—119 页。对于经典歌谣的翻译与评注，见安妮·柏丽尔，《汉代民间歌谣》，第 169—173 页。

[27] 蔡宗齐，《抒情诗转化的基质：中国早期五言诗的诗歌形式与自我呈现》，第 130—145 页。关于宴会诗，见宇文所安，《中国文学选集：从最初到 1911》，第 274—283 页。关于曹植的游仙诗，见侯思孟，《曹植和神仙》，第 28—51 页。侯思孟论文的第一部分和最后一部分讨论了曹植如同他父亲和兄弟，对长生不老持可能的态度。关于南北朝时期的游仙诗，见韩

瑞亚，《跨越边界：六朝时期的超越与美学》。

[28] 侯思孟，《诗与政治：阮籍生平与作品》，第227—232页。

[29] 蔡宗齐，《抒情诗转化的基质：中国早期五言诗的诗歌形式与自我呈现》，第154—164页，这首诗在第158页。

[30] 对这些诗歌作品最近的完整翻译，见马瑞志，《永恒明照之世：永明时代（483—493）的三位诗人》[*The Age of Eternal Brilliance: Three Lyric Poets of the Yungming Era（483—493）*]。关于个人的诗歌，同样见马瑞志，《诗人沈约（441-513年）：缄默的侯爵》；以及孙康宜，《六朝诗歌研究》，第4章。

[31] 吴妙慧（Goh Meow Hui），《在音律发明之光中的王融（467—493）诗学》[“Wang Rong’s（467—493）Poetics in the Light of the Invention of Tonal Prosody”]，威斯康星大学博士论文，2004年，吴妙慧通过调查三位诗人的实践，重建了超过五百首诗歌的发音。同样见吴妙慧，《王融三首诗歌中的声调韵律》（“Tonal Prosody in Three Poems by Wang Rong”），《美国东方学会会刊》124：1（2004），第59—68页。

[32] 引自吴妙慧，《王融三首诗歌中的声调韵律》，第60页。同样见李惠仪，《“文心”“雕龙”之间：《文心雕龙》中的秩序与超越》（“Between ‘Literary Mind’ and ‘Carving Dragons’: Order and Excess in *Wenxin diaolong*”），见蔡宗齐编，《一种中国文学思想：〈文心雕龙〉中的文化、创造力与修辞》（*A Chinese Literary Mind: Culture, Creativity, and Rhetoric in Wenxin Diaolong*），斯坦福：斯坦福大学出版社，2001年，第220页。

[33] 孙康宜，《六朝诗歌研究》，第117—120页。

[34] 梅维恒、梅祖麟（Tsu-lin Mei），《近体诗源于梵文考论》（“The Sanskrit Origins of Recent Style Prosody”），《哈佛亚洲研究》51：2（1991年11月），第375—470页。

[35] 马约翰，《梁简文帝》（*Liang Chien-wen Ti*）；吴伏生，《诗学的衰落：南朝和晚唐时期的中国诗歌》，第2章；安妮·柏丽尔译，《玉台新咏》（*New Songs from a Jade Terrace*），《导论》。

[36] 吴伏生，《诗学的衰落：南朝和晚唐时期的中国诗歌》，第41—46页。在第47—55页，吴伏生考察了萧纲《美女篇》（“A Beautiful Woman”），认为它与早前曹植的同名诗作完全不同，曹植诗作是对更早的罗敷故事的重新书写。

[37] 对这些片段的翻译，见宇文所安，《中国文学思想读本》，第57—72页。

[38] 宇文所安，《中国文学思想读本》，第68—69页。文学的最高任务是经国大业，这一看法被他的弟弟曹植所反对，曹植认为文学成就并非是其政治生涯的替代物。见《与杨德祖书》（“Letter to Yang Dezu”），载黄兆杰，《中国古代文学批评》，第29—30页。这种不同可能反映了这一事实，作为统治者的那一位，可以将政治角色当作是理所当然的，而另一位则被放逐。在与王朗书中，曹丕将文学成就看作仅次于“立德”（“establishing virtue”）。见高德耀，《以此方式出生？中国中古早期文学思想的本质与培育》，第62—63页。

[39] 高德耀，《以此方式出生？中国中古早期文学思想的本质与培育》，第56—60页。

[40] 宇文所安，《中国文学思想读本》，第73—181页。

[41] 同上书，第130—131页。

[42] 孙筑谨，《龙嘴中的珍珠：中国诗歌中的感受与场景》，第66—69页。

[43] 宇文所安，《中国文学思想读本》，第89—90页。

[44] 孙筑谨，《龙嘴中的珍珠：中国诗歌中的感受与场景》，第70—85页，刘勰的文章引自第72页。

[45] 宇文所安，《中国文学思想读本》，第98—99页。

[46] 孙筑谨，《龙嘴中的珍珠：中国诗歌中的感受与场景》，第73—75页。

[47] 对钟嵘著作的介绍，译文见黄兆杰，《中国古代文学批评》，第89—114页。

[48] 孙筑谨,《龙嘴中的珍珠:中国诗歌中的感受与场景》,第 84—85 页。关于这一时期诗歌的描述语言,见孙康宜,《六朝诗歌研究》,第 62—73、89—102 页。

[49] 孙筑谨,《龙嘴中的珍珠:中国诗歌中的感受与场景》,第 86—87 页。

[50] 关于这部著作在中国传统中的非比寻常的地位,见宇文所安,《中国文学思想读本》,第 183—186 页。关于佛教的影响,见梅维恒,《文学思想与华丽修辞中的佛教》(“Buddhism in The Literary Mind and Ornate Rhetoric”)。

[51] 宇文所安,《中国文学思想读本》,第 202—204 页。关于所引部分的译文,见第 186—194、201—218、239—245、277—286 页。关于刘勰对早期作家观念的阐释,见孙筑谨,《龙嘴中的珍珠:中国诗歌中的感受与场景》,第 69、75—76、78—81、84 页。关于对《神思篇》(“Spirit Thought”)的研究,见艾朗诺,《诗人、思想与世界:〈文心雕龙·神思篇〉再探讨》(“Poet, Mind, and World: A Reconsideration of the ‘Shensi’ Chapter of *Wenxin diaolong*”),见蔡宗齐编,《一种中国文学思想:〈文心雕龙〉中的文化、创造力与修辞》,斯坦福:斯坦福大学出版社,2001 年;林顺夫,《刘勰论想象》(“Liu Xie on Imagination”),见蔡宗齐编,《一种中国文学思想:〈文心雕龙〉中的文化、创造力与修辞》;蔡宗齐,《中国文学批评体系的建立:〈文心雕龙〉与早期文献中的文学观》(“The Making of a Critical System: Concepts of Literature in *Wenxin diaolong* and Earlier Texts”),见蔡宗齐编,《一种中国文学思想:〈文心雕龙〉中的文化、创造力与修辞》,第 51—53 页;李惠仪,《“文心”“雕龙”之间:《文心雕龙》中的秩序与超越》,见蔡宗齐编,《一种中国文学思想:〈文心雕龙〉中的文化、创造力与修辞》,第 212—217 页。

[52] 译文见宇文所安,《中国文学思想读本》,第 194—201 页。

[53] 陆威仪,《早期中国的写作与权力》,第 325—332 页。

[54] 孙康宜,《刘勰的正统观》(“Liu Xie’s Idea of Canonicity”),见蔡宗齐编,《一种中国文学思想:〈文心雕龙〉中的文化、创造力与修辞》。这些短语引自第 18 页。刘勰从未讨论文学是如何能够纠正人际关系、将人带入符合的精神之中的。这在蔡宗齐的著作中被关注,见《中国文学批评体系的建立:〈文心雕龙〉与早期文献中的文学观》,第 54 页。

[55] 文集在早期中华帝国时期对重新定义文学及作者的作用,有关探讨见陆威仪,《早期中国的写作与权力》,第 172—192 页。

[56] 康达维,《去芜存菁:中国中世早期的文集》(“Culling the Weeds and Selecting Fine Blossoms: The Anthology in Early Medieval China”),见裴士凯、司白乐、伊佩霞编,《汉人王朝重建中的文化与权力:200—600》(*Culture and Power in the Reconstitution of the Chinese Realm, 200-600*. Ed),剑桥:哈佛大学出版社,2001 年。

[57] 关于南北朝文集的编译,见宇文所安,《中国早期诗歌之形成》,第 28—31、313—318 页。

[58] 当荀勖(死于公元 289 年)使用“四部分类法”(four-divisions),他的第四部类既不能包括所有的纯文学(*belles lettres*),也不能排除其他类型的作品。只有在梁朝,有清楚的证据表明,有专门的部类用以保存纯文学。见康达维,《去芜存菁:中国中世早期的文集》,第 215—217 页。

[59] 柏丽尔,《玉台新咏》,第 341—342 页。这篇序言的译文在第 339—343 页。

[60] 关于序言中对朝臣地位的讨论,以及在该思路下对文集的编撰,见罗吉伟,《口齿伶俐的妇女:中国早期文本中的性别和男性社会》,第 129—137 页。

[61] 马瑞志译,《世说新语全注》,第 364—365 页;颜之推,《颜氏家训》,第 198—201 页。甚至著名的书法家王羲之对单纯的书写也表示了蔑视。见《世说新语全注》,第 63 页。

[62] 马克·洛朗·阿瑟林(Mark LaurentAsselin),《“一个显著的季节”:末世的文学:蔡邕及部分同时代的人》(“‘A Significant Season’: Literature in a Time of Endings:Cài Yōng and a Few

Contemporaries"），华盛顿大学博士论文，1997 年。

[63] 戴梅可，《书法，神圣的文本与文化的考验》（"Calligraphy, the Sacred Text and Test of Culture"），见刘怡玮（Cary F. Liu），经崇仪（Dora C. Y. Ching），史密斯（Judith G. Smith）编，《中国书法中的个性与内容》（*Character and Context in Chinese Calligraphy*），普林斯顿：普林斯顿大学艺术博物馆，1999 年，第 46—52 页。

[64] 关于书法是书写着人体的扩展的观念，见毕来德（Jean Francis Billeter），《书写的中国艺术》（*Chinese Art of Writing*），第 6—7 章；韩庄（John Hay），《人体：书法宏观价值的微观来源》（"The Human Body as a Microcosmic Source of Macrocosmic Value in Calligraphy"），见卜寿珊与克利斯琴·莫克（Christian Murck）编，《中国艺术理论》（*Theories of the Arts in China*），普林斯顿：普林斯顿大学出版社，1983 年。关于日趋重要的草书，见艾德里安娜·G. 普鲁塞（Adriana G. Prosser），《道德特征：汉代中国的书法与官僚主义》［"Moral Characters: Calligraphy and Bureaucracy in Han China（206 b.c.e.—c.e. 220）"］，哥伦比亚大学博士论文，1995 年，第 5 章。有关赵壹的引句，参见第 159—160 页。

[65] 韩文彬（Robert Harrist），《六朝时期书法中的摹写与伪造》（"Replication and Deception in Calligraphy of the Six Dynasties Period"），见蔡宗齐编，《中国的美学：六朝的文学秩序、艺术与宇宙》，第 33—34 页。不同艺术关键词汇的互相借用，在艾朗诺的著作中被探讨，见《书法、音乐与绘画文献中的自然与更高的理念》。

[66] 韩文彬，《六朝时期书法中的摹写与伪造》，第 35—39 页。引文见第 39 页。

[67] 关于书法对书法家精神的表达，见艾朗诺，《书法、音乐与绘画文献中的自然与更高的理念》，第 277—291 页。对王羲之、王献之及其他书法家之书法与个性相交织的评价，见马瑞志译，《世说新语全注》，第 192、230、231、235、261、269、315、321、364—365、365—366 页。通过对保存在日本的、有明确传承的、更加精确的例子的分析，揭示王羲之的书法如何与个性相联，见汪跃进，《驯悍记：王羲之（303—361）与 7 世纪书法的士大夫化》［"Taming of the Shrew: Wang Hsi-chih [Xizhi]（303—361）"］，见刘怡玮、经崇仪、史密斯编，《中国书法中的个性与内容》，普林斯顿：普林斯顿大学出版社，1999 年。

[68] 关于陶弘景作为一位书法专家，见韩文彬，《六朝时期书法中的摹写与伪造》，第 40—48。关于早期道教中的书法，见雷德侯，《六朝书法中的一些道教因素》（"Some Taoist Elements in the Calligraphy of the Six Dynasties"）。关于杨羲的经书的影响及其以隶书转抄，见第 257、269 页。

[69] 康达维，《去芜存菁：中国中世早期的文集》，第 215—216 页；伍安祖（On-cho Ng），王晴佳，《世鉴：中国传统史学》（*Mirroring the Past: The Writing and Use of History in Imperial China*），第 99—100 页。关于将历史作为一种文学形式的反映，见第 99、103 页。

[70] 伍安祖，王晴佳，《世鉴：中国传统史学》，第 3 章。关于汉朝的著作，见第 90—98 页。关于对各个王朝及其合法性的书写，见第 80—90 页。关于陈寿，同样见高德耀，孔为廉，《皇后与嫔妃：陈寿〈三国志〉裴松之注选译》，第 61—81 页。

[71] 关于《语林》（*Forest of Conversations*），见萧红（Lily Hsiao Hung Lee），《语林与郭子：世说新语的两部先导》（"Yü-lin and Ku-tzu: Two Predecessors of Shi-shuo hsinyü"），关于《世说新语》传统下的后世文本，见钱南秀，《中古中国的精神与自我：〈世说新语〉及其遗产》，第三部分。关于对《世说新语》通行分类的争议，见《中古中国的精神与自我：〈世说新语〉及其遗产》，第三章。

[72] 罗伯特·福特·凯帕尼，《奇异的写作：中古早期的反常记录》。

[73] 关于这些文本，见罗伯特·福特·凯帕尼，《奇异的写作：中古早期的反常记录》，第一章、第三章。陆威仪，《早期中国的空间建构》，第 5 章。关于以"异常"来稳固对"正常"之界

定边界的研究，见罗伯特·福特·凯帕尼，《奇异的写作：中古早期的反常记录》，第 6 章。

[74] 罗伯特·福特·凯帕尼，《奇异的写作：中古早期的反常记录》，第 146—149 页，翻译了干宝视其著作为历史之补充的叙述。同样见马瑞志译，《世说新语全注》，第 409 页，在这里，刘惔将干宝描述为记述幽灵世界的历史学家。

[75] 罗伯特·福特·凯帕尼，《奇异的写作：中古早期的反常记录》，第 169—173、199—201 页。

[76] 同上书，第 280—294 页是关于玄奥方士的透视，第 294—306 页是关于道教的透视，第 318—321 页关于汉武帝，第 321—334 页是关于佛教的透视。

[77] 罗伯特·福特·凯帕尼，《奇异的写作：中古早期的反常记录》，第 343—394 页。

结 语

[1] 葛德威，《中世纪中国的战争，300—900》，第 129—135 页；芮沃寿，《隋朝：中国的统一，公元 581—617 年》，第 4 章。关于杨广与南方的关系，见熊存瑞，《隋炀帝：他的生活、时代和遗产》，第 12—20 页。

[2] 关于隋代的制度与对外关系，见熊存瑞，《隋炀帝：他的生活、时代和遗产》，第 6、9、10 章。同样见芮沃寿，《隋朝意识形态的形成》。

[3] 芮沃寿，《隋朝（581—617 年）》，第 81—93 页；芮沃寿，《隋朝：中国的统一，公元 581—617 年》，第 91—107 页。对九品中正制及察举制的废除，见第 98—103 页。

[4] 熊存瑞，《隋炀帝：他的生活、时代和遗产》，第 123—126 页。关于隋文帝分舍利，见沈丹森，《佛教、外交和贸易：中印重新结盟，600—1400 年》，第 62—64 页。

[5] 芮沃寿，《隋朝（581—617 年）》，第 78—81 页；芮沃寿，《隋朝：中国的统一，公元 581-617 年》，第 84—88 页；熊存瑞，《隋唐长安》（*Sui-T'ang Chang'an*），第 2 章；熊存瑞，《隋炀帝：他的生活、时代和遗产》，第 75—76、82—87、157—158 页。

[6] 熊存瑞，《隋炀帝：他的生活、时代和遗产》，第 75—84 页。

[7] 关于运河，见熊存瑞，《隋炀帝：他的生活、时代和遗产》，第 86—93 页；芮沃寿，《隋朝：中国的统一，公元 581—617 年》，第 177—181 页。关于粮仓，见熊存瑞，《隋炀帝：他的生活、时代和遗产》，第 175—180 页。关于这条运河在以后中国历史中的作用，见莱曼·P. 冯·斯里克，《扬子江：自然，历史与河流》，第 6 章；瑞格，《中国地理学》，第 78—80 页；冀朝鼎，《中国历史上的基本经济区与水利事业的发展》（*Key Economic Areas in Chinese History as Revealed in the Development of Public Works for Water-Control*），第 113—121 页。

[8] 宇文所安，《迷楼：诗与欲望之迷宫》，特别见序言。关于晚期帝国之小说的这种结构，见李前程，《启蒙小说：西游记、西游补和红楼梦》（*Fictions of Enlightenment: Journey to the West, Tower of Myriad Mirrors, and Dream of the Red Chamber*），第 149、167 页，第 204 页注 98。

[9] 熊存瑞，《隋炀帝：他的生活、时代和遗产》，第 10 章。

[10] 关于隋朝的衰落，见芮沃寿，《隋朝：中国的统一，公元 581—617 年》，第 9 章；葛德威，《中世纪中国的战争，300—900》，第 7 章。关于隋炀帝的历史评价，见芮沃寿，《隋炀帝的个性和定型的言行》（"Sui Yang-ti: Personality and Stereotype"）。关于对其个性与功业的再评价，见熊存瑞，《隋炀帝：他的生活、时代和遗产》。

[11] 熊存瑞，《隋炀帝：他的生活、时代和遗产》，第 218—220 页。

[12] 同上书，第 64—66、71、116—120、232—233 页。

参考文献

Abe, Stanley. *Ordinary Images*. Chicago: University of Chicago Press, 2002.

Ahern, Emily. *The Cult of the Dead in a Chinese Village*. Stanford: Stanford University Press, 1973.

Akahori, Akira. "Drug Taking and Immortality." In *Taoist Meditation and Longevity Techniques*. Ed. Livia Kohn. Ann Arbor: University of Michigan, Center for Chinese Studies, 1989.

Analects of Confucius, The. Tr. Simon Leys. New York: Norton, 1997.

Asselin, Mark Laurent. "'A Significant Season': Literature in a Time of Endings: Cài Yōng and a Few Contemporaries." Ph.D. diss., University of Washington, 1997.

Backus, Charles. *The Nan-chao Kingdom and T'ang China's Southwestern Frontier*. Cambridge: Cambridge University Press, 1981.

Balazs, Etienne. "Nihilistic Revolt or Mystical Escapism: Currents of Thought in China During the Third Century A.D." In *Chinese Civilization and Bureaucracy: Variations on a Theme*. Ed. Arthur F. Wright. Tr. H. M. Wright. New Haven: Yale University, 1964.

———. "Political Philosophy and Social Crisis at the End of the Han Dynasty." In *Chinese Civilization and Bureaucracy: Variations on a Theme*. Ed. Arthur F. Wright. Tr. H. M. Wright. New Haven: Yale University Press, 1964.

———. *Le Traité économique du "Souei-chou."* Leiden: E. J. Brill, 1953.

———. "Two Songs by Ts'ao Ts'ao." In *Chinese Civilization and Bureaucracy: Variations on a Theme*. Ed. Arthur F. Wright. Tr. H. M. Wright. New Haven: Yale University Press, 1964.

Baptandier, Brigitte. *The Lady of Linshui: A Chinese Female Cult*. Tr. Kristin Ingrid Fryklund. Stanford: Stanford University Press, 2008.

Barfield, Thomas F. *The Perilous Frontier: Nomadic Empires and China*. Oxford: Basil Blackwell, 1989.

Barnes, Gina. *China, Korea, and Japan: The Rise of Civilization in East Asia*. London: Thames and Hudson, 1993.

Benn, Charles D. *The Cavern-Mystery Transmission: A Taoist Ordination Rite of A.D. 711*. Honolulu: University of Hawai'i Press, 1991.
Berkowitz, Alan J. *Patterns of Disengagement: The Practice and Portrayal of Reclusion in Early Medieval China*. Stanford: Stanford University Press, 2000.
Bielenstein, Hans. "The Six Dynasties: Vol. 1." *Bulletin of the Museum of Far Eastern Antiquities* 68 (1996): 5–324.
———. "The Six Dynasties: Vol. 2." *Bulletin of the Museum of Far Eastern Antiquities* 69 (1997): 5–246.
———. "Wang Mang, the Restoration of the Han Dynasty, and Later Han." In *Cambridge History of Ancient China*, Vol. 1: *The Ch'in and Han Empires*. Ed. Michael Loewe. Cambridge: Cambridge University Press, 1986.
Billeter, Jean François. *The Chinese Art of Writing*. New York: Rizzoli, 1990.
Birrell, Anne, tr. *New Songs from a Jade Terrace*. London: George Allen and Unwin, 1982.
———. *Popular Songs and Ballads of Han China*. London: Unwin Hyman, 1988.
Bischoff, Friedrich Alexander. *The Songs of the Orchis Tower*. Wiesbaden: Otto Harrassowitz, 1985.
Blackmore, Michael. "The Rise of Nan-chao in Yunnan." *Journal of South-east Asian History* 1 (1960): 47–61.
Bodde, Derk. *Festivals in Classical China: New Year and Other Annual Observances During the Han Dynasty, 206 B.C.–A.D. 220*. Princeton: Princeton University Press, 1975.
Bokenkamp, Stephen R. *Ancestors and Anxiety: The Birth of Rebirth in China*. Berkeley: University of California Press, 2007.
———. "Death and Ascent in Ling-pao Taoism." *Taoist Resources* 1:2 (1989): 1–20.
———. *Early Daoist Scriptures*. Berkeley: University of California Press, 1997.
———. "Sources of the Ling-pao Scriptures." In *Special Issue: Tantric and Taoist Studies in Honour of R. A. Stein*, Vol. 2. Ed. Michel Strickmann. *Mélanges chinoises et bouddhiques* 21 (1983): 434–486.
———. "Stages of Transcendence: The *Bhūmi* Concept in Taoist Scripture." In *Chinese Buddhist Apocrypha*. Ed. Robert E. Buswell, Jr. Honolulu: University of Hawai'i Press, 1990.
Boulton, Nancy Elizabeth. "Early Chinese Buddhist Travel Records as a Literary Genre." Ph.D. diss., Georgetown University, 1982.
Bray, Francesca. *The Rice Economies: Technology and Development in Asian Societies*. London: Basil Blackwell, 1986.
Buchanan, Keith. *The Transformation of the Chinese Earth*. London: G. Bell and Sons, 1970.
Bush, Susan. "The Essay on Painting by Wang Wei (415–453) in Context." In *Chinese Aesthetics: The Ordering of Literature, the Arts, and the Universe in the Six Dynasties*. Ed. Zong-qi Cai. Honolulu: University of Hawai'i Press, 2004.

Bush, Susan, and Hsio-yen Shih, eds. *Early Chinese Texts on Painting*. Cambridge: Harvard University Press, 1985.
Cahill, Suzanne. *Divine Traces of the Daoist Sisterhood*. Magdalena, New Mexico: Three Pines Press, 2006.
———. "Material Culture and the Dao: Textiles, Boats, and Zithers in the Poetry of Xu Xuanji (844–868)." In *Daoist Identity: History, Lineage, and Ritual*. Ed. Livia Kohn and Harold D. Roth. Honolulu: University of Hawai'i Press, 2002.
———. "Smell Good and Get a Job: How Daoist Women Saints were Verified and Legitimatized during the Tang Dynasty (618–907)." In *Presence and Presentation: Women in the Chinese Literati Tradition*. Ed. Sherry J. Mou. London: MacMillan, 1999.
———. *Transcendence and Divine Passion: The Queen Mother of the West in Medieval China*. Stanford: Stanford University Press, 1993.
Cai, Zong-qi, ed. *Chinese Aesthetics: The Ordering of Literature, the Arts, and the Universe in the Six Dynasties*. Honolulu: University of Hawai'i Press, 2004.
———. "The Making of a Critical System: Concepts of Literature in *Wenxin diaolong* and Earlier Texts." In *A Chinese Literary Mind: Culture, Creativity, and Rhetoric in Wenxin Diaolong*. Ed. Zong-qi Cai. Stanford: Stanford University Press, 2001.
———. *The Matrix of Lyrical Transformation: Poetic Modes and Self-Presentation in Early Chinese Pentasyllabic Poetry*. Ann Arbor: University of Michigan, Center for Chinese Studies, 1996.
Campany, Robert Ford. *Strange Writing: Anomaly Accounts in Early Medieval China*. Albany: State University of New York Press, 1996.
———. *To Live as Long as Heaven and Earth: A Translation and Study of Ge Hong's Traditions of Divine Transcendents*. Berkeley: University of California Press, 2002.
Caswell, James O. *Written and Unwritten: A New History of the Buddhist Caves at Yungang*. Vancouver: University of British Columbia Press, 1988.
Cedzich, Ursula-Angelika. "Ghosts and Demons, Law and Order: Grave Quelling Texts and Early Daoist Liturgy." *Taoist Resources* 4:2 (1993): 34–35.
Chang, Kang-i Sun. "Description of Landscape in Early Six Dynasties Poetry." In *The Vitality of the Lyric Voice: Shih Poetry from the Late Han to the T'ang*. Ed. Shuen-fu Lin and Stephen Owen. Princeton NJ: Princeton University Press, 1986.
———. "Liu Xie's Idea of Canonicity." In *A Chinese Literary Mind: Culture, Creativity, and Rhetoric in Wenxin Diaolong*. Ed. Zong-qi Cai. Stanford: Stanford University Press, 2001.
———. *Six Dynasties Poetry*. Princeton: Princeton University Press, 1986.
Chang, Sung-sheng Yvonne. "Generic Transformation from 'Yuefu' to 'Gushi':

Poetry of Cao Cao, Cao Pi, and Cao Zhi." Ph.D. diss., Stanford University, 1985.
Chen, Chi-yun. "A Confucian Magnate's Idea of Political Violence: Hsün Shuang's (A.D. 128–190) Interpretation of the Book of Changes." *T'oung Pao* 54:1–3 (1968): 73–115.
———. *Hsün Yüeh: The Life and Reflections of an Early Medieval Confucian.* Cambridge: Cambridge University Press, 1975.
Ch'en, Kenneth K. S. *Buddhism in China: A Historical Survey.* Princeton: Princeton University Press, 1964.
———. *The Chinese Transformation of Buddhism.* Princeton: Princeton University Press, 1973.
Chen, Shih-hsiang. *Biography of Ku K'ai-chih.* Chinese Dynastic Histories Translations No. 2. Berkeley: University of California Press, 1953.
Chen, Yinke. "Cong shi shi lun *Qie yun.*" In *Chen Yinke Xiansheng lunwen ji.* 2 vols. Taipei: San Ren Xing, 1974.
———. "Dong Jin Nanchao Wu yu." In *Chen Yinke Xiansheng lunwen ji.* 2 vols. Taipei: San Ren Xing, 1974.
———. "'Tao hua yuan ji' pang zheng." In *Chen Yinke Xiansheng lunwen ji.* 2 vols. Taipei: San Ren Xing, 1974.
Chi, Ch'ao-ting. *Key Economic Areas in Chinese History as Revealed in the Development of Public Works for Water-Control.* London: George Allen and Unwin, 1936.
China: Dawn of a Golden Age, 200–750 A.D. Exhibition catalogue for the Metropolitan Museum of Art, edited by James C. Y. Wyatt. New Haven: Yale University Press, 2004.
Clunas, Craig. *Fruitful Sites: Garden Culture in Ming Dynasty China.* Durham: Duke University Press, 1996.
Cole, Alan. *Mothers and Sons in Chinese Buddhism.* Stanford: Stanford University Press, 1998.
Connery, Christopher Leigh. "Jian'an Poetic Discourse." Ph.D. diss., Princeton University, 1991.
Cook, Constance A., and John S. Major, eds. *Defining Chu: Image and Reality in Ancient China.* Honolulu: University of Hawai'i Press, 1999.
Crowell, William G. "Government Land Policies and Systems in Early Imperial China." Ph.D. diss., University of Washington, 1979.
———. "Northern Emigres and the Problems of Census Registration." In *State and Society in Early Medieval China.* Ed. Albert E. Dien. Stanford: Stanford University Press, 1990.
Csikszentmihàlyi, Mark. "Traditional Taxonomies and Revealed Texts in the Han." In *Daoist Identity: History, Lineage, and Ritual.* Ed. Livia Kohn and Harold D. Roth. Honolulu: University of Hawai'i Press, 2002.
Cutter, Robert Joe. "Cao'Zhi (192–232) and his Poetry." Ph.D. diss., University of Washington, 1983.

———. "To the Manner Born? Nature and Nurture in Early Medieval Chinese Literary Thought." In *Culture and Power in the Reconstitution of the Chinese Realm, 200–600*. Ed. Scott Pearce, Audrey Spiro, and Patricia Ebrey. Cambridge: Harvard University Press, 2001.

Cutter, Robert Joe, and William Gordon Crowell, tr. *Empresses and Consorts: Selections from Chen Shou's Records of the Three States with Pei Songzhi's Commentary*. Honolulu: University of Hawai'i Press, 1999.

Davis, A. R., tr. *T'ao Yüan-ming*. 2 vols. Cambridge: Cambridge University Press, 1983.

Declercq, Dominik. *Writing Against the State: Political Rhetorics in Third and Fourth Century China*. Leiden: E. J. Brill, 1998.

de Crespigny, Rafe, tr. *Emperor Huan and Emperor Ling: Being the Chronicle of Later Han for the Years 157 to 189 A.D. as Recorded in Chapters 54 to 59 of the Zizhi tongjian of Sima Guang*. Canberra: Australian National University Press, 1989.

———. *Generals of the South: The Foundation and Early History of the Three Kingdoms State of Wu*. Canberra: Australian National University Press, 1990.

———, tr. *To Establish Peace: Being the Chronicle of Later Han for the Years 189 to 220 A.D. as Recorded in Chapters 59 to 69 of the Zizhi tongjian of Sima Guang*. Canberra: Australian National University Press, 1997.

Delahaye, Hubert. *Les Premières peintures de paysage en Chine: aspects religieux*. Paris: École Française d'Extrême-Orient, 1981.

de la Vaissière, Étienne. *Les Sogdiens en Chine*. Paris: École Française d'Extrême Orient, 2005.

———. *Sogdian Traders: A History*. Tr. James Ward. Leiden: E. J. Brill, 2005.

Despeux, Catherine. "Gymnastics: The Ancient Tradition." In *Taoist Meditation and Longevity Techniques*. Ed. Livia Kohn. Ann Arbor: University of Michigan, Center for Chinese Studies, 1989.

———. "Women in Daoism." In *Daoism Handbook*. Ed. Livia Kohn. Leiden: E. J. Brill, 2000.

Di Cosmo, Nicola. *Ancient China and Its Enemies: The Rise of Nomadic Power in East Asian History*. Cambridge: Cambridge University Press, 2002.

Dien, Albert E. "The Bestowal of Surnames under the Western Wei-Northern Chou: A Case of Counter-Acculturation." *T'oung Pao* 63 (1977): 137–177.

———. "Developments in Funerary Practices in the Six Dynasties Period: The *Duisuguan* or 'Figured Jar.'" In *Between Han and Tang: Cultural and Artistic Interaction in a Transformative Period*. Ed. Wu Hung. Beijing: Wenwu, 2001.

———. "Elite Lineages and the T'o-pa Accommodation: A Study of the Edict of 495." *Journal of the Economic and Social History of the Orient* 19:1 (1976): 61–88.

———. "Introduction." In *State and Society in Early Medieval China*. Ed. Albert E. Dien. Stanford: Stanford University Press, 1990.

———. "A New Look at the Xianbei and Their Impact on Chinese Culture." In *Ancient Mortuary Traditions of China: Papers on Chinese Ceramic Funerary Sculptures*. Ed. George Kuwayama. Los Angeles: Los Angeles County Museum of Art, 1991.

———. "The Role of the Military in the Western Wei/Northern Chou State." In *State and Society in Early Medieval China*. Ed. Albert E. Dien. Stanford: Stanford University Press, 1990.

———. "The '*Sa-pao*' Problem Re-examined." *Journal of the American Oriental Society* 82 (1962): 335–346.

———. "The Stirrup and Its Effect on Chinese Military History." *Ars Orientalis* 16 (1986): 33–56.

———. "A Study of Early Chinese Armor." *Artibus Asiae* 43 (1982): 5–66.

———. "Yen Chih-t'ui (531–591+): A Buddho-Confucian." In *Confucian Personalities*. Ed. Arthur F. Wright and Denis Twitchett. Stanford: Stanford University Press, 1962.

Diény, Jean-Pierre. *Les dix-neufs poèmes anciens*. Paris: Presses Universitaires de France, 1963.

———. "Lecture de Wang Can (177–217)." *T'oung Pao* 73 (1987): 286–312.

———. *Portrait anecdotique d'un gentilhomme chinois, Xie An (320–385) d'après "Shishuo xinyu."* Paris: Collège de France, Institut des Hautes Études Chinoises, 1993.

———. "Le saint ne rêve pas: De Zhuangzi à Michel Jouvet." *Études chinoises* 20:1–2 (Printemps-Automne 2001): 127–200.

Dudbridge, Glen. *The Legend of Miaoshan*. Rev. ed. Oxford: Oxford University Press, 2004.

———. *The Tale of Li Wa: Study and Critical Edition of a Chinese Story from the Ninth Century*. Oxford: Ithaca Press, 1983.

Eberhard, Wolfram. *A History of China*. Rev., enl. ed. Berkeley: University of California Press, 1971.

———. *Das Toba-Reich Nordchinas: Eine soziologische Untersuchung*. Leiden: E. J. Brill, 1949.

Ebrey, Patricia B. *The Aristocratic Families of Early Imperial China: A Case Study of the Po-ling Ts'ui Family*. Cambridge: Cambridge University Press, 1978.

———. "The Early States in the Development of Descent Group Organization." In *Kinship Organization in Late Imperial China*. Ed. Patricia Buckley Ebrey and James L. Watson. Berkeley: University of California Press, 1986.

———. "The Economic and Social History of Later Han." In *Cambridge History of Ancient China*, Vol. 1: *The Ch'in and Han Empires*. Ed. Michael Loewe. Cambridge: Cambridge University Press, 1986.

———. "Toward a Better Understanding of the Later Han Upper Class." In *State and Society in Early Medieval China*. Ed. Albert E. Dien. Stanford: Stanford University Press, 1990.

Eckel, Malcom David. *To See the Buddha: A Philosopher's Quest for the Meaning of Emptiness*. Princeton: Princeton University Press, 1992.

Egan, Ronald. "Nature and Higher Ideals in Texts on Calligraphy, Music, and Painting." In *Chinese Aesthetics: The Ordering of Literature, the Arts, and the Universe in the Six Dynasties*. Ed. Zong-qi Cai. Honolulu: University of Hawai'i Press, 2004.

———. "Poet, Mind, and World: A Reconsideration of the 'Shensi' Chapter of *Wenxin diaolong*." In *A Chinese Literary Mind: Culture, Creativity, and Rhetoric in Wenxin Diaolong*. Ed. Zong-qi Cai. Stanford: Stanford University Press, 2001.

Enoki, Kazuo. "On the Nationality of the Ephtalites." *Memoirs of the Research Department of the Toyo Bunko* 18 (1959): 1–58.

Fang, Achilles, tr. *The Chronicle of the Three Kingdoms (220–265): Chapters 69–78 from the Tzu chih t'ung chien*. Cambridge: Harvard University Press, 1952.

Faure, Bernard. *The Rhetoric of Immediacy: A Cultural Critique of Chan/Zen Buddhism*. Princeton: Princeton University Press, 1991.

Forte, Antonino. *Political Propaganda and Ideology in China at the End of the Seventh Century*. Naples: Istituto Universitario Orientale, 1976.

Frankel, Hans H. "Cai Yan and the Poems Attributed to Her." *Chinese Literature: Essays, Articles, Reviews* 5 (1983): 133–156.

Frodsham, J. D. *The Murmuring Stream: The Life and Works of the Chinese Nature Poet Hsieh Ling-yün (385–433), Duke of K'ang-lo*. 2 vols. Kuala Lumpur: University of Malaya, 1967.

Gernet, Jacques. *Buddhism in Chinese Society: An Economic History from the Fifth to the Tenth Centuries*. Tr. Franciscus Verellen. New York: Columbia University Press, 1995.

Goh, Meow Hui. "Tonal Prosody in Three Poems by Wang Rong." *Journal of the American Oriental Society* 124:1 (2004): 59–68.

———. "Wang Rong's (467–493) Poetics in the Light of the Invention of Tonal Prosody." Ph.D. diss., University of Wisconsin, 2004.

Goodman, Howard L. *Ts'ao P'i Transcendent: The Political Culture of Dynasty-Founding in China at the End of the Han*. Seattle: Scripta Serica, 1998.

Goodrich, Chauncey S. "Riding Astride and the Saddle in Ancient China." *Harvard Journal of Asiatic Studies* 44:2 (December 1984): 279–306.

Graff, David A. *Medieval Chinese Warfare, 300–900*. London: Routledge, 2002.

Grafflin, Dennis. "The Great Family in Medieval South China." *Harvard Journal of Asiatic Studies* 41:1 (June 1981): 65–74.

———. "Reinventing China: Pseudobureaucracy in the Early Southern Dynasties." In *State and Society in Early Medieval China*. Ed. Albert E. Dien. Stanford: Stanford University Press, 1990.

Graham, William T., Jr. *'The Lament for the South,': Yü Hsin's 'Ai Chiang-nan fu.'* Cambridge: Cambridge University Press, 1980.

Great Tang Dynasty Record of the Western Regions, The. Tr. Li Rongxi. Berkeley: Numata Center for Buddhist Translation and Research, 1996.

Greatrex, Roger. *The Bowu zhi: An Annotated Translation*. Stockholm: Orientaliska Studier, 1987.

Guo, Moruo, ed. *Cao Cao lun ji*. Beijing: Sanlian, 1964.

Han, Guopan. *Nanbeichao jingji shi tan*. Shanghai: Shanghai Renmin, 1963.

Han, Pao-the. *External Forms and Internal Visions: The Story of Chinese Landscape Design*. Taipei: Youth Cultural Enterprises, 1992.

Harley, J. B., and David Woodward, eds. *The History of Cartography*, Vol. 2: *Book 2: Cartography in the Traditional East and Southeast Asian Societies*. Chicago: University of Chicago Press, 1995.

Harper, Donald. *Early Chinese Medical Literature: The Mawangdui Medical Manuscripts*. London: Kegan Paul, 1998.

Harrist, "Replication and Deception in Calligraphy of the Six Dynasties Period." In *Chinese Aesthetics: The Ordering of Literature, the Arts, and the Universe in the Six Dynasties*. Ed. Zong-qi Cai. Honolulu: University of Hawai'i Press, 2004.

Hawes, Colin S. C. *The Social Circulation of Poetry in the Mid-Northern Song: Emotional Energy and Literati Self-Cultivation*. Albany: State University of New York Press, 2005.

Hay, John. "The Human Body as a Microcosmic Source of Macrocosmic Value in Calligraphy." In *Theories of the Arts in China*. Ed. Susan Bush and Christian Murck. Princeton: Princeton University Press, 1983.

Hendrischke, Barbara. "Early Daoist Movements." In *Daoism Handbook*. Ed. Livia Kohn. Leiden: E. J. Brill, 2000.

Henricks, Robert G., tr. *Philosophy and Argumentation in Third-Century China: The Essays of Hsi K'ang*. Princeton: Princeton University Press, 1983.

Hightower, James Robert. "The *Fu* of T'ao Ch'ien." *Harvard Journal of Asiatic Studies* 17 (1954): 169–230. Rpt. in *Studies in Chinese Literature*. Ed. John L. Bishop. Cambridge: Harvard University Press, 1966.

Ho, Judy Chunghwa. "Portraying the Family in the Metropolitan and Frontier Regions during the Transition between Han and Tang." In *Between Han and Tang: Cultural and Artistic Interaction in a Transformative Period*. Ed. Wu Hung. Beijing: Wenwu, 2001.

Ho, Ping-ti. "Loyang. A.D. 495–534." *Harvard Journal of Asiatic Studies* 26 (1966): 52–101.

Holcombe, Charles. *The Genesis of East Asia, 221 B.C.–A.D. 907*. Honolulu: University of Hawai'i Press, 2001.

———. *In the Shadow of the Han: Literati Thought and Society at the Beginning of the Southern Dynasties*. Honolulu: University of Hawai'i Press, 1994.

Holmgren, Jennifer. *Marriage, Kinship and Power in Northern China*. Aldershot: Ashgate, Variorum Collected Studies Series, 1995.

Holzman, Donald. "The Cold Food Festival in Early Medieval China." *Harvard Journal of Asiatic Studies* 46:1 (1986): 51–79. Rpt. in *Immortals, Festivals and Poetry in Medieval China*. Aldershot: Ashgate, Variorum Collected Studies Series, 1998.

———. "Les débuts du système medieval de choix et de classment des fonctionnaires: Les neuf catégories et l'Impartial et Juste." *Mélanges Publiés par l'Institut des Hautes Études Chinoises*, Vol. 1. Paris: University of Paris, 1957.

———. "Immortality-Seeking in Early Chinese Poetry." In *The Power of Culture: Studies in Chinese Cultural History*. Ed. W. J. Peterson, A. H. Plaks, and Y.-s. Yü. Hong Kong: Chinese University, 1994. Rpt. in *Immortals, Festivals and Poetry in Medieval China*. Aldershot: Ashgate, Variorum Collected Studies Series, 1998.

———. *Landscape Appreciation in Ancient and Early Medieval China: The Birth of Landscape Poetry*. Xinzhu, Taiwan: National Tsing Hua University, 1996. Rpt. in *Chinese Literature in Transition from Antiquity to the Middle Ages*. Aldershot: Ashgate, Variorium Collected Studies Series, 1998.

———. "La poésie de Ji Kang." *Journal Asiatique* 248: 1/2, 3/4 (1980): 107–177, 323–378. Rpt. in *Immortals, Festivals and Poetry in Medieval China*. Aldershot: Ashgate, Variorum Collected Studies Series, 1998.

———. *Poetry and Politics: The Life and Works of Juan Chi (A.D. 210–263)*. Cambridge: Cambridge University Press, 1976.

———. "Les premiers vers pentasyllabiques datés dans la poésie Chinoise." In *Mélanges de sinologies offerts à Monsieur Paul Demiéville*. Paris: Presses Universitaires de France, 1974. Rpt. in *Chinese Literature in Transition from Antiquity to the Middle Ages*. Aldershot: Ashgate, Variorum Collected Studies Series, 1998.

———. "Les Sept Sages de la Forêt des Bambous et la société de leur temps." *T'oung Pao* 46 (1956): 317–416.

———. "Ts'ao Chih and the Immortals." *Asia Major, Third Series* 1:1 (1988): 15–57. Rpt. in *Immortals, Festivals and Poetry in Medieval China*. Aldershot: Ashgate, Variorum Collected Studies Series, 1998.

———. *La vie et la pensée de Hi K'ang (223–262 Ap. J.-C.)*. Leiden: E. J. Brill, 1957.

———. "Xie Lingyun et les paysans de Yongjia." In *Hommage à Kwong Hing Foon: Études d'histoire culturelle de la Chine*. Ed. J.-P. Diény. Paris: Institut des Hautes Études Chinoises, 1995. Rpt. in *Immortals, Festivals and Poetry in Medieval China*. Aldershot: Ashgate, Variorum Collected Studies Series, 1998.

Honey, David B. "Sinification and Legitimation: Liu Yüan, Shi Le, and the

Founding of Han and Chao." Ph.D. diss., University of California at Berkeley, 1988.
———. "Sinification as Statecraft in Conquest Dynasties of China: Two Early Medieval Case Studies." *Journal of Asian History* 30:2 (1996): 115–151.
Hou, Naihui. *Shi qin yu you jing: Tang da wenren de yuanlin shenghuo*. Taipei: Dongda Tushu, 1991.
———. *Tang Song shiqi de gongyuan wenhua*. Taipei: Dongda Tushu, 1997.
Hsu, Cho-yun. *Han Agriculture: The Formation of Early Chinese Agrarian Economy (206 B.C.–A.D. 220)*. Seattle: University of Washington Press, 1980.
Hua, Guorong. "The Eastern Jin Tombs of the Wang, Xie, and Gao Families near Nanjing." In *Between Han and Tang: Visual and Material Culture in a Transformative Period*. Ed. Wu Hung. Beijing: Wenwu, 2003.
Hubbard, Jamie. *Absolute Delusion, Perfect Buddhahood: The Rise and Fall of a Chinese Heresy*. Honolulu: University of Hawai'i Press, 2001.
Huntington, Rania. "Crossing Boundaries: Transcendents and Aesthetics in the Six Dynasties." In *Chinese Aesthetics: The Ordering of Literature, the Arts, and the Universe in the Six Dynasties*. Ed. Zong-qi Cai. Honolulu: University of Hawai'i, 2004.
Hurvitz, Leon, tr. *Scripture of the Lotus Blossom of the Fine Dharma*. New York: Columbia University Press, 1976.
I-ching. *Chinese Monks in India: Biographies of Eminent Monks Who Went to the Western World in Search of the Law during the Great Tang Dynasty*. Tr. Latika Lahiri. Delhi: Motilal Banarsidas, 1986.
I-ching. *A Record of the Buddhist Religion as Practised in India and the Malay Archipelago*. Tr. Takakusu Junjirō. Reprint ed. Dehli: Munshiram Manoharlal, 1966.
Janousch, Andreas. "The Emperor as Bodhisattva: The Bodhisattva Ordination and Ritual Assemblies of Emperor Wu of the Liang Dynasty." In *State and Court Ritual in China*. Ed. Joseph P. McDermott. Cambridge: Cambridge University Press, 1999.
———. "The Reform of Imperial Ritual during the Reign of Emperor Wu of the Liang Dynasty (502–549)." Ph.D. diss., Cambridge University, 1998.
Jansen, Thomas. *Höfische Öffentlichkeit im frühmittelalterlichen China: debatten im Salon des Prinzen Xiao Ziliang*. Freiburg im Breisgau: Rombach, 2000.
Jenner, W. F. J. *Memories of Loyang: Yang Hsüan-chih and the Lost Capital (493–534)*. Oxford: Clarendon, 1981.
Johnson, David G. "The City-God Cults of T'ang and Sung China." *Harvard Journal of Asiatic Studies* 45 (1985): 363–457.
———. *The Medieval Chinese Oligarchy*. Boulder: Westview, 1977.
———. "Mu-lien in Pao-chüan: The Performance Context and Religious Meaning of the *Yu-ming Pao-ch'uan*. In *Ritual and Scripture in Chinese Popular*

Religion: Five Studies. Ed. David Johnson. Berkeley: Publications of the Chinese Popular Culture Project, 1995.

———, ed. *Ritual Opera, Operatic Ritual: "Mu-lien Rescues his Mother" in Chinese Popular Culture*. Berkeley: Publications of the Chinese Popular Culture Project, 1989.

Johnson, Wallace. *The T'ang Code*, Vol. I: *General Principles*. Princeton: Princeton University Press, 1979.

———. *The T'ang Code*, Vol. II: *Specific Articles*. Princeton: Princeton University Press, 1997.

Kaga, Eiji. *Chūgoku koten kaishaku shi: Gi Kin hen*. Tokyo: Keisō Shobō, 1964.

Kaltenmark, Max. "The Ideology of the T'ai-p'ing ching." In *Facets of Taoism*. Ed. Holmes Welch and Anna Seidel. New Haven: Yale University Press, 1979.

Kawakatsu, Yoshio. "L'Aristocratie et la société féodale au début des Six Dynasties." *Zinbun* 17 (1981): 107–160.

———. *Chūgoku no rekishi:* Vol. 4: *Gi Kin Nanbokuchō*. Tokyo: Kodansha, 1974.

———. "La Décadence de l'aristocratie chinoise sous les Dynasties du Sud." *Acta Asiatica* 21 (1971): 13–38.

———. *Rikuchō kizokusei shakai no kenkyū*. Tokyo: Iwanami, 1982.

Kawamoto, Yoshiaki. *Gi Shin Nanbokuchō jidai no minzoku mondai*. Tokyo: Kyuko Shoin, 1998.

Kieschnick, John. *The Eminent Monk: Buddhist Ideals in Medieval Chinese Hagiography*. Honolulu: University of Hawai'i Press, 1997.

———. *The Impact of Buddhism on Chinese Material Culture*. Princeton: Princeton University Press, 2003.

Kieser, Annette. "Northern Influence in Tombs in Southern China after 317 CE?—A Reevalution." In *Between Han and Tang: Cultural and Artistic Interaction in a Transformative Period*. Ed. Wu Hung. Beijing: Wenwu, 2001.

Kirkland, Russell. *Taoism: The Enduring Tradition*. New York: Routledge, 2004.

Kleeman, Terry F. "Ethnic Identity and Daoist Identity in Traditional China." In *Daoist Identity: History, Lineage, and Ritual*. Ed. Livia Kohn and Harold D. Roth. Honolulu: University of Hawai'i Press, 2002.

———. *A God's Own Tale: The Book of Transformations of Wenchang, the Divine Lord of Zitong*. Albany: State University of New York Press, 1994.

———. *Great Perfection: Religion and Ethnicity in a Chinese Millennial Kingdom*. Honolulu: University of Hawai'i Press, 1998.

———. "Licentious Cults and Bloody Victuals: Sacrifice, Reciprocity, and Violence in Traditional China." *Asia Major, Third Series* 7:1 (1994): 185–211.

———. "Mountain Deities in China: The Domestication of the Mountain God and the Subjugation of the Margins." *Journal of the American Oriental Society* 114 (Jan.–June 1994): 226–238.

Klein, Kenneth Douglas. "The Contributions of the Fourth Century Xianbei

States to the Reunification of the Chinese Empire." Ph.D. diss., University of California at Los Angeles, 1980.

Knapp, Keith N. *Selfless Offspring: Filial Children and Social Order in Medieval China*. Honolulu: University of Hawai'i Press, 2005.

Knechtges, David N. "Culling the Weeds and Selecting Fine Blossoms: The Anthology in Early Medieval China." In *Culture and Power in the Reconstitution of the Chinese Realm, 200–600*. Ed. Scott Pearce, Audrey Spiro, and Patricia Ebrey. Cambridge: Harvard University Press, 2001.

———, tr. *Wen xuan, or Selections of Refined Literature*. Vol. 1. Princeton: Princeton University Press, 1982.

Knoblock, John, and Jeffrey Riegel, tr. *The Annals of Lü Buwei: A Complete Translation and Study*. Stanford: Stanford University Press, 2000.

Kohn, Livia. *Laughing at the Tao: Debates among Buddhists and Taoists in Medieval China*. Princeton: Princeton University Press, 1995.

———. *Monastic Life in Medieval Daoism: A Cross-Cultural Perspective*. Honolulu: University of Hawai'i Press, 2003.

———. "The Northern Celestial Masters." In *Daoism Handbook*. Ed. Livia Kohn. Leiden: E. J. Brill, 2000.

Kroll, Paul. "Portraits of Ts'ao Ts'ao: Literary Studies on the Man and the Myth." Ph.D. diss., University of Michigan, 1976.

———. "Verses from on High: The Ascent of T'ai Shan." In *The Vitality of the Lyric Voice: Shih Poetry from the Late Han to the T'ang*. Ed. Shuen-fu Lin and Stephen Owen. Princeton: Princeton University Press, 1986.

Kwong, Charles Yim-tze. *Tao Qian and the Chinese Poetic Tradition: The Quest for Cultural Identity*. Ann Arbor: University of Michigan, Center for Chinese Studies, 1994.

Lagerwey, John. *Taoist Ritual in Chinese Society and History*. New York: MacMillan, 1987.

Lai, Chiu-mi. "River and Ocean: The Third Century Verse of Pan Yue and Lu Ji." Ph.D. diss., University of Washington, 1990.

Lai, Sufen Sophia. "Father in Heaven, Mother in Hell: Gender Politics in the Creation and Transformation of Mulian's Mother." In *Presence and Presentation: Women in the Chinese Literati Tradition*. Ed. Sherry J. Mou. London: MacMillan, 1999.

Lai, Whalen. "The Earliest Folk Buddhist Religion in China: *T'i-wei Po-li Ching* and Its Historical Significance." In *Buddhist and Taoist Practice in Medieval Chinese Society: Buddhist and Taoist Studies II*. Ed. David W. Chappell. Honolulu: University of Hawai'i Press, 1987.

———. "Society and the Sacred in the Secular City: Temple Legends of the *Lo-yang Ch'ieh-lan-chi*." In *State and Society in Early Medieval China*. Ed. Albert E. Dien. Stanford: Stanford University Press, 1990.

Lawton, Thomas, ed. *New Perspectives on Chu Culture During the Eastern Zhou Period*. Washington, DC: Smithsonian Institution, 1991.

Leban, Carl. "Ts'ao Ts'ao and the Rise of Wei: The Early Years." Ph.D. diss., Columbia University, 1971.

Ledderose, Lothar. "Some Taoist Elements in the Calligraphy of the Six Dynasties." *T'oung Pao* 70 (1984): 246–278.

———. "Thunder Sound Cave." In *Between Han and Tang: Visual and Material Culture in a Transformative Period*. Ed. Wu Hung. Beijing: Wenwu, 2003.

Lee, Lily Hsiao Hung. "Yü-lin and Ku-tzu: Two Predecessors of Shi-shuo hsin-yü." In *A Festschrift in Honour of Professor Jao Tsung-I on the Occasion of His Seventy-Fifth Birthday*. Hong Kong: Chinese University of Hong Kong, Institute of Chinese Studies, 1993.

Legge, James, tr. *A Record of Buddhistic Kingdoms: Being an Account by the Chinese Monk Fa-Hien of his Travels in India and Ceylon (A.D. 399–414) in Search of the Buddhist Books of Discipline*. New York: Dover, 1965.

Lewis, Mark Edward. *The Construction of Space in Early China*. Albany: State University of New York Press, 2006.

———. *Early Chinese Empires: Qin and Han*. In History of Imperial China, ed. Timothy Brook. Cambridge: Harvard University Press, 2006.

———. *Sanctioned Violence in Early China*. Albany: State University of New York Press, 1990.

———. "The Suppression of the Three Stages Sect: Apocrypha as a Political Issue." In *Chinese Buddhist Apocrypha*. Ed. Robert E. Buswell, Jr. Honolulu: University of Hawai'i Press, 1990.

———. *Writing and Authority in Early China*. Albany: State University of New York Press, 1999.

Li Bo ji jiao zhu [Collected Poems of Li Bo]. Shanghai: Guji, 1980.

Li, Qiancheng. *Fictions of Enlightenment: Journey to the West, Tower of Myriad Mirrors, and Dream of the Red Chamber*. Honolulu: University of Hawai'i Press, 2004.

Li, Qingchuan. "Buddhist Images in Burials: The Murals from Changchuan Tomb No. 1." In *Between Han and Tang: Visual and Material Culture in a Transformative Period*. Ed. Wu Hung. Beijing: Wenwu, 2003.

Li, Wai-yee. "Between 'Literary Mind' and 'Carving Dragons': Order and Excess in *Wenxin diaolong*." In *A Chinese Literary Mind: Culture, Creativity, and Rhetoric in Wenxin Diaolong*. Ed. Zong-qi Cai. Stanford: Stanford University Press, 2001.

———. "*Shishuo xinyu* and the Emergence of Aesthetic Self-Consciousness in the Chinese Tradition." In *Chinese Aesthetics: The Ordering of Literature, the Arts, and the Universe in the Six Dynasties*. Ed. Zong-qi Cai. Honolulu: University of Hawai'i Press, 2004.

Li, Xueqin. *Eastern Zhou and Qin Civilizations*. Tr. K. C. Chang. New Haven: Yale University Press, 1985.

Lin, Shuen-fu. "A Good Place Need Not Be a Nowhere: The Garden and Utopian Thought in the Six Dynasties." In *Chinese Aesthetics: The Ordering of*

Literature, the Arts, and the Universe in the Six Dynasties. Ed. Zong-qi Cai. Honolulu: University of Hawai'i Press, 2004.
———. "Liu Xie on Imagination." In *A Chinese Literary Mind: Culture, Creativity, and Rhetoric in Wenxin Diaolong*. Ed. Zong-qi Cai. Stanford: Stanford University Press, 2001.
Lin, Wen-yüeh. "The Decline and Revival of *Feng-ku* (Wind and Bone): On the Changing Poetic Styles from the Chien'an Era through the High T'ang Period." In *The Vitality of the Lyric Voice: Shih Poetry from the Late Han to the T'ang*. Ed. Shuen-fu Lin and Stephen Owen. Princeton: Princeton University Press, 1986.
Lingley, Kate. "Widows, Monks, Magistrates, and Concubines: Social Dimensions of Sixth-Century Buddhist Art Patronage." Ph.D. diss., University of Chicago, 2004.
Liu, Mau-tsai. *Kutscha und seine Beziehungen zu China vom 2. Jh. bis zum 6. Jh. n. Chr.* 2 vols. Wiesbaden: O. Harrassowitz, 1969.
Liu, Shufen. "Art, Ritual, and Society: Buddhist Practice in Rural China during the Northern Dynasties." *Asia Major*, third series, 8:1 (1995): 19–47.
———. "Jiankang and the Commercial Empire of the Southern Dynasties." In *Culture and Power in the Reconstitution of the Chinese Realm, 200–600*. Ed. Scott Pearce, Audrey Spiro, and Patricia Ebrey. Cambridge: Harvard University Press, 2001.
———. *Liuchao de chengshi yu shehui*. Taipei: Xuesheng, 1992.
Liu, Xinru. *Ancient India and Ancient China: Trade and Religious Exchanges, AD 1–600*. Delhi: Oxford University Press, 1988.
———. *Silk and Religion: An Exploration of Material Life and the Thought of People, AD 600–1200*. Delhi: Oxford University Press, 1996.
Loewe, Michael. *Ways to Paradise: The Chinese Quest for Immortality*. London: George Allen and Unwin, 1979.
Lü, Qianju. "Liang Jin Liu Chao de shixue." In *Zhongguo shixue shi lunwen xuanji*. Vol. 1. Ed. Du Weiyun and Huang Jinxing. Taipei: Huashi, 1976.
Lynn, Richard John. "Wang Bi and Liu Xie's *Wenxin diaolong*: Terms and Concepts, Influence and Affiliations." In *A Chinese Literary Mind: Culture, Creativity and Rhetoric in Wenxin Diaolong*. Ed. Zong-qi Cai. Stanford: Stanford University Press, 2001.
Maeda, Masana. *Heijō no rekishi chirigaku kenkyū*. Tokyo: Kazema Shobō, 1979.
Magnin, Paul. *La vie et l'oeuvre de Huisi (515–577): Les origins de la secte bouddhique chinoise du Tiantai*. Paris: Adrien-Maisonneuve, 1979.
Mair, Victor H. "Buddhism in *The Literary Mind and Ornate Rhetoric*." In *A Chinese Literary Mind: Culture, Creativity and Rhetoric in Wenxin Diaolong*. Ed. Zong-qi Cai. Stanford: Stanford University Press, 2001.
———. *T'ang Transformation Texts: A Study of the Buddhist Contribution to*

the Rise of Vernacular Fiction and Drama in China. Cambridge: Harvard University Press, 1989.

———, tr. *Tun-huang Popular Narratives*. Cambridge: Cambridge University Press, 1983.

———. "Xie He's 'Six Laws' of Painting and their Indian Parallels." In *Chinese Aesthetics: The Ordering of Literature, the Arts and the Universe in the Six Dynasties*. Ed. Zong-Qi Cai. Honolulu: University of Hawai'i Press, 2004.

Mair, Victor, and Tsu-lin Mei. "The Sanskrit Origins of Recent Style Prosody." *Harvard Journal of Asiatic Studies* 51:2 (December 1991): 375–470.

Makeham, John. *Transmitters and Creators: Chinese Commentators and Commentaries on the Analects*. Cambridge: Harvard University Press, 2003.

Mao, Han-kuang. "The Evolution in the Nature of the Medieval Genteel Families." In *State and Society in Early Medieval China*. Ed. Albert E. Dien. Stanford: Stanford University Press, 1990.

Marney, John. *Chiang Yen*. Boston: Twayne, 1981.

———. *Liang Chien-wen Ti*. Boston: Twayne, 1976.

Martin, François. "Les joutes poétiques dans la Chine médiévale." *Extrême Orient, Extrême Occident* 20 (1998): 87–109.

Mather, Richard B. *The Age of Eternal Brilliance: Three Lyric Poets of the Yung-ming Era (483–493)*. 2 vols. Leiden: E. J. Brill, 2003.

———. "K'ou Ch'ien-chih and the Taoist Theocracy at the Northern Wei Court, 425–451." In *Facets of Taoism*. Ed. Holmes Welch and Anna Seidel. New Haven: Yale University Press, 1979.

———. "The Landscape Buddhism of the Fifth-Century Poet Hsieh Ling-yun." *Journal of Asian Studies* 18 (1958–1959): 67–79.

———, tr. *A New Account of Tales of the World by Liu I-ch'ing with Commentary by Liu Chün*. Minneapolis: University of Minnesota Press, 1976.

———. "A Note on the Dialects of Lo-yang and Nanking during the Southern Dynasties." In *Wen-lin*. Ed. Chow Tse-chung. Madison: University of Wisconsin Press, 1968.

———. *The Poet Shen Yüeh (441–513): The Reticent Marquis*. Princeton: Princeton University Press, 1988.

Matsubara, Saburō. *Chūgoku bukkyō chokoku shi kenkyū*. Tokyo: Yoshikawa Kōbunkan, 1966.

Mazumdar, Sucheta. *Sugar and Society in China: Peasants, Technology, and the World Market*. Cambridge: Harvard University Press, 1998.

McCausland, Shane. *First Masterpiece of Chinese Painting: The Admonitions Scroll*. New York: George Braziller, 2003.

McKnight, Brian E. *The Quality of Mercy: Amnesties and Traditional Chinese Justice*. Honolulu: University of Hawai'i Press, 1981.

Miao, Ronald C. *Early Medieval Chinese Poetry: The Life and Verses of Wang Ts'an (A.D. 177–217)*. Wiesbaden: Franz Steiner, 1982.

Michaud, Paul. "The Yellow Turbans." *Monumenta Serica* 17 (1958): 47–127.
Miller, James. *Taoism: A Short Introduction*. Oxford: One World, 2003.
Miller, Roy Andrew. *Accounts of Western Nations in the History of the Northern Chou Dynasty*. Chinese Dynastic Histories Translations No. 6. Berkeley: University of California Press, 1959.
Millward, James A. "Qing Inner Asian Empire and the Return of the Torghuts." In *New Qing Imperial History: The Making of Inner Asian Empires at Qing Chengde*. Ed. James A. Millward, Ruth W. Dunnell, Mark C. Elliott, and Philippe Forêt. London: RoutledgeCurzon, 2004.
Miscevic, Dusanka D. "A Study of the Great Clans of Early Medieval China." *Bulletin of the Museum of Far Eastern Antiquities* 65 (1993): 5–256.
Miyakawa, Hisayuki. "Local Cults around Mount Lu at the Time of Sun En's Rebellion." In *Facets of Taoism: Essays in Chinese Religion*. Ed. Holmes Welch and Anna Seidel. New Haven: Yale University Press, 1979.
———. *Rikuchō shi kenkyū: seiji shakai hen*. Kyoto: Heirakuji, 1964.
———. *Rikuchō shi kenkyū: shūkyō hen*. Kyoto: Heirakuji, 1964.
Miyazaki, Ichisada. *Kyūhin kanjinhō no kenkyū: kakyo zenshi*. Kyoto: Tōyōshi Kenkyūkai, 1956.
Molè, Gabriella. *The T'ü-yü-hun from the Northern Wei to the Time of the Five Dynasties*. Rome: Istituto Italiano per il Medio ed Estremo Oriente, 1970.
Monks and Merchants: Silk Road Treasures from Northwest China, Gansu and Ningxia, 4th–7th Century. Exhibition catalogue for the Asia Society Museum, edited by Annette L. Juliano and Judith A. Lerner. New York: Harry N. Abrams, 2001.
Morino, Shigeo. *Rikuchō shi no kenkyū: shūdan no bungaku to kojin no bungaku*. Tokyo: Daiichi Gakush, 1976.
Mou, Zongsan. *Caixing yu xuanli*. Taipei: Xuesheng, 1978.
Nattier, Jan. "The Meanings of the Maitreya Myth." In *Maitreya: The Future Buddha*. Cambridge: Cambridge University Press, 1988.
———. *Once Upon a Future Time: Studies in a Buddhist Prophecy of Decline*. Berkeley: Asian Humanities Press, 1991.
Needham, Joseph, and Francesca Bray. *Science and Civilisation in China:* Vol. 6: *Biology and Biological Technology, Part II: Agriculture*. Cambridge: Cambridge University Press, 1984.
Needham, Joseph, Christian Daniels, and Nicholas K. Menzies. *Science and Civilisation in China,* Vol. 6: *Biology and Biological Technology, Part III: Agro-Industries and Forestry*. Cambridge: Cambridge University Press, 1996.
Needham, Joseph, Gwei-djen Lu, and Hsing-tsung Huang. *Science and Civilisation in China:* Vol. 6: *Biology and Biological Technology, Part I: Botany*. Cambridge: Cambridge University Press, 1986.
Needham, Joseph, and Ling Wang. *Science and Civilisation in China,* Vol. 3: *Mathematics and the Sciences of the Heavens and the Earth*. Cambridge: Cambridge University Press, 1970.

Ng, On-cho, and Q. Edward Wang. *Mirroring the Past: The Writing and Use of History in Imperial China*. Honolulu: University of Hawai'i Press, 2005.
Nickerson, Peter. "'Opening the Way': Exorcism, Travel, and Soteriology in Early Daoist Mortuary Practice and Its Antecedents." In *Daoist Identity: History, Lineage, and Ritual*. Ed. Livia Kohn and Harold D. Roth. Honolulu: University of Hawai'i Press, 2002.
———. "Taoism, Death, and Bureaucracy in Early Medieval China." Ph.D. diss., University of California, 1996.
Ning, Qiang. *Art, Religion, and Politics in Medieval China: The Dunhuang Cave of the Zhai Family*. Honolulu: University of Hawai'i Press, 2004.
———. "Patrons of the Earliest Dunhuang Caves: A Historical Investigation." In *Between Han and Tang: Religious Art and Archaeology in a Transformative Period*. Ed. Wu Hung. Beijing: Wenwu, 2000.
Nylan, Michael. "Calligraphy, the Sacred Text and Test of Culture." In *Character and Context in Chinese Calligraphy*. Ed. Cary F. Liu, Dora C. Y. Ching, Judith G. Smith. Princeton: The Art Museum, Princeton University, 1999.
Ōmuro, Mikio. *Enrin toshi: chūsei Chūgoku no sekaizō*. Tokyo: Sanseido, 1985.
———. *Tōgen no musō: kodai Chūgoku no han gekijō toshi*. Tokyo: Sanseido, 1984.
Orzech, Charles D. *Politics and Transcendent Wisdom: The Scripture for Humane Kings in the Creation of Chinese Buddhism*. University Park: Pennsylvania State University Press, 1998.
Owen, Stephen, ed. and tr. *An Anthology of Chinese Literature: Beginnings to 1911*. New York: Norton, 1996.
———. *The Great Age of Chinese Poetry: The High T'ang*. New Haven: Yale University Press, 1981.
———. *The Making of Early Chinese Classical Poetry*. Cambridge: Harvard University Press, 2006.
———. *Mi-lou: Poetry and the Labyrinth of Desire*. Cambridge: Harvard University Press, 1989.
———. *Readings in Chinese Literary Thought*. Cambridge: Harvard University Press, 1992.
———. *Remembrances: The Experience of the Past in Chinese Literature*. Cambridge: Harvard University Press, 1986.
———. *Traditonal Chinese Poetry and Poetics: Omen of the World*. Madison: University of Wisconsin Press, 1985.
Pan, Tianshou. *Gu Kaizhi*. Shanghai: Shanghai Renmin, 1958.
Pearce, Scott. "Form and Matter: Archaizing Reform in Sixth-Century China." In *Culture and Power in the Reconstitution of the Chinese Realm, 200–600*. Ed. Scott Pearce, Audrey Spiro, and Patricia Ebrey. Cambridge: Harvard University Press, 2001.
———. "Who, and What, Was Hou Jing?" *Early Medieval China* 6 (2000): 1–31.
———. "The Yü-wen Regime in Sixth Century China." Ph.D. diss., Princeton University, 1987.

Pearce, Scott, Audrey Spiro, and Patricia Ebrey. "Introduction." In *Culture and Power in the Reconstitution of the Chinese Realm*. Ed. Scott Pearce, Audrey Spiro, and Patricia Ebrey. Cambridge: Harvard University Press, 2001.

Perdue, Peter C. *China Marches West: The Qing Conquest of Central Eurasia*. Cambridge: Harvard University Press, 2005.

Piggott, Joan R. *The Emergence of Japanese Kingship*. Stanford: Stanford University Press, 1997.

Pollack, David. *The Fracture of Meaning: Japan's Synthesis of China from the Eighth through the Eighteenth Centuries*. Princeton: Princeton University Press, 1986.

Pregadio, Fabrizio. "Elixirs and Alchemy." In *Daoism Handbook*. Ed. Livia Kohn. Leiden: E. J. Brill, 2000.

Prosser, Adriana G. "Moral Characters: Calligraphy and Bureaucracy in Han China (206 B.C.E.–C.E. 220)." Ph.D. diss., Columbia University, 1995.

Puett, Michael J. *To Become a God: Cosmology, Sacrifice, and Self-Divinization in Early China*. Cambridge: Harvard University Press, 2002.

Pulleyblank, E. G. *The Background of the Rebellion of An Lu-shan*. London: Oxford University Press, 1955.

Qian, Nanxiu. *Spirit and Self in Medieval China: The Shih-shuo hsin-yü and Its Legacy*. Honolulu: University of Hawai'i Press, 2001.

Reischauer, Edwin O., tr. *Ennin's Diary: The Records of a Pilgrimage to China in Search of the Law*. New York: Ronald Press, 1955.

———. *Ennin's Travels in T'ang China*. New York: Ronald Press, 1955.

Rhie, Marilyn Martin. *Early Buddhist Art of China and Central Asia*. 2 vols. Leiden: E. J. Brill, 1999–2002.

Robinet, Isabelle. "Shangqing—Highest Clarity." In *Daoism Handbook*. Ed. Livia Kohn. Leiden: E. J. Brill, 2000.

———. *Taoism: Growth of a Religion*. Tr. Phyllis Brooks. Stanford: Stanford University Press, 1997.

Rogers, Michael C. *The Chronicle of Fu Chien: A Case of Exemplar History*. Chinese Dynastic Histories Translation No. 10. Berkeley: University of California Press, 1968.

Rong, Xinjiang. "The Migrations and Settlements of the Sogdians in the Northern Dynasties, Sui and Tang." *China Archaeology and Art Digest* 4:1 (December 2000): 117–163.

———. *Zhonggu Zhongguo yu wailai wenming*. Beijing: Sanlian, 2001.

Rouzer, Paul. *Articulated Ladies: Gender and the Male Community in Early Chinese Literature*. Cambridge: Harvard University Press, 2001.

Sage, Steven F. *Ancient Sichuan and the Unification of China*. Albany: State University of New York Press, 1992.

Sakuma, Kichiya. *Gi Shin Nanbokuchō suirishi kenkyū*. Tokyo: Kaimei, 1980.

Schafer, Edward H. *The Golden Peaches of Samarkand: A Study of T'ang Exotics*. Berkeley: University of California Press, 1963.

———. *The Vermilion Bird: T'ang Images of the South*. Berkeley: University of California Press, 1967.

Scharf, Robert H. *Coming to Terms with Chinese Buddhism: A Reading of the Treasure Store Treatise*. Honolulu: University of Hawai'i Press, 2002.

Schopen, Gregory. *Bones, Stones, and Buddhist Monks: Collected Papers on the Archaeology, Epigraphy, and Texts of Monastic Buddhism in India*. Honolulu: University of Hawai'i Press, 1997.

———. *Buddhist Monks and Business Matters: Still More Papers on Monastic Buddhism in India*. Honolulu: University of Hawai'i Press, 2004.

———. *Figments and Fragments of Mahāyāna Buddhism in India: More Collected Papers*. Honolulu: University of Hawai'i Press, 2005.

Schreiber, Gerhard. "The History of the Former Yen Dynasty." *Monumenta Serica* 15 (1956): 1–141.

Seidel, Anna K. "Chronicle of Taoist Studies in the West, 1950–1990." *Cahiers d'Extrême-Asie* 5 (1990): 223–347.

———. "Early Taoist Ritual." *Cahiers d'Extrême-Asie* 4 (1988): 199–204.

———. "Imperial Treasures and Taoist Sacraments: Taoist Roots in the Apocrypha." In *Tantric and Taoist Studies* 2. Ed. Michel Strickmann. Brussels: Institut Belge des Hautes Etudes Chinoises, 1983.

Sen, Tansen. *Buddhism, Diplomacy, and Trade: The Realignment of Sino-Indian Relations, 600–1400*. Honolulu: University of Hawai'i Press, 2003.

Shih, Sheng-han. *A Preliminary Survey of the Book* Ch'i Min Yao Shu*: An Agricultural Encyclopedia of the 6th Century*. Peking: Science Press, 1974.

Shinohara, Koichi, "Quanding's Biography of Zhiyi, the Fourth Chinese Patriarch of the Tiantai Tradition." In *Speaking of Monks: Religious Biography in India and China*. Ed. Phyllis Granoff and Koichi Shinohara. Oakville, Ontario: Mosaic Press, 1992.

Shyrock, J. K., tr. *The Study of Human Abilities: The* Jen wu chih *of Liu Shao*. New Haven: American Oriental Society, 1937.

Skinner, G. William. "Cities and the Hierarchy of Local Systems." In *The City in Late Imperial China*. Ed. G. William Skinner. Stanford: Stanford University Press, 1977.

———. "Marketing and Social Structures in Rural China." 3 parts. *Journal of Asian Studies* 24:1 (1964): 3–44; 24:2 (1964): 195–228; 24:3 (1965): 363–399.

———. "Regional Urbanization in Nineteenth-Century China." In *The City in Late Imperial China*. Ed. G. William Skinner. Stanford: Stanford University Press, 1977.

Smith, Thomas Eric. "Ritual and the Shaping of Narrative: The Legend of the Han Emperor Wu." Ph.D. diss., University of Michigan, 1992.

Somers, Robert M. "Time, Space and Structure in the Consolidation of the T'ang Dynasty (A.D. 617–700)." In *State and Society in Early Medieval China*. Ed. Albert E. Dien. Stanford: Stanford University Press, 1990.

Soper, Alexander C. "Imperial Cave-Chapels of the Northern Dynasties: Donors, Beneficiaries, Dates." *Artibus Asiae* 28 (1966): 241–270.

———. *Literary Evidence for Early Buddhist Art in China*. Ascona: Artibus Asiae, 1959.

———. "South Chinese Influence on Buddhist Art of the Six Dynasties." *Bulletin of the Museum of Far Eastern Antiquities* 32 (1960): 47–112.

Spiro, Audrey. *Contemplating the Ancients: Aesthetic and Social Issues in Early Chinese Portraiture*. Berkeley: University of California Press, 1990.

———. "Hybrid Vigor: Memory, Mimesis, and the Matching of Meanings in Fifth-Century Buddhist Sculpture." In *Culture and Power in the Reconstitution of the Chinese Realm, 200–600*. Ed. Scott Pearce, Audrey Spiro, and Patricia Ebrey. Cambridge: Harvard University Press, 2001.

———. "New Light on Gu Kaizhi: Windows on the Soul." *Journal of Chinese Religions* 16:1 (Fall 1988): 1–16.

Stein, Rolf A. "Religious Daoism and Popular Religion from the Second to Seventh Centuries." *Facets of Taoism*. Ed. Holmes Welch and Anna Seidel. New Haven: Yale University Press, 1979.

———. "Remarques sur les mouvements de taoïsme politico-religieux au IIe siècle ap. J.C." *T'oung Pao* 50 (1963): 1–78.

Steinhardt, Nancy S. *Chinese Imperial City Planning*. Honolulu: University of Hawai'i Press, 1990.

———. "From Koguryŏ to Gansu and Xinjiang: Funerary and Worship Space in North Asia 4th–7th Centuries." In *Between Han and Tang: Cultural and Artistic Interaction in a Transformative Period*. Ed. Wu Hung. Beijing: Wenwu, 2001.

Sterckx, Roel. *The Animal and the Daemon in Early China*. Albany: State University of New York Press, 2002.

Strassberg, Richard E. *Inscribed Landscapes: Travel Writing from Imperial China*. Berkeley: University of California Press, 1994.

Strickmann, Michel. "On the Alchemy of T'ao Hung-ching." In *Facets of Taoism: Essays in Chinese Religion*. Ed. Holmes Welch and Anna Seidel. New Haven: Yale University Press, 1979.

———. *Chinese Magical Medicine*. Ed. Bernard Faure. Stanford: Stanford University Press, 2002.

———. "The Mao Shan Revelations: Taoism and the Aristocracy." *T'oung Pao* 63 (1977): 1–64.

———. *Le Taoïsme du Mao chan: chronique d'une revelation*. Paris: Collège de France, Mémoires de l'Institut des Hautes Études Chinoises, Vol. 17, 1981.

Sullivan, Michael. *The Arts of China*. 3rd ed. Berkeley: University of California Press, 1984.

———. *The Birth of Landscape Painting in China*. Berkeley: University of California Press, 1961.
Sun, Cecile Chu-chin. *Pearl from the Dragon's Mouth: Evocations of Feeling and Scene in Chinese Poetry*. Ann Arbor: University of Michigan, Center for Chinese Studies, 1995.
Takeda, Akira. *Sō Sō: sono kōdō to bungaku*. Tokyo: Hyōron Shakai, 1973.
Tang, Yiming. "The Voices of Wei-Jin Scholars: A Study of 'Qingtan.'" Ph.D. diss., Columbia University, 1991.
Tang, Yongtong. *Wei Jin xuanxue lun gao*. Rpt. in *Tang Yongtong quan ji*. Shijiazhuang: Hebei Renmin, 2000.
Tang, Zhangru. "Clients and Bound Retainers in the Six Dynasties Period." In *State and Society in Early Medieval China*. Ed. Albert E. Dien. Stanford: Stanford University Press, 1990.
———. "Menfa de xingcheng ji qi shuailuo." *Wuhan Daxue Renwen Kexue Xuebao* 8 (1959): 1–24.
———. *Wei Jin Nanbeichao shi luncong*. Beijing: Sanlian, 1955.
———. *Wei Jin Nanbeichao shi luncong xu bian*. Beijing: Sanlian, 1959.
———. *Wei Jin Nanbeichao Sui Tang shi san lun*. Wuhan: Wuhan Daxue, 1992.
Tanigawa, Michio. *Medieval Chinese Society and the Local "Community."* Tr. and intr. Joshua A. Fogel. Berkeley: University of California Press, 1985.
———. *Zui Tō teikoku keisei shi ron*. Tokyo: Chikuma Shobo, 1971.
Teiser, Stephen F. *The Ghost Festival in Medieval China*. Princeton: Princeton University Press, 1988.
———. *The Scripture of the Ten Kings of Hell and the Making of Purgatory in Medieval Chinese Buddhism*. Honolulu: University of Hawai'i Press, 1994.
Thorp, Robert L., and Richard Ellis Vinograd. *Chinese Art and Culture*. New York: Harry N. Abrams, 2001.
Tian, Xiaofei. *Tao Yuanming and Manuscript Culture: The Record of a Dusty Table*. Seattle: University of Washington Press, 2005.
Tokuno, Kyoko. "The Evaluation of Indigenous Scriptures in Chinese Buddhist Bibliographical Catalogues." In *Chinese Buddhist Apocrypha*. Ed. Robert E. Buswell, Jr. Honolulu: University of Hawai'i Press, 1990.
Tregear, T. R. *A Geography of China*. Chicago: Aldine, 1965.
Tremblay, Xavier. *Pour une histoire de la Sérinde: Le Manichéisme parmi les peuples et religions d'Asie Centrale d'après les sources primaires*. Vienna: Verlag der Österreichischen Akademie der Wissenschaften, 2001.
Tsai, Kathryn Ann, tr. *Lives of the Nuns: Biographies of Chinese Buddhist Nuns from the Fourth to Sixth Centuries*. Honolulu: University of Hawai'i Press, 1994.
Tsiang, Katherine R. "Disjunctures of Time, Text, and Imagery in Reconstructions of the Guyang Cave at Longmen." In *Between Han and Tang: Religious Art and Archaeology in a Transformative Period*. Ed. Wu Hung. Beijing: Wenwu, 2000.

Tsuchiya, Masaaki. "Confessions of Sins and Awareness of Self in the *Taiping jing*." In *Daoist Identity: History, Lineage, and Ritual*. Ed. Livia Kohn and Harold D. Roth. Honolulu: University of Hawai'i Press, 2002.

Tsukamoto, Zenryū. *A History of Early Chinese Buddhism: From Its Introduction to the Death of Hui-yüan*. 2 vols. Tr. Leon Hurvitz. Tokyo: Kodansha International, 1985.

Tuan, Yi-fu. *China*. Chicago: Aldine, 1969.

Twitchett, D. C. "The Composition of the T'ang Ruling Class: New Evidence from Tunhuang." In *Perspectives on the T'ang*. Ed. Arthur F. Wright and Denis Twitchett. New Haven: Yale University Press, 1973.

———. *Financial Administration under the T'ang Dynasty*. Cambridge: Cambridge University Press, 1970.

———. "Monasteries and China's Economy in Medieval Times." *Bulletin of the School of Oriental and African Studies* 19:3 (1957): 526–549.

Van Slyke, Lyman P. *Yangtze: Nature, History, and the River*. Reading: Addison-Wesley, 1988.

Vervoorn, Aat. *Men of the Cliffs and Caves: The Development of the Chinese Eremetic Tradition to the End of the Han Dynasty*. Hong Kong: Chinese University, 1990.

von den Steinen, Diether. "Poems of Ts'ao Ts'ao." *Monumenta Serica* 4 (1939–1940): 135–181.

von Glahn, Richard. *The Sinister Way: The Divine and the Demonic in Chinese Religious Culture*. Berkeley: University of California Press, 2004.

Wagner, Rudolph G. *The Craft of a Chinese Commentator: Wang Bi on the Laozi*. Albany: State University of New York Press, 2000.

———. *Language, Ontology, and Political Philosophy in China: Wang Bi's Scholarly Exporation of the Dark (Xuanxue)*. Albany: State University of New York Press, 2003.

Waley, Arthur. *Translations from the Chinese*. New York: A. A. Knopf, 1941.

Wallacker, Benjamin E. "Studies in Medieval Chinese Siegecraft: The Siege of Chien-k'ang." *Journal of Asian History* 5:1 (1971): 35–54.

Wang, Eugene. *Shaping the Lotus Sutra: Buddhist Visual Culture in Medieval China*. Seattle: University of Washington Press, 2005.

———. "The Taming of the Shrew: Wang Hsi-chih [Xizhi] (303–361) and Calligraphic Gentrification in the Seventh Century." In *Character and Context in Chinese Calligraphy*. Ed. Cary F. Liu, Dora C. Y. Ching, and Judith G. Smith. Princeton: The Art Museum, Princeton University, 1999.

Wang, Ling. *Tea and Chinese Culture*. San Francisco: Long River, 2005.

Wang, Siu-kit, tr. *Early Chinese Literary Criticism*. Hong Kong: Joint Publishing, 1983.

Wang, Zhenping. *Ambassadors from the Islands of Immortals: China-Japan Relations in the Han-Tang Period*. Honolulu: University of Hawai'i Press, 2005.

Wang, Zhongluo. *Cao Cao*. Shanghai: Renmin, 1956.
———. *Wei Jin Nanbeichao shi*. 2 vols. 2nd ed., rev. and expanded. Shanghai: Shanghai Renmin, 1979.
Wang, Zongshu. *Han Civilization*. Tr. K. C. Chang et al. New Haven: Yale University Press, 1982.
Ware, J. R. *Alchemy, Medicine, and Religion in the China of A.D. 320: The Nei P'ien of Ke Hung*. Cambridge: Massachusetts Institute of Technology Press, 1981.
Watson, Burton. *Chinese Lyricism: Shih Poetry from the Second to the Twelfth Century*. New York: Columbia University Press, 1971.
———. *Chinese Rhyme-Prose: Poems in the Fu Form from the Han and Six Dynasties*. New York: Columbia University Press, 1971.
Wechsler, Howard J. *Offerings of Jade and Silk: Ritual and Symbol in the Legitimation of the T'ang Dynasty*. New Haven: Yale University Press, 1985.
Wei, Jiazan, ed., *Suzhou lidai yuanlin lu*. Beijing: Yanshan, 1992.
Westbrook, Francis. "Landscape Description in the Lyric Poetry and 'Fuh on Dwelling in the Mountains' of Shieh Ling-yunn." Ph.D. diss., Yale University, 1972.
Wiens, Herold. *China's March into the Tropics*. Washington, DC: Office of Naval Research, U.S. Navy, 1952.
Wilhelm, Hellmut. "Shih Ch'ung and his Chin-ku-yüan." *Monumenta Serica* 18 (1959): 314–327.
Wong, Dorothy C. *Chinese Steles: Pre-Buddhist and Buddhist Use of a Symbolic Form*. Honolulu: University of Hawai'i Press, 2004.
———. "Ethnicity and Identity: Northern Nomads as Buddhist Art Patrons during the Period of Northern and Southern Dynasties." In *Political Frontiers, Ethnic Boundaries, and Human Geographies in Chinese History*. Ed. Nicola Di Cosmo and Don J. Wyatt. London: RoutledgeCurzon, 2003.
———. "Women as Buddhist Art Patrons during the Northern and Southern Dynasties." In *Between Han and Tang: Religious Art and Archaeology in a Transformative Period*. Ed. Wu Hung. Beijing: Wenwu, 2000.
Wriggins, Sally Hovey. *Xuanzang: A Buddhist Pilgrim on the Silk Road*. Boulder: Westview, 1996.
Wright, Arthur F. "The Formation of Sui Ideology, 581–604." In *Chinese Thought and Institutions*. Ed. John K. Fairbank. Chicago: University of Chicago Press, 1957.
———. "Fo-t'u-teng: A Biography." *Harvard Journal of Asiatic Studies* 11 (1948): 322–370.
———. "The Sui Dynasty (581–617)." In *The Cambridge History of China, Vol. 4: Sui and T'ang China, 589–906, Part I*. Ed. Denis Twitchett and John K. Fairbank. Cambridge: Cambridge University Press, 1979.
———. *The Sui Dynasty: The Unification of China, A.D. 581–617*. New York: Alfred A. Knopf, 1978.

———. "Sui Yang-ti: Personality and Stereotype." In *The Confucian Persuasion*. Ed. Arthur F. Wright. Stanford: Stanford University Press, 1960.

Wu, Fusheng. *The Poetics of Decadence: Chinese Poetry of the Southern Dynasties and Late Tang Period*. Albany: State University of New York Press, 1998.

Wu, Gongzheng. *Liu chao yuan lin*. Nanjing: Nanjing Chubanshe, 1992.

Wu, Hung. "Buddhist Elements in Early Chinese Art." *Artibus Asiae* 47:3–4 (1986): 263–316.

———. *Monumentality in Early Chinese Art and Architecture*. Stanford: Stanford University Press, 1995.

———. *The Wu Liang Shrine: The Ideology of Early Chinese Pictorial Art*. Stanford: Stanford University Press, 1989.

Xiao, Chi. *The Chinese Garden as Lyric Enclave: A Generic Study of the Story of the Stone*. Ann Arbor: University of Michigan, Center for Chinese Studies, 2001.

Xiao, Tong. *Wen xuan or Selections of Refined Literature,* Vols. 1–3. Tr. David R. Knechtges. Princeton: Princeton University Press, 1982–1996.

Xiong, Victor Cunrui. *Emperor Yang of the Sui: His Life, Times, and Legacy.* Albany: State University of New York Press, 2006.

———. "*Ji*-Entertainers in Tang Chang'an." In *Presence and Presentation: Women in the Chinese Literati Tradition*. Ed. Sherry J. Mou. London: MacMillan, 1999.

———. "The Land-tenure System of Tang China: A Study of the Equal-field System and the Turfan Documents." *T'oung Pao* 85 (1999): 328–390.

———. "Ritual Architecture under the Northern Wei." In *Between Han and Tang: Visual and Material Culture in a Transformative Period*. Ed. Wu Hung. Beijing: Wenwu, 2003.

———. *Sui-Tang Chang'an*. Ann Arbor: University of Michigan, Center for Chinese Studies, 2000.

Xu, Gan. *Balanced Discourses*. Tr. John Makeham. Intr. John Makeham and Dang Shengyuan. New Haven: Yale University Press, 2002.

Yamada, Toshiaki. "The Lingbao School." In *Daoism Handbook*. Ed. Livia Kohn. Leiden: E. J. Brill, 2000.

Yan, Gengwang. *Zhongguo difang xingzheng zhidu shi*, Vol. 3. Nangang: Zhongyang Yanjiuyuan Lishi Yuyan Yanjiusuo, 1963.

Yan, Zhitui. *See* Yen Chih-t'ui.

Yang, C. K. *Religion in Chinese Society: A Study of Contemporary Social Functions of Religion and Some of Their Historical Factors*. Berkeley: University of California Press, 1961.

Yang, Chung-i. "Evolution of the Status of 'Dependents.'" In *Chinese Social History: Translations of Selected Studies*. Ed. E-tu Zen Sun and John De Francis. New York: Octagon Books, 1972.

Yang, Hong. "Changes in Urban Architecture, Interior Design, and Lifestyles between the Han and Tang Dynasties." In *Between Han and Tang: Visual and Material Culture in a Transformative Period*. Ed. Wu Hung. Beijing: Wenwu, 2003.

Yang, Hsiung [Xiong]. *The Canon of Supreme Mystery*. Tr. Michael Nylan. Albany: State University of New York Press, 1993.

Yang, Hsüan-chih. *A Record of the Buddhist Monasteries in Lo-yang*. Tr. Wang Yi-t'ung. Princeton: Princeton University Press, 1984.

Yang, Lien-sheng. "Great Families of the Eastern Han." In *Chinese Social History: Translations of Selected Studies*. Ed. E-tu Zen Sun and John De Francis. New York: Octagon Books, 1972.

———. "Notes on the Economic History of the Chin Dynasty." *Harvard Journal of Asiatic Studies* 9 (1945–1947): 107–185. Rpt. in *Studies in Chinese Institutional History*. Cambridge: Harvard University Press, 1961.

Yang, Xiaoshan. *Metamorphosis of the Private Sphere: Gardens and Objects in Tang-Song Poetry*. Cambridge: Harvard University Press, 2003.

Yeh, Chia-ying and Jan W. Walls. "Theory, Standards, and Practice of Criticizing Poetry in Chung Hung's *Shih-p'in*." In *Studies in Chinese Poetry and Poetics*. Vol. 1. Ed. Ronald C. Miao. San Francisco: Chinese Materials Center, 1978.

Yen, Chih-t'ui. *Family Instructions for the Yen Clan*. Tr. Teng Ssu-yü. Leiden: E. J. Brill, 1968.

Yoshikawa, Tadao. *Rikuchō seishin shi kenkyū*. Kyoto: Doshosha. 1984.

Yü, Chün-fang. "P'u-t'o Shan: Pilgrimage and the Creation of the Chinese Potalaka." In *Pilgrims and Sacred Sites in China*. Berkeley: University of California Press, 1992.

Yu, Taishan. "A History of the Relationships between the Western and Eastern Han, Wei, Jin, Northern and Southern Dynasties and the Western Regions." *Sino-Platonic Papers* 131, March, 2004.

Yü, Ying-shih. "Han Foreign Relations." In *Cambridge History of Ancient China*, Vol. 1: *The Ch'in and Han Empires*. Ed. Michael Loewe. Cambridge: Cambridge University Press, 1986.

———. "Individualism and the Neo-Taoist Movement in Wei-Chin China." In *Individualism and Holism: Studies in Confucian and Taoist Values*. Ed. Donald Munro. Ann Arbor: University of Michigan, Center for Chinese Studies, 1985.

Zheng, Yan. "A Preliminary Study of Wei-Jin Tombs with Murals in the Hexi Region." In *Between Han and Tang: Cultural and Artistic Interaction in a Transformative Period*. Ed. Wu Hung. Beijing: Wenwu, 2001.

Zhou, Yiliang. *Wei Jin Nanbeichao shi lunji*. Beijing: Beijing Daxue, 1997.

Zhu, Yanshi. "The Capital City Ye of the Eastern Wei and the Northern Qi." In *Between Han and Tang: Visual and Material Culture in a Transformative Period*. Ed. Wu Hung. Beijing: Wenwu, 2003.

Ziporyn, Brook. *The Penumbra Unbound: The Neo-Taoist Philosophy of Guo Xiang*. Albany: State University of New York Press, 2003.

Zürcher, Erik. *The Buddhist Conquest of China*. 2 vols. Leiden: E. J. Brill, 1959.

———. "Buddhist Influence on Early Taoism: A Survey of Scriptural Evidence." *T'oung Pao* 66 (1980): 84–147.

———. "Prince Moonlight: Messianism and Eschatology in Early Medieval Chinese Buddhism." *Toung Pao* 68 (1982): 1–75.

索 引

（以下页码为英文原版页码，即本书边码）

A

B

C

D

E

F

G

H

I

J

K

L

M

N

O

P

Q

R

S

T

U

V

W

X

Y

Z